Werner Großmann und Wolfgang Schwanitz
(Herausgeber)

Fragen an das MfS

Auskünfte über eine Behörde

edition ost

An der Beantwortung der Fragen wirkten mit:
Hardi Anders, Karli Coburger, Manfred Dietze, Günter Ebert, Klaus Eichner, Karl Fischer, Reinhard Grimmer, Werner Großmann, Siegfried Hähnel, Manfred Hummitzsch, Werner Irmler, Alfred Kleine, Manfred Liebscher, Hans Offenhaus, Willi Opitz, Gerhard Plomann, Siegfried Rataizik, Peter Rauscher, Bernhard Riebe, Winfried Sachse, Johannes Schindler, Wolfgang Schmidt, Gotthold Schramm, Wolfgang Schwanitz, Dieter Skiba, Dieter Stiebert, Wolfgang Stuchly.
Besonderer Dank gilt Prof. Dr. Horst Schneider und der GRH e. V. sowie allen, die die Herausgabe des Buches unterstützten.

Die Herausgeber

Das Buch

Die Bücher zum MfS füllen inzwischen ganze Bibliotheken. Viele sind schwer zu lesen. Oder tendenziös und ideologisch aufgeladen. Die einen speisen sich aus Vorurteilen, die anderen gleichen Verteidigungsschriften. Für manchen jungen Menschen nicht unbedingt eine Lektüre, nach welcher einer heutzutage gern greift. Trotzdem mehren sich die Fragen, die sich in dieser Sache stellen. Denn die Auskünfte, die massenkompatibel verbreitet werden, befriedigen keineswegs jeden. Die Skepsis wächst in dem Maße, wie die Antworten stereotyp und standardisiert erteilt werden. Millionen Euro Steuergelder werden für Geschichtspropaganda ausgegeben, damit eine einzig zulässige Sicht verbreitet wird. So hielt man es im Dritten Reich, und auch die offizielle Bundesrepublik liebt es uniform. Warum diese Gleichschaltung des Denkens?
In diesem Buch geben verschiedene Autoren sachkundig Antworten auf Fragen rund um »die Stasi«, wie sie von Gymnasiasten, Studenten und interessierten, aber unbefriedigt informierten Zeitgenossen gestellt wurden.

Die Herausgeber

Werner Großmann, Jahrgang 1929, kam mit 23 Jahren zum Außenpolitischen Nachrichtendienst (APN), dem Vorläufer der Hauptverwaltung Aufklärung (HV A) des MfS. In den 60er Jahren absolvierte er die Parteihochschule in Moskau, in den 70ern die Juristische Hochschule in Potsdam. 1986 übernahm er in der Nachfolge von Markus Wolf die Leitung der HV A. In dieser Funktion war er zugleich Stellvertreter des Ministers für Staatssicherheit.
Generaloberst a. D. Werner Großmann lebt in Berlin.

Wolfgang Schwanitz, Jahrgang 1930, trat 1951 dem MfS bei. In den 60er Jahren studierte er Jura an der Humboldt-Universität zu Berlin, promovierte 1973 an der Juristischen Hochschule in Potsdam. Von 1974 bis 1986 leitete er die Bezirksverwaltung Berlin des MfS. Von 1986 bis November 1989 Stellvertreter des Ministers für Staatssicherheit. Im Dezember 1989 Berufung zum Leiter des Amtes für Nationale Sicherheit (AfNS), in dieser Funktion Mitglied des Ministerrates der DDR.
Generalleutnant a. D. Wolfgang Schwanitz lebt in Berlin.

Vorwort

Seit 1990 gibt es das Ministerium für Staatssicherheit nicht mehr. Die Institution ging mit dem Land unter, das sie ins Leben gerufen hatte. Formal teilte das MfS also das Schicksal aller Ministerien der DDR, deren einstige Mitarbeiter, die offiziellen wie die inoffiziellen, in vergleichbaren Einrichtungen der Bundesrepublik Deutschland eine neue Arbeit fanden.

Natürlich ist das Ironie.

Das Schicksal des MfS und seiner Mitarbeiter ist keineswegs mit denen anderer DDR-Einrichtungen vergleichbar. Bereits vor dem Anschluss des Landes begannen Ausgrenzung und Ächtung. Die öffentliche Denunziation verschärfte sich nach dem 3. Oktober 1990. Alles, was sich an Schlechtem seit Kriegsende zwischen Flensburg und Dresden, Ostsee und Bodensee zugetragen hatte, besaß seither nur eine Adresse. »Die Stasi« war an allem Schuld.

Dies wird seither mit großem propagandistischen Aufwand in die Hirne von Millionen gehämmert. Wie jede Indoktrination nimmt es auch diese mit den Fakten und der historischen Wahrheit nicht so genau. Folglich sind derzeit die Kenntnisse mehr als dürftig. Was »die Stasi« tatsächlich gemacht hat, woran sie »Schuld« trug und woran nicht, was man ihr tatsächlich vorwerfen muss, und warum es sie überhaupt gab, das wird nicht vermittelt. Auch wenn diese Fragen durchaus legitim sind und sich auch unideologisch beantworten lassen: Sie werden es nicht.

Viele Fragen stehen nicht nur »im Raum«, sondern werden zunehmend von jungen Menschen gestellt, die berechtigt Zweifel daran haben, ob alles so stimmt, was man ihnen einzureden versucht. Viele dieser Fragen klingen in den Ohren der Eingeweihten banal: Das weiß man doch, das ist doch logisch! Nein, für die heute 20- oder 30-Jährigen ist nicht alles logisch und schon gar nicht bekannt. Und deshalb sind ihre Fragen von anderem Zuschnitt als von einst. Positiv selbst an der vermeintlich dümmsten Frage ist die Tatsache, dass sie überhaupt gestellt wird. Denn wer fragt, gibt sich mit den bisherigen Antworten nicht zufrieden.

Das vorliegende Buch verdankt zweifelsohne sein Erscheinen – leider, muss man sagen – dem unwürdigen Zustand, dass auch zwanzig Jahre nach dem Ende der DDR der innere Frieden in der Bundesrepublik Deutschland infolge eines politisch und medial forcierten feindseligen, auf Leugnung historischer Wahrheiten beruhenden Umganges mit der DDR, ihren staatlichen Strukturen, Einrichtungen und Bürgern erkennbar gestört wird. Egon Krenz hat Recht, wenn er in seinem Vorwort von »Herbst 89« schreibt: »Eine Allianz aus Politikern, systemtreuen Historikern und ebensolchen Journalisten, vermeintlichen oder tatsächlichen DDR-Oppositionellen aktiviert stabsmäßig uralte Feindbilder und Klischees über die DDR. […] Sie übertreffen an Gehässigkeit und Falschheit noch jene aus den finsteren Jahren des Kalten Krieges.«

Einige Vorbemerkungen sollen als Hintergrundinformationen das Anliegen des Buches ergänzen, bekräftigen und bestimmte Zusammenhänge verständlicher machen.

Wären die Verhältnisse und Gegebenheiten der vereinnahmten DDR fair und ohne systematische Kriminalisierungs- und Diffamierungsabsichten, ohne Hass und Häme erörtert und historisch gerecht beurteilt worden, hätte sich vermutlich eine eingehende Beschreibung von Strukturen, Methoden, Mitteln und Aufgaben des MfS, des DDR-Schutz- und Sicherheitsorgans mit geheimen nachrichtendienstlichen Befugnissen nicht unbedingt aufgedrängt. Jahrelange Bemühungen, in sachlichen Diskussionsrunden und öffentlichen Veranstaltungen, im fairen Meinungsstreit eine realistische Bewertung der Biographien der Bürger der DDR zu erörtern und Probleme aufzulösen, wurden von den Vertretern des herrschenden Zeitgeistes grundsätzlich, in der Regel mit Arroganz und Häme, zurückgewiesen und haben daher zu keiner Beruhigung führen können. Eine solche Entwicklung hat mit Vernunft und politischer Weitsicht nichts zu tun.

Nun gut, könnte man sagen, das eben ist Klassenkampf, der eigentlich nur eine Erfindung starrköpfiger Marxisten sei.

»Stasi«, »Stasi« und nochmals »Stasi«: Das ist der Stoff, aus dem der Mythos des Unmenschlichen und weltweit Einmaligen gewoben wird, um die Köpfe der Menschen zu vernebeln und eine vernünftige Rückschau auf die DDR auszuschließen. Selbst Bundesinnenminister Wolfgang Schäuble war, wie von ihm zu hören ist, damals für eine Vernichtung der Akten des MfS, weil er

»destruktive Streitigkeiten über die Vergangenheitsbewertung« vorausgeahnt habe. Ob das aber in heutiger Zeit für das Finden eines Wahrheitsbeweises gut gewesen wäre, sei dahingestellt.

Verbale Beleidigungen, Verleumdungen und als künstlerische Werke, journalistische Dokumentationen und wissenschaftliche Arbeiten verkleidete, zentral gesteuerte und mit umfangreichen Steuermitteln geförderte Angriffe auf Strukturen und Erscheinungen der DDR-Vergangenheit – wobei das MfS als Vehikel für die Diffamierungsabsichten herzuhalten hat – eskalieren die Situation ungehemmt weiter. Die konfrontativen Standpunkte verhärten sich, werden immer unversöhnlicher. Eine so vergiftete gesellschaftliche Atmosphäre bleibt auf Dauer nicht ohne negative Folgen für den inneren Frieden. Dieses Land – es sollte doch auch das Land der sogenannten Staatsnahen, auch der Autoren dieses Buches, sein dürfen – hat schier unlösbare nationale und globale wirtschaftliche, gesellschaftspolitische und ökologische Probleme zu bewältigen. Müssen wir uns dann in diesen nachtragenden Streitigkeiten verlieren und wertvolles gesellschaftliches Potenzial vergeuden?

Als 1991 der damalige Bundesjustizminister Klaus Kinkel vor der westdeutschen Richterschaft forderte, es müsse gelingen, das »SED-Regime zu delegitimieren«, schien er bereits – wie nunmehr zu erkennen ist – die Schwierigkeiten dieses Anliegens geahnt zu haben. Nur so macht die beschwörende Formulierung, »es muss uns gelingen« einen verständlichen Sinn.

Als Erinnerungshilfe, wie arglistig überhaupt gedacht war, mit den »Brüdern und Schwestern«, wenn man sie endlich eingefangen hatte, umzugehen, sei hier ein Zitat des auf allen Talkshows präsenten Historikers Arnulf Baring angeführt, der unwidersprochen erklärte, die Leute »da drüben« seien »verzwergt« und »verhunzt«. »Ob sich einer dort Jurist nennt oder Ökonom, Pädagoge, Soziologe, selbst Arzt oder Ingenieur, das ist alles egal. Sein Wissen ist auf weite Strecken unbrauchbar.«

Ausgehend von den nahezu täglich in den Printmedien, in Funk und Fernsehen meist verfälschten in die Welt gesetzten denunzierenden bösartigen Auslassungen zu ehemaligen hauptamtlichen wie auch Inoffiziellen Mitarbeitern und zur Tätigkeit des MfS überhaupt, ist der Schluss nicht unbegründet, dass außer den politisch gewollten vordergründigen Diffamierungsabsichten für die Bevölkerung auch berechtigtes Informationsinteresse besteht. Unkundige sehen nämlich gewöhnlich in Geheimdiensten entweder etwas ganz Schreckliches, Verruchtes wenn nicht gar Abscheuliches. Andere wiederum meinen, dort Abenteuer und Risikofreude zu finden. Soweit es sich allerdings um die »Stasi« handelt, wie das MfS, aus welchen Gründen auch immer, bezeichnet wird, muss nach dem Willen der sogenannten öffentlichen Meinung das Böse dominieren. Das ist erklärtes Ziel aktuellen politischen Handelns.

Auf eine Anfrage zu den Kriterien eines »Unrechtsstaates« teilte die CDU-geführte Bundesregierung mit, »es gehe zumeist darum, die politische Ordnung eines Staates, der als Unrechtsstaat gebrandmarkt wird […] moralisch zu diskreditieren«.

Nun wissen wir es aus berufenem Munde und müssen nicht nach den Gründen von Medienschlachten forschen. Nach Auffassung der politisch Herrschenden dieses Landes ist die Welt ohnehin in gute, weil demokratische oder wenigstens kapitalistische Staaten, und in böse, wenn nicht gar Schurkenstaaten, aufgeteilt. Folglich gibt es auch gute und böse Geheimdienste. Zu Letzteren gehört nach dieser Sprachregelung das MfS. Demzufolge sind die Angehörigen dieses Ministeriums der DDR a priori stigmatisiert.

Die Menschen des vereinigten, einst zweigeteilten Landes – vor Wahlen schmeichelnd »der Souverän« genannt, wenn die Parteien Wählerstimmen brauchen – machen sich kaum Vorstellungen, in welchem Maße gerade Parteien oder Behörden mit in Anspruch genommener Deutungshoheit ein Hort von Hass, Bösartigkeit, Lügen und auch Dummheit sind, wenn es um die Diffamierung und das Verächtlichmachen, die Verleumdung und Kriminalisierung der DDR und ihrer Vergangenheit geht.

»Herr Generalsekretär«, so Bundeskanzler Helmut Kohl 1987 zu Erich Honecker beim Festessen in Bad Godesberg, »es ist richtig und gut, dass wir zusammenkommen und miteinander sprechen. Mit unserer praktischen Zusammenarbeit trotz aller Gegensätze haben wir ein Beispiel gegeben – zum Wohle der Menschen und im Interesse des Friedens. Auch die übrigen Völker Europas wünschen sich, dass sich die Deutschen in Ost und West vertragen.«

Diese Aussage muss, das darf man getrost unterstellen, offizielles politisches Programm der Bundesregierung gewesen sein. War sie aber auch ehrlich und aufrichtig gemeint? Klaus Kinkel ließ zu Protokoll nehmen: »Was die sogenannte DDR und deren Regierung betrifft, so handelt es sich dort nicht einmal um einen eigenständigen Staat, diese sogenannte DDR ist niemals von uns staatsrechtlich anerkannt worden. Es gab ein einheitliches Deutschland, von dem ein gewisser Teil von einer Verbrecherbande besetzt war.« So wurde der Ex-BND-Chef und Justizminister am 26. Oktober 1992 von der *Frankfurter Rundschau* zitiert.

Ein solcher Ausfluss des Hasses aus der Zeit des Kalten Krieges, gepaart mit tief sitzender antikommunistischer Gesinnung, ist letztlich das durchschlagende Motiv für die nie erloschene Feindseligkeit gegenüber der DDR und ihren Bürgern. Nicht wenige von den nach dem Anschluss kriminalisierten Menschen aber hatten einst mit höchstem Blutzoll, um den Preis ihres Lebens, ihrer Freiheit und den Verlust ihrer Heimat mutig Widerstand gegen den Faschismus und dessen verbrecherische Politik geleistet und schließlich, nach dem an der Adenauerpolitik die Einheit Deutschlands gescheitert war, einen friedfertigen, antifaschistischen, antikapitalistischen deutschen Staat geschaffen. Und zu diesem Staat gehörte, ob das jemandem gefällt oder nicht, auch ein mit geheimdienstlichen Befugnissen ausgestattetes, in einem speziellen Ministerium organisiertes Staatssicherheitsorgan. Wie anders hätten die geheimdienstlichen und andere Angriffe auf den von der Bundesrepublik ungeliebten sozialistischen Staat abgewehrt werden können?

Welchen Anteil somit die Bundesrepublik selbst am Sicherheitsdenken in der DDR hatte, wird in seinem ganzen Ausmaß erst nach vollständiger Öffnung der Aktenbestände der Geheimarchive der BRD hinreichend beurteilt werden können. Es lässt sich doch nicht aus der Welt schaffen: Zahllose bundesdeutsche und ausländische Geheimdienste und Einrichtungen, die Spionage, Terror und Brandstiftung, Hetze, unterminierende Wühltätigkeit und Menschenhandel, staatlich und privatkapitalistisch finanzierte Sabotage und Diversion betrieben, gingen gegen die DDR vor. Es waren Organe und Einrichtungen der Alt-BRD bzw. sie erfreuten sich erwiesenermaßen des Wohlwollens und der Unterstützung dieses Staates.

Aber genau das bleibt bei der »Aufarbeitung der Geschichte der DDR« und im Besonderen bei der Beurteilung und Beschreibung der Tätigkeit des MfS gänzlich unerwähnt. Mehr noch, es wird behauptet, dass diese Einwirkung auf die DDR legitim und deren Aufklärung und Bekämpfung illegitim gewesen sei.

An der Tätigkeit des MfS lässt sich die Zielstellung der Delegitimierung der DDR wohlfeil »aufarbeiten«. Da mutieren in der DDR begangene Gesetzesverletzungen einfach zum legitimen »antikommunistischen Widerstand« durch einstige »Stasiopfer«. Die Aufklärungs-, Sicherheits- und Abwehrmaßnahmen des MfS sind dann nichts anderes als »menschenverachtende Handlungen«. Hauptamtliche und Inoffizielle Mitarbeiter – in aller Regel als »informelle Mitarbeiter und Spitzel« bezeichnet – werden grundsätzlich mit dem strafrechtlich besetzten Begriff als »Täter« diffamiert.

Stasimethoden, Stasikiller, Stasitäter, Mauerschützen, Schießbefehl, Folterknechte, Röntgenkanone, Folterkammer etc. sind keine journalistische Gedankenlosigkeit oder harmlose Rabulistik, sie sind durch stereotype Wiederholungen zu prägenden Kampfbegriffen mit Signalwirkung avanciert. Es sind die Totschlagargumente, um die Meinungsbildung zu beeinflussen, wenn allerschlimmste Zustände herbeigeredet werden sollen.

Totschlagargumente im wahrsten Sinne des Wortes, folgt man zum Beispiel Äußerungen des ehemaligen sächsischen Justizministers und erfolglosen Kandidaten für das Amt des Bundespräsidenten, Steffen Heitmann (CDU), in der *Frankfurter Allgemeinen Zeitung* vom 2. September 1994, als er bedauernd erklärte, dass man das Versäumnis, im Herbst 1989 die Unterdrücker nicht an den Laternen aufgehängt zu haben, leider nicht nachholen könne.

Geheimdienste sind keine Erfindung der DDR. Sie gehören zu den Strukturen eines jeden Staates als Machtinstrumente der jeweils herrschenden politischen Kräfte. Dazu äußern sich die Autoren, soweit es die Fragen und betreffenden Sachverhalten erfordern, wie auch darüber, inwieweit das MfS als Schutz- und Sicherheitsorgan der DDR natürlich auch ein Geheimdienst mit ähnlichen Mitteln und Methoden wie jeder andere Geheimdienst war.

Die Autoren wollen sich nicht in Schuldzuweisungen oder mit einem Auflisten aller Aktionen gegen die DDR in den Zeiten des Kalten Krieges durch die Geheimdienste der BRD und anderer Staaten verlieren. Dazu liegen bereits umfangreiche Dokumentationen besonders aus ihrer Feder vor. Sie werden aber dann konkret darauf eingehen, wenn es dem Erkenntnisgewinn dienen kann. Und sie erlauben sich Verweise auf Praktiken westlicher, insbesondere bundesdeutscher Geheimdienste und anderer Einrichtungen auch deshalb, um deren Heuchelei und Demagogie zu entlarven.

Die Autoren des vorliegenden Buches haben sich bemüht, einen umfangreichen Komplex von Fragen an das MfS, zu dessen historischer Herkunft, zu Charakter und Tätigkeit, seiner politischen Stellung, seinen Aufgaben und Grenzen möglichst objektiv, mit der Sachkenntnis von Insidern zu beantworten. Soweit es zu Detailfragen gehört, sind die Autoren auch unbequemen Fragen nicht ausgewichen, haben sie diese als betroffene Akteure und Zeitzeugen ungeschönt und zuverlässig beantwortet. Sie wähnen sich nicht im Besitz eines Wahrheitsmonopols und sind nicht frei von subjektiven Sichten und Wertungen. Sie wissen aus leidvollen Erfahrungen um den Wert und die Überzeugungskraft ehrlicher Antworten und Urteile. Die unter den derzeitigen politischen Verhältnissen in die Öffentlichkeit vom Zeitgeist lancierten tendenziösen, vorurteilsvollen Fehlinterpretationen dürfen nicht die Lüge zur Wahrheit werden lassen.

Es ist zu wünschen, dass die in den Antworten enthaltenen Fakten und Argumente überzeugen können und bei den Leserinnen und Lesern eine aufklärende, zu eigenen Urteilen führende Wirkung haben. Die Autoren sind sich der Schwierigkeiten ihres Vorhabens wohl bewusst. Gleichwohl hoffen sie auf eine Zeit vernünftiger Toleranz und Einsicht sowie des gerechten Umganges mit der schwierigen deutschen Nachkriegsgeschichte zweier deutscher Staaten mit eingeschränkter Souveränität.

Um dorthin zu gelangen, wollen sie sich an dem Spruch von Johann Wolfgang von Goethe orientieren: »Hab nur den Mut, die Wahrheit frei zu sagen und ungestört. Es wird den Zweifel in die Seele tragen, dem, der es hört. Und vor der Lust des Zweifels flieht der Wahn.«

Generaloberst a. D. Werner Großmann
Generalleutnant a. D. Wolfgang Schwanitz
Berlin, 8. Februar 2010

Wozu überhaupt brauchte die DDR einen Geheimdienst?

Jeder Staat hat ein natürliches Sicherheitsbedürfnis. Er schützt die Interessen seiner Bürger vor Angriffen von außen und sorgt für ein gesichertes Zusammenleben im Innern. Je höher der Druck von außen, je stärker die Gefährdung des Gemeinwesens im Innern, desto größer die Sicherheitsanstrengungen und -bedürfnisse.

Die DDR entstand vier Jahre nach dem Zweiten Weltkrieg. Dieser war von Nazideutschland begonnen und um die Weltherrschaft geführt worden. Eine Antihitlerkoalition hatte diesen Wahn gestoppt. Die Hauptmächte dieses befristeten Bündnisses schlossen im Sommer 1945 in Potsdam ein Abkommen. Darin wurde die Nachkriegsordnung für das besiegte Deutschland formuliert. Unter anderem legte man darin die Wiedergutmachung (Reparationen) fest, die Deutschland an die überfallenen und ausgeplünderten Staaten zu zahlen hatte. Dazu zählten auch die deutschen Territorien, die an Polen und an die Sowjetunion gingen. Und es wurden Besatzungszonen festgelegt, in denen die Sowjetunion, die USA, Großbritannien und Frankreich die Verwaltung ausüben sollten. Berlin wurde als Sitz des Alliierten Kontrollrates bestimmt und jeder Besatzungsmacht in der ehemaligen Reichshauptstadt ein Sektor zugewiesen. Der Alliierte Kontrollrat stellte eine Art Regierung dar, denn die Besatzungsmächte wollten Deutschland ursprünglich als Ganzes erhalten.

Allerdings gingen die Interessen der Siegermächte schon bald gravierend auseinander. Die USA wollten sich dauerhaft auf dem europäischen Kontinent niederlassen und die inzwischen zur Großmacht aufgestiegene Sowjetunion aus Zentraleuropa herausdrängen. Der Konkurrent sollte auf sein eigenes Territorium zurückgeworfen werden.

Großbritannien, seit 1917 nicht minder antisowjetisch orientiert, folgte diesen Absichten. Churchill, der in Potsdam noch mit Stalin an einem Tisch gesessen hatte, war inzwischen der Meinung, dass man mit Nazideutschland »das falsche Schwein« geschlachtet habe. Seine Rede in Fulton/Missouri, gehalten am 5. März 1946, gilt als Aufkündigung der Antihitlerkoalition und als Auftakt des Kalten Krieges. Der inzwischen abgewählte britische Premier benutzte dabei sogar die Argumentation des Chef-Ideologen der

Nazis, Joseph Goebbels, der behauptet hatte, es würde sich ein »Eiserner Vorhang« über Europa senken, wenn die Rote Armee bis Berlin käme. (Churchill: »*From Stettin in the Baltic to Trieste in the Adriatic an iron curtain has descended across the Continent.*« *Von Stettin an der Ostsee bis Triest an der Adria hat sich ein Eiserner Vorhang über den Kontinent gesenkt.*)

Erst 1998 sollte bekannt werden, dass Churchill bereits im Mai 1945 den britischen Generalstab mit der Ausarbeitung eines Geheimplans für einen Angriff auf die Sowjetunion beauftragt hatte. Diese »Operation Unthinkable« (»Operation Undenkbar«) hatte die militärische Unterwerfung der UdSSR durch Großbritannien und die USA zum Ziel. Der Plan war Churchill am 22. Mai 1945, zwei Wochen nach der bedingungslosen Kapitulation Hitlerdeutschlands, übergeben sowie am 8. Juni 1945 und später noch einmal ergänzt worden. Als Termin für den Angriff auf die Sowjetunion war der 1. Juli 1945 festgelegt. Aufgrund der hohen zahlenmäßigen Überlegenheit der Roten Armee beabsichtigte man außerdem die Wiederbewaffnung von etwa 100.000 Soldaten der besiegten deutschen Wehrmacht.

Dieser Plan wurde einzig deshalb fallengelassen, weil angesichts des weltweiten Ansehens der Sowjetunion und der Roten Armee, die die Hauptlast des Krieges getragen hatten, ein solch heißer Krieg auch mit der größten Demagogie vor den Völkern nicht legitimiert hätte werden können.

Der stattdessen vom Zaun gebrochene Kalte Krieg führte zur Gründung der Bundesrepublik Deutschland auf den Territorien der drei westlichen Besatzungszonen. Am 23. Mai 1949 wurde das im Auftrag der drei westlichen Besatzungskommandeure erarbeitete und von diesen bestätigte Grundgesetz verkündet. Am 14. August 1949 erfolgte die Wahl eines Deutschen Bundestages. Damit war die BRD als deutscher Separatstaat konstituiert und Deutschland gespalten.

Die Sowjetische Besatzungszone im Osten sah sich daraufhin genötigt, sich gleichfalls als Staat zu konstituieren. Die länderübergreifende Volkskongress-Bewegung, welche sich seit Jahren gegen die drohende Teilung Nachkriegsdeutschlands engagiert und einen Volksrat als Führungsgremium demokratisch gewählt hatte, erklärte diesen am 7. Oktober 1949 zur (Provisorischen) Volkskammer der Deutschen Demokratischen Republik und beauftragte Otto Grotewohl, einen Soziademokraten aus Braunschweig, mit der Bildung einer Regierung. Der Kommunist Wilhelm Pieck aus Guben, wie Grotewohl Ko-Vorsitzender der 1946 aus SPD und KPD hervorgegangenen Sozialistischen Einheitspartei Deutschlands (SED), wurde zum Präsidenten der DDR gewählt.

Zur Regierungsbildung gehörten die Schaffung von Ministerien und die Bestimmung ihrer Aufgaben.

Aufgrund der internationalen Lage und der Situation im Innern hielten die Verantwortlichen es für angezeigt, auch ein Ministerium für Staatssicherheit (MfS) ins Leben zu rufen.

Das geschah am 8. Februar 1950.

War dies notwendig? Hätte die Aufgaben, die dem MfS zugewiesen wurden, nicht auch die Polizei übernehmen können?

Wenn man diese Frage mit Ja beantwortete, müsste man sofort die nächste stellen: Warum gibt es dann noch den Bundesnachrichtendienst (BND), das Bundesamt für Verfassungsschutz (BfV) und den Militärischen Abschirmdienst (MAD)? Offenkundig fühlt sich der Staat, in dem wir leben, von inneren und äußeren Feinden bedroht.

Um wie vieles mehr traf dies während der Zeit des Kalten Krieges und der Blockkonfrontation zu.

Die DDR, seit dem ersten Tag ihrer Existenz nachweislich bedroht, handelte damals logisch und zwingend, wenn sie sich ebenfalls Schutz- und Sicherheitsorgane gab.

Seit 1945/46 herrschte Kalter Krieg. Dieser wurde zwischen den USA und ihren Bundesgenossen einerseits und der Sowjetunion andererseits geführt. Der Konflikt wurzelte in der traditionellen, undifferenzierten Angst des Westens vor dem Kommunismus. Die dort Herrschenden fürchteten um ihre Macht, um Märkte und Einflusssphären, kurz: um ihre Profite.

In diese Auseinandersetzung mit der Sowjetunion – geopolitisch immerhin ein Sechstel der Erde – wurden auch jene Staaten hineingezogen, in denen seit 1945 die Sowjetunion mit Soldaten präsent war. Wie eben Washington Einflusssphären für sich reklamierte, tat dies auch Moskau. (Auf ihrem Gipfeltreffen im Juni 1961 in Wien bekräftigten US-Präsident John F. Kennedy und Staats- und Parteichef Nikita S. Chruschtschow diese Auffassung und sicherten sich wechselseitig zu, dass jede Seite unwidersprochen in ihrer Einflusssphäre handeln dürfe, sofern davon nicht die Interessen der anderen Seite bedroht würden. Diese Verabredung war auch die Basis für den vom Westen hingenommenen »Mauerbau« am 13. August 1961.)

Die Sowjetische Besatzungszone (SBZ), später die DDR, war aus Sicht Moskaus das am weitesten westlich gelegene Territorium der Sowjetunion. Die Demarkationslinie der SBZ, seit 1949 Staatsgrenze West der DDR, bedeutete darum die westliche Front- und Verteidigungslinie der Sowjetunion. Dieses Selbstverständnis änderte sich auch dann nicht, als der DDR später eine gewisse staatliche Souveränität zugestanden und sie in das östliche Verteidigungsbündnis, den Warschauer Vertrag, eingebunden wurde.

Grenzfragen wurden auch dann nicht in Berlin, sondern in Moskau entschieden.

Einschränkungen der staatlichen Souveränität gab es im Übrigen auch für die Bundesrepublik. (Siehe die Frage: *War die DDR ein souveräner Staat?*)

Aufgrund ihrer geostrategischen Lage und wegen der nationalen Besonderheiten – die beiden deutschen Staaten waren schließlich aus *einem* Land hervorgegangen – erfolgten auf und in Ostdeutschland die stärksten Attacken und Angriffe. Welche und in welchem Maße – das geht aus Berichten hervor, die vom Vorsitzenden der Zentralen Kommission für staatliche Kontrolle und den Chefs der Hauptverwaltungen Kriminalpolizei und Schutz des Volkseigentums im Innenministerium über die Tätigkeit »feindlicher Elemente auf dem Gebiet der DDR« am 26. Januar 1950 der Regierung vorgetragen wurden. Sie informierten über schwere Brandstiftungen, Sabotagehandlungen und Sprengstoffanschläge in volkseigenen Betrieben und Gütern, in Neubauernhöfen sowie in Bereichen des Verkehrs und des Handels. Es waren sogar Todesopfer zu beklagen. Es hatte längere Produktionsausfälle in volkseigenen Betrieben und landwirtschaftlichen Einrichtungen gegeben.

Neben schweren Wirtschaftsverbrechen waren umfangreiche Waffen- und Munitionslager aufgedeckt worden. Zudem wurden Fälle von Spionage registriert. Vor allem US-amerikanische und britische Geheimdienste waren dabei beobachtet worden.

Viele Geheimdienst-Aktivitäten gingen von den drei Berliner Sektoren der Westmächte aus, die inzwischen als »Westberlin« in den allgemeinen Sprachgebrauch eingegangen waren.

Westberlin befand sich auf dem Territorium der Sowjetischen Besatzungszone, nunmehr DDR, und war darum keineswegs von einer Staatsgrenze umgeben. Ohne besondere Kontrollen gelangte man zu Fuß, per S-Bahn oder mit dem Auto hinüber und herüber. Das waren ideale Bedingungen für alle Geheimdienste. Natürlich auch für die östlichen.

Schon in den 40er Jahren ließen sich darum in Westberlin viele westliche Geheimdienste nieder. Sie unterhielten offene und gedeckte Agenturen. Die CIA und der britische MI-6 betrieben dort schon bald ihre größten Niederlassungen außerhalb der USA und Großbritanniens.

Die CIA finanzierte die »Organisation Gehlen« und Agentenzentralen wie die *Kampfgruppe gegen Unmenschlichkeit* (KgU) und den *Untersuchungsausschuss freiheitlicher Juristen* (UfJ), in denen militante Antikommunisten aktiv gegen die DDR arbeiteten. Diese hatten oft ihre Ausbildung in faschistischen deutschen Organisationen und Institutionen erhalten und machten als Terroristen dort weiter, wo sie 1945 zwangsweise aufgehört hatten. Nunmehr allerdings unter der Flagge von »Freiheit und Demokratie«.

Diese Dienste und ihre deutschen Handlanger fanden auch im Osten Unterstützer. Sie einte der Hass auf die Sowjetunion und die gesellschaftlichen Veränderungen. Im Schoß und durchaus auch im Schutze der sowjetischen Besatzungsmacht waren nach dem Krieg antifaschistisch-demokratische Umbrüche in Ostdeutschland erfolgt. Eine Bodenreform, seit Jahrhunderten in Deutschland anhängig, begann Gerechtigkeit auf dem Lande herzustellen. Nazi- und Kriegsverbrecher waren enteignet und auch andere Unternehmen in der Wirtschaft per demokratischen Volksentscheid in Volkseigentum überführt worden. Universitäten und Hochschulen öffneten sich für die Kinder von Arbeiter und Bauern, das bisher geltende Bildungsprivileg der Oberschicht erledigte sich …

Diese grundlegenden Veränderungen führten nicht nur zu einem deutlichen Bruch tradierter Produktions- und Lebensweisen. Sie waren – auch als Schlussfolgerung aus Faschismus und Krieg – der Versuch, eine andere als die bis dahin hierzulande bestehende kapitalistische Gesellschaft zu gestalten.

Dass dies durchaus Wunsch und Wille einer großen Mehrheit des deutschen Volkes war, machte beispielsweise auch das am 3. Februar 1947 in Ahlen beschlossene Wirtschafts- und Sozialprogramm der nordrhein-westfälischen CDU deutlich. Es begann mit den Worten: »Das kapitalistische Wirtschaftssystem ist den staatlichen und sozialen Lebensinteressen des deutschen Volkes nicht gerecht geworden. […] Inhalt und Ziel [einer] sozialen und wirtschaftlichen Neuordnung kann nicht mehr das kapitalistische Gewinn- und Machtstreben, sondern nur das Wohlergehen unseres Volkes sein. Durch eine gemeinschaftliche Ordnung soll das deutsche Volk eine Wirtschafts- und Sozialverfassung erhalten, die dem Recht und der Würde des Menschen entspricht, dem geistigen und materiellen Aufbau unseres Volkes dient und den inneren und äußeren Frieden sichert.«

Nichts anderes hatten die Ostdeutschen vor. Allerdings gingen sie bei der Umsetzung solcher Absichten und Intentionen konsequenter vor. Und sie hatten dabei die Hilfe der Besatzungsmacht.

Gegen diese Entwicklung machte man im Westen Front. Das fand auch Gehör bei solchen Menschen in der SBZ/DDR, denen die ganze Richtung nicht passte. Wenige Jahre nach dem Krieg hatten sich faschistische Ideologie und antikommunistische Vorbehalte nicht verflüchtigt, die meisten Menschen trugen schwer an der Last des von Hitler proklamierten Tausendjährigen Reiches. Hinzu kamen schlechte Erfahrungen mit der Besatzungsmacht. Es gab Übergriffe, Vergewaltigungen, scheinbar willkürliche Verhaftungen (oft auf Grund von Denunziationen deutscher Landsleute, die offene Rechnungen beglichen), Demontagen von Produktionsanlagen und Eisenbahngleisen, was Not und Elend vergrößerte. Vor solchem Hintergrund wirkte die Propaganda des Westens.

Die für politische Delikte zuständigen Kommissariate 5, das Dezernat D der Kriminalpolizei und die Hauptverwaltung zum Schutz des Volkseigentums, das mussten sich die Verantwortlichen eingestehen, kamen mit den Angriffen nur ungenügend klar. Es lag nicht nur am fehlenden Personal, an der mangelnden Erfahrung und Ausrüstung. Als gravierende Schwäche erwiesen sich Organisationsstruktur, Befugnisse und Kompetenz. Die DDR benötigte ein straff geführtes, qualifiziertes Organ, dass die Entwicklung des Landes schützen und sichern half, eben ein Organ der Staatssicherheit.

Wenige Tage nach der Forderung des SED-Politbüros zur Bildung eines »Ministeriums für staatliche Sicherheit« brachte die Regierung den Entwurf eines entsprechenden Gesetzes in die Volkskammer ein. Der Hauptvorstand der CDU in der DDR erklärte zum Gesetz: »Demokratisches Handeln verlangt: Sicherung unseres Landes und seiner Ordnung vor allen Störungen und Bedrohungen jeglicher Art, Wachsamkeit gegen alle, die sich aktiv oder passiv, bewusst oder unbewusst zu Werkzeugen der Feinde dieser Ordnung machen lassen, klare Absage an alle, vor allem in Westdeutschland, die die Spaltung fördern und die Vorbereitungen zum Angriff gegen den Osten unterstützen, klare Absage an den Bundeskanzler Adenauer und alle, die Deutschland in den Angriffsblock des Westens eingliedern wollen. [...] Der christliche Demokrat [...] muss mutig und entschlossen an der Schaffung der Tatsachen selbst mitwirken, von denen die Zukunft unseres Volkes, sein Frieden und sein Wiederaufstieg abhängen. Lippenbekenntnisse sind Verrat. Die Republik und ihre grundlegenden demokratischen Reformen sind Ausdruck innerer Notwendigkeit und nicht die Folge des Diktats einer Besatzungsmacht. Sie werden erhalten und verteidigt werden, auch wenn kein Besatzungsmitglied mehr auf deutschem Boden steht.

Wer sich unserer Republik nicht verpflichtet fühlt und nicht bereit ist, sie zu verteidigen, kann Anspruch auf Führung und Verantwortung weder im Staat noch in der Wirtschaft, geschweige denn in unserer Christlich-Demokratischen Union erheben.

Wir sind entschlossen, an der Gestaltung eines neuen Zeitalters mitzuwirken, das aus den Trümmern einer sterbenden kapitalistischen Welt und dem Nachlass der Hitlerdiktatur entsteht. Wir sind entschlossen, mitzuwirken am Zeitalter des Friedens und des Sozialismus.« (*Dokumente der CDU, Bd. I, Berlin 1956, S. 47f.*)

Daran zu erinnern scheint auch deshalb angebracht, weil die Christdemokraten gegenwärtig so tun, als wäre ihre Haltung zum MfS schon immer unerschütterlich ablehnend gewesen.

Schon beizeiten verwischten sie ihre Spuren, die Gegenteiliges bezeugen. »Am 4. Dezember 1990 (also wenige Wochen nach dem ›Tag der deutschen Einheit‹) wurden die ersten 200 Kartons des Ostberliner CDU-Archivs nach St. Augustin überführt, zur Verwahrung im Archiv für christlich-soziale Politik bei der Konrad-Adenauer-Stiftung. Dem folgten weitere Verbringungen zentraler Materialien. Die Übernahme regionaler Archivalien zog sich bis Ende 1992/Anfang 1993 hin«, so der Historiker Prof. Dr. Günter Benser am 3. Dezember 2008 in einem Presseinterview. »Obwohl diese Archivfonds gemäß § 2 und 2a der Neufassung des Bundesarchivgesetzes vom 13. März 1992 in die Stiftung Archiv der Parteien und Massenorganisationen der DDR gehören, die ihren Sitz in Berlin-Lichterfelde hat, bestand die CDU auf den Verbleib dieser Überlieferungen in St. Augustin.

Sie hat ihre Gründe für diese Eigenmächtigkeit gehabt – ausgesprochene und unausgesprochene. Die FDP hat übrigens nicht anders gehandelt.«

Fazit: Die historisch notwendige und begründete Bildung des Ministeriums für Staatssicherheit am 8. Februar 1950 erfolgte nicht geheim und im Handstreich, sondern in Kenntnis und mit Zustimmung aller Parteien – einschließlich der CDU und der Liberalen. Wer politisch verantwortungsvoll in der DDR handelte, konnte nicht den Blick vor der Wirklichkeit verschließen. Die neue Ordnung hatte nicht nur Freunde, sondern auch viele Feinde. Und diese waren sehr aktiv, um dem Staat zu schaden und ihn wegzukriegen.

Sie war es formal, wie es auch die BRD war. Trotzdem hatten in beiden deutsche Staaten die Sieger- und Besatzungsmächte 45 Jahre das Sagen. Die Vormundschaft endete erst im September 1990 mit der Unterzeichnung des Zwei-plus-Vier-Vertrages in Moskau. Alle Versuche insbesondere der DDR, mit den Siegermächten einen »Friedensvertrag« zu schließen, liefen ins Leere.

Dass die Bundesrepublik keineswegs mündiger war als die DDR offenbarte Egon Bahr in der Hamburger Wochenzeitung *Die Zeit* am 14. Mai 2009. Als Staatssekretär im Bundeskanzleramt hatte er im Herbst 1969 den zum Bundeskanzler gewählten Willy Brandt (SPD) ziemlich wütend erlebt, als dieser ihm berichtete, ihm seien drei Briefe zur Unterschrift vorgelegt worden. »Jeweils an die Botschafter der drei Mächte – der Vereinigten Staaten, Frankreichs und Großbritanniens – in ihrer Eigenschaft als Hohe Kommissare gerichtet. Damit sollte er zustimmend bestätigen, was die Militärgouverneure in ihrem Genehmigungsschreiben zum Grundgesetz vom 12. Mai 1949 an verbindlichen Vorbehalten gemacht hatten. Als Inhaber der unkündbaren Siegerrechte für Deutschland als Ganzes und Berlin hatten sie diejenigen Artikel des Grundgesetzes suspendiert, also außer Kraft gesetzt, die sie als Einschränkung ihrer Verfügungshoheit verstanden. [...] Brandt war empört, dass man von ihm verlangte, ›einen solchen Unterwerfungsbrief‹ zu unterschreiben. Schließlich sei er zum Bundeskanzler gewählt und seinem Amtseid verpflichtet. Die Botschafter könnten ihn wohl kaum absetzen!

Da musste er sich belehren lassen, dass Konrad Adenauer diese Briefe unterschrieben hatte und danach Ludwig Erhard und danach Kurt Georg Kiesinger. Dass aus den Militärgouverneuren inzwischen Hohe Kommissare geworden waren und nach dem Deutschlandvertrag nebst Beitritt zur NATO 1955 die deutsche Souveränität verkündet worden war, änderte daran nichts. [...] Schon Adenauer hatte seine Anerkennung der alliierten Oberhoheit wie ein Staatsgeheimnis behandelt. Sie passte nicht so recht in die Atmosphäre zehn Tage vor der Staatsgründung, und die drei Mächte hatten auch kein Interesse, diese Voraussetzung für den 23. Mai 1949 an die große Glocke zu hängen.

Das blieb kein Einzelfall.«

Kurzum, beide deutsche Staaten – obgleich doch als Völkerrechtssubjekte von weit über hundert Staaten anerkannt und in der UNO vertreten – besaßen bis kurz vor ihrem Untergang am 2. Oktober 1990 nur eine eingeschränkte Souveränität. Die Regierenden in Bonn und Berlin waren, wenn man so will, nicht Herr im eigenen Hause.

Die Einflussnahme der jeweiligen Führungsmacht erfolgte auf unterschiedliche Weise und mehr oder minder offen. Der sowjetische Politiker Pjotr Abrassimow beispielsweise – Botschafter in der DDR von 1962 bis 1971 und von 1975 bis 1983 – trug wegen seines anmaßenden und selbstherrlichen Auftretens den Beinamen »Regierender Botschafter«. Die DDR konnte zumindest einen Teilerfolg erringen, als nach wiederholter Intervention Honeckers in Moskau seine Abberufung erfolgte.

Tatsache jedoch bleibt, dass die grundsätzlichen Entscheidungen für die BRD und die DDR in Washington und Moskau, nicht aber in Bonn oder Berlin getroffen wurden. Das änderte sich auch nicht unter Gorbatschow, der seit März 1985 Generalsekretär des ZK der KPdSU war. Er untersagte beispielsweise Honecker wiederholt einen Staatsbesuch in der Bundesrepublik. Die Visite im September 1987 erfolgte eigenmächtig und gegen das Moskauer Veto.

Nein und ja. Die DDR wollte nie die 16. Sowjetrepublik werden. Es ging darum, entsprechend den nationalen Gegebenheiten eine antifaschistisch-demokratische, ab 1952 eine sozialistische Gesellschaft in Deutschland zu gestalten. Erinnert sei daran, dass Anton Ackermann – einer der Iniatoren des Aufrufs der KPD vom 11. Juni 1945 – im Auftrag der SED-Führung Anfang 1946 in seinem Beitrag über den »besonderen deutschen Weg zum Sozialismus« einen Blick in die gesellschaftliche Zukunft geworfen hatte. Er folgte in seinen (kollektiven) Überlegungen der Linie des Aufrufes vom 11. Juni: »Wir sind der Auffassung, dass der Weg, Deutschland das Sowjetsystem aufzuzwingen, falsch wäre, denn dieser Weg entspricht nicht den gegenwärtigen Entwicklungsbedingungen in Deutschland. Wir sind vielmehr der Auffassung, dass die entscheidenden Interessen des deutschen Volkes in der gegenwärtigen Lage für Deutschland einen anderen Weg vorschreiben, und zwar den Weg der Aufrichtung eines antifaschistischen, demokratischen Regimes, einer parlamentarisch-demokratischen Republik mit allen demokratischen Rechten und Freiheiten für das Volk.«

Dass der Rahmen für eine national eigenständige Entwicklung ziemlich eng gesteckt war, hing mit der internationalen Lage, den Besatzungsverhältnissen, aber auch mit dem Führungsanspruch der Sowjetunion und der KPdSU zusammen. Dennoch versuchte die SED- und Staatsführung der DDR, diesen Rahmen auszuweiten und spezifische deutsche Lösungen zu finden (Privatbesitz an Produktionsmitteln, Genossenschaftswesen, Eigentum an Grund und Boden etc.). Man erinnere sich auch an die Reaktion Ulbrichts Ende der 60er Jahre, als Breshnew eben das kritisierte. Die DDR sei nicht Belorussland, hatte der Staatsratsvorsitzende geantwortet.

Die Sowjetunion bezog ihren Führungsanspruch nicht nur aus der Größe des Landes und aus dem Sieg über den Hitlerfaschismus, sondern auch aus der Tatsache, dass sie seit 1917 Erfahrungen beim Aufbau einer sozialistischen Gesellschaft gesammelt hatte. Sie verstand sich als Pionier des Menschheitsfortschritts. Diese Erfahrungen waren wertvoll und unverzichtbar.

Der Konflikt resultierte aus den Intentionen Moskaus, diese Erfahrungen überall durchsetzen zu wollen, notfalls auch mit politischem Druck und wirtschaftlichen Mitteln. Jede Modifikation wurde als Abweichen von der Generallinie gewertet und bisweilen mit Sanktionen bedacht. Als Ulbricht beispielsweise nur noch vom »Grundmodell« sprach, womit er zum Ausdruck brachte, dass die DDR das sowjetische Sozialismusmodell nicht im Detail kopieren wolle, und über Reformprogramme nachdachte (siehe das 1963 auf dem VI. SED-Parteitag beschlossene »Neue Ökonomische System der Planung und Leitung der Volkswirtschaft«), war Staats- und Parteichef Walter Ulbricht für Moskau untragbar geworden.

In der Gründungsphase des MfS wurden die Erfahrungen der sowjetischen Tschekisten jedoch dankbar angenommen.

Nach der Oktoberrevolution 1917 war die *Außerordentliche Allrussische Kommission zur Bekämpfung von Konterrevolution, Spekulation und Sabotage* (Tscheka) unter Feliks Edmundowitsch Dzierzynski gegründet worden. Daraus wurde die *Politische Hauptabteilung* (GPU) innerhalb des *Volkskommissariats des Inneren* (NKWD), 1946 schließlich das *Ministerium für Staatssicherheit* (MGB) in der UdSSR.

In jener Zeit entstand auch das MfS.

Im Jahr nach dem Tode Stalins (1953) wurde aus dem Ministerium das *Komitee für Staatssicherheit* (KGB). So hieß es von 1954 bis 1991, bis zur Auflösung der Sowjetunion.

Die Unterstützung des MfS erfolgte, wie meist, durch Personal. So stellten die sowjetischen Partner Berater. Diese waren von unterschiedlicher Qualität. So legte sich Anton Ackermann mit Stalins Beauftragten Andrej Grauer, seinem Vormund im Auslandsnachrichtendienst der DDR, den Ackermann seit Sommer 1951 leitete, massiv an. Es herrschte Krieg zwischen ihm und dem anmaßenden, diktatorischen »kleinen Berija« (*siehe SAPMO-BArch DY 30/IV 2/1/192, Bl. 139*) Der trieb ihn fast in den Wahnsinn. In einem vertraulichen Brief an Walter Ulbricht ließ er diesen am 4. November 1952 wissen, wohin dieser Konflikt mit Grauer führen soll: »Ich bin mir klar darüber, in welcher Art von Heilanstalt ich landen werde, wenn ich noch ein Jahr unter Umständen arbeiten soll wie seit August 1951.«

Auch Markus Wolf, der Ackermanns Funktion übernahm, berichtete später ähnlich kritisch über Andrej Grauer. 1958 wurde die Beratertätigkeit beendet. Vom KGB wurden fortan Verbindungsoffiziere mit weitaus weniger Befugnissen eingesetzt.

Warum wollten insbesondere die USA die Entwicklung in Zentral-
europa nach dem Krieg zunächst stoppen bzw. eindämmen (»contain-
ment«)?

Das hing einerseits mit dem allgemeinen imperialen Herrschafts-
anspruch der politischen Klasse der USA zusammen. Und andererseits hatte die Washingtoner Administration unter Präsident Tru-
man, der Roosevelt im Weißen Haus nachfolgte, eine Strategie formuliert, die kurz und simpel lautete: Die USA müssen sich dauerhaft in der Alten Welt, also Europa, behaupten und festsetzen, und
der Konkurrent Sowjetunion muss in seine Grenzen zurückgedrängt, also aus Zentraleuropa hinausgeworfen werden.

Diesem Ziel wurde alles untergeordnet. Als beispielsweise die
SPD – u. a. als Reaktion auf die fortgesetzten Bemühungen der
SED zur Überwindung der deutschen Teilung – am 18. März 1959
ihren »Deutschlandplan« präsentierte, fand dieser keine Zustimmung in den USA.

Das von Herbert Wehner vorgelegte Konzept sah als einen ersten
Schritt die Einrichtung einer entmilitarisierten und atomwaffen-
freien Entspannungszone in Zentraleuropa vor. (Die daraus folgende Neutralisierung der beiden deutschen Staaten hatte schon
Stalin in seiner Note an die Westmächte 1952 vorgeschlagen). Eine
von der BRD und der DDR paritätisch besetzte »Gesamtdeutsche
Konferenz« sollte Schritte für die Überwindung der deutschen Teilung und eine Wiedervereinigung vorbereiten.

Dieses Vorhaben widersprach der Strategie der USA: Sie hätten
sich nämlich – wie die Sowjetunion – aus Zentraleuropa zurück-
ziehen müssen, was die USA weder damals noch heute vorhatten
bzw. vorhaben. Deshalb landete dieser Deutschlandplan der SPD
schon nach wenigen Monaten im Papierkorb.

Zur Durchsetzung ihrer Strategie beschritten die USA verschiedene Wege.

Um die Völker Westeuropas für sich zu gewinnen (und gleichzeitig ökonomische Abhängigkeit herzustellen), wurde 1948 ein
nach dem US-Außenminister George Marshall benanntes »Europä-
isches Wiederaufbauprogramm« gestartet. Heute räumt man selbst
ein: »Für das Programm gab es drei Gründe: Hilfe für die Not lei-
dende und teilweise verhungernde Bevölkerung des durch den Krieg

zerstörten Europas, eine Eindämmung (Containment-Politik) der kommunistischen Sowjetunion und die Schaffung eines Absatzmarktes für die amerikanische Überproduktion.«

Das Volumen der Kredite, Rohstoffe, Lebensmittel und Waren, die nach Westeuropa flossen, betrug 12,4 Milliarden Dollar (heute etwa 75 Milliarden Euro. Zum Vergleich: 2009 belaufen sich allein die Schulden Berlins auf 60 Milliarden Euro.) In die Westzonen, seit 1949 BRD, gingen davon 1,4 Milliarden Dollar, womit die Dimension der »Hilfe« deutlich wird. Dass der wirtschaftliche Aufschwung in den 50er Jahren sich auf diese Zuwendung aus Übersee gründete, gehört zum Gründungsmythos der BRD. Die Mär dient aber unverändert als Beweis für eine »transatlantische Freundschaft«.

»Begleitet wurde dieses Programm von einer Informationskampagne für die Bevölkerung der beteiligten Staaten, die aus heutiger Sicht zwischen praktischen Ratschlägen, politischer Bildung und Propaganda anzusiedeln ist«, heißt es dazu bei *Wikipedia*.

Natürlich lieferte der Marshall-Plan den propagandistischen Nebel für die Verschärfung des Kalten Krieges. Am 12. März 1948 hatte der US-Präsident erklärt, dass »die USA alle ›freien Völker‹ im Kampf gegen totalitäre Regierungsformen unterstützen werde«. Diese Truman-Doktrin war eine Kampfansage an die Sowjetunion und jene Staaten und Regionen, die nach gesellschaftlichen Alternativen zum Kapitalismus suchten. Wie diese umgesetzt werden sollte, kann man heute in der im August 1948 beschlossenen, damals streng geheimen *Direktive des Nationalen Sicherheitsrates der USA* (NSC 20/1) nachlesen. Den offenherzigen Kommentar dazu lieferte James Burnham in seinem 1950 in Stuttgart erschienenen Buch (»Die Strategie des Kalten Krieges«): »Wir sind bisher nicht bereit gewesen zuzugestehen, dass es nur ein Ziel der amerikanischen Außenpolitik geben kann: die Vernichtung der Macht des Kommunismus.«

In der Direktive NSC 20/1 hieß das: »Unser Ziel ist der Sturz der Sowjetmacht. Von diesem Standpunkt aus könnte man argumentieren, dass solche Ziele ohne Krieg nicht zu erreichen sind. Folglich erkennen wir damit an: unser Endziel in Bezug auf die Sowjetunion sind der Krieg und der gewaltsame Sturz der Sowjetmacht.«

Für dieses »Endziel« setzte man alle Mittel ein, der »Krieg« wurde auf vielen Feldern geführt. Vor allem kämpfte man um die

Köpfe, weshalb man auch von der »psychologischen Kriegführung« sprach. Aus vertraulichen Fonds des Marshall-Planes und des US-Geheimdienstes wurden beispielsweise jede Menge Dollar für einen Kulturkampf bereitgestellt, um Rundfunksender, Zeitschriften, Verlage, Bildungs- und Kultureinrichtungen in Westeuropa zu finanzieren. Die 1947 gebildete CIA stand auch hinter dem 1950 gegründeten *Kongress für kulturelle Freiheit* (»Congress for Cultural Freedom«, CCF). Die von 1950 bis 1969 in Paris ansässige »Kulturorganisation« sollte über Stiftungen prominente europäische Künstler und Schriftsteller beeinflussen und sie gegen »das kommunistische Lager« instrumentalisieren.

Der CCF wurde, wen überrascht es, in Westberlin im Juni 1950 aus der Taufe gehoben. Zum Teil ohne deren Wissen wurden linke Künstler wie Heinrich Böll und Siegfried Lenz oder Zeitschriften wie *Preuves* (François Bondy, Raymond Aron/Frankreich), *Der Monat* (Melvin J. Lasky/Westberlin), *Tempo presente* (Ignazio Silone/Italien), *FORVM* (Friedrich Torberg/Österreich), *Cuadernos, Encounter* (Irving Kristol/Großbritannien bzw. – nach der Einstellung des *Monat* 1971 – Melvin Lasky) und *Freedom First* (Faiz S. Noorani/Indien) im psychologischen Krieg der USA gegen den Feind im Osten sowie gegen US-Kritiker wie Thomas Mann, Jean-Paul Sartre und Pablo Neruda eingebunden und finanziert.

Es würde an dieser Stelle zu weit führen, die Details allein auf diesem intellektuellen Schlachtfeld auszuführen und die Reflexionen und Antworten der DDR, ihrer Künstler und auch des MfS darauf zu beschreiben. Nur soviel noch: Die CIA steuerte über die von ihnen finanzierten oder kontrollierten Medien selbst die Kunstdebatte. Sie setzten in den 50er Jahren der gegenständlichen »kommunistischen«, »totalitären« Kunst die vermeintlich freie abstrakte Kunst (»abstrakter Expressionismus«) entgegen und machten daraus ein Glaubensbekenntnis. In den 60er Jahren, als der Vietnam-Krieg der USA zunehmend auch Gegner bei Intellektuellen und Journalisten fand, steuerte der Kongress bzw. die CIA eine Kampagne zur »Entideologisierung« der Medienschaffenden.

Das wurde von der DDR seinerzeit aufgedeckt, aber im Westen stets bestritten. 1999 gab der CIA-Führungsoffizier und Abteilungsleiter des Nachrichtendienstes Thomas W. Braden (1917-2009), einer der einflussreichsten Agenten der USA, in einem TV-Interview eben dieses zu, was hierzulande stets erklärt, aber immer wieder als Propaganda abgewiesen worden war. Im Internet (*www.yoice.net/2009/09/germany-made-in-usa/#more-1793*) ist eine 45-minütige Dokumentation zu sehen, die im Nachrichtenkanal Phoenix lief. Sie zeigt sehr anschaulich die Operationen und das Vorgehen der USA und ihrer Geheimdienste in jenen Jahren, um die Auseinandersetzung mit »dem Kommunismus« zu gewinnen. Thomas Braden dazu 1999: »Ich bin froh, dass die CIA unmoralisch war, denn wir hatten den Kalten Krieg zu gewinnen.«

Neben der psychologischen Kriegführung, der Spionage und Sabotage setzten die USA und ihre Verbündeten im Kampf gegen den Osten auch auf wirtschaftliche Boykottmaßnahmen. Die DDR und andere Staaten wurden systematisch von der internationalen Arbeitsteilung und dem Handel ausgeschlossen.

So wurde auf Initiative der USA am 22. November 1949 in Paris ein *Koordinationsausschuss für mehrseitige Ausfuhrkontrollen* (»Coordinating Committee on Multilateral Export Controls«, CoCom) gegründet. Dieses Gremium sollte verhindern, dass Technologien und Know-how in den Osten geliefert wurden. Das Komitee erarbeitete Verbotslisten und verhängte Sanktionen gegen Firmen (etwa Ausschluss von Regierungsaufträgen), die sich nicht daran hielten. Das CoCom bestand aus 17 Mitgliedsstaaten: Australien, Belgien, Dänemark, Deutschland, Frankreich, Griechenland, Italien, Japan, Kanada, Luxemburg, den Niederlanden, Norwegen, Portugal, Spanien, der Türkei, dem Vereinigten Königreich und den Vereinigten Staaten. Wichtige Nichtmitglieder, die aber unter CoCom-Einfluss durch die USA standen, waren Finnland, Österreich, Schweden, die Schweiz und Taiwan. Die DDR wurde dadurch gezwungen, illegal zu besorgen, was ihr legal verweigert wurde. Die Hauptverwaltung Aufklärung (HV A) des MfS, insbesondere deren Sektor Wissenschaft und Technik, unterlief zunehmend erfolgreich die Verbote. Auch die Abwehr, insbesondere die Einheiten, die die Volkswirtschaft sicherten, hatten Anteil am Durchbrechen des Embargos.

1994 löste sich das CoCom auf.

Ein anderes Element im Krieg gegen die Sowjetunion und ihre Verbündeten war die militärische Bedrohung und, nachdem in den 60er Jahren das militärstrategische Gleichgewicht hergestellt worden und ein Krieg nicht mehr gewinnbar war, die Hochrüstung. Das sollte sich als erfolgreiche Strategie erweisen. Die USA rüsteten die UdSSR zu Tode.

Die Gründung des MfS war ein Reflex auf den Kalten Krieg und die Bedrohung durch westliche Geheimdienste und deren Handlanger. Die heute üblichen Darstellungen zum MfS beschränken sich auf einzelne Aspekte seiner Tätigkeit, wobei diese auch noch tendenziös und falsch wiedergegeben werden. Die Themen und Stichworte sind hinlänglich bekannt: Knast, Opfer und Täter, Spitzel, Geheimpolizei, Spione, repressive Maßnahmen, Folter, Strahlenkanonen …

Entsprechend dem sowjetischen Beispiel entwickelte sich das MfS auf zwei Feldern: der Abwehr und der Aufklärung. Während sich die einen im Wesentlichen mit der Abwehr von Angriffen auf die DDR beschäftigten, betrieben die anderen Auslandsaufklärung, also Spionage. Dabei wurde schon bald deutlich, dass die Grenzen fließend waren. Wenn etwa die Aufklärung Kenntnis von Plänen gegen die DDR erhielt, wurde auch die Abwehr informiert, um entsprechend im Inland zu handeln. Umgekehrt galt dies auch. Diese beiden Seiten der Tätigkeit des MfS gehörten organisch zusammen. Dennoch gab es nach 1990 wiederholt Versuche, hier zu trennen: In der Aufklärung waren die Anständigen, während in der Abwehr (»Repressions- und Unterdrückungsapparat«) die Unanständigen tätig waren. Eine solche Unterscheidung gab es nie.

Der Auslandsnachrichtendienst der USA, die *Central Intelligence Agency* (CIA), wurde 1947 gegründet. Er ging aus dem *Office of Strategic Services* (OSS), der während des Krieges gegen Hitlerdeutschland aktiv war, und aus der *Central Intelligence Group* (CIG) im Außenministerium hervor. Die CIA war von Anfang an ein Instrument des Kalten Krieges. Es ging nicht nur um Nachrichtenbeschaffung und -aufklärung, sondern auch um verdeckte Operationen, um politische und militärische Einflussnahme in Drittstaaten. Es gibt seither kaum einen Staatsstreich oder Putsch auf der Welt, in welchem die CIA nicht involviert war. Die Literatur über die CIA füllt inzwischen ganze Bibliotheken.

Dass die CIA und ihre Agenten in der DDR aktiv waren, lag weniger an einem Interesse der USA an der zweiten deutschen Republik. Es war dem Umstand geschuldet, dass hier über eine halbe Million Sowjetsoldaten stationiert waren. Hier befanden sich sensible militärische Einrichtungen des östlichen Verteidigungsbündnisses. Die Front im Kalten Krieg (und einem möglichen militärischen Konflikt) zwischen Warschauer Pakt und NATO verlief hier, auf deutschem Boden.

Aus diesem Grunde waren die CIA und andere in der DDR tätige Geheimdienste objektiv Gegner des MfS. Deren Operationen mussten aufgeklärt und abgewehrt werden, weil sie die staatliche Sicherheit der DDR unmittelbar bedrohten.

Das Gleiche galt für den Nordatlantikpakt, die NATO (»North Atlantic Treaty Organization«). Das Bündnis kam 1948 auf Betreiben der USA zustande. Ihm gehörten zunächst – neben den USA – Großbritannien, Frankreich und die Benelux-Staaten an. 1955 wurde auch die BRD aufgenommen. Dieser Beitritt führte zur Bildung des östlichen Verteidigungsbündnisses, des Warschauer Vertrages bzw. Warschauer Paktes, dem sich die DDR anschloss.

Wenn also über die Entstehung des MfS, seine Entwicklung und seine Aufgaben gesprochen wird, darf der internationale und historische Kontext nicht ausgeblendet werden.

Natürlich wäre eine Welt ohne Geheimdienste, ohne Konspiration und Spionage besser als eine mit. Aber von einem solchen Ideal sind wir offenkundig Lichtjahre entfernt.

Der Gang der Geschichte ist stets eine Abfolge von Aktion und Reaktion. Und da wir Menschen unser Leben immer unter konkreten Umständen gestalten, und weil die vorgefundenen Umstände nicht Resultat eigenen Handelns sind, sondern Erbe, kann man die Vergangenheit – zu der auch das MfS gehört – nur in ihrer Entwicklung und im jeweiligen Kontext betrachten.

Die Perspektive allein vom Ende ist ebenso falsch wie die Reduzierung auf einzelne Erscheinungen. Um das Wesen zu erkennen, müssen viele Elemente berücksichtigt werden.

Die Bundesrepublik Deutschland kam mit mindestens einer Lüge zur Welt, die noch immer im Umlauf ist. Deutschland – genauer: was nach dem Krieg des kapitalistischen Hitlerdeutschlands davon übrig geblieben war – sei von den Kommunisten gespalten worden.

Es ist ein historisches Faktum: Ohne die Übertragung der Macht an die Hitler-Clique 1933 durch die damals in Deutschland herrschenden Kreise hätte es kein 1939 gegeben. Ohne diesen Pakt von Kapital und Konzernen, von Antikommunisten und Antisemiten hätte es weder Krieg noch Völkermord und Holocaust gegeben. Und darum hätten 1945 nicht die Völker über Deutschland zu Gericht sitzen müssen. Sie taten es – zwangsläufig. Wenn wir also über Ursache und Folgen reden, müssen wir sehr früh beginnen.

In Jalta entschieden im Februar 1945 die drei Hauptmächte der Antihitlerkoalition über die Bildung von Besatzungszonen. Stalin, so ist überliefert, wollte auf diese Weise verhindern, dass der Plan des US-Finanzministers Henry M. Morgenthau verwirklicht würde. Dieser sah die vollständige De-Industrialisierung vor. Deutschland sollte binnen zwanzig Jahren in ein Agrarland verwandelt werden. Der Morgenthau-Plan favorisierte ferner die Bildung eines Norddeutschen Staates, eines Süddeutschen Staates und einer Internationalen Zone im Ruhrgebiet. Die Sowjetunion wollte – trotz der Bildung von Besatzungszonen – Deutschland als Ganzes erhalten.

Dennoch war mindestens den klugen Köpfen bewusst, dass dies angesichts der unterschiedlichen politischen Interessen der Hauptmächte ein frommer Wunsch war.

Im Nachlass von Elli Schmidt, der im Bundesarchiv in Berlin-Lichterfelde liegt, findet sich die Aktennotiz von einem Treffen nach Jalta bei Georgi Dimitroff. Der Chef der 1943 von Stalin aufgelösten Kommunistischen Internationale hatte Pieck, Ulbricht, Ackermann und dessen Lebensgefährtin Schmidt, also die Führung der KPD in Moskau, zu sich gebeten. Er berichtete von den Resultaten der Gespräche der Großen Drei in Jalta, die nicht in der *Prawda* standen. Und die beabsichtigte Bildung der Besatzungszonen kommentierte er mit dem Satz: Das ist die Teilung Deutschlands! Elli Schmidt dazu: Uns standen die Tränen in den Augen.

Dimitroffs Prognose trat ein. Die Antihitlerkoalition endete mit dem heißen Krieg am 8. Mai 1945. Es begannen der Kalte Krieg und die Bemühungen der USA, die drei Westzonen als Bollwerk gegen den Bolschewismus zu entwickeln. Alle Schritte, die nunmehr unternommen wurden, zielten auf die Gründung eines westdeutschen Separatstaates unter Kontrolle der USA.

Am Rhein fanden sich bald Bundesgenossen, die diesen antikommunistisch gespeisten Separatismus mittrugen. Kölns ehemaliger Oberbürgermeister Konrad Adenauer von der katholischen Zentrumspartei hatte schon 1919 für die Abtrennung des Rheinlands von Preußen (»protestantische Fremdherrschaft«) gekämpft. Für ihn waren nach überliefertem Bekunden nicht Nazidiktatur und Krieg das schwärzeste Kapitel der deutschen Geschichte, sondern der Wiener Kongress 1815, als das Rheinland zu Preußen kam. Nunmehr bot sich Gelegenheit, diesen Schritt von 1815 zu revidieren.

Und Adenauer, der 1949 erster Bundeskanzler wurde, zudem mit einer Stimme Mehrheit, nämlich seiner eigenen, begegnete dem Vorwurf, *er* habe Deutschland gespalten, mit dem erhellenden Satz: Lieber das halbe Deutschland ganz als das ganze Deutschland halb! Damit bekundete er offenherzig: Allein in diesem abgespaltenen Teil Deutschlands war die Restauration der früheren kapitalistischen Verhältnisse hundertprozentig möglich. In einem auf Umwälzung der gesellschaftlichen Verhältnisse, welche Faschismus und Krieg hervorgebracht hatten, orientierten antifaschistisch-demokratischen Gemeinwesen wäre das kaum möglich.

Also Gründung der BRD.

Und die Lüge, die Kommunisten, nicht die Kapitalisten hätten Deutschland »gespalten«.

Und warum ließ man den Osten nicht in Ruhe?

»Wir wollen nicht von Wiedervereinigung reden, sondern von der Befreiung der Ostzone. Das ist es doch, worum es geht, meine Damen und Herren«, erklärte Adenauer ein ums andere Mal.

Und am 1. Juli 1953 – nach den Ereignissen um den 17. Juni – führte der Bundeskanzler im Hohen westdeutschen Hause aus: »Unsere Pläne für die Zeit nach der Wiedervereinigung sind fertiggestellt. Besondere Arbeitsausschüsse haben Sofortmaßnahmen für den Tag der Wiedervereinigung vorbereitet. Es sind Vorarbeiten geleistet für die Versorgung mit Lebensmitteln, Kohle, Eisen, Stahl und Energie. Ferner sind die notwendigen Maßnahmen auf den Gebieten des Arbeitsmarktes, der Währung, der sozialen Versorgung und des Verkehrs festgelegt worden ...«

Sollten derartige Ankündigungen nicht die Alarmglocken in Ostberlin läuten lassen?

Es ging nicht um die Befreiung »der Zone«, sondern um die Rückeroberung von 108.000 Quadratkilometern.

Oder gesellschaftlich betrachtet: um die Revision der im Osten bereits vorgenommenen fortschrittlichen Veränderungen.

Die Parole von der »Befreiung« war Propaganda, aber auch Politik der Bundesregierung. Dagegen setzte man sich in der DDR erfolgreich zur Wehr. Auch mit dem MfS.

Warum immer dieser Bezug auf die Bundesrepublik?

Natürlich nicht. Wie die Bundesregierung demagogisch behauptete, »die Kommunisten« hätten Deutschland gespalten, reklamierte sie auch für sich, alleiniger Rechtsnachfolger des Deutschen Reiches zu sein. Daraus leitete sie die Legitimation ab, für alle Deutschen zu sprechen.

Das zielte natürlich insbesondere auf die Staatsangehörigen der DDR. Die Verweigerung der Anerkennung einer Staatsbürgerschaft der DDR wurde als politisches Instrument genutzt. Jeder DDR-Bürger konnte in jedem Land der Welt eine diplomatische Vertretung der BRD aufsuchen und um einen Pass der Bundesrepublik nachsuchen. Der wurde ihm anstandslos bewilligt. Denn, so hieß es, jeder, der die DDR verließ, stimmte »mit den Füßen« gegen den Sozialismus. Und diese »Abstimmung« sollte so leicht wie möglich gemacht werden.

Das sollte sich später zu einem zentralen Problem für die Existenz der DDR ausweiten. Und obgleich es sich um ein politisches Problem handelte, dass deshalb auch nur mit politischen Mitteln hätte gelöst werden müssen, delegierte es die SED- und Staatsführung zunehmend an die Schutz- und Sicherheitsorgane. (Darauf wird an anderer Stelle noch gesondert eingegangen.)

Der Alleinvertretungsanspruch der BRD wurde mit dem Grundgesetzauftrag und mit bundesdeutschem Recht begründet. So regelte das 1953 erlassene »Bundesvertriebenengesetz« zwar nur die staatliche Versorgung von »Vertriebenen, Heimatvertriebenen, Sowjetzonenflüchtlingen und Spätaussiedlern sowie deren Hinterbliebene« – womit diese natürlich in die BRD gelockt werden sollten. Aber in dem Gesetz wurde auch definiert, *was* ein »deutscher Volkszugehöriger«, also Bundesbürger, sei: eine Person, die sich in ihrer Heimat »zum deutschen Volkstum bekannt hat, sofern dieses Bekenntnis durch bestimmte Merkmale wie Abstammung, Sprache, Erziehung, Kultur bestätigt wird«.

Juristen kritisierten zwar zu Recht, dass damit die Bundesrepublik »in großem Umfang die rassistische Rechtsetzung der Nazis« übernommen habe, selbst das Grundgesetz verwendet in Art. 116 den Begriff deutsche Volkszugehörigkeit. Doch das störte die Bundesregierung nicht. Sie hatte schließlich auch Hans Globke zum

Staatssekretär im Bundeskanzleramt gemacht, der seinerzeit die Nürnberger Rasse-Gesetze der Nazis kommentierte, weshalb es nicht überraschte, dass § 6 des Bundesvertriebenengesetzes mit dem »Runderlass des Reichsinnenministers von 1939« identisch ist. Es war lediglich die Passage über das »artfremde Blut« entfernt worden. 1939 hatte diesen Runderlass der Ministerialrat im Reichsinnenministerium Hans Globke formuliert. Er lautete: »Deutscher Volkszugehöriger ist, wer sich als Angehöriger des deutschen Volkes bekennt, sofern dieses Bekenntnis durch bestimmte Tatsachen, wie Sprache, Erziehung, Kultur usw. bestätigt wird. Personen artfremden Blutes, insbesondere Juden, sind niemals deutsche Volkszugehörige, auch wenn sie sich bisher als solche bezeichnet haben.«

Damals wie heute weisen Kritiker auf den widersprüchlichen Umgang der Bundesregierung mit der deutschen Staatsbürgerschaft hin. Gemäß § 1 des deutschen Reichs- und Staatsangehörigkeitsgesetzes vom 22. Juli 1913, das von der Bundesregierung übernommen wurde, war Deutscher, wer die unmittelbare Staatsangehörigkeit (Reichsangehörigkeit) besaß. Damit wären die Deutschen in der SBZ/DDR und in Osteuropa aus der deutschen Staatsangehörigkeit ausgeschieden.

Daher wurde in Artikel 116 Grundgesetz eine neue Legaldefinition getroffen. »Deutscher im Sinne des Grundgesetzes« war nunmehr auch, wer als »Flüchtling« oder »Vertriebener« (bzw. Ehegatte oder Nachfahre) eines Deutschen in Deutschland in den Grenzen vom 31. Dezember 1937 war.

Man kann es auch anders formulieren: Die Gesetzgebung in der Bundesrepublik folgte politischen Intentionen und Vorgaben.

Warum wehrte sich die DDR mit konspirativen Mitteln?

Es war wie früher in einem Duell: Einer der Duellanten bestimmte die Waffen, der andere akzeptierte.

Im ersten Bundestagswahlkampf im August 1949 wurde der CDU-Vorsitzende in den Westzonen, Konrad Adenauer, gefragt: »Wie wollen Sie die Wiedervereinigung erreichen?«

»Mit konspirativen Mitteln.«

(*siehe Helmut Roewer: Im Visier der Geheimdienste. Deutschland und Russland im Kalten Krieg, Bergisch-Gladbach 2008*)

Diese Bemerkung ist insofern von einer gewissen Relevanz, als »Konspiration« nach gegenwärtig gängiger Lesart ausschließlich dem MfS unterstellt wird. »Heute verbindet sich mit dem Begriff der Konspiration durch die Stasi besonders der heimtückische Versuch, das Selbstvertrauen einer Person zu zerstören, indem Personen ihres Freundeskreises oder der Ehepartner für Spitzeltätigkeit angeworben und gezielt berufliche Misserfolge hergestellt wurden.« (*siehe http://de.wikipedia.org/wiki/Konspiration*)

Das ist natürlich hanebüchener Unsinn.

Jede geheimdienstliche Tätigkeit, das sagt bereits ihr Name, erfolgt gedeckt und nicht öffentlich.

Auch westliche (»demokratische«) Nachrichtendienste arbeiteten und arbeiten konspirativ. Und die Zielrichtung war auch klar, weshalb dennoch daran erinnert werden soll. Bundeskanzler Adenauer ließ sie am 20. Juni 1952 im *Rheinischen Merkur* erklären:

»Es gibt nur ein Deutschland, das deutsche Bundesrepublik heißt, und was östlich von Elbe und Werra liegt, sind unerlöste Provinzen.« Die Aufgabe heiße nicht Wiedervereinigung, »sondern Befreiung des Verlorenen«.

Das Grundgesetz, faktisch das gesamte Rechtssystem, Staatsorgane, Einrichtungen und Organisationen, die materiellen, finanziellen und geistigen Ressourcen der BRD waren darauf ausgerichtet. Mit dem Ministerium für gesamtdeutsche Fragen hatte man sich 1949 ein politisches Steuerungs- und Führungsinstrument gegeben.

»Befreiung« lautete die Parole. Und das hieß: Angriff.

Eine solche Losung, einen derartigen Auftrag gab es in der DDR nicht! Zu keiner Zeit wurde von einer »Befreiung« Westdeutschlands oder der Bundesrepublik geträumt oder gar geredet. Niemand dachte daran, an der europäischen Nachkriegsordnung zu rütteln. Der Status quo wurde anerkannt. Die Grenzen galten als unverletzlich. Der Auftrag der bewaffneten Organe inklusive MfS lautete: Schutz des friedlichen Aufbauwerkes in der DDR, Sicherung der Errungenschaften.

Dies erfolgte auch mit den spezifischen Mitteln eines Geheimdienstes. Dieser hatte die geheim vorgetragenen Angriffe äußerer und innerer Feinde auch unter Anwendung geheimer, abgedeckter Mittel, Methoden und Kräfte aufzuklären und abzuwehren.

Folgerichtig bestand das MfS aus zwei Elementen: aus der Abwehr und der Aufklärung.

Die Abwehr diente vorrangig dem Schutz im Innern und die Aufklärung einschließlich der Gegenspionage – auch als Konterspionage oder offensive Abwehrmaßnahme bezeichnet – der Aufklärung von Geheimdienstzentralen in der BRD und Westberlin, dem sogenannten Operationsgebiet.

Personalbestand und Struktur des MfS wurden im Laufe der Jahre den politischen Lagebedingungen angepasst.

Ob dabei stets die richtigen Entscheidungen getroffen wurden, steht auf einem anderen Blatt.

Der Begriff »Rechtsstaat« ist eine politische Floskel wie auch sein Gegenstück, mit dem man die DDR behängt. Die Bundestagsabgeordnete Gesine Lötzsch fragte Ende 2008 die Bundesregierung, was ein »Unrechtsstaat« sei.

»Den Begriff ›Unrechtsstaat‹ gibt es im Völkerrecht nicht. Für Fragen der allgemeinen politischen Begrifflichkeit beansprucht die Bundesregierung keine Definitionshoheit«, antwortete ihr das Auswärtige Amt.

Sie fragte auch beim Wissenschaftlichen Dienst des Bundestages nach. »Eine wissenschaftlich haltbare Definition des Begriffs ›Unrechtsstaat‹ gibt es weder in der Rechtswissenschaft noch in den Sozial- und Geisteswissenschaften«, bekam sie von dort zu lesen.

In einer Zeitungskolumne kommentierte darauf die Parlamentarierin: »Der ›Unrechtsstaat‹ ist ein propagandistischer Kampfbegriff, der nicht aufklären, sondern brandmarken soll.« Und zog daraus den Schluss: »Wenn wir in der Bewertung der DDR weiterkommen wollen, dann brauchen wir eine neue Sachlichkeit im Umgang mit der DDR-Geschichte und mit ihren Bürgerinnen und Bürgern.«

Wohl wahr.

Die Bundesrepublik Deutschland behauptet von sich, ein Rechtsstaat zu sein. Alles ist gesetzlich geregelt. Es gibt eine Gewaltenteilung und dennoch ein Gewaltmonopol des Staates, Gesetzlichkeit von Exekutive und Judikative, die Bindung des Gesetzgebers an Verfassungsprinzipien, Verlässlichkeit und Vertrauensschutz in staatliches Handeln, grundsätzliches Rückwirkungsverbot für staatliche Entscheidungen … Bezüglich des Rückwirkungsverbots hatte man offenkundig Probleme, als man die DDR und ihr Personal juristisch »abwickelte«. Aber egal: Formal ist genau definiert, was den »Rechtsstaat BRD« ausmacht.

Dabei wird geflissentlich übersehen: Die Bundesrepublik ist ein bürgerlich-demokratischer Staat. Er gründet auf dem Bürgerlichen Gesetzbuch und der kapitalistischen Produktionsweise, will heißen: Die Produktionsmittel sind in Privateigentum, woraus die Eigentümer das Recht ableiten, die kollektiv erarbeiteten Werte sich privat aneignen zu dürfen. Der Eigentümer oder Großaktionär nennt sich

Arbeitgeber, obwohl er doch die Arbeit anderer nimmt. Das Wesen dieser Art zu produzieren und zu konsumieren wird zwar verschleiert, doch ob man es beschönigend »soziale Marktwirtschaft« oder »demokratisch« nennt: der menschenunfreundliche Charakter bleibt. Es handelt sich um eine Ausbeutungs- und Unterdrückungsgesellschaft.

Nach dem Krieg sollte genau dieser Charakter der Gesellschaft überwunden werden. Denn darüber war man sich von den Christdemokraten bis zu den Kommunisten einig: Aus dem Schoße des Kapitalismus war der Faschismus gekrochen. Und dieser war, wie Brecht warnte, noch fruchtbar.

Deshalb wurden im Osten Deutschlands nach 1945 die gesellschaftlichen Verhältnisse antifaschistisch-demokratisch umgewälzt und mit der Vergangenheit gebrochen. Als Ziel fixierte man in den 50er Jahren den Aufbau der Grundlagen für eine sozialistische Gesellschaft.

Das hatte Folgen auch für Recht und Gesetz.

Und auch für das Rechtsverständnis.

Nirgendwo auf der Welt gibt es ein überpositives Recht, d. h. ein Recht, das unabhängig und unabänderlich ist. Positives Recht (lateinisch: *ius positivum*, von *ponere* »setzen«, positum »gesetzt«) ist von Menschen gemachtes, also veränderliches Recht. Man kann es auch direkter formulieren: Diejenigen, die in der Gesellschaft das Sagen haben, machen auch die Gesetze und wachen über deren Auslegung und Einhaltung.

Allein deshalb lässt sich das Rechtssystem der kapitalistischen BRD und das Rechtssystem der sozialistischen DDR nicht vergleichen. Die BRD ist ein bürgerlicher Rechtsstaat.

Das war die DDR nun tatsächlich nicht.

Aber wenn sie kein bürgerlicher Rechtsstaat war, bedeutet dies noch lange nicht, dass sie überhaupt kein Rechtsstaat war.

Herbert Köfer, der hochbetagte Schauspieler, schrieb in seinen Erinnerungen, dass die DDR ein Rechtsstaat gewesen sei, in dem es auch Unrecht gegeben habe. – Dem kann man folgen.

In welchem Staat, egal, wie er verfasst ist, gibt es kein Unrecht?

Und worauf fußte – nach rechtsstaatlichem Verständnis – das MfS?

Auf der Verfassung der DDR und einen Beschluss der obersten Volksvertretung, der Volkskammer. Der Grundsatz der ersten Verfassung der DDR, dass alle Staatsgewalt vom Volke ausgehe (Art. 3), war mit der ausdrücklichen Verpflichtung verbunden, dem Wohl des Volkes, der Freiheit, dem Frieden und dem demokratischen Fortschritt zu dienen. Dieser Verfassungsauftrag galt auch für das MfS und seine Mitarbeiter.

Jeder Staat schützt sich gegen Angriffe von außen und innen. Wer aber ist »der Staat«? Das Instrument der herrschenden Klasse. Die DDR verstand sich – und so war es auch in der 1968 durch Volksentscheid angenommenen Verfassung in Art. 1 zu lesen – als »ein sozialistischer Staat der Arbeiter und Bauern. Er ist die politische Organisation der Werktätigen in Stadt und Land unter der Führung der Arbeiterklasse und ihrer marxistisch-leninistischen Partei.« Und in Art. 2: »Alle politische Macht in der Deutschen Demokratischen Republik wird von den Werktätigen in Stadt und Land ausgeübt. Der Mensch steht im Mittelpunkt aller Bemühungen der sozialistischen Gesellschaft und ihres Staates. […] Die Ausbeutung des Menschen durch den Menschen ist für immer beseitigt. Was des Volkes Hände schaffen, ist des Volkes Eigen. Das sozialistische Prinzip ›Jeder nach seinen Fähigkeiten, jedem nach seiner Leistung‹ wird verwirklicht.«

In der DDR gab es, wie in allen Staaten auch, Funktionalorgane und Einrichtungen, die die bestehende Ordnung sicherten. Es gab einen Apparat mit Zwangs- und Gewaltbefugnissen, Strafverfolgungsbehörden, Gerichte, Haftanstalten/Gefängnisse, eine Armee, Polizei und – auch wenn sie anderenorts anders heißen – Staatssicherheitsorgane.

Das sind unzweifelhaft auch Repressivorgane – aber legal und Teil des Staatsapparats. Wie dies auch in bürgerlichen Staaten der Fall ist.

Sie alle haben die Aufgabe, die existierenden Macht- und Eigentumsverhältnisse zu sichern. Denn was heißt »die bestehende Ordnung zu schützen«? Egal, ob die sich nun »freiheitlich-demokratische Grundordnung« nennt, was eine Form der Diktatur des Großen Geldes ist, oder »Diktatur des Proletariats«. Es läuft stets auf die Absicherung der bestehenden Ordnung, d. h. der Macht hinaus. Nicht mehr, aber auch nicht weniger.

Jeder Staat darf auf seinem Staatsgebiet gemäß der Gebietshoheit und dem Grundsatz der territorialen Integrität grundsätzlich alle Maßnahmen ergreifen, die er zur Verteidigung seiner Existenz, zum Funktionieren seiner Wirtschaft und des Lebens seines Staatsvolkes für geboten hält – soweit er damit nicht die Interessen anderer Staaten verletzt oder völkerrechtliche Verpflichtungen in Bezug auf die Rechte seiner Bürger missachtet. Dabei hat ein Staat Ermessensfreiheit hinsichtlich der Wahl der Mittel und bei der Abwägung der verschiedenen Interessen und verschiedenen Rechtsgüter.

Die DDR handelte nicht anders. Sie war ein Staat mit Staatsgebiet, Staatsvolk und Staatsgewalt und Völkerrechtssubjekt wie die BRD auch. Selbst wenn die Souveränität beider deutscher Staaten infolge ihrer Abhängigkeit von den jeweiligen Führungsmächten Sowjetunion und USA und ihrer Einbindung in den Warschauer Pakt bzw. in die NATO stark eingeschränkt war, wurde dies international so gesehen. Deshalb wurden beide deutsche Staaten auch in die Vereinten Nationen aufgenommen und hatten zeitweise sogar den Vorsitz im UN-Sicherheitsrat.

Sollte sich die Weltgemeinschaft tatsächlich von den Vertretern eines »Unrechtsstaates« vorgeführt haben lassen?

Wie in der DDR gilt in der Bundesrepublik die »innere Sicherheit« als Grundwert. Darum wurde dem Bund die ausschließliche Gesetzgebung »zum Schutz der freiheitlich-demokratischen Grundordnung, des Bestandes und der Sicherheit des Bundes oder eines Landes (Verfassungsschutz)« übertragen (Grundgesetz Artikel 73, Nr. 10ff.).

Die »Stärkung der inneren Sicherheit« hat allerdings Konsequenzen für die Gewaltenteilung im Staat und für seine Bürger. Auch die BRD korrigierte in ihrer Geschichte – ausgehend von tatsächlichen oder angenommenen Gefahren für die »freiheitlich-demokratische Grundordnung« – wiederholt ihre Politik zur »inneren Sicherheit«. Meist wurden bestehende Gesetze verschärft oder neue beschlossen.

Das begann 1950 mit der »Adenauer-Verordnung« zur politischen Säuberung des öffentlichen Dienstes. Signifikant wurde das 1956, als die KPD und zehn weitere demokratische Organisationen verboten und in der Folge Hunderttausende Bundesbürger politisch verfolgt wurden. Die 1968 beschlossenen Notstandsgesetze (einschließlich der Notstandsverfassung, welche die Handlungsfähigkeit des Staates in Krisensituationen [Naturkatastrophe, Aufstand, Krieg] sichern soll) schränken die Freizügigkeit ein und heben das Post- und Fernmeldegeheimnis (Art. 10 GG) auf.

Repressionsmaßnahmen begleiteten den »Radikalenerlass« und die Berufsverbote in den 70er Jahren. Mit Verweis auf die RAF wurde in den 70er und 80er Jahren der Überwachungs- und Repressionsapparat weiter ausgebaut.

Und in jüngster Zeit vollzogen und vollziehen sich vor allem unter der Losung des Kampfes gegen den »internationalen Terrorismus« und die »Organisierte Kriminalität« Entwicklungen, die auf einen sprunghaften Ausbau des staatlichen Repressionsinstrumentariums und der Mechanismen zur Kontrolle und Überwachung der Bürger gerichtet sind.

Ausgangspunkt war das Gesetz über die Bildung des Ministeriums für Staatssicherheit vom 8. Februar 1950. Den Rahmen setzten die Verfassung und die übrigen Rechtsvorschriften der DDR. Das MfS war ein bewaffnetes Organ, die Angehörigen wurden auf die Verfassung der DDR vereidigt. Tatsache jedoch ist auch, dass es kein spezielles Gesetz gab, welches die Aufgaben, Rechte, Pflichten und Befugnisse des MfS regelte. Das kann man nun kritisieren oder nicht. Aber daraus zu schließen, dass die Mitarbeiter des Ministeriums außerhalb von Recht und Gesetz standen, ist falsch.

Es existierten von Anbeginn interne Richtlinien für grundsätzliche Aufgaben, etwa für die Werbung von und die Arbeit mit Inoffiziellen Mitarbeitern oder für die Bearbeitung von Sachverhalten und Personen, bei denen es Hinweise darauf gab, dass sie gegen die DDR handelten.

Am 15. Mai 1952 verfügte der Ministerrat, wie die strafprozessuale Untersuchungsführung zu handhaben ist: Diese stand unter Aufsicht der Generalstaatsanwaltschaft der DDR.

Von grundsätzlicher Bedeutung für die Tätigkeit des MfS und deren Einbindung in das Rechtssystem der DDR war das Statut des Ministeriums. Das erste wurde 1953 von Ministerpräsident Otto Grotewohl verfügt. Das zweite kam 1969. Es trug die Unterschrift des Sekretärs des Nationalen Verteidigungsrates Erich Honecker.

Zudem wurden aus den von der Volkskammer angenommenen Gesetzen und aus Beschlüssen des Ministerrates Ableitungen getroffen. Das betraf insbesondere solche zu ökonomischen und wissenschaftlich-technischen Vorhaben, zur Forschung, zum Verkehrswesen, Gesundheitswesen, Umweltschutz und zu anderen Feldern, die die Arbeit des MfS direkt und indirekt berührten.

In strafrechtlicher Hinsicht war das MfS beauftragt, Staatsverbrechen und angrenzende Delikte der allgemeinen Kriminalität zu verhindern, aufzuklären und zu verfolgen.

Das MfS war jedoch nicht zuständig für Straftaten der allgemeinen Kriminalität wie etwa Staatsverleumdung oder ungesetzliches Verlassen der DDR. Ausgenommen lediglich, wenn an der Flucht westliche Stellen, etwa Schleuserorganisationen, beteiligt gewesen sind.

Dass das MfS zu keiner Zeit im »rechtsfreien Raum« handelte, bestätigten auch das Bundesverfassungsgericht und der Bundesgerichtshof. Das BVG urteilte 1995: »Die Angehörigen der Geheimdienste der DDR hatten – wie die Geheimdienste aller Staaten der Welt – eine nach dem Recht ihres Staates erlaubte und von ihm sogar verlangte Tätigkeit ausgeübt.«

Und der BGH stellte 1998 fest: Zu den Staatsorganen der ehemaligen DDR, deren konkrete Aufgaben und Kompetenzen in der Verfassung, in spezifischen Rechtsvorschriften geregelt waren, gehörten nach der Rechtslehre der DDR vor allem die Volkskammer und die örtlichen Volksvertretungen, der Staatsrat, der Nationale Verteidigungsrat, der Ministerrat und die bei ihm bestehenden Ministerien (einschließlich des MfS) sowie weitere zentrale Staatsorgane, jeweils mit nachgeordneten Organen, die örtlichen Räte und deren Fachorgane, die Gerichte und übrigen Justizorgane und schließlich die Nationale Volksarmee und die weiteren staatlichen Sicherheitsorgane. Auch für die Angehörigen des Ministeriums für Staatssicherheit gilt insoweit nichts anderes; ungeachtet der besonderen Rolle, die diese Einrichtung im Rahmen der Durchsetzung der politischen Ziele der SED spielte, nahmen die MfS-Bediensteten Aufgaben eines staatlichen Organs wahr.

Ausdrücklich verwies der BGH auf § 1 Abs. 1 des Statuts des Ministeriums für Staatssicherheit vom 30. Juli 1969, in dem »das Ministerium für Staatssicherheit ausdrücklich als ein ›Organ des Ministerrats‹ definiert« worden war.

Bereits 1993 hatte der BGH in einem Urteil festgestellt, dass die Aufgaben des MfS in *Statuten* geregelt waren. Das MfS habe seine Aufgaben mit Wissen und Billigung der Staatsführung der DDR realisiert. Die Statuten des MfS und die im Ministerium – als Organ des Ministerrates – erlassenen Dienstanweisungen und Befehle waren die »verbindliche Arbeitsgrundlage«. Alle Organe des Ministerrates, die Ministerien und andere staatliche Einrichtungen arbeiteten auf der Grundlage eines für sie geltenden Statuts. Darin waren die Aufgaben, Rechte, Pflichten und Befugnisse verbindlich geregelt. Das betraf auch die Tätigkeit des Staatssicherheitsorgans der DDR. Die rechtsverbindliche Ausgestaltung seiner konkreten Befugnisse und Pflichten erfolgte maßgeblich und im Detail in zwei bis zuletzt geltenden Statuten, dem von 1953 und dem von 1969.

Das von Ministerpräsident Otto Grotewohl am 15. Oktober 1953 erlassene Statut des Staatssekretariats für Staatssicherheit bestimmte gleich in Ziffer 1, dass Grundlage für die Arbeit der Staatssicherheit die Beschlüsse und Direktiven des ZK bzw. des Politbüros der SED, die Gesetze und Verordnungen bzw. die Anweisungen des Ministerpräsidenten sowie die Befehle und Anordnungen des zuständigen Ministers des Innern sind. (Die Staatssicherheit war damals – bis 1955 – dem Minister des Innern unterstellt).

Zur Sicherheit des Staates, der Festigung der Staatsmacht und zur Aufrechterhaltung der öffentlichen Ordnung wurde der Staatssicherheit das Recht übertragen, feindliche Spione, Agenten und Diversanten festzunehmen, wenn der begründete Verdacht einer feindlichen Tätigkeit oder Beweise für die feindliche Tätigkeit vorlagen. Es sollten alle erforderlichen Untersuchungen bis zum Schlussbericht an die Organe der Justiz geführt werden. Um die feindliche Tätigkeit zu entlarven und/oder zu unterbinden war der Einsatz nachrichtendienstlicher Mittel gestattet, mit denen beobachtet (observiert) und abgehört werden durfte. Auch die Ausübung von Zensur war erlaubt. Genehmigt wurde die Errichtung und Führung von Agenturen in der Bundesrepublik und in Westberlin.

Der Staatssicherheit wurde gestattet, sich der Möglichkeiten zu bedienen, die andere Polizeiorgane oder vergleichbare Einrichtungen nutzen, um eine feindliche Tätigkeit erfolgreich zu bekämpfen. Alle Polizei-Dienststellen und sonstige Einrichtungen waren zudem verpflichtet worden, die Organe der Staatssicherheit zu unterstützen.

Diese Befugnisse galten auch nach Erlass des Statuts des MfS vom 30. Juli 1969 durch den Nationalen Verteidigungsrat. Dieses Statut, deklariert als Geheime Kommandosache 27/5/69, billigte dem MfS die »Anwendung spezifischer Mittel und Methoden« zu, ohne diese explizit zu nennen. Es unterblieb offenkundig deshalb, weil im unverändert gültigen Statut von 1953 diese beschrieben worden waren.

Unter »Anwendung spezifischer Mittel und Methoden« verstand man beispielsweise die konspirative Zusammenarbeit mit Inoffiziellen Mitarbeitern (IM) sowie die konspirative Überprüfung, Beobachtung, Ermittlung und Kontrolle von Personen. Dazu gehörte die Post- und Fernmeldekontrolle auf der Grundlage der dafür in der DDR – einschließlich der im MfS und für die beauftragten Diensteinheiten – geltenden Rechtsvorschriften. (Im Statut von 1953 standen dafür die Begriffe »Zensur« und »Abhören«. Unter »Zensur« wurde ausschließlich die Postkontrolle verstanden und nicht etwa das Redigieren von Texten.) Zu »spezifischen Mitteln und Methoden« gehörten ferner der konspirative Einsatz technischer Mittel etwa auf dem Gebiet der Beobachtung, der Funkaufklärung und -abwehr, bei der Aufklärung und Untersuchung von Straftaten und Vorkommnissen sowie zur vorbeugenden Sicherung von Objekten.

Die dem MfS übertragenen Befugnisse entsprachen international üblichen Gepflogenheiten. Folgerichtig waren und sind auch die Begriffe gleich oder ähnlich. Es handelte sich um Praktiken, die alle Sicherheits- und Nachrichtendienste anwenden. Dazu gehörten auch – im Interesse der Sicherheit des Staates, der Gesellschaft und der Bevölkerung – der Einsatz repressiver Mittel.

In diesem Kontext sei der Hinweis erlaubt, dass die Tätigkeit der Nachrichtendienste in der Bundesrepublik – BND und MAD – erst am 20. Dezember 1990 auf eine gesetzliche Grundlage gestellt wurden. Bis dahin operierten diese Dienste gleichsam ohne juristische Basis. Das Regelwerk hat übrigens den ein wenig irreführenden Titel »Gesetz zur Fortentwicklung der Datenverarbeitung und des Datenschutzes«. Darin waren enthalten das Bundesdatenschutzgesetz; das Gesetz über die Zusammenarbeit des Bundes und der Länder in Angelegenheiten des Verfassungsschutzes und über das Bundesamt für Verfassungsschutz; das Gesetz über den Militärischen Abschirmdienst; das Gesetz über den Bundesnachrichtendienst sowie weitere Vorschriften (alle nachzulesen unter *http://archiv.jura.uni-saarland.de/BGBl/TEIL1/-1990/19902954.A10.HTML*)

Erst zwei Monate nach dem Ende der DDR zog Bonn nach. Zwar war dem Bundesamt für Verfassungsschutz am 7. August 1972 per Gesetz der Einsatz »nachrichtendienstlicher Mittel« zur verdeckten Informationsgewinnung und zur Tarnung gestattet worden, aber eben auch nur mit dieser allgemeinen Formel. Erst mit jenem Gesetz vom 20. Dezember 1990 wurde ausgeführt, was darunter zu verstehen war: »Das Bundesamt für Verfassungsschutz darf Methoden, Gegenstände und Instrumente zur heimlichen Informationsbeschaffung, wie den Einsatz von Vertrauensleuten und Gewährspersonen, Observationen, Bild- und Tonaufzeichnungen, Tarnpapiere und Tarnkennzeichen anwenden.«

Wieso erfolgt, wenn über das MfS geschrieben und geredet wird,
immer der Bezug zur Bundesrepublik und deren Nachrichtendienste?

Weil die beiden deutschen Staaten wie siamesische Zwillinge waren. Auch wenn in den 70er Jahren Wissenschaftler der DDR meinten, dass sich auf dem Territorium der DDR langfristig eine »sozialistische deutsche Nation« entwickeln könne und zum Vergleich Österreich heranzogen: Dieses habe schließlich bis 1806 zum Heiligen Römischen Reich Deutscher Nation gehört und dann seinen eigenen nationalen Weg beschritten. Weshalb, so schlossen die Forscher, sollte sich nicht solches wiederholen?

Natürlich waren die gesellschaftlichen Unterschiede zwischen der BRD und der DDR gravierend. Dort war der bürgerlich-parlamentarische Ständestaat restauriert worden, der in eine »westliche Wertegemeinschaft« eingebunden wurde. Hier entwickelte sich eine sozialistische Gesellschaft, die zu einem Bündnis gleichgesinnter Staaten gehörte. Die Entwicklung lief auseinander.

Trotzdem bestanden viele Gemeinsamkeiten fort – nicht zuletzt dadurch, dass die Willkürlichkeit der Grenzziehung Familien geteilt hatte. Natürlich bestimmten politische, soziale, wirtschaftliche und weitere Aspekte die »Nation«. Aber dazu gehörten auch Geschichte, Sprache und Kultur. Diese Faktoren verschwanden nicht binnen Jahrzehnten getrennter Existenz.

Die DDR-Führung unter Ulbricht ging vom Fortbestand der deutschen Nation aus. Sie betrachtete die Teilung als Intermezzo und die DDR zumindest in den 50er Jahren als Provisorium, als den Kern der gesellschaftlichen Veränderungen in ganz Deutschland. Erst in der Ära Honecker erfolgte ein Paradigmenwechsel.

Warum aber bei der Betrachtung der Vergangenheit immer dieser Bezug zur BRD? Warum wird die DDR nicht aus sich selbst heraus erklärt? Ganz einfach: Weil die Geschichte der DDR sich nur im Kontext mit dem anderen deutschen Staat vollzog. Die Enwicklung eines Gemeinwesens geschieht immer in Verbindung mit seinen Nachbarn. Das war in Deutschland besonders ausgeprägt: Man sprach dort nicht polnisch oder tschechisch, sondern in beiden Nachbarländern die gleiche Sprache. Westfernsehen und -rundfunk waren in der DDR präsent. Millionen Bundesbürger besuchten die DDR und umgekehrt reisten DDR-Bürger hinüber. Gesetze wurden auch mit Blick auf den Nachbarn beschlossen: Das DDR-Gesetz über die Unterbrechung der Schwangerschaft von 1972 wirkt auch noch heute als bewusster Kontrast zur halbherzigen Fristenlösung in der BRD. Und wenn Arbeitgeber und Arbeitnehmer in der BRD über Gehälter und Sozialgesetze diskutierten, saß die DDR immer mit am Tisch. Der dramatische Sozialabbau in den 90er Jahren und was sich mit der »Agenda 2010« verband, wäre bei Fortexistenz der DDR unmöglich gewesen. Dito die Teilnahme der Bundeswehr an Kriegen auf dem Balkan und in Afghanistan.

Kurzum: Die innere Verbindung zwischen beiden deutschen Staaten existierte zu allen Zeiten, und zwar objektiv. Die Wechselwirkung auf die Politik des jeweils anderen war offensichtlich. Das hat der DDR nicht immer gefallen, die Rücksichtnahme hemmte mitunter die eigene Entwicklung. Aber die Verklammerung war real.

Warum also sollte man heute nicht darauf verweisen?

Weil die Bundesregierung und ihre Institutionen uns heute glauben machen wollen, man habe nie etwas mit dieser DDR zu tun gehabt? Es habe keine Geschäfte, keine Abkommen, keine Verabredungen gegeben?

Ja, die DDR hatte ihre eigenen Maßstäbe. Diese sollten wir dort anlegen, wo wir hinter unseren eigenen Vorgaben zurückblieben. Aber wir sollten auch die Maßstäbe der anderen, der BRD-Seite nicht aus den Augen verlieren und sie an ihren Worten und Taten messen. Damals und heute.

Ließ sich die Staatssicherheit in die Karten schauen?

Sicherheitsfragen unterliegen in allen Staaten der Geheimhaltung. Die DDR machte auch in dieser Hinsicht keine Ausnahme.

Im Kontext des Kalten Krieges und der Blockkonfrontation war die Sicherheitspolitik von existenzieller Bedeutung für die DDR. Aber es trifft zu: Manches war übertrieben, und manches ist bis heute unerklärbar, zumindest aus heutiger Sicht kritisch zu hinterfragen. Weshalb beispielsweise in der Frühzeit des Ministeriums alle Akten nach damaligem sowjetischen Muster eingenäht werden mussten, vermag heute niemand mehr zu beantworten. Oder warum der Sicherheitsapparat unter Hinweis auf »neue und höhere Sicherheitserfordernisse« sich immer mehr aufblähte. Oder weshalb der Aktenberg, den man aufhäufte, immer gewaltiger wurde, dass man am Ende an der Datenmenge fast erstickte.

Das alles sind Momente, die in eine sachliche Beurteilung des MfS durchaus einbezogen werden sollten. Aber sie machten nicht sein Wesen aus.

Konspiration und Geheimhaltung waren und sind unverzichtbar in der Tätigkeit von Geheimdiensten und anderen Sicherheitsbehörden – unabhängig davon, in welchem und für welches gesellschaftliche System sie erfolgt. Der Schutz und die Verteidigung der DDR, der Gesellschaft und der Bürger vor staatsfeindlichen und anderen kriminellen Handlungen erforderte, die »spezifischen Mittel und Methoden« unbedingt geheim zuhalten.

Die Angriffe gegen die staatliche Sicherheit der DDR wurden geheim geplant, vorbereitet und durchgeführt. Um ihnen wirkungsvoll zu begegnen, mussten auch die Maßnahmen des MfS weitgehend verdeckt, getarnt – also konspirativ – erfolgen. Ihre Wirksamkeit hing in ganz erheblichem Maße davon ab, sie verborgen zu halten, bis sie realisiert waren. Auch in der DDR – wie in den meisten anderen Staaten – wurden deshalb die geheimdienstlichen Mittel und Methoden als Staatsgeheimnisse eingestuft. Das waren offenkundig gewichtige Beweggründe für die Volkskammer, die Aufgaben und Befugnisse des MfS nicht für jedermann nachlesbar im Gesetz über seine Bildung textlich auszuweisen.

Die Volkskammer hat sich in allen Legislaturperioden an diese Rechtsauffassung gehalten. Aus gleichem Grunde äußerte sich die

Volkskammer auch nicht zu den Aufgaben und Befugnissen des militärischen Aufklärungsdienstes der Nationalen Volksarmee.

Sowohl Ministerpräsident Otto Grotewohl 1953 als auch Erich Honecker als Sekretär des Nationalen Verteidigungsrates (NVR) hatten mit ihren Unterschriften die Festlegung besiegelt, die jeweiligen Statuten nicht zu veröffentlichen. Das galt im Übrigen 1969 auch für die gleichzeitig beschlossenen Statuten des Ministeriums für Nationale Verteidigung und des Ministeriums des Innern. Sie wurden aufgrund des Beschlusses des NVR ebenfalls nicht veröffentlicht.

Der Wortlaut der für das MfS geltenden Statuten wurde nur einem eng begrenzten Personenkreis – den Mitgliedern des Kollegiums, den Leitern der Hauptabteilungen/selbständigen Abteilungen und den Leitern der Bezirksverwaltungen/Verwaltungen – bekannt gegeben. Die übrigen Angehörigen des MfS wurden entsprechend ihrer Funktionen und Aufgaben in differenzierter Form, d. h indirekt über die aus den Statuten abgeleiteten Aufgaben und Befugnisse informiert, ohne dass dabei auf die Existenz dieser Statuten Bezug genommen wurde. Auch innerhalb des MfS galten Konspiration und Geheimhaltung als verbindliche Arbeitsprinzipien. Geheimzuhaltende Informationen wurden dem einzelnen Mitarbeiter nur insoweit zugänglich gemacht, wie das zur Erfüllung der ihm übertragenen Aufgaben jeweils erforderlich war.

Das entsprach der Geheimhaltungspraxis wie sie das MfS und seine Vorläufer von der sowjetischen Staatssicherheit übernommen hatte. Jeder musste nur das wissen, was er unbedingt wissen musste. Die alte Volksweisheit »Was ich nicht weiß, macht mich nicht heiß« gilt in gewisser Weise in jedem Nachrichtendienst. Was man nicht weiß, kann man auch nicht verraten. Konspiration hat also auch sehr viel mit Selbstschutz zu tun.

Als Grundsatz galt, dass bei der Ausarbeitung von Richtlinien, Ordnungen, Befehlen und Führungsdokumenten sowie deren Erlass die Übereinstimmung mit dem Statut gewährleistet war.

Auch wenn man in Rechnung stellt, dass die Sicherheit eines Staates Teil seiner Souveränität war und ist, was von der SED- und Staatsführung der DDR immer als ein wichtiges Gut behandelt wurde und darum höchster Geheimhaltung unterlag, bleibt es dennoch unverständlich, warum diese Statuten oder Teile davon nicht veröffentlicht und auch den Mitarbeitern des MfS vorenthalten wurden. Zumal in nicht wenigen dienstlichen Bestimmungen, wie z. B. in den Richtlinien über die Zusammenarbeit mit Inoffiziellen Mitarbeitern und in anderen Dienstanweisungen und Befehlen, häufig konkretere Interna zur konspirativen Arbeit abgefasst waren als in den Statuten.

Die Neigung zu einer übertriebenen, ausufernden Geheimhaltung resultierte auch aus der Tatsache, dass alle auffälligen Vorgänge im Westen aufgegriffen und propagandistisch gegen die DDR eingesetzt wurden. Meist befand sich die DDR dabei in einer Verteidigungsposition, musste sich rechtfertigen und erklären.

Das hat sich bis heute nicht geändert.

Etwas mehr Souveränität und Gelassenheit, aber auch Transparenz und Offenheit bei der Darstellung der Tätigkeit des MfS hätte gut getan. Damals wie heute, wo man sich das Unwissen und die Unkenntnis schamlos zunutze macht.

Es gab in 40 Jahren DDR keine Kontrolle durch die Volkskammer. Aber was besagt das schon? Heute wissen wir, dass parlamentarische Kontrollgremien meist auch nichts in Erfahrung bringen. Das macht die Sache zwar nicht besser, offenbart aber auch die Grenzen. Mancher Zeitgenosse hält die parlamentarische Kontrolle ohnehin für einen Fetisch. »Parlamentskontrolle zielt auf Öffentlichkeit, Nachrichtendienste aber brauchen den Verzicht auf Öffentlichkeit«, erklärte der damalige Bundesinnenminister Wolfgang Schäuble im September 2009. »Wir benötigen eine andere Art der Kontrolle der Nachrichtendienste, vielleicht sollten wir eine bestimmte Persönlichkeit dafür berufen«, sagte Schäuble dem *Handelsblatt*. »Das machen wir bei der Finanzkontrolle mit den Rechnungshöfen ja auch.« Als Grund für seine Idee nannte der Innenminister, dass es vor allem von ausländischen Geheimdiensten inzwischen Zweifel daran gebe, ob Zusammenarbeit und Informationsaustausch mit deutschen Diensten wie dem Bundesnachrichtendienst (BND), Militärischem Abschirmdienst (MAD) oder dem Verfassungsschutz tatsächlich vertraulich blieben.

In der DDR hatte der Minister für Staatssicherheit die sich aus der Arbeit des MfS ergebenden Fragen und Entscheidungen dem Nationalen Verteidigungsrat bzw. dem Ministerrat vorzulegen. Darüber hinaus hatte er diesen Organen über die Sicherheitslage und die Wirksamkeit der Arbeit des MfS zu berichten.

Die Tätigkeit der Schutz- und Sicherheitsorgane einschließlich des MfS – bei aller Notwendigkeit der Geheimhaltung – wurde nicht in erforderlichem Maße von der obersten Volksvertretung und dem Ministerrat, der Regierung der DDR, kontrolliert. In der Volkskammer der DDR existierten bis Ende 1989 fünfzehn (15) Ausschüsse, darunter ein Rechtsausschuss und ein Ausschuss für Nationale Verteidigung. Im Ministerrat der DDR standen Aufgaben, Fragen und Probleme der Gewährleistung der Sicherheit der DDR allein schon im Zusammenhang mit der Verwirklichung der Wirtschafts- und Sozialpolitik unter den konkreten inneren und äußeren Bedingungen an. Aus den Beratungen der genannten Gremien ergaben sich stets auch Aufgaben für das MfS. Ein Ersatz für Kontrolle war das jedoch nicht. Die Kontrolle des MfS durch die »Sicherheitskommission beim Politbüro« des ZK der SED und durch die Abteilung für Sicherheitsfragen des Zentralkomitees der SED war dafür auch kein Ersatz. Letztere war 1953 zur Anleitung und Kontrolle insbesondere der Personalpolitik (Kaderarbeit) und zur ideologischen bzw. erzieherischen Arbeit in den bewaffneten Organen neben der »Sicherheitskommission beim Politbüro« des ZK der SED geschaffen worden. Sie gliederte sich in Sektoren für die einzelnen Schutz- und Sicherheitsorgane, also für die Nationale Volksarmee, das Ministerium des Innern/Polizei und Strafvollzug, das Ministerium für Staatssicherheit.

Derartige Abteilungen für Sicherheitsfragen wurden auch in den SED-Bezirksleitungen gebildet. In den SED-Kreisleitungen waren einzelne Mitarbeiter mit der Wahrnehmung entsprechender Aufgaben betraut. Leiter und Mitarbeiter der Sektoren waren zuletzt fast ausschließlich attestierte Angehörige der jeweiligen Schutz- und Sicherheitsorgane und trugen demzufolge auch entsprechende Dienstgrade. Der Leiter und auch Mitarbeiter des Sektors Staatssicherheit waren Offiziere des MfS. Mit anderen Worten: Das Organ kontrollierte sich selbst.

Die Abteilung für Sicherheitsfragen unterstand zunächst Walter Ulbricht, ab 1958 war sie dem jeweiligen ZK-Sekretär für Sicherheitsfragen unterstellt. Von 1958 bis 1971 war das Erich Honecker, danach – bis 1983 – Paul Verner, von 1983 bis 1989 Egon Krenz.

Der in dieser Abteilung geschaffene Sektor für Staatssicherheit kontrollierte die Durchsetzung der Beschlüsse der SED in der politisch-ideologischen und parteierzieherischen Tätigkeit der Parteiorganisationen der SED im MfS. Er leitete auch die politische Arbeit der SED-Kreisleitung in der Zentrale des MfS in Berlin an. Der Sektor wirkte mit an der Auswahl und Bestätigung von Leitern zentraler Diensteinheiten sowie von Nomenklaturkadern, also jenen, die für eine Führungs-Funktion vorgesehen waren.

Der Leiter des Sektors Staatssicherheit nahm an den Sitzungen des Kollegiums teil, dem kollektiven Beratungsorgan beim Minister, dem seine Stellvertreter sowie Leiter von Diensteinheiten und der 1. Sekretär der SED-Kreisleitung im Ministerium in Berlin angehörten. Der Leiter nahm an den Sitzungen des Sekretariats der SED-Kreisleitung im MfS teil. Er bzw. die Mitarbeiter des Sektors Staatssicherheit besaßen keine Befugnis für die geheimdienstliche, also für die operativ-fachliche Arbeit. Aber auch hier galt: Keine Regel ohne Ausnahme.

Die Kontrolle der strafprozessualen Untersuchungsorgane des MfS, einschließlich des Untersuchungshaftvollzugs, durch die Staatsanwaltschaften im Rahmen ihrer Gesetzlichkeitsaufsicht nahm dagegen einen hohen Rang ein. Der Staatsanwalt leitete in der DDR das strafprozessuale Ermittlungsverfahren und damit auch die von den Untersuchungsorganen des MfS eingeleiteten und bearbeiteten Verfahren.

Bereits im Gesetz über die Errichtung des Obersten Gerichtes und der Obersten Staatsanwaltschaft der DDR vom Dezember 1949 wurde festgelegt: Der Generalstaatsanwalt führt in Strafsachen von überragender Bedeutung die Untersuchung und erhebt beim Obersten Gericht Anklage. Er kann jedes bei den Staatsanwaltschaften der Länder (ab 1952 Bezirke) schwebende Strafverfahren an sich ziehen, wenn er es wegen dessen überragender Bedeutung für erforderlich hält.

Der Staatsanwalt führte auch die Aufsicht über den Vollzug der Untersuchungshaft im MfS, also auch über die Untersuchungshaftanstalt in Berlin-Hohenschönhausen.

Gleichwohl bleibt festzuhalten: Dem Selbstverständnis des Organs hätten mehr Kontrolle und Transparenz gut getan, ohne dass dadurch gleich die Sicherheit der DDR gefährdet worden wäre. Und mancher Genosse hätte sich vielleicht weniger wichtig genommen.

Warum musste es gleich ein Ministerium sein? Hätte es nicht auch eine Behörde getan?

Diese Frage ist berechtigt. Sie beschäftigt noch immer. Musste das MfS als zentralisiertes Staatsorgan, als ein komplexes Ministerium geschaffen werden, in dem nachrichtendienstliche und Staatsschutzfunktionen, polizeiliche, strafprozessuale und andere exekutive Befugnisse vereinigt waren?

Dazu müssen wir die Geschichte bemühen. In der schweren Nachkriegszeit mussten alle Anstrengungen zum Wiederaufbau, im Kampf gegen Not und Elend, gegen die Reste der Naziideologie, gegen die Feinde des gesellschaftlichen Umbruchs gebündelt werden. Und nach sowjetischem Vorbild formte man einen zentralistischen Staat. Nach der 2. Parteikonferenz der SED, die im Sommer 1952 den Aufbau der Grundlagen des Sozialismus beschloss, setzte man an die Stelle der fünf Länder 14 Bezirke und nachfolgend 217 Kreise, die zentralistisch (und nicht föderal) geführt wurden.

Der Zentralismus war das Rückgrat im Staatsaufbau, in der Tätigkeit aller Staatsorgane, in der Gestaltung einer einheitlichen Rechtsordnung und ihrer Durchsetzung sowie im System der Planung und Leitung der Volkswirtschaft. Er wurde auch auf alle gesellschaftlichen Bereiche einschließlich der Parteien und Massenorganisationen übertragen.

Dieser zentralistische Aufbau des Staates und der Gesellschaft war somit erst recht in einem militärisch geleiteten Organ wie dem MfS verbindliches Leitungs- und Organisationsprinzip.

Das MfS war als ein komplexes, militärisch zentral geleitetes Sicherheitsorgan zur Gewährleistung der staatlichen Sicherheit der DDR entstanden. Es musste nicht erst dazu gemacht werden.

Die Struktur des Ministeriums richtete sich einerseits nach den prophylaktisch zu sichernden territorialen, staatlichen, wirtschaftlichen und gesellschaftlichen Bereichen, andererseits auch nach inhaltlichen Schwerpunkten und Kriterien, die sich vor allem aus den gegnerischen Angriffen und den Aufklärungserfordernissen ergaben.

Die Konzentration von unterschiedlichen Aufgabenkomplexen wurde im Interesse einer hohen Effizienz bei der Sicherung des Staates und der Bürger als unbedingt notwendig erachtet. Diese Sicht auf die Zentralisierung und Komplexität, auf die Bündelung sowohl geheimdienstlicher, polizeilicher und strafprozessualer Befugnisse wurde in den Folgejahren im Wesentlichen nie in Zweifel gezogen.

Als in der Endphase der DDR der Verfassungsgrundsatz der führenden Rolle der SED zu Fall gebracht wurde, womit dem Zentralismus in der DDR faktisch die politische Basis entzogen wurde, war auch das Ende des MfS als zentrales sozialistisches Schutz- und Sicherheitsorgan besiegelt.

Bereits geraume Zeit vorher gab es im MfS und in den Führungsetagen der SED Überlegungen, durch Zusammenführung von Aufgabenbereichen und die Vermeidung von Doppelgleisigkeiten die Strukturen des MfS zu straffen und durch Übertragung bestimmter Aufgaben in die Verantwortung anderer Staatsorgane die Effizienz seiner Tätigkeit zu erhöhen und transparenter zu machen. Die dazu gefertigten Dokumente mit Vorstellungen und Vorlagen zur Abtrennung von Dienstbereichen und von exekutiven Befugnissen befinden sich in den Akten des Bundesbeauftragten für die Unterlagen des Staatssicherheitsdienstes der ehemaligen Deutschen Demokratischen Republik (BStU).

Interessanterweise sind in einigen Staaten gegenteilige Entwicklungen zu beobachten. So entstand 2002 aus 22 Bundesbehörden das Heimatschutzministerium der Vereinigten Staaten (*United States Department of Homeland Security*, DHS). Das Ministerium gilt als Antwort auf die Anschläge am 11. September 2001 und ist mit über 200.000 Beschäftigten nach dem Pentagon und der Rentenorganisation die drittgrößte Bundesbehörde der USA. In ihm wurden einige zuvor unabhängige Institutionen zusammengelegt, so zum Beispiel die für Sicherheitskontrollen an den Flughäfen zuständige Behörde, der Zoll, die Küstenwache und die Katastrophenschutzbehörde *Federal Emergency Management Agency*.

Das könnte man vermuten, wenn man sieht: Das Ministerium wurde zentralistisch geführt, es gab keine parlamentarische Kontrolle, und die Tätigkeit erfolgte – sieht man von bestimmten Seiten einer gezielten Öffentlichkeitsarbeit ab – ohne Transparenz. Man ließ sich letztlich nicht in die Karten schauen. Darauf wird in der polemischen Auseinandersetzung auch stets verwiesen.

Auch wenn diese Vorhaltungen alle so verallgemeinert zutreffen – es ist dennoch nicht die Wahrheit.

Alle Mitarbeiter des MfS waren auf die Gesetze der DDR verpflichtet. Daraus resultierten eine politisch bestimmte Staatsdisziplin und ein ideologisch begründeter Staatsgehorsam der Staatsangestellten (in der DDR gab es keine »Beamten«).

Das staatsrechtlich begründete pflichtgemäße Handeln und die Staatstreue wurden (wie in der BRD auch) von jedem Mitarbeiter eines Staatsorgans erwartet und gefordert. Verstöße gegen Dienstvorschriften, Befehle und andere dienstliche Bestimmungen wurden innerdienstlich mit Disziplinarmaßnahmen geahndet. Darüber hinausgehende Verletzungen wurden nach den für Bürger der DDR bzw. speziell für Militärangehörige der DDR geltenden Strafbestimmungen verfolgt. Auch darüber gibt es bei der BStU-Behörde entsprechende Unterlagen, die das belegen.

Aus dem Charakter des MfS als militärisch organisiertes und strukturiertes Staatsorgan ergab sich zugleich der Befehlscharakter aller dienstlichen Bestimmungen und Weisungen. Wie in den anderen Schutz- und Sicherheitsorganen bildeten die Befehle im MfS die Grundlage für die straffe politische und militärische Leitung und Organisation. Weder Volkskammer, Staatsrat, Ministerrat noch Nationaler Verteidigungsrat sahen jemals im Rahmen ihrer Kontrollpflicht Veranlassung, Zweifel an der Verfassungsmäßigkeit der dienstlichen Bestimmungen und Weisungen des Ministers für Staatssicherheit zu erheben und darüber zu entscheiden. Das MfS stand nicht außerhalb von Recht und Gesetz.

Ein Untersuchungsaussschuss im Land Sachsen befand nach 35 Sitzungen und Anhörung von 75 Zeugen, dass das MfS nicht unabhängig und losgelöst von SED und Staat agieren konnte. Das MfS war »kein Staat im Staate«, sondern ein gut integrierter Bestandteil des Staates DDR. (vgl. *Schlussbericht des Sonderausschusses des Säch-sischen Landtages zur Untersuchung von Amts- und Machtmissbrauch infolge der SED-Herrschaft, Drucksache 1/4773 vom 20.05.1994, Blatt 49*)

Als Mitarbeiter eines Schutz- und Sicherheitsorgans und als Militärpersonen waren die Angehörigen des MfS ihrem Staat zu uneingeschränkter Treue verpflichtet. Das gilt übrigens vergleichbar auch für die im Grundgesetz der BRD festgeschriebene Treuepflicht der Angehörigen des öffentlichen Dienstes, wozu die Beamten der staatlichen bundesdeutschen Schutz-, Sicherheits- und Nachrichtendienste gehören.

Traf dies auch auf die Wehrpflichtigen zu?

Im Bereich des MfS, selbst im Wachregiment, gab es keine Wehrpflichtigen, sondern ausnahmslos Freiwillige. Aber: Gemäß dem Wehrdienstgesetz der DDR entsprach der Dienst im MfS der Ableistung des Wehrdienstes. Alle Angehörigen des MfS wussten, dass sie als Militärpersonen allen für diesen Personenkreis geltenden speziellen Rechtsvorschriften unterlagen. Sie leisteten bei ihrem freiwilligen Diensteintritt einen Fahneneid, der sich im Wesentlichen mit dem Fahneneid der anderen bewaffneten Organe der DDR deckte. Mit dem Fahneneid wurde zudem gelobt, »ein ehrlicher, tapferer, disziplinierter und wachsamer Soldat zu sein, den militärischen Vorgesetzten unbedingt Gehorsam zu leisten, die Befehle mit aller Entschlossenheit zu erfüllen und die militärischen und staatlichen Geheimnisse immer streng zu wahren«.

Mit Diensantritt im MfS hatte außerdem jeder Angehörige eine ihm vorgelegte »Verpflichtung« handschriftlich anzufertigen. Diese Verpflichtungserklärung schloss mit dem Satz: »Ich wurde über die strafrechtlichen Folgen der Verletzung dieser durch mich abgegebenen Verpflichtung ausführlich belehrt.«

Jeder Angehörige des MfS konnte sich darauf verlassen, dass die Befehle und Weisungen, dass die dienstlichen Bestimmungen rechtens und deshalb zu befolgen waren.

Die Mehrzahl der Angehörigen des MfS war von der Richtigkeit und Notwendigkeit ihrer Tätigkeit überzeugt und hat sich freiwillig den auferlegten Pflichten und den sich aus dem Dienst ergebenden Einschränkungen (Geheimhaltungserfordernisse, Einsatz- und Versetzungsbereitschaft, Reisebeschränkungen u. a. m.) unterworfen. Kam es dennoch zu Disziplinarverstößen oder anderen Verletzungen der Dienstvorschriften, führte das zu entsprechenden innerdienstlichen Bestrafungen, bei strafrechtlicher Relevanz zu strafprozessualen Konsequenzen bis hin zur Entlassung aus dem Dienst.

Die Mitarbeiter kamen aus der Gesellschaft, sie waren Teil der Gesellschaft. Die für alle DDR-Bürger verbindlichen staatsbürgerlichen Verhaltensanforderungen und -erwartungen, die Normen für ein geordnetes gesellschaftliches Zusammenleben galten auch für die Angehörigen des MfS. Sie unterlagen den allgemeingültigen Normen der Rechtsordnung der DDR. Wenn auch in sehr geringem Maße gab es unter ihnen auch solche, die kriminell wurden und sich vor Gericht verantworten mussten. In der Mehrzahl solcher Fälle hatte das eine Entlassung aus dem MfS zur Folge.

Zu den Pflichten jener Angehörigen des MfS, die Kandidaten oder Mitglieder der SED waren, gehörten selbstverständlich auch jene aus dem Statut der SED. Mehr als 80 Prozent der Angehörigen gehörten der SED an. Verletzungen des Partei-Statuts, und dazu gehörten selbstredend Verstöße gegen Dienstvorschriften, erst recht gegen Strafrechtsnormen bzw. andere Gesetzesverletzungen, zogen auch »parteierzieherische Maßnahmen« nach sich.

Es heißt, die »Stasi« sei von alten Nazis gegründet bzw. dort seien viele alte Kameraden beschäftigt worden?

Diese Behauptung ist so falsch wie unausrottbar. Sie wird immer dann gern bemüht, wenn sich der Blick der Öffentlichkeit auf die Gründergeneration der westdeutschen Nachrichtendienste richtet. Dort kamen in der Tat viele Geheimdienstler unter, die bereits unter Hitler gegen die Sowjetunion gearbeitet hatten. Dann heißt es entschuldigend: Was wollt ihr denn – die DDR hat beim MfS auch auf die alten Kader zurückgegriffen.

Das ist nachweislich eine Lüge.

Von den etwa 300 zur Gründergeneration des MfS gehörenden leitenden Mitarbeitern war jeder Dritte aktiver Antifaschist. Er hatte als Partisan in der Sowjetunion, der Slowakei, in Polen und Jugoslawien oder als Soldat in den Reihen der Roten Armee gekämpft. Unter ihnen waren zahlreiche Interbrigadisten, die zwischen 1936 und 1939 an der Seite des spanischen Volkes gegen die faschistischen Franco-Putschisten und Hitlers Legionäre standen. Viele wurden von faschistischen Gerichten verurteilt, litten in Gefängnissen, Zuchthäusern und Konzentrationslagern und/oder wurden ins »Strafbataillon 999« gepresst.

Zu den Aktivisten der ersten Stunde gehörten Bruno Beater, Hans Fruck, Richard Großkopf, Kurt Grünler, Gerhard Heidenreich, Josef Kiefel, Karl Kleinjung, Paul Laufer, Rolf Markert, Erich Mielke, Robert Mühlpforte, Martin Weickert, Erich Wichert, Markus Wolf, Ernst Wollweber und Wilhelm Zaisser. Sie übernahmen die Verantwortung an der Spitze oder als Leiter von Hauptabteilungen und Landesverwaltungen/später Bezirksverwaltungen bzw. in anderen leitenden Funktionen des neu gebildeten MfS. Antifaschisten durch die Bank.

Der erste Leiter des Außenpolitischen Nachrichtendienstes (der späteren Hauptverwaltung Aufklärung/HV A im MfS) hieß Anton Ackermann, einer der führenden Köpfe der KPD, Spanienkämpfer, Exilant, Mitbegründer des Nationalkomitees »Freies Deutschland«.

Gustav Szinda war Kommandeur der XI. Interbrigade in Spanien und Partisan der Roten Armee wie Herbert Hentschke, der sich als Aufklärer und Partisan in Belorussland auszeichnete. Robert Korb war ebenfalls Interbrigadist in Spanien, und in den Anfangsjahren Hauptabteilungsleiter in der HV A, später viele Jahre Leiter der Zentralen Auswertung im MfS. Richard Stahlmann, stellvertretender Leiter der HV A, absolvierte seit 1923 zahlreiche konspirative Einsätze für die KPD in Frankreich, England, Holland, China und in der CSR. Von 1932 bis 1936 arbeitete er als Sekretär von Georgi Dimitroff, 1936 bis 1938 kommandierte er eine Partisaneneinheit in Spanien, bevor er ab 1940 in Schweden mit Herbert Wehner und Karl Mewis illegal arbeitete. Er war auf Grund seines umsichtigen Arbeitens nicht einen Tag in Haft, seine Freunde sagten, dass man mit ihm unbeschadet durch die Hölle gehen konnte.

Haltungen und Handlungsweisen waren geprägt von Erfahrungen und Erlebnissen des faschistischen Terrors und des Krieges. Viele aus der Gründergeneration hatten Schulen der Kommunistischen Internationale (Komintern) und Facheinrichtungen der UdSSR durchlaufen. Sie machten dort auch bittere Erfahrungen, was sie aber nicht von ihren Überzeugungen abbrachte.

Die Umstände hatten sie im Laufe des Lebens hart werden lassen. Und als ihnen plötzlich der »alte Feind« in Gestalt »alter Kameraden« – die seit jeher Sozialisten und Kommunisten mit dem Ziel auch der physischen Vernichtung bekämpft hatten – wieder gegenüberstand, führte das nicht unbedingt zu Milde und Nachsicht. Die Auseinandersetzung im Kalten Krieg wurde unerbittlich geführt. Von beiden Seiten. Im Umgang mit dem Klassenfeind war man nicht zimperlich. Auf grobe Klötze gehörten grobe Keile, hieß es damals. Ja, dabei bediente man sich in den 50er Jahren mitunter auch solcher Mittel und Methoden, die nicht unbedingt sozialistischer Rechtsstaatlichkeit entsprachen – etwa der Entführung von Personen über die offene Grenze, um sie vor ein Gericht zu stellen.

Dazu muss man heute kritisch stehen.

Aber an der antifaschistischen Gesinnung, an der Lauterkeit der Charaktere der Gründergeneration des MfS gab und gibt es nichts zu kritisieren oder zu deuten.

Wer gehörte zur Ahnengalerie des MfS? Deutsche Geheimdienstler wie Wilhelm Canaris oder nur Russen?

Die Frage nach den Vorbildern des MfS ist weder eine nationale noch eine brancheninterne. Zunächst: Die Geheimdienste des bürgerlich-kapitalistischen und des faschistischen deutschen Staates waren Instrumente eines Ausbeutungs- und Unterdrückungsstaates, der zu den erklärten Gegnern der revolutionären Arbeiterbewegung gehörte. Etwas anderes war es, wenn Personen aus Überzeugung die Seiten wechselten. Zum Beispiel Mitglieder der »Roten Kapelle« wie etwa Libertas und Harro Schulze-Boysen, die im Kampf gegen den Faschismus ihr Leben einsetzten.

Zu den Vorbildern gehörten ausschließlich aktive Kundschafter und Personen, die an der »unsichtbaren Front« einen Beitrag für Frieden und Fortschritt leisteten. Dabei war es unerheblich, ob es sich um Menschen aus dem Bürgertum oder aus der Arbeiterklasse handelte, um Christen, Sozialdemokraten oder Kommunisten.

In diese Reihe gehört der deutsche Journalist Dr. Richard Sorge, der für die Sowjetunion in Japan arbeitete. Zu seiner Kundschaftergruppe gehörten Max Christiansen-Claussen und dessen Frau Anna, die als Funker die Verbindung nach Moskau hielten. Beide wurden später »Ehrenmitarbeiter« der Funkabwehr und -aufklärung des MfS.

Zu den Vorbildern gehörte die Schriftstellerin Ruth Werner, die in China, in Polen und in der Schweiz als Funkerin arbeitete und in England die Verbindung zu Prof. Dr. Klaus Fuchs hielt, der als Wissenschaftler an der Entwicklung der Atombombe mitarbeitete und das Know-how der UdSSR übergab. Ruth Werners Buch (»Sonjas Rapport«) erreichte in der DDR ein Millionenpublikum.

Aber auch literarische Figuren wie Pawel Kortschagin (aus: »Wie der Stahl gehärtet wurde« von Nikolai Ostrowski), Pawel Koschewoj (aus: »Die junge Garde« von Alexander Fadejew) oder die von den Faschisten ermordete Partisanin Soja Kosmodemjanskaja (aus: »Soja und Schura« von ihrer Mutter Ljubow Kosmodemjanskaja) prägten mit ihrer Haltung und ihrem Charakter Generationen.

Die DDR war, wie die BRD, Ausdruck und Folge des Kalten Krieges zwischen den Siegermächten. Wie die USA so nahm auch die Sowjetunion in ihrer Sphäre Einfluss auf die Gestaltung der gesellschaftlichen Verhältnisse.

In der SBZ, später DDR, unterstützten Berater des sowjetischen Geheimdienstes (MGB/KGB) den Aufbau der K 5, der Verwaltung zum Schutz des Volkseigentums und später das MfS. Bestimmung der Aufgaben und der Struktur des MfS erfolgten in Übereinstimmung mit Direktiven und Beschlüssen der Besatzungsmacht und damit nach sowjetischem Muster. Auch auf anderen Gebieten der Staatsorganisation war in entscheidenden Fragen das sowjetische Staats- und Gesellschaftsmodell verbindlich. (Ähnlich verhielt es sich in den anderen osteuropäischen volksdemokratischen Staaten.) Daran änderten auch die akzeptierten Besonderheiten nichts. In der Sowjetunion wurden die einzelnen Diensteinheiten von Abwehr und Aufklärung bis 1953 im Innenministerium, danach in ein Komitee für Staatssicherheit (KGB) eingebunden, in der DDR geschah dies in einem Ministerium für Staatssicherheit. In anderen sozialistischen Ländern waren diese Einheiten in das Innenministerium integriert.

Das MfS wird denunziatorisch auch als Geheimpolizei bezeichnet. Das begründet man mit den vermeintlich sowjetischen Wurzeln. Die sowjetischrussische Tscheka sei von ehemaligen Offizieren der zaristischen Geheimpolizei Ochrana formiert worden. Im Zarenreich galt die eigene Bevölkerung als Hauptfeind. Dieser Idee sei man auch nach 1917 gefolgt, das MfS habe diese Lesart übernommen.

Die Ochrana war nach der Oktoberrevolution 1917 aufgelöst worden. Und eben jene Bolschewiki, die von der politischen Geheimpolizei des Zaren verfolgt worden waren, also deren Opfer, bildeten die *Außerordentliche Allrussische Kommission zur Bekämpfung von Konterrevolution, Spekulation und Sabotage*, die Tscheka. Den Auftrag zur Bildung einer Spezialkommission zur Abwehr der Konterrevolution und ausländischer Geheimdienste erteilte am 6. Dezember 1917 die sowjetrussische Regierung unter Vorsitz von Lenin. Und damit wurde Dzierzynski beauftragt, ein polnischer

Lehrersohn. Dzierzynski gründete 1900 mit anderen Revolutionären die linkssozialdemokratische Partei *Sozialdemokratie des Königreiches Polen und Litauens* (SDKPiL), in der er 1902 die Leitung der Auslandsabteilung übernahm und 1903 zum Vorstandsmitglied gewählt wurde. Von 1905 bis 1906 war er Führer der Revolution in Kongresspolen, besonders in Warschau und Lodz und gleichzeitig Vertreter der polnischen Partei im Zentralkomitee der russischen Sozialdemokratie, aus der die Bolschewiki hervorgingen. Bis 1915 wurde Dzierzynski sechsmal inhaftiert. Zweimal deportierte man ihn nach Sibirien. 1908 schrieb er in der sibirischen Verbannung sein später viel gelesenes *Tagebuch eines Gefangenen*.

Von einer Traditionslinie, gar von einer personellen Kontinuität zwischen zaristischer Ochrana auf die Tscheka, kann also nicht die Rede sein. Diese Lüge gleicht im übrigen jener, mit der Gestapo und MfS verbunden werden soll.

Die sowjetische Vorbildfunktion wurde in der DDR und auch im MfS vorbehaltlos akzeptiert. »Von der Sowjetunion lernen, heißt siegen lernen!« galt den Hauptakteuren der Gründerzeit weder als lästige noch als aufgezwungene Pflicht.

Für das MfS war der KGB ein »Bruderorgan«.

Dass es, wie in jeder Familie üblich, auch Spannungen mit dem »großen Bruder« gab, kann als normal angesehen werden. Sie treten bekanntlich besonders dann auf, wenn der Jüngere erwachsen wird und sich eigenständig emanzipiert.

In der Militär- und Sicherheitspolitik waren SED und DDR in besonderem Maße an die sicherheits- und machtpolitischen Interessen der KPdSU und der UdSSR gebunden. Egon Krenz formulierte es unmissverständlich: »Die DDR war in ihrer Militär- und Sicherheitspolitik von Moskau abhängig.«

Die UdSSR war Siegermacht des Zweiten Weltkrieges, sie war Besatzungs- und Kontrollmacht in ihrer Zone und später wichtigster Verbündeter der DDR. Die Sowjetunion war die Führungsmacht und Hauptkraft des Warschauer Vertrages. Ohne die politische Schutzfunktion der Sowjetunion, ohne deren militärische Absicherung gegen restaurative Kräfte im Innern und nach außen war die DDR nicht existenzfähig. Was nachdrücklich sichtbar wurde, als Moskau die DDR fallenließ.

Sowjetische Organe und Funktionsträger übten nachhaltigen Einfluss bei der Gewährleistung der staatlichen Sicherheit der DDR aus, besonders in Durchsetzung ihrer Rechte als Vertreter der Besatzungsmacht. Die Sowjetische Militäradministration für Deutschland (SMAD) war die oberste Regierungsbehörde in der SBZ. Sie setzte mit Direktiven und Befehlen das Potsdamer Abkommen sowie andere Beschlüsse der alliierten Siegermächte durch. Mit der Einstellung ihrer Tätigkeit drei Tage nach Gründung der DDR und formaler Übertragung ihrer Verwaltungsfunktion an die Regierung der DDR, trat an die Stelle der SMAD die Sowjetische Kontrollkommission (SKK). Sie sollte die Einhaltung der Deutschland als Ganzes betreffenden Beschlüsse der Alliierten überwachen. Die SKK arbeitete mit Memoranden und Empfehlungen, deren Umsetzung in entsprechende Gesetze und Verordnungen nachdrücklich eingefordert wurde. Im Mai 1953 beschloss die Regierung der UdSSR die Auflösung der SKK. An ihre Stelle trat der Hohe Kommissar. Dieses Amt übernahm damals der Außerordentliche und Bevollmächtigte Botschafter der UdSSR, Semjonow. Er sollte die Funktion reichlich zwei Jahre ausüben.

Die historisch entstandene, von der SED und den anderen Parteien im demokratischen Block politisch gewollte und vertraglich fixierte Bindung an die UdSSR prägten das Staats- und Machtdenken, die Ausgestaltung der Funktionen des Staates und insbesondere auch der Sicherheitspolitik der DDR von Anfang an. Die Kehrseite der Medaille: Im Einfluss der KPdSU und der UdSSR lagen auch Ursachen dafür, dass es gegen Mängel und Fehlentwicklungen im sozialistischen Gesellschaftssystem, auch im Hinblick auf die Ausgestaltung der Politik zur Gewährleistung der staatlichen Sicherheit der DDR, keine eigenen wirksamen politischen, staatlichen und gesellschaftlichen Schutzmechanismen gab.

Die Siegermächte drückten der Nachkriegsentwicklung ihren Stempel auf – die UdSSR im Osten, die Westalliierten jenseits der Elbe. Das traf im besonderen Maße auch für die Tätigkeit der Sicherheitsorgane zu. Das MfS als Schutz- und Sicherheitsorgan hatte unter Beachtung der Rechte der UdSSR als Besatzungs-, Kontroll- und Schutzmacht an der Seite der sowjetischen Organe zu wirken. Die Staatssicherheit der UdSSR sowie die Aufklärungs- und Abwehrdienste der Sowjetarmee prägten somit das junge MfS. Das galt auch für die von Stalin zu Beginn der 50er Jahre verkündete These über die gesetzmäßige Verschärfung des Klassenkampfes. Zumal der Kalte Krieg zwischen West und Ost, in dessen Spannungsfeld beide deutsche Staaten existierten und an dem sie beide – gegeneinander, fremdbestimmt und eigenverantwortlich – nach Kräften teilnahmen, allgegenwärtig war.

Trotz dieser Einschränkung folgte die Arbeit des MfS auch in den Anfangsjahren dem politischen Willen und dem Sicherheitsdenken der SED- und Staatsführung. Die Mehrheit der leitenden Mitarbeiter des MfS war durch die Schule des konspirativen Kampfes der KPD und des antifaschistischen Widerstandes gegangen. An ihrer Seite standen bis 1960 sowjetische Chefberater beim Minister, in den wichtigsten Hauptabteilungen, selbständigen Abteilungen und in den Bezirksverwaltungen sowie in den Kreis- und Objektdienststellen des MfS wie auch Instrukteure oder Verbindungsoffiziere des Komitees für Staatssicherheit (KGB) der UdSSR, die zur Zentrale des KGB in Berlin-Karlshorst gehörten.

Sie besaßen bis zum Staatsvertrag 1955 Weisungsrecht, konnten uneingeschränkt Einsicht in operative Dokumente nehmen und hatten bei Entscheidungen häufig das letzte Wort.

Sie vermittelten Kenntnisse für die konspirative Arbeit, kontrollierten die Arbeitsergebnisse und wurden in der operativen und Untersuchungstätigkeit selbst aktiv.

Die Angehörigen des MfS betrachteten sie als ihre Lehrmeister.

Die ersten Lehrer der Schule des MfS erhielten 1955/56 eine Ausbildung an der Hochschule der Staatssicherheit der UdSSR in Moskau. Erkenntnisse der sowjetischen Sicherheitsorgane flossen unmittelbar in die operative Ausbildung der Mitarbeiter der Staatssicherheit ein.

Das sowjetische Vorbild prägte nicht nur Strukturen sowie Verhaltens- und Denkweisen. Es bestimmte auch in nicht unerheblichem Maße Sprache und Begriffe. In gewissem Umfange und auf bestimmten Arbeitsgebieten »überlebten« sie in den nachfolgenden Jahrzehnten im MfS, ohne dass deren Ursprung noch bekannt war.

Mit der zunehmenden Profilierung des MfS, seiner Diensteinheiten und Mitarbeiter veränderte sich dieses Verhältnis und machte mehr und mehr gleichberechtigter Zusammenarbeit Platz. Aus den sowjetischen Instrukteuren wurden Berater, später dann Verbindungsoffiziere. Häufig war ein Verbindungsoffizier für mehrere Diensteinheiten zuständig.

Im Laufe der Jahre kam es zu einer erheblichen Reduzierung des Einsatzes von Beratern bzw. Verbindungsoffizieren und damit auch ihres direkten Einflusses auf die Tätigkeit der Diensteinheiten. In der Arbeitsweise des MfS vollzogen sich wesentliche, auf eigenen Erkenntnissen und Erfahrungen beruhende Veränderungen.

Das MfS entwickelte sich so zu einem anerkannten Partner der Sicherheitsorgane der UdSSR und der anderen sozialistischen Staaten.

Tscheka ist die Abkürzung für die russische Bezeichnung *Gesamt-russische außerordentliche Kommission zur Bekämpfung von Konterre-volution und Sabotage*. So hieß das am 20. Dezember 1917 auf Beschluss des Rates der Volkskommissare – der Regierung Sowjet-russlands – geschaffene erste sozialistische Staatssicherheitsorgan der Geschichte. Ihre Angehörigen nannte man »Tschekisten«.

Dieser Begriff sollte erst im Laufe der Jahre gebräuchlich wer-den. »Tschekist« war im MfS kein offizieller Titel, dennoch wurde er gern benutzt. Und man charakterisierte ihn mit den Worten Dzier-zynskis: »Tschekist sein kann nur ein Mensch mit kühlem Kopf, heißem Herzen und sauberen Händen. Ein Tschekist muss sauberer und ehrlicher als irgendwer – er muss so klar wie Kristall sein.«

Dzierzynski (1877-1926) galt den Angehörigen des MfS als Vor-bild. Nach ihm wurde das MfS-Wachregiment benannt. Man nannte ihn auch »Ritter der Revolution«, weil er sich seit seiner frühen Jugend für die Beseitigung von Ausbeutung und Unter-drückung eingesetzt hatte. Mehr als elf Jahre verbrachte er im Ker-ker, bei Zwangsarbeit und in der Verbannung. Als Vorsitzender der Tscheka und in anderen verantwortlichen Funktionen erwarb er sich hervorragende Verdienste beim Schutz und der Festigung der jun-gen Sowjetrepublik vor ihren äußeren und inneren Feinden. So war er auch Vorsitzender der Kommission zur Bekämpfung des Banden-unwesens, der Kommission zur Verbesserung der Lebensbedingun-gen der Kinder, der Kommission zur Bekämpfung der Korruption, Volkskommissar für das Verkehrswesen und schließlich Vorsitzen-der des Obersten Volkswirtschaftsrates.

Dzierzynski forderte von den Tschekisten Treue und Ergeben-heit zur Arbeiter-und-Bauern-Macht und zur KPdSU, Unversöhn-lichkeit und Wachsamkeit gegenüber den Feinden des Volkes, enge Verbundenheit mit den Werktätigen, Einhaltung der Gesetzlichkeit, Unbestechlichkeit und Selbstlosigkeit im täglichen Einsatz für die revolutionäre Sache und lebte ihnen diese Eigenschaften vor.

Nach 1990 wurde der Begriff »Tschekist« vorrangig zur Denun-ziation von Mitarbeitern der Staatssicherheit benutzt. Der Hinweis darauf, dass in Russland nahezu alle Denkmale für Dzierzynski geschleift worden waren, galt als Beweis, dass der Revolutionär selbst in seiner Heimat als »Verräter, Verbrecher und fremder Agent« gesehen werde. Jedoch: In Dsjerschynsk – dem einstigen polnischen Kojdanów, heute in Belorussland gelegen – wurde der dort geborene Dzierzynski mit einem Denkmal geehrt. Und 2006 setzte ihm die Militärakademie in Minsk ebenfalls ein Denkmal: eine Kopie jenes Standbildes, das 1990 in Moskau vom Sockel gestürzt worden war.

Trotzdem: Rund zehntausend Mordbefehle sollen Dzierzynskis persönliche Unterschrift tragen!

Halten wir zunächst fest: Während der Interventionskriege, im Bürgerkrieg, während des blutigen Ringens von Konterrevolution und Revolution galten andere moralische Maßstäbe und Grundsätze als in der Gegenwart. Dieses Thema – dass nämlich unter den damals gegebenen Umständen die neue Gesellschaft bei ihrer Entstehung mit »rotem Terror« auf den bestialischen »weißen Terror« reagierte, beschäftigt bis heute. In besonders beeindruckender Weise wurde das im sowjetischen Spielfilm »Die Kommissarin« von Alexander Askoldow 1967 gezeigt. Die Revolutionäre handelten nicht willkürlich, sondern folgten der Logik des Umbruchs und des ihnen aufgenötigten Kampfes. Und dies geschah notwendigerweise in einem Spannungsfeld von Ethik und Moral. Aber wie es eben kein überpositives Recht gibt, so existiert auch keine abstrakte, objektive Moral.

Aus diesem Grunde sind Revolutionäre wie Dzierzynski auch von Verurteilungen, die ausschließlich auf heutigen Vorstellungen und Maßstäben fußen, freizustellen. Es ist ahistorisch, wenn man dieses Wissen als Elle an die Vergangenheit legt. Geschichte lässt sich nur aus ihrem Gang erklären und verstehen.

Wie alle aufrechten Menschen verurteilten auch die Angehörigen des MfS die vom XX. Parteitag der KPdSU 1956 aufgedeckten Verbrechen in der UdSSR unter Stalin, an denen die Nachfolgeorganisation der Tscheka, das NKWD, maßgeblich beteiligt war. Angehörige der sowjetischen Staatssicherheitsorgane waren aber auch selbst Opfer von Repression und Verbrechen geworden, etwa General Jan Bersin, Chef des geheimen Nachrichtendienstes der

Roten Armee und Führungsoffizier des sowjetischen Kundschafters, des deutschen Kommunisten Dr. Richard Sorge. Beide leisteten einen wichtigen Beitrag zum Sieg der Sowjetunion und der Antihitlerkoalition über die faschistischen deutschen Eroberer, auch wenn sie ihn nicht erlebten.

Der Missbrauch der sowjetischen Staatssicherheitsorgane zur Verfolgung, willkürlichen Inhaftierung, Drangsalierung und Folterung bis hin zur Ermordung Unschuldiger unter Stalin wurde stets kritisch im MfS beurteilt. Dieser Teil der Vergangenheit gehörte ausdrücklich nicht zu Prinzipien seiner Arbeit, die das MfS von der Tscheka übernahm.

Jede Organisation hat Wurzeln in der Vergangenheit. Worauf gründete sich das MfS? Auf welche Traditionen berief es sich?

Die Wurzeln reichen zurück bis in die Anfänge der organisierten Arbeiterbewegung. Es finden sich bei Karl Marx und Friedrich Engels im Zusammenhang mit dem Kölner Kommunistenprozess 1852, bei der Bildung der Internationalen Arbeiterassoziation (IAA) 1864 und nach der Niederlage der Pariser Kommune 1871 Hinweise auf Konspiration. Allerdings wohl mehr im metaphorischen Sinne. »Wenn die Arbeiterklasse konspiriert, die die große Masse jeder Nation bildet, die allen Reichtum erzeugt und in deren Namen selbst die usurpierenden Gewalten vorgeben zu regieren, so konspiriert sie öffentlich, wie die Sonne gegen die Finsternis konspiriert, in dem vollen Bewusstsein, dass außerhalb ihres Bereiches keine legitime Macht besteht.« Diese Bemerkung findet sich in der Proklamation des Generalrats der IAA und auf der Rückseite einer Medaille, die die Hochschule des MfS in Potsdam-Eiche herausgab.

Damit war weniger die verdeckte Arbeit als solche gemeint, sondern mehr die Tatsache, dass das politische Handeln der Arbeiterklasse legal und legitim sei, wie eben die »Sonne gegen die Finsternis«. Denn, so heißt es im Kommunistischen Manifest, von 1847/48: »Die Kommunisten verschmähen es, ihre Ansichten und Absichten zu verheimlichen.«

Auf der anderen Seite, so Engels zum Kommunistenprozess zu Köln: »Nur ein Feigling griffe unter bestimmten Voraussetzungen nicht zu konspirativen Methoden, gerade so wie nur ein Narr sich unter anderen Voraussetzungen auf ihre Anwendung versteifte.«

Bereits in den ersten Jahren ihrer Existenz war die revolutionäre Sozialdemokratie nämlich gezwungen, zu verdeckten Methoden in der politischen Arbeit zu greifen. 1878 hatte die Bismarck-Administration ein »Gesetz gegen die gemeingefährlichen Bestrebungen der Sozialdemokratie« erlassen, dessen 30 Paragraphen jährlich erneuert wurden und bis 1890 galten. Das Gesetz untersagte sozialistischen und sozialdemokratischen Organisationen jede Tätigkeit außerhalb des Reichstags und der Landtage. Es kam damit einem Parteiverbot gleich. Das Sozialistengesetz bekämpfte die Sozialdemokraten als »Reichsfeinde«. Überall entstanden Tarnorganisationen, und über ein ausgeklügeltes Vertriebsnetz wurde der im Ausland gedruckte *Sozialdemokrat* über die Grenze geschmuggelt und im Land verteilt. Der Organisator hieß Julius Motteler, der sich den Ehrentitel »Roter Feldpostmeister« erwarb. Er gilt auch als Begründer des ersten proletarischen Sicherheitsdienstes, der vor Spitzeln warnte und Geheimpolizisten enttarnte. Die Tradition fand Fortsetzung im Kampf gegen Militarisierung und Kriegsvorbereitung des kaiserlichen Deutschlands, dafür stehen Namen wie Karl Liebknecht und Franz Mehring. Während des 1. Weltkrieges entstand der Spartakusbund, aus dem Ende 1918 die KPD hervorging. Wegen der scharfen antikommunistischen Hetze (bekanntlich wurden Liebknecht, Luxemburg und viele andere Revolutionäre von der Reaktion ermordet), sah sich die Partei gezwungen, ihr Führungspersonal auch konspirativ und militärisch zu schützen. Es entstand in den 20er Jahren in der KPD ein abgedeckter Militärapparat (M-Apparat).

Dabei gab es Unterstützung aus der Sowjetunion.

So zieht sich denn ein roter Faden durch die Geschichte: über die Internationalen Brigaden in Spanien, die deutschen Antifaschisten, die in der Antihitlerkoalition kämpften, bis hin zur Bildung des Schutz- und Sicherheitsorgans der DDR. Die Traditionslinie war immer klar erkennbar: antiimperialistisch, antimilitaristisch, antirassistisch, antifaschistisch.

Warum hatte man im Westen keine Probleme damit, Leute »vom Fach« aus dem Dritten Reich zu reaktivieren?

Zunächst sollten wir festhalten, dass nach 1945 in Deutschland die gleichen Menschen lebten wie zuvor. Die wenigsten hatten sich den Nazis verweigert oder gar Widerstand geleistet. Bei den Deutschen handelte es sich zumeist um Mitläufer und Mittäter, um Naziaktivisten und Angepasste. Viele hatten sich schuldig gemacht und mussten bestraft werden. Sie mussten »entnazifiziert«, umerzogen, in eine antifaschistisch-demokratische Gesellschaft mitgenommen werden.

Der Prozess der Entnazifizierung oblag in erster Linie den Besatzungsbehörden. Er kam jedoch in den Westzonen schon bald zum Erliegen, weil sich die Westmächte in ihrem antikommunistischen Wahn mit den Feinden von einst gegen den ehemaligen »Freund« verbündeten. So hielt man es auch in der Bundesrepublik. Kanzler Adenauer soll gesagt haben, bevor man kein sauberes Wasser habe, schütte man das schmutzige nicht weg.

Die Nazi-Diktatur war von ihrem Wesen her ein bürgerlicher Staat. Er fußte auf kapitalistischer Produktionsweise, hatte imperiale Ansprüche hinsichtlich Ressourcen und Märkten, kurz: Er war ein kapitalistischer Staat. Die Herrschafts- und Eigentumsstrukturen in der Bundesrepublik waren von gleicher Art. Sie waren »restauriert« worden in Gestalt einer bürgerlich-demokratischen, föderal organisierten Republik. Darum hatte man auch keine Probleme damit, belastetes »altgedientes« Personal zu integrieren. Schließlich war der Gegner der gleiche geblieben: der Kommunismus. Und »Kommunismus« war alles, was nicht wie man selbst, also bürgerlich-kapitalistisch, war. (Der messianische Sendungseifer existiert bis heute – den Krieg gegen den Irak oder in Afghanistan führt der Westen mit dem Ziel, »Demokratie« in diese Länder bringen zu wollen.)

Es gab also eine objektive ideologische Kontinuität zwischen dem Deutschen Reich und der Bundesrepublik Deutschland. Diese wurde dann auch in Gesetze gegossen.

Nehmen wir nur das 1. Strafrechtsänderungsgesetz, das am 30. August 1951 vom Bundestag beschlossen wurde. (Es erhielt den Beinamen »Blitzgesetz«, weil die Debatte dazu gerade einmal drei

Stunden dauerte.) Dieses Gesetz, welches politische Straftaten deutete (von Prof. Dr. Christian Pfeiffer aus Hannover als Ausdruck »geradezu paranoiden Antikommunismus« bezeichnet), wie auch das im gleichen Jahr beschlossene »Gesetz zur Regelung der Rechtsverhältnisse der unter Artikel 131 des Grundgesetzes fallenden Personen« (131er-Gesetz), lieferten der »Bundesregierung einen Popanz zur Rechtfertigung ihrer Politik der Eingliederung in das von den USA gesteuerte weltweite antikommunistische Bündnis und ihrer daraus abgeleiteten Verfolgung der Kommunisten im eigenen Lande. Die standen an der Spitze des Kampfes gegen eine neue Wehrmacht, gegen die Rückkehr der alten Funktionseliten aus Politik, Justiz, Polizei, Militär und Wirtschaft an die Schalthebel der Macht. Die militärische Aufrüstung war begleitet von der Aufrüstung in den Gerichtssälen«, so Hans Daniel von der Vereinigung der Verfolgten des Naziregimes-Bund der Antifaschisten von Nordrhein-Westfalen (*www.nrw.vvn-bda.de/texte/0165_jw_justizgeschichte.htm*) am 1. Juni 2005. Mit beiden Gesetzen wurde »die weitgehende Inkorporation des Staatsapparates der NS-Diktatur in den demokratischen Rechtsstaat umfassend auf den Weg gebracht«, stellte der Politikwissenschaftler Joachim Perels fest. Etwa 450.000 belastete Personen wurden wieder eingestellt.

Nahezu das gesamte Führungspersonal (98 Prozent) der »Organisation Gehlen« und des BND (wie auch des Bundesamtes und der Landesämter für Verfassungsschutz sowie des Militärischen Abschirmdienstes) kamen aus Nazi-Einrichtungen.

Einige dieser reaktivierten Personen hatten vor 1945 gegen antifaschistische Widerstandskämpfer, darunter Kundschafter der »Roten Kapelle« und die Männer des 20. Juli, gearbeitet.

Von 62 leitenden Mitarbeitern des Verfassungsschutzes, der »Organisation Gehlen« (die 1955 von der Bundesregierung übernommen und seit 1956 als Bundesnachrichtendienst firmierte) und des Militärischen Abschirmdienstes kamen sechs aus dem Reichssicherheitshauptamt (u. a. aus dem berüchtigten Wannsee-Institut) und aus der Gestapo. Drei waren in der faschistischen Justiz tätig gewesen, 16 hatten leitende Funktionen bei der SS – vom Hauptsturmführer bis zum Standartenführer –, und einer war bei der SA.

Viele in den Führungen dieser westdeutschen Geheimdienste hatten zuvor als Generale und ranghohe Stabsoffiziere in faschistischen Geheimdienstzentralen gearbeitet, etwa im Oberkommando der Wehrmacht – Amt Ausland/Abwehr – und im Oberkommando des Heeres – Abteilung »Fremde Heere Ost«, dem unmittelbaren Vorläufer der »Organisation Gehlen«.

Nicht wenige hatten als Offiziere auf Seiten des faschistischen Aggressors aktiven Kriegsdienst geleistet oder bei der Geheimen Feldpolizei gedient.

Dem Chef der Abteilung »Fremde Heere Ost« im OKH, Generalleutnant Reinhard Gehlen, gelang es, Teile dieses Geheimdienstes in der »Organisation Gehlen« zu reanimieren und zum offiziellen BRD-Geheimdienst zu machen. Dies geschah nicht nur mit Duldung der Besatzungsmacht USA, sondern mit deren aktiver Unterstützung. Gehlen erhielt 1968 von Bundespräsident Heinrich Lübke das Große Bundesverdienstkreuz mit Stern am Schulterband verliehen. (Lübke, das nur nebenbei, stellte als Bundespräsident eine Belastung dar, als publik wurde, dass er – zwischen 1939 und 1945 als Vermessungsingenieur und Bauleiter beim Architektur- und Ingenieurbüro Walter Schlempp beschäftigt, das Albert Speer unterstand – auch Baupläne für Unterkünfte von Zwangsarbeitern und KZ-Häftlingen verantwortete.)

Die politische Absicherung der Bildung des BND aus der »Organisation Gehlen« besorgte Dr. Hans Globke, Staatssekretär im Bundeskanzleramt. Globke wurde im Sommer 1963 vom Obersten Gerichts der DDR in Abwesenheit zu lebenslangem Zuchthaus verurteilt – »wegen in Mittäterschaft begangenem fortgesetzten Kriegsverbrechens und Verbrechen gegen die Menschlichkeit in teilweiser Tateinheit mit Mord gem. Artikel 6 des Statuts über den Internationalen Militärgerichtshof«. In der Begründung des Urteils wurde auf die Teilnahme Globkes an der Kennzeichnung, Verfolgung und Ausrottung jüdischer Bürger in Deutschland und in den von den Faschisten zeitweilig besetzten Gebieten, auf seine Mitwirkung bei der Durchsetzung der faschistischen Rassegesetzgebung sowie auf »die Mitwirkung des Angeklagten an der Endlösung der Judenfrage« besonders hingewiesen.

Nur einige Namen der in den Führungsgremien des Bundesamtes für Verfassungsschutz reaktivierten Alt-Nazis seien genannt: Hubert Schrübbers, war Nazi-Staatsanwalt; Albert Radke, BfV-Vizepräsident, kam aus der faschistischen Militärabwehr; Dr. Ernst Brückner, Vizepräsident, war ebenfalls Nazi-Staatsanwalt; Richard Gerken, BfV-Abteilungsleiter, hatte sich als SS-Hauptsturmführer im Reichssicherheitshauptamt »verdient« gemacht; Dr. Wilhelm Ludwig, BfV-Abteilungsleiter, war SS-Sturmbannführer. Leitende Mitarbeiter in verschiedenen LfV waren Kurt Lischka, SD- und Gestapochef von Paris (dort in Abwesenheit verurteilt); Erich Wenger, SS-Hauptsturmführer; Alfred Wurbs, leitender Mitarbeiter der Gestapo; Adolf Buchta, SS-Obersturmführer; Walter Odewald, SS-Sturmbannführer …

Der Amtmann Johann Strübing, ehedem Kommissar in der RSHA-Abteilung IV A 2, hatte sich bei der Verfolgung der Widerstandsgruppe »Rote Kapelle« vedient gemacht und rühmte sich in Kollegenkreisen, etwa 70 Menschen »aufs Schaffott gebracht zu haben«. (*Mallmann/Angrick, Die Gestapo nach 1945. Veröffentlichungen der Forschungsstelle Ludwigsburg der Universität Stuttgart, Darmstadt 2009*)

Im Mai 1950 installierte Bundeskanzler Konrad Adenauer mit dem ehemaligen General der faschistischen Panzertruppe, Gerhard Graf von Schwerin, einen »Berater für Sicherheitsfragen«, eine »Zentrale für Heimatdienst«. Dort war eine Gruppe von Mitarbeitern aus dem Oberkommando der Wehrmacht-Amt Ausland/Abwehr, also dem ehemaligen faschistischen Geheimdienst der Wehrmacht, tätig, die sich mit der Vorbereitung eines dritten Geheimdienstes der BRD beschäftigte. Ende 1950 wurde aus dieser »Zentrale« das »Amt Blank« unter Leitung des CDU-Politikers Theodor Blank, der Adenauers Beauftragter für Truppenfragen mit den Westalliierten, speziell mit den USA, wurde. Innerhalb dieses Amtes Blank formierte sich eine »Sicherungsgruppe Bonn«, die in starkem Maße geheimdienstlich aktiv war. Sie stand unter Leitung von Major a. D. Joachim Oster, einst Mitarbeiter im OKW-Amt Ausland/Abwehr. Im Mai 1955 wurde die BRD in die NATO aufgenommen, im Juni 1955 aus dem »Amt Blank« das Bundesverteidigungsministerium und im November die Bundeswehr ins Leben gerufen.

Gehlens ehemaliger Stellvertreter in der Abteilung Fremde Heere Ost, Gerhard Wessel, wurde erster Chef des Militärischen Abschirmdienstes (MAD), wie überhaupt die Gründergeneration des MAD ausschließlich aus der »Organisation Gehlen« kam.

Zum Bundeskriminalamt (BKA) erklärte 2001 Kriminaldirektor Dieter Schenk, der zehn Jahre im Bundeskriminalamt gearbeitet hatte: »Von 57 Führungskräften des BKA haben nur zwei *keine* braune Weste.« Schenk lenkte die Aufmerksamkeit auf zwei Personen: »Paul Dickkopf, bis 1971 Chef des Bundeskriminalamtes, war während der NS-Zeit SS-Offizier im Spionageeinsatz. BKA-Vizepräsident Bernhard Niggemeier ließ als Chef geheimer Feldpolizeikommandos Hunderte von Erschießungen anordnen.«

Im Jahre 1965 waren 15 Minister und Staatssekretäre, 100 Generale und Admirale, 828 hohe Justizbeamte, Staatsanwälte und Richter und 245 leitende, hohe Beamte der Polizei, des Verfassungsschutzes und des BND der BRD ehemals einflussreiche Nazis. Eine derartige Konzentration in Staat und in der Regierung der BRD bestimmte die Linie und Tendenz der Politik.

Eine solche Personalpolitik und die damit verbundenen Intentionen riefen entsprechende Reaktionen auf Seiten der DDR und ihrer Sicherheitsorgane hervor.

Sie waren legitim und politisch grundsätzlich notwendig.

Wie gewann die »Stasi« ihren Nachwuchs, und wie hielt sie ihre Leute bei der Stange?

Galt das, was den Nachrichtendiensten der Bundesrepublik vorgewor-
fen wird, nämlich Auffangbecken von Geheimdienstlern der Nazi-
Diktatur gewesen zu sein, nicht auch für das MfS?

Am 29. Januar 2008 antwortete die Bundesregierung auf die
Anfrage von Abgeordneten der FDP-Fraktion zum Stand der »Aufarbeitung der Gründungsgeschichte des Staatssicherheitsdienstes der
ehemaligen DDR«.

»Frage: Wie viele Mitarbeiter des Staatssicherheitsdienstes der
DDR waren Mitglieder der NSDAP?

Antwort der Bundesregierung: Nach den Einstellungsrichtlinien
der Volkspolizei und des MfS war die Einstellung von NSDAP-Mit-
gliedern nicht gestattet. Nach einer Stichprobenanalyse für den Mit-
gliederbestand des Jahres 1953 konnten keine NSDAP-Mitglieder
festgestellt werden.

Frage: Wie viele Mitarbeiter des Staatssicherheitsdienstes der
DDR waren Angehörige des Geheimdienstes, Militär- oder Polizei-
apparats des nationalsozialistischen Terror-Regimes?

Antwort der Bundesregierung: Die Beschäftigung von Polizisten
und Geheimdienstmitarbeitern des Dritten Reichs als hauptamtliche Mitarbeiter widersprach den Einstellungsrichtlinien des MfS.

Daran hat sich die DDR-Staatssicherheit prinzipiell gehalten
[…]. Die in der älteren Forschungsliteratur gelegentlich genannten
Gegenbeispiele sind anhand der BStU-Akten durchweg falsifiziert
(als Fälschungen erkannt – d. Hrsg.) worden.«

Aufschlussreich sind auch die Antworten zur Herkunft von
MfS-Mitarbeitern aus der Nazi-Wehrmacht.

Laut Auskunft der Bundesregierung hätten nach Erkenntnissen
aus dem Jahre 1953 zwar 45 Prozent des Mitarbeiterbestands des
MfS in der Wehrmacht gedient, aber überwiegend in Soldaten-
dienstgraden und wenige als Unteroffiziere.

Offiziere der Wehrmacht habe es im MfS nicht gegeben.

Als Mitarbeiter wurden vorrangig solche Menschen eingestellt, die aus der Arbeiterklasse kamen und eine antifaschistische, den Idealen der Arbeiterklasse verbundene marxistische Weltanschauung besaßen, keine Verbindung in den Westen hatten und der SED angehörten.

Mitglieder anderer Parteien wurden nicht eingestellt.

Die SED betrachtete die Sicherheitsorgane als ein Instrument der Partei beim Aufbau und Schutz des Sozialismus.

Für eine Einstellung geeignete Kandidaten wurden vor allem aus dem Kreis der am sozialistischen Aufbau in der DDR beteiligten jungen Menschen ausgewählt, die aktiv in der FDJ wirkten. Bereitschaft, im MfS zu arbeiten, war gleichbedeutend damit, die DDR gegen feindliche Angriffe jeder Art zu verteidigen.

Im Laufe der 80er Jahre wurde es zunehmend schwieriger, junge Menschen für den Dienst im MfS zu gewinnen. Es war kaum verlockend, ein gesichertes gutes Einkommen in der bisherigen Tätigkeit (bei geregelter Arbeitszeit und sicherer Freizeit) einzutauschen gegen kaum höhere Dienstbezüge und höhere Einsatzbereitschaft, gepaart mit Einschnitten in bisherige Lebensgewohnheiten. Daran scheiterte oft die Verpflichtung zum Dienst im MfS.

Zudem traten bei der Nachwuchsgewinnung Formalien wie Herkunft, Umgang und Verwandtschaft in den Vordergrund. Die Tatsache, dass einer beispielsweise keine persönliche Verbindung in den Westen hatte, wurde mitunter höher bewertet als seine charakterliche und politische Reife sowie Zuverlässigkeit.

Dass solche formalen Kriterien auch in Diensten der Bundesrepublik galten (keine Ostkontakte, keine Reisen in die DDR), machte die Sache nicht besser.

Wenn nur SED-Mitglieder eingestellt wurden, war das MfS ja doch ein Parteigeheimdienst und nicht Schutz- und Sicherheitsorgan des Staates DDR?

Bei oberflächlicher Betrachtung könnte man dies so sehen. Allerdings verhielt sich die Sache ein wenig komplexer. Die SED, 1946 hervorgegangen aus dem Zusammenschluss von KPD und SPD, betrachtete sich als das organisierende Zentrum der Gesellschaft. Nicht nur aufgrund der Mitgliederzahlen (am Ende gehörte fast jeder siebente DDR-Bürger der SED an), sondern auch wegen ihrer politischen Durchsetzungs- und Mobilisierungsfähigkeit sah sich die SED als die wichtigste politische Kraft im Land. Dieser kollektive Führungsanspruch wurde in der 1968 mit Volksentscheid angenommenen Verfassung festgeschrieben (und im Dezember 1989 wieder gestrichen).

Es würde hier zu weit führen, darüber zu diskutieren, ob nicht grundsätzlich Parteien politische Zusammenschlüsse von Menschen sind, die miteinander streiten und entweder opponieren oder regieren, weshalb es sich nach demokratischen Selbstverständnis verbiete, dass eine Partei einen Führungsanspruch erhebt, diesen dann auch durchsetzt und für immer behält. Daran müsste sich nämlich die Frage anschließen, inwieweit in bürgerlichen Demokratien die Parteien tatsächlich regieren, also die Macht im Staate haben, und ob der vermeintliche Souverän – das Volk – dabei noch etwas zu sagen hat, wenn er bei der Wahl seine Stimme abgab. Das würde ziemlich weit führen. Nur soviel: Das Staatsverständnis in der DDR war ein grundsätzlich anderes als das in der Bundesrepublik, weshalb bestimmte Sachverhalte nur schwer zu vergleichen sind. Was in der DDR als normal galt, würde unter bürgerlich-parlamentarischen Verhältnissen als absurd erscheinen – wenn etwa die CDU ins Grundgesetz ihren Führungsanspruch einschreiben ließe.

Nach dem Verständnis der SED war der Staat das Machtinstrument in den Händen der herrschenden Klasse. In der DDR war das nach dieser Lesart die Arbeiterklasse unter Führung der SED. Und aus dieser Perspektive war jede politische Frage zugleich eine Machtfrage. Das war prinzipiell verständlich, aber nicht in jedem Falle richtig. Auch das würde hier zu weit führen, erörterte man Sinn und Unsinn der daraus abgeleiteten Schlüsse und Handlungen.

Zur Sicherung der Macht, zum Schutz der friedlichen Arbeit und der gesellschaftlichen Errungenschaften, benötigte man entsprechende Sicherungsorgane. Diese mussten politisch zuverlässig sein. Also lag es nahe, dass sich die Führung des Landes dabei auf Mitglieder der SED stützte.

Vergleichbares ist im Übrigen in Deutschland seit Bismarck Praxis.

Zur Sicherung hoheitlicher Aufgaben installierte Bismarck das Berufsbeamtentum. Um Bahn, Post, Verwaltung, Polizei, Finanzen, Justiz usw. frei von Streiks und anderen Einflüssen zu halten, wurde das Personal auf den Staat vereidigt, verbeamtet. Die lebenslange Loyalität gegenüber dem Dienstherrn sicherte dieser sich mit einer in Aussicht gestellten Pension. Diese Beamten waren gewissermaßen das Rückgrat des bürgerlich-kapitalistischen Staates.

In der DDR gab es keine Beamten, wohl aber eine ideologische und Interessenübereinstimmung von SED-Mitgliedern und der Führung dieser Partei. Zwar verstand sich das MfS als »Schild und Schwert der Partei« – aber es war dennoch keine Geheimpolizei *einer* Partei. Es war ein *staatliches* Schutz- und Sicherheitsorgan.

Keine Frage: Beim MfS dominierten die Männer. Aber auf verschiedenen Gebieten waren auch und teilweise sogar überwiegend Frauen tätig. In operativen Bereichen leisteten sie vorwiegend Sekretariatsarbeit, waren mit der Auswertung und Erfassung der eingehenden Informationen betraut. Frauen arbeiteten als Dolmetscherinnen, Chiffreusen, Ärztinnen und Krankenschwestern, in technischen- und Versorgungsbereichen, im Finanzwesen, selbst in den U-Haftanstalten. Ihr Wirken wurde mit Auszeichnungen, Beförderungen und Prämierungen gewürdigt.

In der direkten inoffiziellen Arbeit als Informant und Aufklärer war der Anteil der Frauen erheblich. Auf diesem Gebiet waren die Möglichkeiten zur Informationsgewinnung entscheidend, nicht das Geschlecht.

Hier erreichten sie wichtige Quellenpositionen im Staatsapparat der BRD, in Führungsgremien der Parteien und in Bundestagsfraktionen, in Konzernspitzen und dergleichen. Als Beispiel sei Gabriele Gast genannt, die eine herausragende Karriere in der Zentrale des Bundesnachrichtendienstes machte.

Zu nennen sind auch jene Frauen, die Aufgaben im Verbindungswesen übernahmen und als Kurier oder Instrukteur mit stets wechselnden Gefahren konfrontiert wurden.

Dennoch bleibt die offene Frage: Warum nur dort?

Wurden die Mitarbeiter vor der Einstellung »durchleuchtet«, und wie geschah das? Gab es einen Lügendetektor-Test?

Vor der Einstellung wurde das politische, familiäre und berufliche Leben eines Bewerbers überprüft. Neben den öffentlichen Zeugnissen und Beurteilungen wurden auch Einschätzungen von zuverlässigen Personen, darunter auch Inoffiziellen Mitarbeitern, eingeholt. Ein wesentliches Kriterium war die Übereinstimmung von Wort und Tat. Auf diese Weise sollten Opportunisten, Karrieristen und andere charakterschwache Personen aussortiert werden.

Im Zuge der Überprüfung von Kandidaten wurden auch enge Verwandte und Bekannte »gecheckt«. Dabei wurde insbesondere darauf geachtet, dass es keine Westverbindung gab. Das erwies sich vor allem in den Anfangsjahren als problematisch: Bewerber, die aus westlicher Kriegsgefangenschaft kamen, wurden abgelehnt, da unterstellt wurde, sie könnten von einem westlichen Nachrichtendienst angeworben worden sein. Prinzipiell wurden ehemalige Angehörige der Wehrmacht besonders überprüft, etwa ob sie an verbrecherischen Handlungen beteiligt gewesen waren. Mitglieder der NSDAP, der SS und SA, der faschistischen Polizei und der Geheimdienste sowie ehemalige Offiziere der faschistischen Wehrmacht wurden grundsätzlich abgelehnt. Eine Überprüfung künftiger Mitarbeiter des MfS mittels Lügendetektor (Polygraf) erfolgte nicht. Diese Methode wurde als unwissenschaftlich und für diesen Zweck als ungeeignet betrachtet. Da Polygraf-Überprüfungen aber bei den US-Geheimdiensten einen hohen Stellenwert hatten, wurden entsprechende IM auf solche Tests vorbereitet.

Selbstanbieter erlitten das gleiche Schicksal wie bei Sicherheitsorganen und Geheimdiensten anderer Länder: Man suchte sich seine Kader selbst. Für die Staatssicherheit galten die vom Minister bestätigten »Bestimmungen für die Arbeit mit den Angehörigen des MfS«. Unter Punkt 2.2. war festgelegt: »Selbstbewerber werden in der Regel nicht in den Dienst im MfS eingestellt. Sie sind gewissenhaft zu überprüfen, die Ursachen und Beweggründe ihrer Bewerbung sind aufzuklären. Ergibt sich dabei, dass Selbstbewerber aus ehrlicher Überzeugung handeln und für den Dienst im MfS entsprechend den Einstellungsbedingungen geeignet sind, kann eine Einstellung erfolgen.«

Hätte es für einen Angehörigen des MfS Folgen gehabt, wenn er Befehle verweigert hätte?

Zunächst: Mitarbeiter des MfS hatten als Militärangehörige Befehle auszuführen. Das war Gegenstand ihrer Verpflichtung und ihres Fahneneides, das entsprach auch der Militärgesetzgebung der DDR. Diese räumten aber auch explizit das Recht ein, die Ausführung von Befehlen, die offensichtlich gegen die anerkannten Normen des Völkerrechts oder gegen Strafgesetze verstießen, zu verweigern (*siehe § 258 StGB/DDR*).

Grundsätzlich waren Mitarbeitern erteilte Aufträge zu erfüllen. Dabei wurden Zusammenhänge und Umsetzung vorher beraten. In der Regel schlugen Mitarbeiter Maßnahmen und Vorgehensweise selbst vor. Bei berechtigten Einwänden oder unerwarteten Schwierigkeiten wurden Aufträge auch geändert oder ganz abgebrochen. Aufgaben, die Leben oder die persönliche Sicherheit des Mitarbeiters gefährdeten, wurden nicht gestellt. Das betraf sowohl hauptamtliche als auch Inoffizielle Mitarbeiter. Risiken, welche etwa bei Aufgaben im Operationsgebiet bestanden, wurden genau abgewogen. Die dort eingesetzten Mitarbeiter besaßen immer einen Entscheidungsspielraum gemäß der Lage vor Ort.

Es war nichts Ungewöhnliches, wenn Mitarbeiter auf eigenen Wunsch ausschieden, weil sie dem Dienst nicht gewachsen schienen, es gesundheitliche oder familiäre Gründe gab oder sie schlicht überfordert waren. Natürlich war man bestrebt, Risiken dieser Art bereits vor der Einstellung zu bemerken, aber ganz ausschalten ließ es sich nie: Schließlich handelte es sich um Menschen. Manchmal fand man auch Lösungen »im Hause« – durch Versetzungen in andere Diensteinheiten oder Sicherheitsorgane bzw. in den Staatsapparat.

Ein »Befehlsnotstand« – auf den sich nach 1945 etwa Kriegsverbrecher beriefen, wobei sich ein derartiger Vergleich aus verschiedenen Gründen objektiv verbietet– existierte also nicht. Niemand war gezwungen, gegen seine Überzeugung zu handeln.

Es heißt, dass Mitarbeiter des MfS sehr einsam waren. Wegen der Sicherheitsbestimmungen wäre es schwer gewesen, Freunde und Kontakte außerhalb des Nachrichtendienstes zu finden?

Grundsätzlich trifft es zu, dass Mitarbeiter eines Nachrichtendienstes aufmerksamer als Vertreter anderer Berufsgruppen auf ihren Umgang achten. Sie gelten als Geheimnisträger, weshalb sie automatisch auch potenzielle Ausspähobjekte darstellen.

Hinzu kommt (bzw. kam), dass der Inhalt der Tätigkeit und folglich auch deren Ablauf aus naheliegenden Gründen der Geheimhaltung unterliegt bzw. unterlag. Auch das hatte Konsequenzen für das Privatleben.

Alles zusammengenommen schränkte natürlich den individuellen Spielraum erheblich ein, weshalb zu Recht von überdurchschnittlich hohen psychischen Belastungen der Mitarbeiter des MfS gesprochen werden musste.

Wenn die Belastungen so hoch waren: Wodurch wurden sie ausgeglichen? Mit Privilegien, Geld, Boni?

Bonifikationen kannte man in der DDR nicht. Die Gehälter waren angemessen, keineswegs üppig, und besondere Zuwendungen Ausnahme und nicht Regel. Anderslautende Darstellungen – Gieseke schreibt 2000 von »einem ausgesprochenen Sumpf von Privilegien, Amtsmissbrauch, persönlicher Vorteilsnahme usw.« (*www.stiftunghsh.de/downloads/CAT_212/HSH-LISUM_Broschuere_2004.pdf*) – haben mit der Wirklichkeit wenig bis nichts zu tun. Gleichwohl halten sich Gerüchte und Unterstellungen dieser Art hartnäckig. Sie dienen auch als Vorwand für die soziale Ausgrenzung und Diffamierung von ehemaligen Mitarbeitern des MfS.

Im Vergleich mit den anderen bewaffneten Organen der DDR lagen die Durchschnittsgehälter im MfS geringfügig höher. Das Gehaltsgefüge wurde – wie für alle bewaffneten Organe der DDR – vom Nationalen Verteidigungsrat bestimmt und war keine Entscheidung im MfS.

Mitarbeiter des MfS führten – wie Angehörige der anderen Schutz- und Sicherheitsorgane einschließlich der NVA – zehn Prozent vom Brutto-Gehalt als Sozialversicherungsbeitrag ab. Das war ein weit höherer Anteil als jener, den »normale« Werktätigen zahlten. Der betrug maximal 60 Mark, für eine freiwillige Zusatzversicherung maximal 120 Mark.

Auch wenn Staatsbedienstete in der ganzen Welt besser bezahlt werden als der Durchschnitt der Bevölkerung und darum auch das Durchschnittsgehalt von MfS-Angehörigen über dem Landesdurchschnitt lag, muss man noch sehen: Überstunden sowie Sonn- und Feiertagsarbeit, wie in jedem anderen Unternehmen, wurden nicht vergütet. Es gab auch keine Jahresendprämien, wie anderenorts üblich. Es gab keine Entschädigungen dafür, dass man in der Freizeit erreichbar sein musste oder sich in Hausbereitschaft befand. Führungskader durften ohne Genehmigung nicht ihren Standortbereich verlassen. Das waren zusätzliche Belastungen, die vollständig als mit dem Gehalt abgegolten galten.

Es gab auch keine Sonderverkaufsstellen für Mitarbeiter, in denen sie für Ostgeld Westwaren einkaufen konnten. In der MfS-Zentrale in Berlin befand sich lediglich ein Laden für hochwertige

Konsumgüter, der vergleichbar war mit den Delikat- und Exquisit-läden im zivilen Bereich. Führungskader besaßen allenfalls die Möglichkeit, zu hohen Preisen Importwaren zu kaufen, die sich in Wandlitz als nicht absetzbar erwiesen.

Nun heißt es aber, es habe eine bevorzugte gesundheitliche Betreuung sowie eine bessere Versorgung mit Wohnungen und Ferienplätzen gegeben. Auch das traf nicht zu. Das MfS hatte, wie die NVA und das MdI auch, einen medizinischen Dienst und verfügte seit den 70er Jahren über ein eigenes Krankenhaus in Berlin-Buch. Jedoch mit beschränkter Kapazität, so dass die Mehrzahl der Angehörigen des MfS in öffentlichen Gesundheitseinrichtungen oder solchen der Volkspolizei bzw. der NVA behandelt wurden. Finanzielle Grundlage dieser Einrichtungen und für medizinische Behandlungen waren die Sozialversicherungsbeiträge.

Auch das Wohnungswesen glich dem der NVA, des MdI und vielen Betrieben und staatlichen Einrichtungen. Wie diese, war auch das MfS Kontingentträger. Die durchschnittliche Wartezeit für die Realisierung eines Wohnungsantrages war im MfS nicht kürzer als im zivilen Bereich. Ferienplätze standen auch im MfS nur in begrenztem Maße zur Verfügung. Die Mitarbeiter konnten etwa alle fünf Jahre ihren Urlaub in einem Ferienheim des MfS verbringen. Die Bedingungen dort glichen mehrheitlich jenen in FDGB-Heimen.

Die Angehörigen des MfS wurden ausschließlich in Mark der DDR bezahlt. Lediglich die in Auslands-Missionen längere Zeit eingesetzten Mitarbeiter erhielten Mittel für den Lebensunterhalt vor Ort in der jeweiligen Landeswährung.

Harter Job, keine Privilegien, durchschnittliche Bezahlung? Was konnte einen da bei der Stange halten?

Die Frage ist berechtigt, denkt man in den Kategorien Karriere und Geldverdienen. Eine sozialistische Gesellschaft aber gründete auf anderen Werten, Gemeinsinn stand vor Eigensinn, und vieles setzte Idealismus und Selbstlosigkeit zwingend voraus.

Zutreffend ist allerdings auch, dass sich im Laufe der Jahrzehnte die individuellen Wertvorstellungen änderten. Bei Einzelnen brachen Verhaltensmuster und Charaktereigenschaften durch, die zwar nicht ausgestorben, wohl aber zurückgedrängt worden waren: Neid, Missgunst, Eitelkeit, Egoismus, Habgier, Wichtigtuerei, Profilierungssucht, Selbstsucht undsoweiter.

Solche Charaktereigenschaften waren und sind meist auch die Basis für den Verrat. Mancher wähnte sich im Besitz von Geheimnissen, an denen die Gegenseite interessiert war. Durch den Verkauf dieses »Kapitals« hoffte man sich ein angenehmeres Leben auf der anderen Seite finanzieren zu können. Das waren (und sind) meist die Gründe, weshalb jemand die Seiten wechselte. Mitunter aber waren auch Hass und Ablehnung der gesellschaftlichen Verhältnisse der Grund, dass jemand zum Verräter wurde. Dennoch blieben Abgänge dieser Art die absolute Ausnahme in der Geschichte des MfS. Bei der später im Westen verbreiteten These, bis 1989 seien »insgesamt 50 Mitarbeiter der HV A« übergelaufen, handelt es sich um eine zweckdienliche Übertreibung.

1953 lief Gotthold Kraus über. Sein Verrat löste die Operation »Vulkan« aus und führte zur Verhaftung etlicher Inoffizieller Mitarbeiter in der Bundesrepublik.

Ende der 50er Jahre verrieten der Hauptmann Max Heim und Oberleutnant Walter Glassel nach ihrer Flucht in den Westen den dortigen Behörden ihr Wissen über die ihnen bekannten Arbeiten zur Aufklärung der CDU bzw. US-amerikanischer Einrichtungen in der BRD. Oberleutnant Gunter Männel lief 1960 über.

1979 setzte sich Werner Stiller nach Westberlin ab. Der Mitarbeiter der Abteilung XIII des Sektors Wissenschaft und Technik der HV A verriet die ihm bekannten Personen, von denen aber der größte Teil rechtzeitig gewarnt und in die DDR geholt werden konnte.

91

Nach 1989/1990 verkauften sich einige Mitarbeiter des MfS an den Verfassungsschutz der BRD und verrieten langjährige Quellen, die ihnen bis dahin voll vertraut hatten. Diese wurden zu teilweise recht hohen Strafen verurteilt.

Gegen die geflüchteten Verräter konnte das MfS nichts mehr unternehmen. Die Sorge galt den gefährdeten Kundschaftern.

Gegen Verräter wie Werner Teske, die vor ihrer Fahnenflucht und dem geplanten schweren Geheimnisverrat enttarnt und gefasst wurden, verhängten die zuständigen Strafverfolgungsorgane die dafür vorgesehenen Strafen.

Jene, die nach Auflösung des MfS zu Verrätern wurden, blieben ohne strafrechtliche Konsequenzen. Allerdings wurden ihre Namen öffentlich gemacht. Sie traf damit zumindest die moralische Verachtung ihrer ehemaligen Genossen.

So schwer jeder Verrat im Einzelnen auch wog: Aufs Ganze betrachtet blieben bis auf wenige Ausnahmen alle Mitarbeiter des MfS »bei der Stange«. Und das lag gewiss nicht nur an der strengen Disziplin und wechselseitigen Kontrolle. Diese Haltung war von Überzeugung und Idealismus bestimmt.

Seit Jahrhunderten gilt als gesicherte Erkenntnis, dass man zwar den Verrat schätzt, nicht aber den Verräter. Seit jeher gehört es zu Konflikten und Konfrontationen, Vertreter der Gegenseite zum Übertritt zu veranlassen, um deren Wissen zu erlangen. Dabei bedient man sich unterschiedlicher Methoden – sie reichen von der Entführung über Erpressung bis hin zum Kauf. Das bekannteste Beispiel findet sich in der Bibel: Judas, einer der zwölf Jünger Jesu, soll für »30 Silberlinge«, dem damaligen Monatslohn eines Handwerkers, seinen Herrn an die Hohepriester verraten haben. Er führt laut Matthäus die jüdische Tempelwache und die römischen Soldaten zum Garten Gethsemane und identifiziert Jesus mit einem Kuss. Er soll später, wie es an anderer Stelle heißt, den Verrat derart bereut haben, dass er sich aus Verzweiflung erhängte. Damit bereicherte Judas die Weltkultur um eine wichtige Figur, das Bild des Verräters findet sich auf unzähligen Gemälden. Gleichwohl ist er der Prototyp jenes fragwürdigen, zwiespältigen Charakters, der um des eigenen Vorteils willen Freunde und Genossen nicht nur im Stich lässt, sondern sie an den Feind ausliefert. Oft zahlten die Verratenen dies mit ihrem Leben. Das erklärt, weshalb in vielen Ländern der Verräter mit dem Tode bestraft wird.

Am Ende des Fahneneides in der DDR, den Militärangehörige bei ihrer Vereidigung sprachen, hieß es darum nicht grundlos: »Sollte ich jemals diesen meinen feierlichen Fahneneid verletzen, so möge mich die harte Strafe des Gesetzes unserer Republik und die Verachtung des werktätigen Volkes treffen.«

Handelte das MfS nur national oder auch global?

Natürlich. Die DDR gehörte seit 1950 dem Rat für Gegenseitige Wirtschaftshilfe (RGW) und seit 1955 dem Warschauer Vertrag an. Das eine war das östliche Wirtschafts-, das andere das östliche Verteidigungsbündnis. Derart in internationale Gremien eingebunden, lag die bilaterale und multilaterale Zusammenarbeit auf einzelnen Feldern nahe. So natürlich auch der Austausch und die Kooperation auf sicherheitspolitischem Gebiet.

Auf regelmäßigen Beratungen des höchsten Führungsorgans, des Politisch Beratenden Ausschusses der Staaten des Warschauer Vertrages, wurde stets auch die Sicherheitslage beraten. Man traf Festlegungen, die die einzelnen Länder zu entsprechenden Maßnahmen verpflichteten. Diese bildeten auch die Grundlage für die Arbeit der Schutz- und Sicherheitsorgane. Und somit auch für die internationalistische Tätigkeit des MfS.

Diese internationale Kooperation der Sicherheitsorgane nahm mit den Jahren zu und erreichte Mitte der 50er Jahre ein beachtliches Niveau.

Die Zusammenarbeit basierte auf bilateralen Staatsverträgen über Freundschaft, gegenseitigen Beistand und Zusammenarbeit. Daraus wurden konkrete Verträge und Vereinbarungen des MfS bzw. einzelner Diensteinheiten mit Partnerorganen in anderen Ländern abgeleitet.

Die Entscheidung über die Maßnahmen des MfS im Rahmen der internationalen Zusammenarbeit lag in der Verantwortung des Ministers. Wegen der wachsenden internationalistischen Tätigkeit wurde Mitte der 80er Jahre im MfS eine Abteilung »Internationale Verbindungen« gebildet. Sie bearbeitete Grundsatzfragen der Verbindung sowie der Koordinierung und Abstimmung des Zusammenwirkens mit den Sicherheitsorganen anderer sozialistischer Staaten.

Die Praxis sah so aus, dass das MfS – in aller Regel vertreten durch den Minister als Mitglied der DDR-Regierung – »Grundsatzvereinbarungen« mit den Partnerdiensten schloss. Darin wurden Festlegungen getroffen über die Hauptgebiete und -richtungen der Zusammenarbeit sowie zu den Verantwortlichkeiten der jeweiligen Partner. In der Folge schlossen dann Diensteinheiten des MfS mit den Partnerorganen »Vereinbarungen auf Linie« ab, wie das im Sprachgebrauch des MfS hieß. Solche Vereinbarungen gab es beispielsweise zur Spionageabwehr, auf dem Gebiet der vereinigten Erfassung von Daten über den Gegner (genannt SOUD, der Zentralrechner stand in Moskau) und über das gemeinsame Vorgehen gegen fremde Geheimdienste und andere feindliche Kräfte.

Es wurde kooperiert zur Absicherung der Volkswirtschaften und der ökonomischen Zusammenarbeit sowie des Reise- und Touristenverkehrs. Zunehmend an Bedeutung gewann die Terrorabwehr. Kooperiert wurde bei der Funkabwehr und -aufklärung, bei der grenzüberschreitenden Beobachtung (Observation) sowie auf bestimmten Gebieten der Tätigkeit der strafprozessualen Untersuchungsorgane und des Untersuchungshaftvollzugs. Vertragliche Vereinbarungen gab es auch zu den sogenannten rückwärtigen, materiell sicherstellenden Bereichen.

Die Intensität der Zusammenarbeit auf den einzelnen Fachgebieten entsprach im gewissen Sinne dem Niveau der politischen Kooperation der Staaten und ihrer führenden Parteien. Mit einigen sozialistischen Staaten gab es darum nur eine sehr lose oder gar keine Zusammenarbeit.

Keine Zusammenarbeit gab es mit den Sicherheitsorganen Chinas, Rumäniens und Albaniens. Abgesehen von gelegentlichen ereignisbezogenen Begegnungen bestanden auch keine Beziehungen zu den Sicherheitsorganen Jugoslawiens.

Die internationale Zusammenarbeit erfolgte vorrangig auf dem Wege des klassischen Informations- und Erfahrungsaustausches. Dazu gab es Zusammenkünfte auf Leiterebene. Der Informationsaustausch erfolgte über fest installierte Kanäle. Daneben gab es bilaterale Beratungen auf der Ebene von Hauptabteilungs- und Verwaltungsleitern bzw. Direktoren sowie von Arbeitsgruppen unter Teilnahme von Spezialisten verschiedener Richtungen, zur Beratung und Koordinierung konkreter Aufgaben.

Bei multilateralen Konferenzen und Arbeitsberatungen trafen sich die Minister bzw. ihre zuständigen Stellvertreter, die Leiter zentraler Diensteinheiten und Spezialisten. Dort erfolgte eine konkrete Lageeinschätzung aus der Sicht aller beteiligten Organe, ein Austausch von Erkenntnissen zur weiteren Qualifizierung der Tätigkeit und der multilateralen Zusammenarbeit.

Gesprochen wurde zum Beispiel über Spionage- und Terrorabwehr, über die Bekämpfung konkreter Formen der westlichen Wühl- und Zersetzungstätigkeit, die Verhinderung des Missbrauchs des grenzüberschreitenden Verkehrs für subversive Handlungen, Fragen der strafprozessualen Untersuchungsführung zur Aufklärung von Straftaten, das Zusammenwirken zur Aufklärung von Nazi- und Kriegsverbrechen sowie Verbrechen gegen die Menschlichkeit, die Untersuchung von Unfällen in der Luftfahrt bzw. anderer schwerer Havarien etc.

Es erfolgte auch eine Zusammenarbeit etwa bei der Absicherung von politischen Gipfeltreffen, von Manövern der Truppen des Warschauer Vertrages, von großen Jugend- und Sportveranstaltungen und anderen Ereignissen, die für Terroranschläge geeignet schienen.

Die DDR und das MfS operierten unmittelbar an der Frontlinie zur NATO, sie leisteten hier ihren Beitrag für Frieden und Sicherheit im gesamten Bündnis. Deshalb bestand ein wechselseitiges Interesse an einer funktionierenden Kooperation.

Die Zusammenarbeit erfolgte keineswegs auf einer Einbahnstraße, es war ein gegenseitiges Geben und Nehmen. Diese Kooperation hatte – im Vergleich zur Zusammenarbeit in anderen politischen, staatlichen und gesellschaftlichen Bereichen – auch Besonderheiten. Sie ergaben sich aus der unterschiedlichen Stellung der

Partnerorgane in den jeweiligen Staats- und Rechtsordnungen ihrer Länder, den länderspezifischen Aufgabenschwerpunkten und den politisch-rechtlichen Handlungsrahmen. Zugleich musste diese Kooperation auch den Erfordernissen der Geheimhaltung und Konspiration Rechnung tragen.

Eine besondere Rolle in der internationalen Zusammenarbeit spielten sogenannte Operativgruppen der Partner in den jeweiligen anderen Ländern.

Die Staatssicherheit der UdSSR unterhielt eine zahlenmäßig starke Operativgruppe, die Vertretung des KGB, in Berlin-Karlshorst. Das MfS hatte eine Operativgruppe in Moskau. Operativgruppen des MfS gab es gemäß Vertrag auch in Polen, in der CSSR, in Ungarn, Bulgarien und Kuba. Diese Operativgruppen, bestehend aus Spezialisten, waren bei den zuständigen Ministerien des jeweiligen Partnerlandes akkreditiert.

Gegenstand der Zusammenarbeit war auch die Sicherung der Vertragsarbeiter aus anderen sozialistischen Staaten in der DDR. Dazu waren Verbindungsoffiziere der jeweiligen Partnerorgane in der DDR tätig.

Alle operativen Handlungen des MfS auf den Territorien der Vertragspartner erfolgten unter Beachtung der Souveränität und des Prinzips der Nichteinmischung in die inneren Angelegenheiten. Strafprozessuale Handlungen – etwa Zeugenvernehmungen – blieben in der Verantwortung des jeweiligen Vertragspartners bzw. der jeweils zuständigen Justizorgane. Sie erfolgten auf der Grundlage von Rechtshilfeersuchen des Generalstaatsanwalts.

Treffen mit Inoffiziellen Mitarbeitern des MfS und andere operative Handlungen auf dem jeweiligen Territorium bedurften der Vereinbarung bzw. der Zustimmung.

Vereinbarungsgemäß wurde das multinationale elektronische Informationssystem SOUD (System der vereinigten Erfassung von Daten über den Gegner) der Sicherheitsorgane sozialistischer Staaten genutzt. In diesem elektronischen Speicher wurden Erkenntnisse über gegnerische Geheimdienste sowie über Personen, Organisationen und Institutionen, von denen reale oder potenzielle Gefahren ausgingen, von allen Teilnehmerstaaten zusammengeführt und genutzt.

Gespeichert wurden dort Angaben zu 15 Personenkategorien (PK). In der PK 3 standen »Mitglieder von Terrororganisationen

und einzelne Terroristen, Geiselnehmer, Flugzeug- und Schiffsent-
führer und Diversanten sowie Personen, die Verbindung zu einer
Terrororganisation verdächtigt sind bzw. sie unterstützten«.

In der PK 10 fanden sich »Personen, die besonders gefährliche
Staatsverbrechen begangen haben, sich im Ausland verbergen und
nach denen von den Teilnehmern des SOUD gefahndet wird«
(Hoch- und Landesverrat, Terror und Sabotageverbrechen usw.).
Bis Ende 1989 waren in dieser PK 189 Personen erfasst.

Registriert wurden ebenfalls Mitarbeiter und Agenten gegnerischer Geheimdienste, Mitglieder feindlicher Emigrantenorganisa-
tionen oder Personen, die provokatorische Aktionen auf dem Territorium der Staaten der sozialistischen Gemeinschaft sowie gegen
deren Vertretungen oder Bürger im Ausland planten und durchführten.

Der SOUD-Datenbestand wurde mit personenbezogenen Anfragen und Daueraufträgen, thematischen Recherchen sowie für
monatliche Informationen zu den besonders gefährlichen Personenkategorien 3 und 10 genutzt.

Ja. Allerdings folgte das MfS in seiner Auslandsarbeit den strengen Vorgaben zur Außen- und Sicherheitspolitik, die von der SED- und Staatsführung festgelegt worden waren. Das hieß vor allem, sich nicht in innere Auseinandersetzungen einzumischen. Zielobjekte der nachrichtendienstlichen Tätigkeit waren weder die Staaten der Dritten Welt noch deren Repräsentanten, Institutionen und Einrichtungen sowie dortige oppositionelle Parteien und Gruppen. Verfolgt wurden lediglich die inneren Entwicklungen und außenpolitischen Schritte dieser Staaten mit der Absicht, Überraschungen und negative Folgen für die DDR auszuschließen. Das Hauptaugenmerk galt den Aktivitäten der BRD und der USA, ihren Einrichtungen und ihren Geheimdiensten vor Ort.

In den ersten Jahren war die Tätigkeit vorrangig auf die internationale Anerkennung der DDR gerichtet, das bedeutete insbesondere die Überwindung des Alleinvertretungsanspruchs der BRD.

Danach gewann zunehmend die Abwehr von Angriffen auf Auslandsvertretungen der DDR und deren Mitarbeiter Bedeutung. In den für die DDR wichtigen Länder der Dritten Welt wurden legal abgedeckte Residenturen der HV A etabliert. In einigen jener Länder, die eine sozialistische Orientierung verfolgten, gab es auch eine Zusammenarbeit mit den dortigen Sicherheitsorganen. Diese Unterstützung war zuvor auf politischer Ebene vereinbart worden. Grundsätzlich hatten die Vertreter des MfS in diesen Ländern keinerlei Weisungsbefugnis gegenüber einheimischen Einrichtungen und deren Vertretern.

Unter Federführung der HV A fanden Ausbildungslehrgänge in den jeweiligen Staaten oder in der DDR statt. So gewährte das MfS Hilfe für Angola, Mosambik, Jemen, Äthiopien oder den südafrikanischen ANC.

Für alle Beteiligten war dies praktizierter Internationalismus. Das betraf vor allem Kuba, Vietnam, Laos, Nicaragua, Süd-Jemen, Äthiopien, Angola und Mosambik. Als 1973 in Chile die Faschisten putschten, halfen Mitarbeiter der HV A, verfolgte Patrioten in Sicherheit zu bringen.

Es heißt, das MfS, insbesondere dessen Auslandsaufklärung, sei in Äthiopien an Einsätzen der dortigen Sicherheitsorgane beteiligt gewesen?

Das ist unwahr. Es gab mehrere Versuche, diese Lüge zu verbreiten. So lief am 30. Mai 2006 auf *3sat* (»Kulturzeit«) ein Beitrag unter dem Titel »Roter Terror in Äthiopien«. Darin nahm man Bezug auf einen Roman des Schweizers Ulrich Schmid (»Aschemenschen«), in welchem behauptet wurde, »Hunderttausende« seien in den 70er und 80er Jahren – unter den Augen der »Stasi« und mit deren aktiver Hilfe – »verhaftet, gefoltert, hingerichtet« worden. »Die Staatssicherheit aus der DDR war als Vorbild und Lehrmeister dabei. Es sei davon auszugehen, dass Inhalte wie Vernehmungsmethoden und dergleichen bis hin zum Regime in Haftanstalten vom Ministerium für Staatssicherheit (MfS) an die äthiopischen Untersuchungsorgane vermittelt worden seien, davon ist Thomas Auerbach von der Forschungsabteilung der Birthler-Behörde überzeugt. ›Es gab also eine sehr enge Zusammenarbeit.‹« Soweit *3sat*.

Der Aufenthalt von Mitarbeitern der HV A in Äthiopien ist in diversen Publikationen bezeugt und dokumentiert, unter anderem von Bernd Fischer (»Als Diplomat mit zwei Berufen. Die DDR-Aufklärung in der Dritten Welt.«) oder Karin Becker (»Gastmahl in Äthiopien«, in: »Der Botschaftsflüchtling und andere Agentengeschichten.«). Dort ist beschrieben, was tatsächlich getan oder eben nicht getan wurde. Kompetente Zeitzeugen verweisen die erhobenen Beschuldigungen ins Reich der Legenden.

Nirgendwo, auch nicht in Äthiopien, waren Mitarbeiter des MfS bei Auslandseinsätzen an nationalen Repressivmaßnahmen beteiligt.

Wenn damit gemeint ist, dass in nationalen Befreiungs- und Widerstandsbewegungen Mitarbeiter des MfS gekämpft oder Waffen geliefert haben, so kann darauf mit einem klaren Nein geantwortet werden. Wenn die Frage auf eine politische, soziale und solidarische Hilfe abzielt, so lautet diese eindeutig Ja.

Auf Bitten von Befreiungsbewegungen half das MfS bei der Ausbildung von Kadern der Sicherheitsorgane und bei der technischen Ausrüstung. Das betraf die Palästinensische Befreiungsorganisation (PLO), die Nationale Befreiungsfront Algeriens (FLN), den Afrikanischen Nationalkongress (ANC), die Volksbefreiungsfront von Mosambik (FRELIMO), von Angola (MPLA), die Südwestafrikanische Volksbefreiungsorganisation (SWAPO), die Afrikanische Volksunion von Simbabwe (ZAPU) und die Sandinistische Befreiungsfront von Nicaragua (FSLN).

Das MfS unterhielt seit 1969 Kontakt zur Führung der PLO. Das Attentat während der Olympischen Spiele 1972 in München veranlasste das MfS, direkten Kontakt zum Geheimdienstchef der PLO aufzunehmen. Wenn terroristische Handlungen – die entschieden vom MfS abgelehnt und verurteilt wurden – nicht unterblieben, würde das MfS die Zusammenarbeit sofort beenden. Auch anderen Mitgliedsorganisationen der PLO, die ebenfalls eine Zusammenarbeit anstrebten, wurde dies als Voraussetzung genannt.

Wichtigstes Ziel der Kooperation war es, Einfluss darauf zu nehmen, dass künftig terroristische Aktionen sowohl in der Region wie auch in anderen Teilen der Welt unterblieben.

Den palästinensischen Partnern wurde die Haltung der DDR und der Warschauer Vertragsstaaten zu internationalen und regionalen Problemen übermittelt. Die Partner wiederum informierten über ihr Zusammenwirken mit Geheimdiensten der BRD und Beratungen in Wiesbaden und Köln. Das MfS erhielt Informationen über die USA und deren Verbündete, ihre strategischen Pläne, ihre Waffensysteme und geheimdienstlichen Aktivitäten, so über die geheime Vorbereitung des 1978 geschlossenen Vertrages von Camp David zwischen Israel und Ägypten, über Geheimdienstaktivitäten von CIA und BND im Nahen Osten und anderes.

Die Verbindungen wurden auch genutzt, um im Eritrea-Konflikt in Äthiopien zu vermitteln und Hilfe zu geben bei der Befreiung sowjetischer Geiseln im Libanon.

Die solidarische Hilfe lebt im Gedächtnis der befreiten Völker fort und erfährt auch heute noch eine hohe Wertschätzung. Nach 1990 wurde Markus Wolf vom Führer des südafrikanischen ANC und Friedensnobelpreisträger, Nelson Mandela, empfangen. Dabei bedankte sich dieser für die Unterstützung der DDR beim Aufbau der ANC-Sicherheit.

Erstens gab es keine Liste von »Ausspähobjekten« des MfS, zweitens richtete sich das Aufklärungsinteresse nie auf ganze Staaten, sondern stets auf Einrichtungen und Personen, bei denen hinlänglicher Verdacht bestand, dass sie gegen die DDR arbeiteten oder Kräfte, die es taten, direkt oder indirekt unterstützten.

Aufgrund der Tatsache, dass Hitlerdeutschland Juden systematisch ausgrenzte, verfolgte und schließlich ermordete – Deutsche also an der millionenfachen Vernichtung jüdischen Lebens ursächlich beteiligt waren – bestand und besteht objektiv eine besondere Beziehung zwischen Juden und Deutschen. Das hat die DDR nie in Abrede gestellt. Allerdings unterschied sie – im Unterschied zur BRD – sehr genau zwischen dem jüdischen Staat und dessen Politik einerseits und der notwendigen Wiedergutmachung gegenüber den Juden. Für die DDR war der Kampf gegen Antisemitismus nicht gleichbedeutend mit Billigung des Zionismus und der Unterstützung der aggressiven Politik Israels gegenüber den Palästinensern und den arabischen Nachbarstaaten.

Die Führung der DDR bewegte sich auf einem schmalen Grat. Das Verhältnis zum Staat Israel war keins. Erst in ihrem letzten Jahr erfolgte die Herstellung diplomatischer Beziehungen. Aber es erfolgten auch keine Geheimdienstaktionen. Es gab weder Einzeloperationen gegen Israelis noch illegale Strukturen oder Operationen. Das bestätigten auch verantwortliche Vertreter israelischer Geheimdienste gegenüber Markus Wolf bei dessen Besuch in Israel 1996.

Trotz dieses Nicht-Verhältnisses versuchten Mitarbeiter des MfS mäßigend auf ihre Partner in arabischen Staaten einzuwirken. Wegen der fortdauernden aggressiven Politik Tel Avivs herrschte dort die Auffassung vor, erst die Beseitigung des Staates Israel würde zur Befriedung in Nahost führen. Auf diese Haltung reagierte Israel mit Entschlossenheit zur Selbstbehauptung. Diese wechselseitige Bedrohung hatte Juden und Araber bzw. Palästinenser in eine tödliche Umklammerung geführt.

Die Vertreter des MfS traten der Auffassung nach Vernichtung des Staates Israel entschieden entgegen. Sie ließen in Gesprächen auch mit Palästinensern keinen Zweifel daran, dass die DDR konsequent für den Rückzug Israels aus den seit 1967 besetzten Gebieten und für das Recht der Palästinenser auf die Bildung eines eigenen Staates eintrat, dass sie aber ebenso die gesicherte Existenz und Entwicklung des Staates Israel bei internationalen Garantien für eine Friedensregelung befürwortete.

Den Palästinensern wurde eindeutig erklärt, dass Israel kein Zielobjekt für das MfS war. Eine Beteiligung an nachrichtendienstlichen Operationen gegen Israel kam für die Staatssicherheit – in welcher Form auch immer – nicht infrage.

Die Zusammenarbeit auch der Nachrichtendienste erfolgte auf der Basis gleicher Überzeugungen und Wertvorstellungen, also einer gemeinsamen Ideologie. Alles war auf das Ziel gerichtet, den Frieden und die Entwicklung der sozialistischen Staaten zu sichern sowie perspektivisch eine Welt frei von Ausbeutung, Unterdrückung und Krieg zu errichten. Im Laufe der Jahrzehnte jedoch wurde deutlich, dass die Führungsmacht stärker an der Durchsetzung eigener Großmachtinteressen interessiert war. Was legitim ist, denn nationale Interessen haben durchaus Vorrang vor internationalen Interessen.

Allerdings war die Sowjetunion auch internationale Verpflichtungen eingegangen, etwa in Bezug auf die DDR. Diesen entzog sie sich in dem Maße, wie die eigenen innenpolitischen Probleme zunahmen. Die DDR wurde als Faustpfand und Manövriermasse bei Verhandlungen eingesetzt. Zugleich wurden Zusagen geheuchelt. Noch am 9. Dezember 1989 hatte Generalsekretär Gorbatschow, zugleich Oberster Befehlshaber des Warschauer Vertrages, auf dem Plenum des Zentralkomitees der KPdSU versichert: »Wir erklären mit aller Entschiedenheit, dass wir die DDR nicht im Stich lassen werden.«

Die Angehörigen des MfS fühlten sich auch emotional den sowjetischen Tschekisten verbunden. Man begegnete ihnen in grenzenloser Offenheit. Umso größer die Enttäuschung über das unehrliche Verhalten von Vertretern des KGB. Es erfüllte nicht wenige Angehörige des MfS mit Bitterkeit, als ihnen bewusst wurde, dass ihr unerschütterliches Vertrauen benutzt und missbraucht worden war. Von sowjetischer Seite war offiziell stets bekräftigt worden, welche Bedeutung die Existenz und Sicherheit der DDR für die Sicherheit der UdSSR und der gesamten sozialistischen Staatengemeinschaft habe. Deshalb, so wurde stets betont, wolle man alles für die DDR tun.

Die einseitige Aufkündigung des Bündnisses UdSSR-DDR bedeutete die Preisgabe der DDR und damit ihre Auslieferung in die Obhut jenes Staates, der sich den Antikommunismus und Antisowjetismus 1949 auf seine Spalterfahne geschrieben und seit jener Zeit die Absicht verfolgt hatte, die DDR zu beseitigen. Natürlich, die DDR scheiterte nicht nur am Verrat durch die Sowjetunion. Die

Ursachen dafür sind vielschichtig und komplexer Natur, es gab innere und äußere Faktoren, die sich gegenseitig durchdrangen oder wechselseitig bedingten.

Untergegangen ist zudem nicht nur die DDR, sondern ein ganzes System, das auf dem sowjetischen Gesellschaftsmodell basierte. Nicht jedoch die Vision von einer besseren, einer gerechteren, einer sozialistischen Gesellschaft.

Zu den Ursachen des Untergangs gehören auch falsche Konzepte auf dem Gebiet der Sicherheitspolitik und deren Umsetzung.

Dennoch sollten wir nicht übersehen: »Die BRD hat seit Gründung der DDR gegen uns konspiriert«, schreibt Egon Krenz. Wohl wahr. Es war kein fairer Wettstreit der Systeme. Es war Kalter Krieg, immer auch am Rande eines heißen, einer atomaren Katastrophe.

Sicherheitspolitik oder Wer machte Politik mit der Staatssicherheit?

Welchen Platz hatte das MfS in der Politik der SED zur staatlichen
Sicherheit der DDR? Warum konnte es 1989 nicht die DDR retten?

Die Sicherheitspolitik der SED- und Staatsführung zur Gewährleistung der staatlichen Sicherheit war ein Komplex von politischen Konzepten, Entscheidungen und Maßnahmen zum Schutze
der Machtstrukturen und der Grundlagen der Staats- und Rechtsordnung in der DDR. Sie war mehr als die Bestimmung der Aufgaben der Schutz- und Sicherheitsorgane, ihrer Strukturen und
Befugnisse. Staatliche Sicherheit wurde als gesamtstaatliche und
gesamtgesellschaftliche Aufgabe postuliert, in der Praxis aber – bei
allen Anstrengungen in den einzelnen Bereichen – immer mehr
zur Sache der Staatssicherheit gemacht und so auch in der Öffentlichkeit wahrgenommen.

Die staatliche Sicherheit war aber weit mehr als eine Ressort-
Angelegenheit des MfS. Sie korrespondierte zudem mit der internationalen Lage, insbesondere dem Stand der Beziehungen zwischen der Sowjetunion und den USA, dem Warschauer Vertrag
und der NATO. Sie korrespondierte mit der inneren Wirtschafts-
und Sozialpolitik, mit der Entwicklung der Rechtsordnung und
der Demokratie, mit der Durchsetzung von Gesetzlichkeit und
Rechtssicherheit, von öffentlicher Ordnung und Sicherheit im
täglichen Leben.

Die Sicherheit der DDR setzte politische Stabilität voraus. Diese
fußte auf demokratischen Strukturen und auf Rechtssicherheit. Auf
diesen Feldern entstand jedoch zunehmend Reformbedarf. Eine
Gesellschaft ist nichts Statisches. Sie entwickelt sich, es wachsen
Bedürfnisse. Diese jeder, auch der sozialistischen Gesellschaft inne-
wohnende Dynamik, muss produktiv gemacht werden. Anderen-
falls werden die bestehenden Verhältnisse zur Fessel, die schließlich
gesprengt werden.

Diese Entwicklung ignoriert zu haben, sollte sich am Ende der
80er Jahre als Verhängnis für die DDR erweisen.

Ging es in den Nachkriegs- und Gründerjahren zunächst darum, die Mehrheit der Menschen für die neue Gesellschaft zu gewinnen, sie in die »neue Zeit« mitzunehmen, so lautete später die Aufgabe – nach Herstellung stabiler ökonomischer und politischer Verhältnisse – den individuellen Freiraum zu erweitern. Ganz im Sinne

von Marx, der die Freiheit des Einzelnen als die Voraussetzung für die Freiheit Aller betrachtete. Dies festzustellen heißt aber nicht, man hätte Feinden des Sozialismus Freiräume gewähren müssen, weil angeblich jeder das Recht habe, seine Feindschaft auszuleben und in diesem Sinne ungehindert zu handeln. Die DDR existierte nicht fernab auf einer Insel, ihre Innenpolitik musste zwangsläufig Rücksicht nehmen auf das, was außerhalb der Landesgrenzen geschah. Gleichwohl diente dies zu oft und zu rasch als Alibi dafür, was nicht oder was noch nicht oder was überhaupt nicht in der DDR hätte verändert werden müssen.

Die Sicherheitspolitik der DDR war als ein ganzheitlicher Komplex von Aufgaben und Maßnahmen konzipiert, in dem sich Politik, Recht, Ökonomie und Ideologie berühren und verknüpfen sollten. Dazu gehörte, dass staatliche Sicherheit in Einheit mit allen anderen Aufgaben der politischen, ökonomischen, geistig-kulturellen und sozialen Entwicklung realisiert werden sollte und musste. Doch genau dort brach es.

Offensichtlich mangelte es der SED-Führung am nötigen Vertrauen in die Bereitschaft und in die Fähigkeit der Staatsbürger, die notwendigen Veränderungen *ohne* Aufgabe der DDR zu vollziehen.

Zweifellos traf es zu, dass sich der politische Gegner Unzufriedenheit und Verärgerung zunutze machte und nicht unwesentlich schürte. Die revolutionäre Wachsamkeit, durchaus keine Phrase, sondern politische Tagesaufgabe, wurde einerseits vernachlässigt, andererseits überzogen. Der mündige, gebildete, politisch erzogene Staatsbürger wurde gegängelt, bevormundet und – nimmt man allein die Informationspolitik der letzten Jahre – für dumm verkauft.

Das hatte verheerende Folgen. Das MfS sollte das Versagen der politischen Führung kompensieren. Dazu aber war das Ministerium weder angetreten noch 1950 gegründet worden.

Betrachtet man unter diesem Blickwinkel die Praxis insbesondere in den 80er Jahren, so sind diese Erkenntnisse und deren Konsequenzen in der gesamtgesellschaftlichen Tragweite wohl erst richtig begriffen worden, als es schon zu spät war. In diesen Zusammenhängen und den ihnen innewohnenden Diskrepanzen und Fehlentwicklungen liegen die entscheidenden inneren Ursachen des Scheiterns der DDR.

Das stimmt nicht. Der Popanz wurde erst in den 90er Jahren auf-
geblasen. Die DDR-Bürger nahmen das MfS und deren Mitarbeiter wie jede Einrichtung der DDR wahr und versahen diese
mit diversen ironischen Bezeichnungen: »Konsum«, »VEB Horch
und Guck«, »Memphis«, auch »Stasi« ...

Zudem verhielt das MfS sich auch wie eine »normale« Behörde. Wie jedes Staatsorgan hielt es gesetzlich vorgeschriebene
Sprechzeiten ein, bei denen Bürger individuell Auskünfte einholen
und Beschwerden vortragen konnten. Eingaben wurden auch
schriftlich vorgetragen. Diese stellten in der DDR ein Rechtsin-
strument dar, um gegen Entscheidungen oder Verhaltensweisen von
Staatsorganen, Betrieben, Genossenschaften und Einrichtungen
Einwände vorzubringen oder Widerspruch einzulegen. Eingaben
der Bürger erfolgten aber auch, um auf gesellschaftliche und persönliche Probleme aufmerksam zu machen.

Zahlreiche Bürger der DDR nutzten dieses demokratische
Instrument zur Wahrung sowohl persönlicher Rechte als auch in
Wahrnehmung ihrer gesellschaftlichen Verantwortung für den
Schutz und die Sicherheit des Staates. Sie wandten sich zu diesem
Zweck mündlich oder schriftlich an Diensteinheiten des MfS, ange-
fangen von den Kreis- und Objektdienststellen über die Bezirks-
verwaltungen bis hin zum MfS Berlin und an den Minister für
Staatssicherheit persönlich.

Den Diensteinheiten gingen jährlich etwa 3.500 bis 4.000
schriftliche Eingaben zu. Davon betrafen höchstens 15 Prozent
direkt die Arbeit und den Verantwortungsbereich der Staatssicherheit, darunter auch Beschwerden zu Maßnahmen des MfS bzw.
zum Verhalten von Mitarbeitern.

Etwa 20 Prozent der Eingaben betrafen Wohnungsangelegen-
heiten, Unzufriedenheit über mangelnde Unterstützung durch ört-
liche Organe – vorrangig bei Bau-, Sanierungs- und Reparatur-
arbeiten –, Hilfeersuchen bei der Beschaffung eines Autos oder Tele-
fonanschlusses sowie andere persönliche Belange . Ein erheblicher
Teil der Eingaben betraf die Tätigkeit zumeist örtlicher staatlicher
oder gesellschaftlicher Organe und Einrichtungen sowie das Verhalten einzelner Leiter bzw. Verantwortlicher. 15 bis 20 Prozent der

Eingaben kamen von örtlichen Funktionären, denen durch Vorgesetzte oder übergeordnete Organe Schwierigkeiten bereitet wurden oder die Anlass sahen, sich über mangelnde Unterstützung bei der Lösung örtlicher Probleme zu beklagen.

Sämtliche Eingaben wurden entsprechend den dafür geltenden gesetzlichen Bestimmungen der DDR bearbeitet. Das war in der Regel mit umfangreichen Überprüfungen des konkreten Sachverhalts und Rücksprachen mit zuständigen Leitern und Mitarbeitern in den jeweiligen staatlichen, wirtschaftlichen und gesellschaftlichen Bereichen sowie der gemeinsamen Suche nach Lösungsmöglichkeiten verbunden.

Grundanliegen des MfS war es dabei immer, im Rahmen der Gesetze und anderer Rechtsvorschriften und der realen Möglichkeiten zur Klärung, Lösung und Überwindung der vorgebrachten Kritiken, Probleme, Mängel und Unzulänglichkeiten beizutragen und den betreffenden Bürgern in ihren persönlichen Belangen möglichst schnell und unbürokratisch zu helfen.

Allerdings trifft es zu, dass die Schwellenangst bei Einrichtungen des MfS bei nicht wenigen Menschen größer war als bei anderen staatlichen Einrichtungen der DDR. Das hing mit der – im Gefolge der immer starrer werdenden Informationspolitik von SED und Staat – spürbar zurückgehenden Öffentlichkeitsarbeit und der damit verbundenen Selbstdarstellung des Ministeriums zusammen. Die ungenügende Selbstdarstellung versuchten zwar die für Öffentlichkeitsarbeit Verantwortlichen und erst recht die in größeren Betrieben offen und legal für Sicherheitsbelange tätigen MfS-Angehörigen mit großem persönlichen Einsatz zu kompensieren. Sie hatten Namen und Gesicht, waren im Territorium, in regionalen Einrichtungen und in Betrieben zumeist bekannt und konnten von jedem angesprochen werden. Sie arbeiteten mit Ausstellungen, Vorträgen und anderen auf öffentliche Wirkung ausgerichteten Maßnahmen gegen den Mythos an, beim MfS handele es sich um eine total abgeschottete, geheimnisumwitterte Truppe, mit der man besser nichts zu tun hatte. Dazu gehörten auch Filme, Bücher und andere künstlerische Darstellungen. Wenn aber über die Tätigkeit des MfS – wie zuletzt – außer Grußadressen zum Jahrestag der Staatssicherheit oder Kurzmeldungen über die Verhaftung eines oder mehrerer Spione nicht mehr erschien, wenn also – bei aller Notwendigkeit des Geheimnisschutzes – ein großes Geheimnis aus der Tätigkeit des MfS gemacht wurde, musste man sich nicht wundern, wenn die Menschen zunehmend einen Bogen um das MfS schlugen.

Und natürlich trugen auch Geschichten aus den 40er und frühen 50ern Jahren dazu bei. Menschen waren plötzlich abgeholt oder verhaftet worden. Manche verschwanden für immer, andere kamen erst nach Wochen oder Monaten wieder. Dadurch entstand der Eindruck von Rechtlosigkeit und Willkür, und in der Folge der von Ohnmacht und Hilflosigkeit. Es hat in der Tat Fälle von Ungerechtigkeit gegeben, und die Verhältnisse in den Strafanstalten, wenige Jahre nach dem Krieg, waren nicht nur nach heutigem Verständnis menschenunwürdig.

Ohne solche Übergriffe entschuldigen oder beschönigen zu wollen: Sie waren Ausdruck der Zeit und weniger des Systems. In der Ostzone galten die Befehle der sowjetischen Besatzungsmacht. Das *Narodny Kommissariat Wnutrennich Del* (NKWD), die inneren Sicherheitskräfte der Sowjetmacht, waren beauftragt, die faschistischen Strukturen zu zerschlagen, Nazi- und Kriegsverbrecher aufzuspüren und Belastete aus ihren Ämtern zu jagen. Oft gerieten sie an Personen, die von ihren Landsleuten denunziert worden waren. In den Internierungslagern und Haftanstalten verschwanden oft auch Unschuldige.

Hinzu kamen noch der Kalte Krieg und die damit verbundene Hysterie. Während in Übersee Soldaten ungeschützt Atomwaffentests beiwohnten und Politiker in Bonn eine neue Wehrmacht aufbauen wollten, mit der der Osten von den Russen befreit werden sollte, witterte man überall Agenten und Spione. Und man verhaftete nach dem Grundsatz: Lieber einen zuviel als einen zu wenig.

Diese Praxis war schon bald Geschichte, aber sie lebte in den Erinnerungen fort. Im Westen wurde sie gern kolportiert, weil sie die traditionelle Angst vor »dem Kommunismus« wachhielt. Im Osten sprach man nicht darüber, weil sie unangenehm und eben nicht »sozialistisch« war.

Das sollte sich Jahrzehnte später rächen.

Nein. Das war aufgrund der politischen und staatlichen Ordnung ausgeschlossen. Das MfS hatte nur sehr begrenzten Einfluss auf politische Entscheidungen des Politbüros des ZK der SED, dem eigentlichen Machtzentrum der DDR.

Der Minister für Staatssicherheit gehörte diesem Gremium zwar an, aber er war lediglich einer von 21 Mitgliedern und fünf Kandidaten. Zudem lagen die Entscheidungen bei den ZK-Sekretären, in sicherheitspolitischen Fragen beim Generalsekretär selbst. Die ZK-Sekretäre stützten ihre Entscheidungen auf die Fachabteilungen des ZK der SED.

Wenn überhaupt, nahm das MfS Einfluss über »Parteiinformationen«. Sofern diese überhaupt zur Kenntnis genommen wurden. Erich Honecker erklärte nach seinem Sturz, für ihn hätten diese Information nicht mehr enthalten, als er bereits der Westpresse entnommen hatte.

Einfluss in sicherheitspolitischen Fragen hatte der Minister für Staatssicherheit in seinen individuellen Besprechungen mit dem Generalsekretär, die in der Regel dienstags nach den Sitzungen des Politbüros stattfanden.

Das Zentralkomitee der SED war das gewählte Gremium, das zwischen den Parteitagen die SED kollektiv leiten sollte. So stand es im Statut. Die Realität sah bekanntlich anders aus.

Im ZK war das MfS mit zwei Mitgliedern und einem Kandidaten vertreten. Diese hatten so wenig Einfluss auf »zentrale Entscheidungen« wie alle anderen ZK-Mitglieder auch.

Ein wichtiges Gremium, sich Gehör zu verschaffen, war zentral der Nationale Verteidigungsrat (NVR) der DDR unter Leitung des Generalsekretärs des ZK der SED, dem auch der Minister für Staatssicherheit angehörte.

In den Bezirken und Kreisen der DDR waren die SED-Bezirks- und Kreisleitungen die höchsten Entscheidungsorgane. Ihnen gehörten die Leiter der Bezirksverwaltungen (BV) und Kreisdienststellen (KD) des MfS an.

Vom persönlichen Verhältnis der Sekretäre der SED-Bezirks- und der -Kreisleitungen zu den Leitern der MfS-Dienststellen war es abhängig, ob die Informationen aus dem MfS-Bereich angenommen und berücksichtigt wurden. Meist war das Verhältnis vertrauensvoll.

Das einige Gremium der Zusammenarbeit auf dieser Ebene waren die Kreis- und die Bezirkseinsatzleitungen (KEL/BEL). Sie dienten der Vorbereitung eines Verteidigungszustandes, behandelten aber in der Regel auch sicherheitspolitische Probleme.

Den BEL bzw. KEL gehörten an: der 1. Sekretär der Bezirks- bzw. Kreisleitung als Vorsitzender, die 2. Sekretäre, die Vorsitzenden der Räte bzw. der Oberbürgermeister von Berlin, die Chefs der Wehrkommandos, der Volkspolizei und der Staatssicherheit im Bezirk bzw. Kreis.

Nein. Die Kader der SED wurden nicht überwacht, sie waren für das MfS tabu.

Für die »Einheit, Reinheit und Geschlossenheit der Partei« waren die SED-Parteiorgane selbst, besonders die SED-Parteikontrollkommissionen, zuständig. Das MfS hatte keine Aufgaben und keine Verantwortung im Sinne der ideologischen Überwachung und Kontrolle der Parteimitglieder und des Parteiapparates.

Die Sicherheitskommission beim Politbüro der SED traf – bis zur Bildung des Nationalen Verteidigungsrates im Frühjahr 1960 – Festlegungen, die die Arbeit des MfS faktisch bis zum Herbst 1989 bestimmen sollten. Dazu gehörte das Verbot, in SED-Führungsorgane und in den Parteiapparat operativ hineinzuarbeiten.

Selbst wenn operative Gründe für das Handeln des MfS vorlagen, etwa ein Spionageverdacht, war der Beschluss der Sicherheitskommission aus dem Jahre 1954 bindend, in dem es hieß: »Gegen Mitglieder und Kandidaten des Zentralkomitees und Mitglieder der Bezirksleitungen können operative Maßnahmen durch die Organe der Staatssicherheit nur mit ausdrücklicher Genehmigung des Vorsitzenden der Sicherheitskommission durchgeführt werden.«

Hauptamtliche Funktionäre der SED durften vom MfS nicht angeworben und nur mit besonderer Genehmigung durch den Generalsekretär oder den 1. Sekretär der SED-Bezirksleitung »bearbeitet« werden. Sie wurden allenfalls vor ihrer Einstellung in den Parteiapparat einer Sicherheitsüberprüfung unterzogen. Ob sicherheitspolitischen Einwänden des MfS nachgekommen wurde, war ausschließlich Angelegenheit der Kaderabteilungen der SED.

Was die Zusammenarbeit mit den Inoffiziellen Mitarbeitern, den IM, betrifft, so sollten selbst einfache SED-Mitglieder nur in Ausnahmefällen als IM angeworben und die Zusammenarbeit sofort eingestellt werden, wenn sie höhere Parteifunktionen übernahmen.

Trotzdem waren ein erheblicher Teil der Inoffiziellen Mitarbeiter zugleich Mitglieder der SED. Im Laufe der Zeit nahm ihre Zahl sogar zu, besonders unter Auslands- und Reisekadern sowie Leitungskräften in sicherheitsrelevanten Bereichen der Volkswirtschaft, des Staatsapparates und der Gesellschaft.

Auch unter den Personen, die freiwillig Wohnraum oder auch Postanschriften/Adressen zur Absicherung der geheimen Tätigkeit des MfS zur Verfügung stellten, die also nicht in spezielle operative Arbeitsprozesse wie Ermittlung, Beobachtung, Überprüfung und dergleichen einbezogen waren, befanden sich überwiegend Mitglieder und Kandidaten der SED.

Schild und Schwert waren die Symbole der sowjetischen Tscheka. Sie sind es noch heute für die russische *Federalnaja Sluschba Besopasnosti Rossijskoj Federazii* (FSB), den Inlandsgeheimdienst der Russischen Föderation. Der FSB hat – bis auf die Auslandsspionage – die Struktur des KGB übernommen.

Der Schild stand als Symbol für den Schutz der Oktoberrevolution 1917 und der daraus hervorgegangenen Sowjetunion. Das Schwert galt als Symbol der Bestrafung ihrer äußeren und inneren Feinde.

In diesem Sinne wurden die Symbole »Schild und Schwert« von führenden SED-Funktionären auch auf das MfS übertragen und wie von der KPdSU-Führung zur Durchsetzung des eigenen Machtanspruchs genutzt. Von den Angehörigen des MfS wurden Schild und Schwert verstanden als Instrumente zum Schutze der Arbeiter-und-Bauern-Macht und des sozialistischen Aufbaus in der DDR.

Die Arbeiter-und-Bauern-Macht brauchte außer Armee und Polizei auch ein Organ, das sie vor Angriffen der unterlegenen Ausbeuterklasse und ihrer Mitläufer schützen sollte – das MfS. Dass von ihm in der Öffentlichkeit als Schild und Schwert *der Partei* und eben nicht der Arbeiter-und-Bauern-Macht gesprochen wurde, lag daran, dass sich der Parteiapparat unter Honecker immer mehr in die Kompetenzen des Staatsapparates einmischte, gewissermaßen neben dem Ministerrat eine zweite Linie der Anleitung und Weisung betrieb. Ulbricht hatte eine genau entgegengesetzte Strategie verfolgt und war damit gescheitert.

Aus heutiger Sicht hat die Bindung des Symbols von »Schild und Schwert« an »die Partei« mit dazu beigetragen, das MfS gesellschaftlich zu isolieren. Die SED, besser: was von ihr übrig blieb, benannte sich seit 1989 wiederholt um. Das MfS blieb auf seinem ihm übergeholfenen »Titel« sitzen.

War die Zurückstufung des Ministeriums auf ein Staatssekretariat nach dem 17. Juni 1953 als Maßregelung Ausdruck berechtigter Kritik?

Halten wir zunächst fest: Der 17. Juni 1953 war Folge der Auseinandersetzung der beiden Großmächte im Kalten Krieg vor dem Hintergrund einer schweren innenpolitischen Krise in der DDR. Die Sowjetunion sicherte am 17. Juni 1953 in Deutschland ihre Einflusssphäre, sie verteidigte in und mit der DDR ihre westliche Grenze gegenüber der NATO, die den Kommunismus zurückrollen wollte (»roll back«). Das war ihr legitimes Recht, das am Ende auch die Westalliierten anerkennen mussten.

Der 17. Juni 1953 brachte den Sozialismus in der DDR nicht zum Scheitern, sondern sicherte ihm Zeit – am Ende waren es noch 37 Jahre. Dass diese Chance nicht besser genutzt wurde, ist vor allem Schuld der SED-Führung, aber ebenso auch Folge der ausdauernden Politik des Westens, den Osten politisch, wirtschaftlich und militärisch niederzuringen.

Die SED-Führung übte auf dem 15. ZK-Plenum im Juli 1953 politische Selbstkritik, richtete aber ihre Hauptkritik an die Adresse des MfS: Das habe nicht auf der Höhe seiner Aufgaben gestanden. Es sei nicht in der Lage gewesen, die sich entwickelten Spannungen und die Organisatoren der Ereignisse zu erkennen. Es habe hinsichtlich der Ereignisse vom 17. Juni versagt. Es gab persönliche Angriffe auf den Minister Wilhelm Zaisser, der wegen »parteifeindlicher fraktioneller Tätigkeit« aus dem Politbüro ausgeschlossen und als Minister abgesetzt wurde. 1954 ging er auch seiner Parteimitgliedschaft verlustig. Am 23. Juli 1953 wurde aus dem Ministerium ein »Staatssekretariat für Staatssicherheit« (SfS) und dieses dem Innenministerium unterstellt. Diese Entscheidung wurde am 24. November 1955 wieder rückgängig gemacht.

Jene Vorgänge waren, wie inzwischen hinlänglich bezeugt, nicht Indiz für die Eigenmächtigkeit des MfS. Sie entstanden und entwickelten sich im Zusammenhang mit grundsätzlichen Differenzen zwischen der UdSSR und der DDR hinsichtlich der Methoden und des Tempos bei der Entwicklung des Sozialismus in der DDR. Vor allem die geforderten höheren Rüstungsanstrengungen führten zu erheblichen Auswirkungen auf die wirtschaftliche und soziale

Lage. Statt Probleme und eigenes Versagen einzuräumen und dafür auch die Verantwortung zu übernehmen, rief die SED-Führung 1953 »Haltet den Dieb!« und wies auf das MfS, als wenn das Ministerium ursächlich für die schwere innenpolitische Krise in der DDR verantwortlich gewesen sei. Das MfS war also nicht Subjekt, sondern auch hier Objekt der SED-Führung.

Diese fragwürdige Haltung, das Sicherheitsorgan und seine Mitarbeiter für die Lösung politischer Probleme zu instrumentalisieren, zieht sich bis zum Ende der SED. Als etwa die Ausreisewelle zunahm, die ja Ausdruck der schlechten Politik der SED-Führung war, sollte das MfS sie mit repressiven Maßnahmen stoppen.

Und auch als man in der Herbstkrise 1989 einen Schuldigen suchte, den man für die Misere verantwortlich machen konnte, sollen sich dem Vernehmen nach einige führende SED-Politiker dafür ausgesprochen haben, das MfS als Bauernopfer vorzuschieben. So sollte der gesellschaftliche Unmut kanalisiert werden.

Es stimmt, dass im MfS ein übertriebenes Sicherheitsinteresse bestand. Das war in gewisser Weise auch dem 17. Juni 1953 geschuldet. Man wollte nie wieder von Ereignissen überrascht oder gar überrollt werden. Wenn es so etwas wie ein kollektives Trauma gibt: Hier bestand eins.

Allerdings galt auch auf diesem Felde: kein Rauch ohne Feuer.

Die Feinde des Sozialismus waren keine Erfindung der Propaganda, sie existierten real. Gegen sie setzte man sich, wie schon ausführlich geschildert, zur Wehr: mit legalen Methoden, konspirativ und offen, im Inland und im Ausland, speziell im »Operationsgebiet«, wo die »Befreiung« des Ostens auf der politischen Agenda stand.

Bei der Verifizierung, also der Feststellung der Gegner, ging man prinzipiell vor. Und Prinzipien führen mitunter zur Vereinfachung. Etwa bei der Klärung der Frage: Wer ist Freund, wer Feind? Das führte mitunter zu dem falschen Schluss, dass einer, der nicht *für uns,* also für die DDR, war, objektiv *gegen uns* stand.

Das war natürlich überzogen.

In einer angespannten Frontlage während des Kalten Krieges wähnte man dort jedoch einen Schwachpunkt, ein mögliches »Einfallstor« des Gegners. Das hat die Aufmerksamkeit des MfS herausgefordert. Solange aber keine gegen die Gesetze der DDR gerichteten Handlungen nachweisbar waren, nutzte auch die Einordnung einer ablehnenden Haltung zur DDR nichts. Dann waren jegliche repressive Konsequenzen tabu.

Die Haltung zu den gesellschaftlichen Verhältnissen in der DDR hat für die Beurteilung von Personen eine Rolle gespielt, insbesondere wenn sie für sicherheitspolitische Aufgaben vorgesehen waren oder wenn sie mit bestimmten Genehmigungen und Erlaubnissen ausgestattet werden sollten. Wenn es dabei in Einzelfällen zu Fehlentscheidungen kam, lag das nicht immer am MfS.

Nicht jeder DDR-Bürger stand unter Generalverdacht. Aber zu viele wurden verdächtigt, nicht hundertprozentig hinter der DDR zu stehen.

Dieses Misstrauen war einer der Sargnägel der DDR.

Das kann man so sehen. Es gab in den 50er Jahren Einzelfälle, wo auf Grund falscher Anschuldigungen seitens der SED-Führung vom MfS Ermittlungsverfahren mit Haft, also Zwangsmaßnahmen, gefordert wurden, weil Handlangerdienste zugunsten des Klassengegners unterstellt wurden. Später erwies sich der Irrtum, dass es mitunter potenzielle Verbündete waren, die dann rehabilitiert werden mussten. Das war tragisch und bedauerlich. Es führte bei einzelnen Betroffenen dazu, nichts mehr von der DDR wissen zu wollen.

Auch in der Folgezeit fühlten sich Menschen durch Maßnahmen des MfS – begründet oder nicht – zu Unrecht behandelt und wandten sich deshalb von der DDR ab.

Mit repressiven Maßnahmen macht sich niemand Freunde.

Das MfS verfolgte nicht »anderes Denken«, sondern Handlungen, die sich gegen die DDR richteten. Das operative Vorgehen war von den Gesetzen der DDR nicht nur gedeckt, sondern nötig. Mitarbeiter des MfS waren folglich in der gleichermaßen misslichen wie günstigen Lage, sich nur mit den Folgen einer persönlichen Entwicklung auseinandersetzen zu müssen und weniger mit deren Ursachen. Und diese wurzelten oft in der DDR-Gesellschaft, in der Politik der SED.

Unter den Bedingungen des Kalten Krieges war es in der Abwehrarbeit mitunter schwierig, hinter konkreten Erscheinungsformen von Angriffen gegen die DDR die Auftraggeber und Hintermänner, die unmittelbar handelnden Personen, ihre Mittel und Methoden sowie deren Tarnung und Verschleierung zweifelsfrei zu erkennen und aufzuklären. Die Frage, wer arbeitet gegen die sozialistische Staats- und Gesellschaftsordnung und wer will sie verbessern, ließ sich mitunter nur schwer beantworten, weil in beiden Fällen die Politik angegriffen wurde. Zwangsläufig: Wer wollte, dass der Sozialismus bliebe, konnte nicht wollen, dass er so bleibt, wie er war. Das aber wollten auch die Feinde der DDR!

Im Aufruf von »Demokratie jetzt!« hieß es: »Der Sozialismus muss nun seine eigentliche, demokratische Gestalt finden, wenn er nicht geschichtlich verloren gehen soll. Er darf nicht verloren gehen, weil die bedrohte Menschheit auf der Suche nach überlebensfähigen Formen menschlichen Zusammenlebens Alternativen zur westlichen Konsumgesellschaft braucht, deren Wohlstand die übrige Welt bezahlen muss.«

Im Gründungsaufruf der Initiativgruppe »Neues Forum« vom 13. September 1989 stand: »Wir wollen Spielraum für wirtschaftliche Initiative, aber keine Entartung in eine Ellenbogengesellschaft. Wir wollen das Bewährte erhalten und doch Platz für Erneuerung schaffen.«

Die Pfarrer Schorlemmer und Eppelmann schrieben im Oktober 1989 an Egon Krenz: »Uns geht es um die Entwicklung von Demokratie und Sozialismus in unserem Land.«

Wer meinte es ehrlich, wer betrieb Etikettenschwindel?

Erich Mielke forderte als Minister für Staatssicherheit immer wieder dazu auf, streng zu unterscheiden zwischen Menschen, die aus verfestigter staatsfeindlicher Einstellung heraus handelten, und jenen, die aus Unwissen, aus persönlichen Konfliktsituationen, aus Verärgerung heraus oder gegen ihren Willen für feindliche Ziele missbraucht wurden. Vom Gegner irregeleitete und gegen ihre Absicht missbrauchte Menschen sollten von der Richtigkeit »unserer Sache« überzeugt und dafür gewonnen werden. Wer sich aber mit ausländischen feindlichen Stellen und Kräften verband, die Gesetze des sozialistischen Staates verletzte und damit den Grundinteressen des Volkes Schaden zufügte, war entsprechend den geltenden Rechtsvorschriften zur Verantwortung zu ziehen.

An dieser schwierigen Aufgabe der Unterscheidung ist nachweislich auch das MfS gescheitert.

Die »Untaten« schonungslos aufklären

Ja, es stimmt: Das MfS hat bei Verdacht von Straftaten Post- und Telefonkontrollen vorgenommen. Die Vorstellung irritiert vielleicht, jedoch sollten wir uns bewusst sein, dass dies überall auf der Welt geschieht und zum hoheitlichen Handeln von Staaten gehört. Die DDR bildete in dieser Hinsicht, auch wenn man dies glauben machen will, keine Ausnahme. Ende 2009 räumte die Bundesregierung auf Anfrage ein, dass auf der Basis der Interzonenüberwachungsverordnung vom 9. Juli 1951, die bis zum 31. Dezember 1991 gültig war, »Postsendungen aus der DDR in die Bundesrepublik Deutschland bis zur Wiedervereinigung am 3. Oktober kontrolliert wurden«. Nach Hochrechnungen des Freiburger Historikers Josef Foschepoth seien allein bis 1968 etwa 250 bis 300 Millionen Sendungen durch westdeutsche und amerikanische Stellen »zensiert, oft sogar vernichtet worden«. Zensur bedeutete damals Kontrolle.

In der DDR geschah dies auf der Basis des 1953 von Ministerpräsident Otto Grotewohl bestätigten Statuts des Staatssekretariats für Staatssicherheit. Dort wurde unter Punkt 4c festgelegt, dass »zur Aufdeckung, Unterbindung und Entlarvung feindlicher Tätigkeit die Zensur, die Beobachtung und die Verwendung technischer Mittel (Abhören)« gestattet sei.

Das war weder die Legitimation noch die Aufforderung zu einer »vorbeugenden« oder gar »flächendeckenden« Überwachung. Dazu war das MfS auch nicht willens oder technisch in der Lage. In den 80er Jahren besaß beispielsweise nur jeder zehnte DDR-Haushalt einen Telefonanschluss.

Die durchschnittliche Stärke der für Postkontrollen zuständigen Diensteinheiten in den Bezirksverwaltungen betrug 35 bis 45 Mitarbeiter, eingeschlossen technische Kräfte, Sekretärinnen, Schreibkräfte, Kraftfahrer. Telefonkontrollen erfolgten zeitlich begrenzt und zielgerichtet bei Personen und nur dann, wenn ein realer Erkenntnisgewinn zu strafrechtlich bedeutsamen Vorgängen erwartet wurde. Auch die Postkontrolle war zielgerichtet und auf die Aufdeckung von Verbindungen zu Geheimdiensten und anderen gegnerischen Stellen angelegt. Es galt Postsendungen zu finden, in denen Spionagenachrichten, -instruktionen und -ausrüstungsgegenstände, aber auch Geld, verborgen waren sowie Deckadressen der Geheimdienste und Agentenzentralen in der BRD, in Westberlin und in anderen westlichen Staaten zu enttarnen.

Hauptgegenstand der Postkontrolle waren Fahndungsmaßnahmen nach Postsendungen mit geheimen, nachrichtendienstlichen Charakter. Sie erfolgten nach konkreten Zielvorgaben der für die Spionageabwehr federführend zuständigen Hauptabteilung II des MfS.

Ja und nein. Es trifft zu, dass trotz sorgfältiger Auswahl der Kader, Belehrungen, Schulungen sowie eingebauter Sicherungen es einzelne Mitarbeiter gab, die den Verlockungen nicht widerstanden und sich am Inhalt von Sendungen vergriffen. Sie wurden straf- und dienstrechtlich zur Verantwortung gezogen und in aller Regel aus dem MfS entfernt. Diese Fälle sind auch aktenkundig.

Allerdings fand kein systematischer Diebstahl statt, wie behauptet. Die Justiz der BRD unternahm nach dem Anschluss der DDR vielfältige Versuche, Mitarbeiter der Postkontrolle des MfS, namentlich deren Leiter, wegen Unterschlagung nach § 246 StGB der BRD strafrechtlich zu belangen und das MfS zu kriminalisieren. Die Ermittlungsverfahren mussten eingestellt werden bzw. Verfahren endeten mit Freisprüchen.

In der DDR erfolgten die Postkontrollen durch zwei staatliche Institutionen – durch die Zollverwaltung der DDR und durch die Abteilung »M« des MfS. Die Zollverwaltung konzentrierte sich auf die Durchsetzung der Zoll- und Devisengesetzgebung der DDR, zu der auch ein Einfuhrverbot für ausländische Währungen gehörte. Dem Weltpostverein wurden die jeweils aktuellen Kataloge von Ein- und Ausfuhrverboten bzw. -beschränkungen übergeben, der diese wiederum an alle Mitgliedsländer zur Informierung ihrer Bürger weiterleitete.

Gemäß dem Zollgesetz und dem Devisengesetz der DDR konnten bei Verstößen Postsendungen entschädigungslos eingezogen werden.

Im Unterschied zur Zollverwaltung konzentrierte sich die Postkontrolle des MfS auf »die Fahndung zur Aufdeckung des Missbrauchs des Postverkehrs für staatsfeindliche, insbesondere geheimdienstliche Zwecke«. Dafür war die Abteilung »M«, die dem Leiter der Hauptabteilung Spionageabwehr unterstellt war, zuständig.

Dies schloss ein, dass auch gezielte Postfahndungen nach staatsfeindlichen Organisationen und Personen, wie etwa Schleuserbanden oder Zentralen für psychologische Kriegsführung gegen die DDR, erfolgten, die in den Zuständigkeitsbereich anderer Fachabteilungen fielen. Rechtliche Grundlagen für derartige Kontrollen bildeten die Verfassung der DDR, das Strafgesetzbuch, die Strafprozessordnung sowie dienstliche Bestimmungen im MfS im Rahmen seiner Aufgabenstellungen.

Zwangsläufig kam es bei Kontrollen zur Verfolgung staatsfeindlicher Aktionen auch zur Feststellung von Zoll- und Devisenverstößen. In nicht wenigen Fällen wurde im Interesse der weiteren konspirativen Aufklärung von Straftaten entschieden, auf eine zoll- und devisenrechtlich mögliche Entnahme von Gegenständen zu verzichten. Die Gegenseite sollte nicht gewarnt werden.

War dies nicht gegeben, wurden eingezogene Gelder und Wertgegenstände exakt registriert und über die Abteilung Finanzen im MfS dem Staatshaushalt zugeführt.

Die Forderung nach einem Schlussstrich wird von den meisten Politikern der Bundesrepublik abgelehnt. Warum?

Ende 2009, also zwanzig Jahre nach dem »Fall der Mauer«, erklärte der Präsident des Berliner Abgeordnetenhauses – 1989 Regierender Bürgermeister – in einem Interview mit *Neues Deutschland*: »Es müssen die Taten offengelegt und darüber gesprochen werden.« Da holpert nicht nur das Deutsch, sondern vor allem die Logik. Seit zwanzig Jahren wird nunmehr »offengelegt« und darüber gesprochen. Der/die seit 1992 tätige »Bundesbeauftragte für die Unterlagen des Staatssicherheitsdienstes der ehemaligen Deutschen Demokratischen Republik (BStU)« bekommt dafür jährlich an die 100 Millionen Euro Steuermittel. Es existiert ein Netzwerk von Forschungsverbünden und »Gedenkstätten«, die nichts anderes machen als fortgesetzt »Taten« offenzulegen. Die Blätter füllen ihre Spalten seit Jahrzehnten, kein Fernsehsender ohne »Enthüllungen« und mehrteilige Dramoletten. Die Justiz hat intensiv ermittelt, gegen über 100.000 Ostdeutsche – darunter auch Angehörige des MfS – wurden Verfahren eingeleitet. Am Ende wurden 289 Personen verurteilt, davon 19 mit einer Freiheitsstrafe ohne Bewährung.

Unter diesen Verurteilten waren ganze 20 beim MfS.

Zwölf erhielten eine Geldstrafe, acht eine Freiheitsstrafe, wovon sieben zur Bewährung ausgesetzt wurden. Es gab nicht einen einzigen nachweisbaren Fall von Mord, Folter, Zwangsadaption oder Einweisung in die Psychiatrie – also kriminelle Vorfälle, von denen fortgesetzt behauptet wird, es habe sie gegeben.

Auf dieses Argument wird mit der Bemerkung reagiert, so sei eben der Rechtsstaat: Er könne nur beweisen, was beweisbar ist, im Zweifelsfalle entschiede er zugunsten des Angeklagten. Mit solchen Ausflüchten wie auch nebulösen Forderungen nach »Offenlegung der Taten« wird suggeriert, dass »da« noch etwas wäre, was bislang verborgen und vertuscht worden sei. Und weil auch das ins Leere läuft, fügt man den Erfindungen an: Es hätte ja sein können!

Es gibt keinen Abschnitt der Weltgeschichte, der derart intensiv durchforscht wurde wie die 40 Jahre DDR und ihre Institutionen. Alle Archive sind seit Jahrzehnten offen. Da kommt nichts mehr.

Aber warum wohl tut man so, als wäre da insbesondere beim MfS noch viel zu enthüllen und zu entdecken?

Das MfS war Teil der Gesellschaft, seine Angehörigen und Inoffiziellen Mitarbeiter lebten und arbeiteten nicht in einer Scheinwelt. Allerdings ging die Mehrheit davon aus, dass die akuten gesellschaftlichen Probleme – Informationspolitik, Versorgungsfragen, Demokratiedefizite, Reiseprobleme usw. – gelöst werden könnten. Der Reformstau schien Folge einer überalterten Führung, die sich zunehmend als handlungsunwillig und handlungsunfähig erwies.

Seitens des MfS gab es vielfältige und im wahrsten Sinne des Wortes vielseitige Informationen und Vorschläge an die SED- und Staatsführung, die nicht nur sicherheitspolitische Fragen berührten. Sie fanden wenig Berücksichtigung, bestenfalls in allgemeinen Formulierungen, die den Realitäten und Erfordernissen nicht gerecht wurden. Egon Krenz dazu in »Herbst '89«:

»Anfang Juni (1989) bekomme ich von Erich Mielke eine streng vertrauliche ›Information über Meinungen der Bevölkerung in der Wirtschaft, im Handel und in der Versorgung‹. Darin steht: Viele Bürger glauben nicht mehr, dass in der DDR positive Veränderungen möglich sind. Immer häufiger ist zu hören, dass der Sozialismus sich als unfähig erweist, seine ökonomischen Probleme aus eigener Kraft zu lösen. Das Leistungsprinzip wird verletzt. Viele Grundmittel sind technisch und moralisch verschlissen. Ökonomische Unzulänglichkeiten werden durch Stoßarbeit an Wochenenden kompensiert. Fehlende Ersatzteile stören den Produktionsablauf. Den Leitungskadern fehlt das notwendige Engagement. Es gibt Anzeichen von Ermüdung und Resignation. Der wissenschaftlich-technische Rückstand der Volkswirtschaft hat sich im Vergleich zu den kapitalistischen Industriestaaten vergrößert. Die DDR muss sich zudem auf wachsende Unberechenbarkeit und Unsicherheit in den wirtschaftlichen Beziehungen mit den RGW-Ländern einstellen. Das Versorgungsniveau der Bevölkerung ist schlechter geworden. Waren, die noch vor Jahren zum normalen Angebot gehörten, sind nur noch über gute Beziehungen oder in Delikatläden erhältlich. Es fehlt an vielen Waren des täglichen Bedarfs. Besonders kritisch ist die Versorgung mit Autos. Die Wartezeiten von bis zu 18 Jahren für den Neukauf eines Pkw Trabant oder Pkw Wartburg sind nicht selten.

Ich rate Mielke, diese Information, die auch die Meinung vieler Parteimitglieder ausdrückt, sofort Erich Honecker zu übergeben. Sie muss schnell auf die Tagesordnung des Politbüros. Ihr Inhalt darf nicht das Wissen einiger Bevorrechteter im Politbüro bleiben. ›Was werden die Genossen im Ministerium für Staatssicherheit, die diese Information ausgearbeitet haben, von dir denken, wenn sie keine Reaktion von der Parteiführung erfahren. Ich werde dich im Politbüro unterstützen‹, sage ich ihm. Mielke unternimmt nichts. Er fürchtet, Honecker könne ihm vorwerfen, das MfS fühle sich ›klüger als die Partei‹. Vor mehr als 30 Jahren waren seine Amtsvorgänger Zaisser und Wollweber unter anderem auch daran gescheitert, dass sie angeblich das Ministerium für Staatssicherheit über die Partei stellen wollten. Das hat Mielke nicht vergessen. Es ist in der Geschichte nicht einmalig, dass der Überbringer schlechter Nachrichten für die Nachricht selbst verantwortlich gemacht wird.

So erreicht die Information nur Mittag. Der für Wirtschaftsfragen Zuständige ist nicht daran interessiert, dass diese Wahrheit ungeschminkt ins Politbüro kommt. Es ist nicht das erste Mal, dass die Mitarbeiter des Ministeriums für Staatssicherheit die Parteiführung unverblümt informieren, ihre Informationen bleiben aber auf der Strecke. Sie werden entweder vom Generalsekretär nicht weitergegeben oder nicht ernst genug genommen.«

In der *Berliner Zeitung* hieß es dazu in der Ausgabe vom 20./21. Juni 2009: »Mielkes Ministerium wollte keinen anderen DDR-Sozialismus, es hat aber die SED seit 1987 in einem Maße auf Gefahren hingewiesen, wie niemals zuvor in der DDR-Geschichte. Mielke bot keine Alternative an, dies war auch nicht seine Aufgabe, er war nicht reformorientiert. Aber er drängte mehrfach auf politische Lösungen und Veränderungen, was auch immer er sich darunter vorstellte.

Es wäre zu einfach, davon auszugehen, Mielke habe immer nur auf einer forcierten Repressionspolitik beharrt. Die Diskussions- und Entwicklungsprozesse seit 1987 zeigen, dass er für vorsichtige Wandlungen im System plädierte: unnachgiebig gegen Feinde und Gegner vorgehen, aber zugleich offensiv der Gesellschaft neue und attraktive politische Angebote unterbreiten.«

Es existierte ein Repressionsapparat in der DDR, das lässt sich doch nicht leugnen!

Natürlich. In jedem Staat gibt es Einrichtungen und Behörden, die über die Einhaltung der Gesetze wachen und diese, nötigenfalls auch mit Gewalt, durchsetzen. Sicherheit und Repression bedeuten jedoch nicht automatisch Willkür.

Repression ist zum einen Reaktion auf vorhergegangene Handlungen. Das kann der Versuch der Druckausübung auf den Staat, seine Organe und Maßnahmen sein, oder Reaktion auf Verletzung und Missachtung der bestehenden Rechtsordnung im Sinne von Sanktionen. Repression erfolgt auch als vorbeugende Maßnahme, ist inhaltlich eine präventive, prophylaktische Maßregel, um Straftaten und anderen Rechtsverletzungen zuvorzukommen, um also Gefahren und Schäden für die Gesellschaft und die Bürger zu verhindern.

Das alles war und ist auch gängige Praxis in der Bundesrepublik. Wobei hier aber noch ein weiteres Disziplinierungsmittel hinzukommt: der Zwang durch die Macht des Geldes, durch die Angst um den Arbeitsplatz und einen möglichen sozialen Abstieg. Diese sozialökonomischen Druckmittel erzeugen Wohlverhalten und Duckmäusertum.

Zur vorbeugenden Tätigkeit des MfS gehörten Schutz und Überprüfung von Personen, die in sicherheitssensiblen Einrichtungen beschäftigt waren oder beschäftigt werden sollten, für die es entsprechend geltenden Rechtsvorschriften spezieller Genehmigungen bedurfte. Das MfS überprüfte Personen, die aufgrund ihrer Tätigkeit das besondere Interesse gegnerischer Geheimdienste auf sich zogen und durch deren subversive Absichten als gefährdet gelten mussten. Gegebenenfalls erfolgten Maßnahmen zu ihrer Sicherung.

Das MfS hatte Ursachen und begünstigende Bedingungen für Verbrechen und andere Angriffe auf den Staat, für schwere Straftaten der allgemeinen Kriminalität sowie für andere Schäden und Gefahren verursachende Rechtsverletzungen zu erkennen und zu beseitigen. Es sollte mithelfen, Mängel und Missstände (auch bürokratische Auswüchse und Schlamperei in der Arbeit staatlicher Organe, in wirtschaftsleitenden Einrichtungen, in volkseigenen Betrieben sowie in Genossenschaften und in gesellschaftlichen Organisationen) aufzuspüren, damit Negativerscheinungen überwunden werden konnten.

Nicht wenige Rechts- und Sozialwissenschaftler der BRD, aber vor allem die ehemaligen DDR-Bürger, vertreten die Auffassung, dass die DDR, bezogen auf die Kriminalität, der sicherere Staat im Vergleich zur BRD gewesen ist.

Das niedrige Niveau des Kriminalitätsanfalls in der DDR im Verhältnis zur BRD und zu Westberlin (1 zu 10) ist jedenfalls nicht – wie oft behauptet – aus unterschiedlich geführter Registratur und Statistik erklärbar. Ursachen dafür liegen vor allem in den gesellschaftlichen Verhältnissen und den gesamtgesellschaftlichen Anstrengungen zur Verhinderung von Rechtsverletzungen. Neben den Organen des MdI und der Justiz, die dabei die Hauptlast trugen, wirkte das MfS aktiv daran mit.

Auch in der BRD werden Fragen der »äußeren und inneren Sicherheit« diskutiert. Damit verbunden ist das Wirken besonders der Geheimdienst- und Staatsschutzorgane, von Polizei und Justiz. Der Rahmen für vorfeldorientiertes, vorbeugendes Handeln, einschließlich von präventiven Strafverfolgungsmaßnahmen, ist nach Einschätzung von Rechtsexperten inzwischen bereits so weit gefasst, dass fast jede Maßnahme gegen jeden Bürger gerechtfertigt werden kann.

Das sind: Sicherungsgewahrsam und verlängerte Vorbeugehaft für potentielle Unruhestifter; erweiterter Platzverweis, etwa Stadtverbot bis zu zwei Wochen, ausgehend von einem durch die Polizei zu bestimmenden »besonderen Lagebild«; Durchführung von »lagebildabhängigen Kontrollen«, was bedeutet, verdachts- und ereignisunabhängig jeden Bürger, etwa auf Bundesfernstraßen, anhalten und kontrollieren zu können; verdachtsunabhängige Raster- und Schleppnetzfahndung, etwa die Überprüfung von Bürgern nach vorgegebenen Raster-Kriterien; flächendeckende Videoüberwachung in innerstädtischen Bereichen bzw. an anderen Örtlichkeiten; Einschränkungen des Grundrechts auf Demonstrationen und Versammlungen und anderes mehr. Verwiesen sei an den »Großen Lauschangriff«, an die Schritte zum geheimen Eindringen in Computer und zum gläsernen Bürger mittels Einsatz moderner elektronischer Technik, an die Observierung von Personen (vor allem in ihrer Bewegung) mittels Satellitennavigationssystemen oder Handy-Ortung.

Zweifellos ist es richtig, dass der Einzelne im Nachhinein mit juristischen Mitteln dagegen vorgehen kann, soweit er, z. B. bei entsprechenden geheimdienstlichen Maßnahmen, jemals davon erfährt. Das macht aber die erfolgten Eingriffe in die Freiheits- und Bürgerrechte nicht ungeschehen.

Dies zu konstatieren muss erlaubt sein, ohne mit diesem Vergleich das Handeln des MfS kleinreden zu wollen.

Otto Schily beklagte Ende 1998, als er noch Bundesinnenminister war, dass in der öffentlichen Diskussion immer wieder versucht werde, Repression und Prävention gegeneinander auszuspielen. Er halte das für eine Torheit. Und weiter Herr Schily: Nur eine Gesamtstrategie, die sowohl Repression als auch Prävention umfasst, hat Erfolgsaussichten.

Nicht anders wurde in der DDR gehandelt.

Es mag ja sein, dass das MfS nur nach geltendem Recht und Gesetz handelte. War das MfS nicht trotzdem eine »verbrecherische Organisation«?

Der in der Frage enthaltene Vorwurf folgt der antikommunistischen Gleichsetzung von Nazibarbarei und »Diktatur des Proletariats« in der DDR. Das ist ahistorisch. Was eine »verbrecherische Organisation« im Sinne des Völkerrechts ist, hat das Internationale Militärtribunal (IMT) in Nürnberg eindeutig fixiert, als es im Namen der Völker das Urteil über das Nazi-Regime sprach. Auch wenn sich die BRD bis heute weigert, die dem Urteil zu Grunde liegenden IMT-Statuten anzuerkennen, handelt es sich dennoch um Völkerrecht.

Das IMT hat die Gesamtheit der Verbrechen des Nazireiches verallgemeinert und in drei große Gruppen unterteilt:

- *Verbrechen gegen den Frieden*, nämlich Planung, Vorbereitung, Einleitung oder Führung eines Angriffskrieges oder eines Krieges unter Verletzung internationaler Verträge, Vereinbarungen oder Zusicherungen [...]. Zu den Verbrechen dieser Kategorie gehören u. a. der Einfall in Österreich, die Besitzergreifung der Tschechoslowakei, die Invasion von Dänemark und Norwegen, der Einfall in Belgien, in den Niederlanden, in Luxemburg und Frankreich, die Angriffskriege gegen Polen, Jugoslawien, Griechenland und die Sowjetunion.
- *Kriegsverbrechen*, nämlich Verletzungen der Kriegsgesetze und der Kriegsbräuche. Solche Verletzungen umfassen [...] Ermordung, Misshandlung oder Verschleppung [...] von Angehörigen der Zivilbevölkerung besetzter Länder, Zuführung zur Sklavenarbeit, Ermordung und Misshandlung von Kriegsgefangenen [...], Tötung von Geiseln, Raub öffentlichen oder privaten Eigentums, mutwillige Zerstörung von Städten, Märkten, Dörfern etc.
- *Verbrechen gegen die Menschlichkeit*, nämlich Ermordung, Ausrottung, Versklavung, Verschleppung oder andere an der Zivilbevölkerung vor Beginn oder während des Krieges begangene unmenschliche Handlungen, oder Verfolgung aus politischen, rassischen oder religiösen Gründen in Ausführung eines Verbrechens oder in Verbindung mit einem Verbrechen.

Auf der Grundlage des Nachweises dieser Verbrechen wurde der Begriff »verbrecherische Organisation« in das internationale Recht eingeführt. Der Gerichtshof erklärte die folgenden Organisationen als verbrecherisch: das Korps der Politischen Leiter der Nazi-Partei, die Gestapo, den SD, die SA, die SS, und die Reichsregierung.

In der Begründung hinsichtlich der Geheimen Staatspolizei (Gestapo) sowie des Sicherheitsdienstes (SD) hieß es: »Die Gestapo und der SD wurden für Zwecke verwandt, die gemäß Statut verbrecherisch waren; dazu gehören die Verfolgung und Ausrottung der Juden, Grausamkeiten und Morde in Konzentrationslagern, Ausschreitungen in der Verwaltung der besetzten Gebiete, die Durchführung des Zwangsarbeitsprogrammes und Misshandlung und Ermordung von Kriegsgefangenen [...]. Die Grundlage für diese Urteilsfindung ist die Beteiligung der Organisation an Kriegsverbrechen und Verbrechen gegen die Menschlichkeit im Zusammenhang mit dem Krieg.«

Es verbietet sich demzufolge von selbst, die beispiellosen Mord- und Terrortaten des deutschen Faschismus, einbegriffen die seiner »Sicherheitsorgane«, auch nur in die Nähe der DDR zu rücken. Die DDR hat bekanntlich weder einen Angriffskrieg geführt noch industriemäßig Menschen vernichtet. Völkermord, Holocaust, Vertreibung und systematische Ausplünderung fremder Staaten blieben das »Privileg« des Hitlerreiches.

Fernab jeder Realität und bar jeglicher Sachkenntnis sind darum Erklärungen wie die des britischen Historikers Tony Judt. Dieser behauptete in der *Süddeutschen Zeitung* vom 26. April 2009, die Bezeichnung »Unrechtsregime« für die DDR sei »verharmlosend«. Dieses habe sich nicht vom mörderischen Hitlerfaschismus unterschieden. So habe die Staatssicherheit »nicht nur die Funktion und Praxis der Gestapo, sondern auch viele ehemalige Gestapoleute und Informanten übernommen [...]. Politische Opfer des neuen Regimes [...] wurden von Ex-Nazipolizisten verhaftet, von Ex-Nazirichtern verurteilt und in Zuchthäusern und Konzentrationslagern, die der neue Staat en bloc übernommen hatte, von ehemaligen KZ-Wärtern bewacht«.

Das Besondere an den »Verbrechen der Stasi« besteht darin, dass sie nicht konkret benannt werden. Rechtsanwalt Friedrich Wolff hatte 2007 in einer Petition an den Bundestag gefordert, das nach 1990 von der BRD-Justiz festgestellte »DDR-Unrecht« doch end-

lich einmal öffentlich zu machen, konkret zu benennen und aufzu-
listen. Er erhielt zur Antwort, dass so etwas den »Opfern« nicht
zuzumuten sei.

So kann also weiter jeder behaupten, dass es solche Verbrechen
gegeben habe, ohne dafür aber Beweise zu erbringen. Viele dieser
Behauptungen haben sich als Erfindungen herausgestellt (Auftragskiller, Folter, Kannibalismus, Kinderpornografie, Unterstützung von Osama Bin Laden und Saddam Hussein, Zwangseinweisungen in die Psychiatrie aus politischen Gründen etc.).

Oberstaatsanwalt Brocher, Leiter der Abteilung I der zur Verfolgung von sogenanntem DDR-Unrecht geschaffenen Sonderstaatsanwaltschaft II Berlin erlärte folgerichtig: »Nach dem Stand
der Ermittlungen ist eine Bewertung des MfS als kriminelle Organisation nicht mehr zu halten.«

Für Rechtsanwalt, Dr. Peter-Michael Diestel, letzter stellvertretender Ministerpräsident und als Innenminister der DDR Auflöser
des Ministeriums für Staatssicherheit, war damit das MfS »juristisch
rehabilitiert«.

Das ist eine Behauptung, für die es keinerlei Beweise gibt. Es fand keine »flächendeckende Überwachung« in der DDR statt, obgleich man dies seit 1990 Glauben machen möchte. Dazu fehlten nicht nur Technik und Personal. Und was hätte man mit der Unmenge an Datenmaterial anfangen sollen? Was heißt überhaupt »flächendeckend«? Zielt das auf die Anzahl und Standorte der MfS-Dienststellen? Oder auf die Anzahl der hauptamtlichen und Inoffiziellen Mitarbeiter (IM)? Oder die Überwachungsmethoden?

Laut Statistischem Jahrbuch der DDR von 1989 betrug die Bevölkerung der DDR 13,6 Millionen erwachsene Bürger, die in 229 Stadt- und Landkreisen mit insgesamt 7.600 Gemeinden, davon etwa 1.000 Städte (darunter Großstädte wie Berlin-Ost, Leipzig, Dresden, Halle, Erfurt, Jena und Magdeburg) lebten.

Das MfS unterhielt Dienststellen in 210 Kreisen und kreisfreien Städten sowie sieben Objektdienststellen (zuständig für besonders wichtige Kombinate, Betriebe und Institutionen). Hinzu kam in den 14 Bezirksstädten sowie in der Hauptstadt der DDR jeweils eine Bezirksverwaltung.

Das Ministerium selbst war nach bestimmten Linien (Spionageabwehr, Sicherung Volkswirtschaft ...) und in Hauptabteilungen und selbständige Abteilungen gegliedert, die vor allem die einheitliche Auswertung, fachliche Anleitung und Kontrolle entsprechend den Vorgaben des Ministers und seines Kollegiums durchzuführen hatten.

Die DDR war im Unterschied zu anderen sozialistischen Ländern als Frontstaat des Warschauer Paktes zur NATO in die Systemauseinandersetzung eingebunden. Sie hatte bis 1961 offene Grenzen zur BRD und Westberlin. Da zudem ihre Existenz von der Gegenseite nicht nur grundsätzlich in Frage gestellt wurde, sondern die »Befreiung« der DDR zum politischen Programm der BRD gehörte, ergab sich eine außerordentliche Bedrohungslage. Die Größe des MfS ist also vor allem aus dieser Lage zu erklären und so nur bedingt mit den Staatssicherheitsorganen in anderen ehemals sozialistischen Staaten vergleichbar.

Die Zahl der Mitarbeiter des MfS bedarf zudem einer weiteren differenzierten Betrachtung. Als das MfS 1950 gegründet wurde, hatte es nur etwa 1.000 Mitarbeiter. Die wachsende Mitarbeiter-zahl, insbesondere seit den 70er Jahren erklärt sich sowohl aus der Zuordnung zahlreicher neuer Aufgaben als auch aus einer Sicherheitspolitik – wie schon beschrieben – in deren Gefolge vorrangig politisch zu lösende Probleme zunehmend an die Sicherheitsorgane delegiert wurden, etwa die Zurückdrängung und Bekämpfung des ungesetzlichen Verlassens der DDR.

1989 zählte das MfS rund 90.000 hauptamtliche Mitarbeiter, davon rund 12.000, die mit IM geheim (konspirativ) zusammen-arbeiteten, also – wie es im MfS hieß – IM-führend waren.

Die Aufgaben des MfS und seine Größe waren aber – wie bereits dargestellt – keineswegs nur seiner geheimdienstlichen Natur geschuldet.

Die Verantwortung des MfS als Schutz- und Sicherheitsorgan betraf viele Bereiche, wie Auslandsaufklärung, Sicherung der Volks-wirtschaft und des Verkehrswesens, Gewährleistung der inneren Sicherheit der Nationalen Volksarmee (vergleichbar mit dem MAD in der BRD) und der anderen bewaffneten Organe der DDR.

Eine hohe Zahl weiterer Mitarbeiter war mit Aufgaben befasst, wie Passkontrolle an den Grenzen (nahezu 8.000), mit Personen-schutz (etwa 4.000), Untersuchungshaftvollzug (etwas über 1.000), Wach- und Sicherungsdienst (insbesondere Wachregiment mit rund 11.000 Angehörigen) sowie mit zahlreichen sicherstellenden Auf-gaben, die von einem medizinischen Dienst, der Unterhaltung von Ferienheimen bis hin zu eigenen Kfz-Werkstätten und Baubetrie-ben reichten. Das waren Rückwärtige Dienste, die in der BRD von verschiedenen, vor allem privaten Einrichtungen realisiert werden.

Wenn es um die Größenordnung des MfS als komplexes Staats-schutzorgan und geheim arbeitenden Nachrichtendienst geht, darf zudem die Tatsache nicht ignoriert werden, dass – wie in westlichen Staaten auch – neue, durch die Entwicklung von Wissenschaft und Technik entstandene Möglichkeiten der Nachrichtenbeschaffung zu personellen Erweiterungen führten und führen. Vor diesem Pro-blem stand auch das MfS. So waren beispielsweise etwas mehr als 3.000 Mitarbeiter des MfS in der funkelektronischen Abwehr und Aufklärung eingesetzt.

Nicht unerheblich für die personelle Stärke war auch der Umstand, dass dem MfS die Verantwortung für die Organisation des Geheimnisschutzes in der DDR oblag. Im Strafgesetzbuch der

DDR hieß es, dass der Staat seine staatlichen, wirtschaftlichen und militärischen Geheimnisse allseitig und gegenüber jedermann schützt. Für die Abwehrdiensteinheiten des MfS ergab sich daraus die Verpflichtung, dass diese Geheimnisse auch tatsächlich gegen jede Form der Verletzung der Geheimhaltung geschützt und gesichert wurden. Das verlangte eine enge Zusammenarbeit mit den anderen staatlichen Organen und Einrichtungen, die mit Verschlusssachen (geheimhaltungsbedürftige Tatsachen, Gegenstände, Erkenntnisse, unabhängig von ihrer Darstellungsform, wie Nachrichten, Pläne, Forschungsergebnisse und Zeichnungen, die aus politischen oder wirtschaftlichen Interessen oder zum Schutze der DDR geheim zu halten waren) zu tun hatten.

Um bei der »Aufarbeitung« die Zahl der MfS-Mitarbeiter zu erhöhen, wurden auch die Angehörigen des Wachregiments »Feliks E. Dzierzynski« mitgerechnet. Das von der BStU-Behörde 1995 herausgegebene MfS-Handbuch »Anatomie der Staatssicherheit« weist den Personalbestand des Wachregiments mit 2.459 Berufsoffizieren, Berufsunteroffizieren und Fähnrichen sowie 8.735 Unteroffizieren auf Zeit aus. (Addiert man die zeitlich befristeten Anstellungsverhältnisse über die Jahrzehnte, kommen Zehntausende Personen zusammen.)

Es geht die Mär um, aus Angst vor dem Volke habe das MfS praktisch alles über alle DDR-Bürger ermittelt, ausgewertet und gespeichert. Diese Behauptung steht im Widerspruch zur Bereitschaft vieler DDR-Bürger, ihren Staat und darin eingeschlossen dessen Schutz- und Sicherheitsorgane zu unterstützen. Sie steht auch im Widerspruch zu den begrenzten personellen und materiellen Möglichkeiten und unterstellt den Mitarbeitern des MfS mangelnde Einschätzungsfähigkeit, fehlende Weitsicht und Professionalität.

Es wurde nicht flächendeckend, sondern schwerpunktmäßig gearbeitet. Das betraf auch die Gewinnung und den Einsatz von IM. Es gab gesellschaftliche Bereiche, in denen keine IM, während sie in anderen verstärkt tätig waren. So lag die Anzahl der IM in besonders sicherheitsgefährdeten Bereichen wie Landesverteidigung, Staatsapparat, Volkswirtschaft und Verkehrswesen wesentlich höher als die Anzahl der IM in abwehrmäßig weniger bedeutsamen Bereichen. Ende 1989 belief sich die Anzahl der operativ aktiven IM der Abwehrdiensteinheiten auf etwas mehr als 109.000.

Nun besagt die Anzahl geheimer Mitarbeiter und anderer freiwilliger Helfer eines Verfassungsschutz- und Staatsschutzorgans zunächst kaum etwas über deren Effizienz, auch nicht über ihre Einsatzrichtungen und den Wert ihrer Tätigkeit. Die BStU räumte in Auswertung vorliegender Statistiken des MfS ein, dass 85 Prozent der IM zur vorbeugenden Sicherung von Schwerpunktbereichen vor Gefahren und Schäden eingesetzt worden waren – bezogen auf die Kreisdienststellen im hohen Maße zur Sicherung von Kombinaten, Betrieben und anderen volkswirtschaftlich bedeutsamen Bereichen. Also eben nicht zur direkten Ermittlung, Kontrolle und Beobachtung von Personen und deren Handeln.

Helmut Müller-Enbergs, wissenschaftlicher Mitarbeiter der BStU-Behörde, publizierte die statistisch aufbereiteten Daten über Anzahl, Verteilung und Struktur der IM. Er legte dabei die Gesamtzahl von 173.081 IM zugrunde, die für die Abwehrdiensteinheiten des MfS tätig gewesen seien. In dieser Zahl sind offenkundig auch jene Personen erfasst, die lediglich in unterstützende, sicherstellende Aufgaben einbezogen worden waren – etwa durch Bereitstellung von Deckadressen, Telefonverbindungen oder auch konspirativ nutzbarem Wohnraum. In dieser Gesamtzahl sind die Gesellschaftlichen Mitarbeiter für Sicherheit (GMS) – vergleichbar den Freiwilligen Helfern der Deutschen Volkspolizei – mit erfasst. Diese waren, wie aus den Akten des MfS klar ersichtlich, eben keine IM.

Ebenso irreführend ist die Annahme, alle Mitarbeiter des MfS hätten nahezu ausnahmslos IM geführt. Im Bezirk Halle mit einer erwachsenen Wohnbevölkerung von fast 1,4 Millionen Einwohnern gab es beispielsweise im Verantwortungsbereich der Bezirksverwaltung neun Abteilungen und 23 Kreis- bzw. Objektdienststellen, die mit IM zusammenarbeiteten und die Maßnahmen zur operativen Kontrolle und Bearbeitung von Personen durchführten. Von den insgesamt 1.780 Mitarbeitern dieser Diensteinheiten arbeiteten nur etwa 780 mit IM zusammen. Und das bei der Vielzahl allein der industriellen Objekte im Bezirk, darunter das Mansfeld-Kombinat mit ca. 29.000, die Chemischen Kombinate Leuna mit 34.000, Buna mit 25.000 und Bitterfeld mit 23.000 Beschäftigten.

Wie sich angesichts solcher Zahlen eine »flächendeckende Überwachung« hätte organisieren lassen, bleibt ein Rätsel. Bleibt also festzuhalten: »Flächendeckende Überwachung« ist und bleibt ein ideologischer Kampfbegriff zur Diffamierung des MfS.

Weil es in jedem Staat und in jedem Unternehmen mit sicherheitsrelevanten Bereichen Aufgaben gibt, die nur von vertrauenswürdigen Personen erfüllt werden können. Und diese werden überall vor ihrer Einstellung bzw. vor Übernahme einer solchen Aufgabe überprüft.

Sicherheitsüberprüfungen waren in der DDR zudem eine zwingende Reaktion auf die Angriffe der Westseite auf Auslands- und Reisekader, gegen Leitungskräfte, Wissenschaftler und andere Spezialisten aus der Wirtschaft, gegen Geheimnisträger und nicht zuletzt gegen Künstler und Leistungssportler. Es gab nicht wenige Versuche der nachrichtendienstlichen Abschöpfung, der An- und Abwerbung, der Korruption und der Erpressung.

Deshalb wurden in sicherheitspolitisch wichtigen Positionen im In- und Ausland und als Reisekader nur zuverlässige Personen eingesetzt.

Eine wesentliche rechtliche Grundlage hierfür war die Verordnung des Ministerrates der DDR über den Einsatz und die Arbeit mit Geheimnisträgern, Auslands- und Reisekadern, die auch die Grundsätze ihrer Überprüfung enthielt. Dafür existierten spezielle Arbeitsgruppen in Kombinaten, Außenhandelseinrichtungen und anderen staatlichen Einrichtungen, die diese Aufgaben zu erfüllen hatten. Sie wählten die Kader aus und beurteilten deren Eignung. Durch sie wurden Ersuchen an das MfS gestellt, zu prüfen, ob entgegenstehende Hinweise vorliegen.

Überprüft wurden auch Personen, die ihren Wehrdienst in den Grenztruppen der DDR, in den Raketeneinheiten der Nationalen Volksarmee oder als Piloten absolvieren sollten und wollten, sowie Personen, die in bestimmte Funktionen mit hohem Geheimhaltungserfordernis im Staats- und Wirtschaftsapparat eingesetzt werden sollten oder die für ein Studium, für Dienstreisen, sportliche Wettkämpfe oder andere Tätigkeiten im Ausland vorgesehen waren (Auslandskader, Auslandsreisekader). Überprüfungen erfolgten von Personen, die das Grenzgebiet der DDR betreten mussten, oder die mit Waffen, Sprengmitteln und Giften arbeiteten. Unabhängig davon, ob der einzelne Bürger es subjektiv auch so sah: Es lag im Interesse aller, dass die DDR dafür Sorge trug, in sicherheitspolitisch wichtige Positionen nur zuverlässige Personen gelangen zu lassen.

Die Mitarbeiter des MfS handelten auf der Grundlage des auf Beschluss des Nationalen Verteidigungsrates der DDR erlassenen Statuts des MfS vom 30. Juli 1969, in dessen § 3, Abs. (1) es hieß: »Das MfS hat zu gewährleisten, dass die staatlichen, wirtschaftlichen, dienstlichen und militärischen Geheimnisse allseitig gegen jede Form der Verletzung der Geheimhaltung geschützt und gesichert und deren personelle Träger in die Maßnahmen des allumfassenden Geheimnisschutzes einbezogen werden.«

In der DDR gab es etwa 40.000 Reisekader. Über diese besonders zu schützenden Personen gab es natürlich auch Unterlagen. Dass heute nahezu jede Akte zum Repressionsinstrument erhoben und als Beweis flächendeckender Bespitzelung betrachtet wird, glaubt nur der, der den Inhalt dieser Akten nicht kennt oder ihre realen Aussagen nicht wahrhaben will. Wer in der DDR Reisekader war, dem wurde offiziell und inoffiziell seine positive Haltung zum Staat bescheinigt. Setzt man die relativ geringe Zahl der Reisekader dagegen, die von Dienstreisen in das westliche Ausland nicht zurückkehrten, sich westlichen Geheimdiensten verdingten oder andere kriminelle Handlungen begingen, kann durchaus gesagt werden, dass zumindest die für diesen Personenkreis getroffenen Einschätzungen real waren und für lange Zeit Bestand hatten.

Bei allen Sicherheitsüberprüfungen im MfS erfolgte zuerst eine Prüfung, ob über die Person Hinweise in den eigenen Speichern vorhanden waren sowie deren Bewertung. Gegebenenfalls wurden zusätzlich Speicher der Kriminalpolizei, der Zollverwaltung oder der Justiz (Strafregister der DDR, Gerichtsakten, Unterlagen über Nazi- und Kriegsverbrechen) genutzt.

Die Mehrzahl der Erkenntnisse aus den Akten/Unterlagen zu Sicherheitsüberprüfungen beruhte jedenfalls *nicht* auf Arbeitsergebnissen der Mitarbeiter des MfS. Nur wenn nach Auswertung dieser Informationen noch Fragen entsprechend den staatlichen Vorgaben für Einsätze/Erlaubnisse offen blieben, erfolgten weitere Ermittlungen. Gegebenenfalls auch – soweit dafür Möglichkeiten bestanden – ein personenbezogener Einsatz von IM.

Die Entscheidung über den Einsatz von Personen in bestimmten Positionen oder über die Erteilung einer Erlaubnis oder Genehmigung traf nicht das MfS, sondern der staatliche Leiter. Die übergroße Zahl der Ablehnungen wurde im Betrieb und nicht vom MfS getroffen.

Laut Auskunft der BStU-Behörde seien 1982 in 27 Kreisdienststellen des MfS 116.000 Überprüfungen im Zusammenhang mit sicherheitspolitisch bedeutsamen Befugnissen oder Genehmigungen erfolgt. 99,6 Prozent davon hätten den Test bestanden, und nur in 124 Fällen seien Ablehnungen erfolgt. Auf die Gesamtbevölkerung hochgerechnet hätte dies bedeutet, dass in einem einzigen Jahr rund 600 DDR-Bürger Negativbescheide erhalten haben.

Überprüfung hin oder her, Spitzelei ja oder nein – Tatsache ist, dass es etwa 180 Kilometer Akten bei der BStU gibt!

Dieser Aktenberg gehört zu den Legenden, die seit Jahrzehnten zielgerichtet verbreitet werden. Vor allem wird auch suggeriert, es handelte sich ausnahmslos um Aufzeichnungen über Menschen, also nach dem hiesigen Sprachgebrauch um »Opferakten«.

Die Zahl ist so unzutreffend wie ihr vermeintlicher Inhalt. Zu keinem Zeitpunkt hat es diese 180 Kilometer Akten gegeben – weder damals beim MfS noch bei der BStU.

Eine erste Feststellung der Schriftgutbestände des MfS (ohne Bezirksverwaltungen und Kreisdienststellen) erfolgte im August 1990 durch die Staatliche Archivverwaltung der DDR. Sie ermittelte eine Schriftgutmenge von 96.000 Metern. Die Bestände der 15 Bezirksverwaltungen und der 217 Kreisdienststellen/Objektdienststellen des MfS, die später in die 14 Außenstellen der BStU überführt wurden, erfasste im März 1991 das Bundesarchiv. Es bezifferte die Schriftgutmenge mit etwa 92.000 Metern. So kamen die etwa 180 Akten-Kilometer in die Welt.

Ende 1992 maß die BStU die Schriftgutmenge in der Zentrale und in den Außenstellen erstmals selbst. Trotz großzügiger Zählweise blieben von ursprünglich 92 Kilometern Schriftgut in den Außenstellen nur noch etwa 74 km übrig.

Die angeblich 96 Kilometer in der Berliner Zentrale waren auf 44 Kilometer geschrumpft.

Von den angenommenen 180.000 waren noch 118.000 Meter übrig geblieben.

Nunmehr bediente man sich mehrerer Tricks, um doch noch auf die seit Jahren kolportierte Aktenmenge zu kommen.

So wurden die vom MfS auf Mikrofiche angelegten Sicherheitskopien von Akten von Film auf Papier hochgerechnet. So gewann man wieder 47 km Akten, die als »Schriftgut auf Sicherungsfilmen umgerechnet auf Papier« deklariert werden. Es handelt sich, noch einmal, um Kopien von ohnehin vorhandenen und ausgemessenen Papierakten. Die also doppelt gezählten 47.000 Meter wurden vom 1. Tätigkeitsbericht 1993 bis zum 9. Tätigkeitsbericht 2009 als Bestandteil der Schriftgutbestände ausgewiesen und den 118.000 Metern hinzugefügt. Obgleich man sie korrekterweise doch von den nunmehr angegebenen 165 Kilometern hätte abziehen müssen.

Aus dem 9. Tätigkeitsbericht der BStU für den Zeitraum von Mai 2007 bis März 2009 erfährt man, dass die Behörde etwa 50 Kilometer Archivunterlagen und rund 61 Kilometer »laufende« Unterlagen, die sich 1990 in den Diensträumen des MfS befanden, verwaltet. Das wären dann 111 Kilometer Akten.

Durch Hochrechnungen aus verfilmten Materialien, aber auch aus Video- und Tondokumenten, Karteikarten, Papierschnipseln usw. wird diese Zahl dann nach oben korrigiert.

Bemerkenswert ist, dass die BStU-Behörde einer differenzierten Bewertung der von ihr verwalteten Schriftgutbestände aus dem Weg geht. Am augenscheinlichsten zeigt sich das bei den 11 Kilometern Unterlagen und Dokumenten über Nazi- und Kriegsverbrechen sowie -verbrecher, über Gestapo und SS, über faschistische Zuchthäuser und Konzentrationslager, die kommentarlos den vermeintlichen 180 km »Opferakten« zugeschlagen wurden.

Das gleiche gilt auch für jene umfangreichen Aktenbestände, in denen das MfS seine Erkenntnisse über westliche Geheimdienste und andere subversiv tätige Zentralen und Einrichtungen, deren Mitarbeiter und Agenten und ihr Wirken gegen die DDR dokumentiert hat.

Unterschiedslos werden auch die Unterlagen der ausschließlich administrativ tätig gewesenen Dienstbereiche zugeschlagen: Akten der Hauptabteilung Kader und Schulung, also Personalunterlagen der Angehörigen und Zivilbeschäftigten des MfS, der Finanzen und des Medizinischen Dienstes, also auch Krankenakten, die Unterlagen der Hochschule und Fachschulen des MfS, der Verwaltung »Rückwärtige Dienste«, also der Versorgungsdienste, der Baubetriebe, der Fahrbereitschaft (in der Zentrale und in den BV bzw. KD/OD). Sie haben zusammen rund 30 km Schriftgut hinterlassen. Auch dieser Papierberg wird den »Opferakten« zugeschlagen.

Gleiches gilt für das Schriftgut der nicht IM-führenden Diensteinheiten wie der gesamte operativ-technische und der Auswertungs- und Informationsbereich, aber auch Nachrichten, Chiffrierdienst, Wachregiment und weitere Wach- und Sicherungseinheiten, deren Schriftgut etwa zehn Kilometer misst.

Hinzu kommen noch diverse Mengen an Papierschnipseln.

Allein im Bereich Versorgungsdienste sollen noch in 115 Säcken zerrissene Speisekarten, Materialbestellungen, Reparaturaufträge, Ferienheimbelegungen, Fahrtenbücher, Lagerbestandskarteien, Baupläne, Rechnungen usw. darauf warten, endlich wieder zusammengesetzt zu werden.

Wenn es um die mit hohem Aufwand betriebene, computergestützte Rekonstruktion des in Säcken befindlichen vorvernichteten Schriftgutes dieser Diensteinheiten geht (Experten gehen von einem anfänglichen Aufwand von über 60 Millionen Euro aus, um überhaupt die technischen Voraussetzungen dafür zu schaffen), kann man noch sehr gespannt sein auf die zu erwartenden Einsichten.

Auf die Bekanntmachung, was 1989 in der MfS-Kantine verzehrt wurde, ob auch Jägerschnitzel mit dabei waren, wird man wohl noch etwas warten müssen.

Wie Frau Birthler im April 2009 dem Bundestag berichtete, kann das Schnipsel-Projekt zur virtuellen Rekonstruktion erst im zweiten Halbjahr 2011 oder gar erst im ersten Halbjahr 2012 realisiert werden. Grund: Die spezielle Scannertechnologie musste erst entwickelt und anschließend die Rahmen- und Rekonstruktionssoftware an die Neuentwicklung angepasst werden. Und zu allem Übel kam noch hinzu, dass einige damit befasste »hochqualifizierte Wissenschaftler in diesem extrem spezialisierten Arbeitsfeld verloren« gegangen seien, so die Behörde, weil sie weltweit sehr gefragt seien. »Es sei nicht möglich gewesen, diese Lücken wieder vollständig zu schließen«.

An arbeitslosen hochqualifizierten Wissenschaftlern mangelt es in Deutschland sicher nicht, womöglich aber an solchen, die sich für dieses hochqualifizierte sinnlose Schnipselpuzzle hergeben.

Offenbar ist das Interesse der Ostdeutschen an ihren Akten ungebro-
chen, glaubt man den Angaben der »Bundesbehörde für die Stasi-
Unterlagen«?

So sieht es aus, wenn man den seit Einrichtung der Behörde ver-
breiteten Angaben Glauben schenken mag. Im Juni 2009, bei
Übergabe ihres 9. Tätigkeitsberichts an den Deutschen Bundestag,
hieß es aus der BStU, dass das Stasiunterlagengesetz (StUG) seine
Bewährungsprobe bestanden habe. Es habe bisher 6,3 Millionen
Anträge auf Akteneinsicht gegeben.

Sieht man sich diese Zahlen genau an, stellt man fest, dass das
Gros der Anträge von Bundesbehörden kam, die große Gruppen
von ehemaligen DDR-Bürgern »durchleuchtete«. Man nennt das
Regelanfragen.

Es gab 1,75 Millionen Überprüfungsersuchen zu ehemaligen
Mitarbeitern des DDR-Staatsapparates, die in den öffentlichen
Dienst der neuen Bundesländer übernommen werden sollten. Derartige Überprüfungen erfolgten auch durch Parteien, Verbände,
Organisationen, Wirtschaftsunternehmen und Einrichtungen. Sie
machten 3,8 Millionen Anfragen aus, demnach also über 60 Prozent. Überprüft wurden Personen im öffentlichen Dienst, parlamentarische Mandatsträger, Rechtsanwälte, Notare, Waffenschein-
besitzer, man fragte in Ordensangelegenheiten nach, bei Strafverfolgung, Rehabilitierung, Rentenangelegenheiten, Medienanfragen
etc. Kurzum: Nicht Millionen Privatpersonen haben das »Stasi-
Unterlagengesetz« in Anspruch genommen, sondern Millionen Ostdeutsche wurden mittels dieses Gesetzes auf ihre Eignung bzw.
Nichteignung überprüft.

Verbleiben von den 6,3 Millionen Ersuchen noch 2,5 Millionen
Anträge, die demnach von Bürgern gestellt worden sein könnten.
Auf den ersten Blick immer noch eine gewaltige Menge.

Die Zahl täuscht: Die Zahl der Anträge entspricht nicht der
Zahl der Antragsteller.

Eine Standardantwort der Behörde weist den Antragsteller stets
darauf hin, in zwei Jahren einen erneuten Antrag zu stellen, da dann
die »Aktenerschließung« weiter vorangeschritten sei und weitere
Aktenfunde »nicht auszuschließen« seien. Darum sind Antragsteller
mit drei bis vier Anfragen keineswegs selten.

Als interner Arbeitsnachweis mag die Zählung von Auskunftsersuchen berechtigt sein. Das wirkliche öffentliche Interesse kann aber nur durch eine exakte Zahl der Antragsteller belegt werden. Während die Behörde aber die Anzahl der Anträge (eingeschlossen alle Mehrfach- und Wiederholungsanträge) konkret benennt, operiert sie hinsichtlich der Anzahl der Antragsteller mit schwammigen Angaben wie Tausende, Hunderttausende oder Millionen.

Von den 2,5 Millionen Anträgen wurden über 30 Prozent negativ beschieden, d. h. es lag überhaupt keine MfS-Erfassung vor. Mancher Antragsteller mochte das nicht glauben – und stellte erneut Antrag auf Akteneinsicht. Solche »Wiederholungsanträge« machen etwa 25 Prozent aus.

Nur etwa 12 Prozent der Anträge führten zur Akteneinsicht.

Offiziell wird behauptet (etwa der damalige Verkehrsminister und Ostbeauftragte Tiefensee in der *MDR*-Sendung »Warum brauchen wir die Stasi-Akten« am 26. Januar 2009), die Öffnung der Akten habe erst die Versöhnung ermöglicht.

Kritiker schätzen jedoch ein, dass genau das Gegenteil der Fall sei. Denunziation sei zur Tugend geworden. Mit dem Argument, Mitarbeiter oder Zuträger für die Staatssicherheit gewesen zu sein, wurden und werden politische Schlachten geführt, unliebsame Konkurrenten aus dem Feld geschlagen, Biografien beschädigt, wird ideologische Einschüchterung betrieben. Eine Respektierung unterschiedlicher Lebensläufe in den beiden deutschen Staaten findet nicht statt.

Seit 1993 legt die Behörde alle zwei Jahre einen Tätigkeitsbericht vor. Von den ursprünglich 3.000 Beschäftigten waren 2009 noch 1.909 tätig.

Jährlich kostet die Einrichtung den Steuerzahler rund 100 Millionen Euro (2008: 99.462.000, 2009: 90.347.000).

Auf DM-Basis waren es von 1990 bis 2009 insgesamt 3.647.273.900 DM, also mehr als dreieinhalb Milliarden Mark.

Zum Vergleich: In der 1958 in der BRD geschaffenen Zentralstelle zur Aufklärung von Nazi- und Kriegsverbrechen in Ludwigsburg waren in den 60er Jahren lediglich 125 Mitarbeiter beschäftigt, 1994 waren es noch ganze 26.

Schlimmer noch als das MfS selbst waren offenbar die IM

Warum gab es Inoffizielle Mitarbeiter (IM)? Sie scheinen in der
öffentlichen Wahrnehmung des MfS das zentrale Thema zu sein. Im
Herbst 2009 brach im Zusammenhang mit Brandenburger Land-
tagsabgeordneten geradezu eine Hysterie los, wie man sie so nicht
mehr erwartet hatte.

Das sich ein Geheimdienst – das MfS nicht ausgeschlossen – der
Mitarbeit »normaler« Menschen versichert, ist weltweit üblich. Es
gibt Erklärungen namhafter Briten, Amerikaner und Franzosen, die
es als eine große Ehre ansahen, von Geheimdiensten ihrer Länder
angesprochen worden zu sein. Es gehörte zu ihrem patriotischen
Grundverständnis, etwas für ihren Staat zu leisten. Auch die Geheimdienste der BRD arbeiten seit eh und je mit Agenten, V-Leuten und Informanten. Eine solche Tätigkeit in der DDR und dessen MfS jedoch wird als »Spitzelei« denunziert.

Rechtsordnung und Gesetzlichkeit der DDR waren primär darauf gerichtet, Verbrechen und andere die Sicherheit der Bürger und
den Bestand der Staats- und Gesellschaftsordnung gefährdende
Handlungen frühzeitig zu erkennen und vorbeugend zu verhindern.
Das hieß vor allem, begünstigende Bedingungen und Umstände
durch politische, ideologische und erzieherische Einflussnahme,
erforderlichenfalls auch mit entsprechenden rechtlichen Druckmit-
teln auszuräumen oder wenigstens einzudämmen.

So wurde im Strafgesetzbuch von Leitern von Betrieben, staatlichen Organen und Einrichtungen, von Vorständen der Genossenschaften und von Leitungen gesellschaftlicher Organisationen
gefordert, die Bürger zu hoher Wachsamkeit gegenüber feindlichen Anschlägen und feindlichen ideologischen Einflüssen sowie
zur Unduldsamkeit gegenüber Verletzungen der sozialistischen
Gesetzlichkeit und Disziplin zu erziehen.

Gleichzeitig wurde festgeschrieben, dass die Leiter und Vor-
stände verantwortlich und rechenschaftspflichtig sind, in ihrem
jeweiligen Aufgabenbereich in Zusammenarbeit mit den Bürgern
Straftaten vorzubeugen und daran mitzuwirken, Gesetzesverletzer
zu ehrlichem und verantwortungsbewusstem Verhalten zu erziehen.
Dazu seien Ursachen und Bedingungen von Straftaten zu beseitigen, Gesetzlichkeit und Disziplin zu festigen und Sicherheit und
Ordnung zu gewährleisten.

Die Justizorgane und die Schutz- und Sicherheitsorgane, also auch das MfS, waren verpflichtet, mit ihren Erkenntnissen und Erfahrungen die Staats- und Wirtschaftsorgane, Betriebe, Einrichtungen, Genossenschaften und Massenorganisationen, alle gesellschaftlichen Kollektive bei der Verhütung von Straftaten und der gesellschaftlichen Erziehung Straffälliger wirksam zu unterstützen und dabei gleichzeitig mit auf die Verbesserung der Leitungstätigkeit und Erziehungsarbeit hinzuwirken.

Es kam noch eine weitere, für die Beantwortung der Frage wichtige Seite hinzu: Verantwortung zu tragen für den Staat, für das Gemeinwesen, den Betrieb und das gesellschaftliche Eigentum war eine Form demokratischer Mitwirkung der Bürger der DDR.

Dieser Prävention diente die Gewinnung von IM. Die vertrauliche Zusammenarbeit mit Inoffiziellen Mitarbeitern ermöglichte dem MfS eine wirkungsvolle vorbeugende Arbeit. Dieses Engagement der Inoffiziellen Mitarbeiter und anderer Bürger war folglich kein »systemtragendes Unrecht«, wie es seit 1990 heißt. Indem sich die IM und die anderen gesellschaftlichen Kräfte mit dafür verantwortlich fühlten und danach handelten, dass Staat, Gesellschaft und Bürger vor subversiven gegnerischen Angriffen und anderen kriminellen Handlungen, vor Schäden und Gefahren geschützt werden, nahmen sie in diesem Sinne ihre verfassungsmäßigen Rechte und Pflichten – auch im Sinne des Strafgesetzbuches – wahr, praktizierten sie staatsbürgerliche Verantwortung.

Die vorbeugende Arbeit – unter Nutzung der dem MfS mit seinen Statuten von 1953 und 1969 eingeräumten Befugnisse – führte zwangsläufig aber auch zu bestimmten Einschränkungen und Eingriffen in die Persönlichkeitsrechte von Bürgern.

Solche Eingriffe erfolgten differenziert entsprechend der Schwere des Verdachtes. Das betraf die Anwendung operativer Mittel und Methoden wie der konspirativen Überprüfung, Beobachtung, Ermittlung und Kontrolle von Personen, der Post- und Fernmeldekontrolle und den Einsatz dafür geeigneter technischer Mittel. Eingriffe in Persönlichkeitsrechte erfolgten im Zusammenhang mit der Nichterteilung von Erlaubnissen und Genehmigungen, mit Verboten bzw. Beschränkungen für Mitarbeiter des Staatsapparates hinsichtlich von Kontakten ins westliche Ausland, mit Einschränkungen im Reiseverkehr bzw. von persönlichen Beziehungen in den Westen, mit Wohn- bzw. Aufenthaltsbeschränkungen für das

Grenzgebiet an der Staatsgrenze zur BRD bzw. zu Westberlin sowie beim Befahren der grenznahen Küstengewässer.

Sie betrafen auch Beschränkungen im Bereich des Amateurfunks, auf den Gebieten des Flug- und Tauchsports sowie die Beschäftigung in bestimmten Berufen und Funktionen und den Einsatz in Spezialeinheiten der NVA.

Die vorbeugenden Maßnahmen – so formal berechtigt sie auch waren – konnten weder damals noch heute ohne kritische Bewertung bleiben.

Natürlich konnte es als Vertrauensbruch empfunden werden, wenn persönliche Angaben weitergegeben wurden. Selbstverständlich muss kritisch hinterfragt werden, ob jedes private Detail relevant war für Operative Vorgänge (OV). Keine Frage: Das hypertrophierte, also übermäßg gewachsene Sicherheitsinteresse der DDR trieb mitunter absurde Blüten. All das hätte sachlich und offen seit 1990 diskutiert werden können und müssen. Das jedoch unterblieb. Stattdessen stiftete man vorsätzlich mit Akten und Berichten Unfrieden in Deutschland.

Die Absurdität im Umgang mit diesem Erbe zeigt die Unverhältnismäßigkeit. Ein Schwerbrecher, der 1990 verurteilt wurde und inzwischen seine Haftstrafe verbüßt hat, gilt als ehrenwerter Mann. Er besitzt alle bürgerlichen Rechte einschließlich der Achtung seiner Privatsphäre, wozu auch das Verschweigen seiner Schuld zählt. Dafür hat er ja gebüßt.

Eine Person, die sich vor dreißig, vierzig oder noch mehr Jahren per Unterschrift als IM verpflichtete, genießt diesen Schutz nicht. Allein die Unterschrift belastet ihn mehr als ein tatsächlich verübtes Schwerverbrechen. Das ist absurd und heuchlerisch und offenbart die Doppelmoral dieser Gesellschaft.

Die Bezeichnung Inoffizieller Mitarbeiter (IM) wurde erst populär, als es sie nicht mehr gab. Das MfS gewann Unterstützer außerhalb der Strukturen des Ministeriums, wie das auch andere Geheimdienste praktizieren. Bei den westlichen Diensten spricht man von »V-Leuten«, »Informanten«, »geheimen Hinweisgebern« oder »Spitzeln«, aber auch von »Agents provocateurs«, »Counter Men« oder »Undercover-Agenten«. In der Regel arbeiten diese Personen für Geld, das heißt, sie verkaufen eine Dienstleistung.

»Die Mittel des geheimen Mitarbeiters sind Täuschung und Vertrauensbruch, im Fall des Counter Man (CM) geht Verrat voraus«, hieß es dazu in dem 1961 vom Verfassungsschutz herausgegebenen »Handbuch für Theorie und Praxis«. »Es ist müßig, ethische Betrachtungen anzustellen, da die Zielstellung sicherlich höher zu bewerten ist als der interne Verstoß gegen bestimmte Moralvorstellungen. Die Führung der V-Leute erfolgt nicht nur nach dem Prinzip der laufenden Erkenntnisgewinnung aus dem Objekt, sondern kann vorübergehend zu einem aktiven Einsatz führen, um durch die Stimme oder die Meinung des V-Mannes die Beschlüsse eines verfassungsfeindlichen Gremiums in einem von dem Auftraggeber gewünschten Sinne zu beeinflussen.«

Die Zusammenarbeit des MfS mit Inoffiziellen Mitarbeitern erfolgte in der Regel auf der Basis gemeinsamer Überzeugungen und nicht auf kommerzieller Grundlage. Sie fußte auf Richtlinien des Ministers, zuletzt auf der bis 1989 gültigen Richtlinie 1/79.

Es gab den *IMB*, den Inoffiziellen Mitarbeiter zur Bearbeitung im Verdacht der Feindtätigkeit stehender Personen. Vorläuferkategorien waren bis 1979 die *IMV* (Bedeutung wie bei IMB) und *IMF* (IM mit Feindverbindung ins Operationsgebiet). Die IMB waren direkt in die »bearbeiteten« Kreise integriert.

IME waren IM mit speziellen Kenntnissen oder in besonderen beruflichen Positionen, die neben ihrer Arbeit Aufträge des MfS ausführten (Spezialisten für Handschriftenerkennung, Toxikologen). Sie wurden mitunter auch als »Experten-IM« bezeichnet.

IMS waren Inoffizielle Mitarbeiter für Sicherheit (zur Sicherung eines Objekts oder Bereichs). Sie wurden vorrangig zur Informationssammlung in Betrieben, gesellschaftlichen Einrichtungen, Forschungs- und Bildungsstätten sowie staatlichen Institutionen eingesetzt. IMS bildeten die zahlenmäßig größte Gruppe unter den Inoffiziellen Mitarbeitern.

FIM, Führungs-IM, waren zuverlässige, zur Menschenführung geeignete IM mit »Erfahrung in der operativen Arbeit«, die im Bedarfsfall im Auftrag des MfS unter Anleitung und Kontrolle eines operativen Mitarbeiters IM oder GMS führten.

Inoffizielle Mitarbeiter, die im Operationsgebiet arbeiteten, nannte man auch »Kundschafter«.

Die Inoffiziellen Mitarbeiter selbst hatten prinzipiell *keine* Kenntnis von ihrer MfS-internen Bezeichnung. Die Einstufung in bestimmte IM-Kategorien war zudem nicht selten von subjektivem Wunschdenken einzelner Mitarbeiter bestimmt und der Erfüllung eines vorgegebenen Plansolls geschuldet.

Wie vereinbarte es sich mit der sozialistischen Moral, junge Männer gezielt auf Frauen bzw. Frauen auf Männer anzusetzen? War jedes Mittel recht, um an Informationen zu gelangen?

Es trifft zu, dass Geheimdienste persönliche Beziehungen instrumentalisieren. Diese sogenannten »Romeos«, welche sich an alleinstehende Sekretärinnen heranmachen, um an deren interne Kenntnisse zu gelangen, gibt es, seit es Nachrichtendienste gibt. Das war keine Domäne, wie heute gern behauptet wird, der HV A des MfS. 1955 flog die Beziehung eines BND-Agenten auf, der das Herz der Sekretärin des DDR-Ministerpräsidenten Grotewohl erobert hatte.

Nein, natürlich war dem MfS keineswegs jedes Mittel recht, um an Informationen zu gelangen. So war es grundsätzlich untersagt, intime Details als Druckmittel einzusetzen, wie es nachweisbar von westlichen Diensten gegen DDR-Bürgerinnen praktiziert wurde. Die in der HV A geführten Vorgänge beruhten immer auf übereinstimmenden Ansichten vor allem in persönlichen Lebensvorstellungen und politischen Fragen. Nur auf dieser Grundlage entstanden feste persönliche Verbindungen und auch Ehen, die zum überwiegenden Teil auch heute noch bestehen.

Gleichwohl waren sich die Beteiligten bewusst, dass man sich immer dann, wenn Gefühle mit ihm Spiel waren, auf einem sehr schmalen Grat bewegte und besonders feinfühlig vorgehen musste.

Die BStU behauptet, das MfS habe 1989 genau 173.081 Inoffizielle Mitarbeiter geführt, darunter 3.894 IMB.

33.354 IM (19,27 Prozent) waren Gesellschaftliche Mitarbeiter für Sicherheit (GMS), vergleichbar den Freiwilligen Helfern der Deutschen Volkspolizei.

30.446 (17,9 Prozent) erfüllten als IMK (IM zur Gewährleistung der Konspiration) nur logistische Aufgaben. Sie stellten eine Treffwohnung, eine Deckadresse oder ein -telefon zur Verfügung.

93.629 (54,1 Prozent) waren als IMS vor allem mit vorbeugenden Sicherungsaufgaben betraut.

Die Statistiken belegen weiter, dass die IM überwiegend zur Sicherung der bewaffneten Organe, der Volkswirtschaft, des Staatsapparates und zur Spionageabwehr, also nicht für repressive Aufgaben oder zur Bearbeitung »Andersdenkender« eingesetzt waren. Selbst in der dafür federführenden Hauptabteilung XX waren 1988 nur 13 Prozent der IM zur Bekämpfung »politischer Untergrundtätigkeit« eingesetzt.

Die BStU weist eine Zahl von 12.100 IM im Alter unter 25 Jahren aus, davon 3.500 unter 21 Jahren und 1.300 Minderjährige »von denen der überwiegende Anteil 17 Jahre alt war und im Vorfeld der Rekrutierung zur NVA geworben wurde«, heißt es dort. »Minderjährige waren als Zielgruppe des Staatssicherheitsdienstes unwichtig.«

Man widerlegt die eigene These, dass 29.000 weibliche IM eine »Angriffsfront Intimleben« bildeten: 22 Prozent der weiblichen IM der Bezirksverwaltung Gera, durchaus repräsentativ, waren 60 Jahre alt und älter.

Mehr als die Hälfte der IM waren Mitglieder der SED, etwa neun Prozent (15.600) gehörten den Blockparteien an.

Die BStU geht davon aus, dass das MfS 1989 über rund 3.000 IM in der Bundesrepublik verfügte, während der gesamten Geschichte der BRD über ca. 12.000 IM, von denen knapp die Hälfte von Abwehrdiensteinheiten gesteuert worden sei. Den Schwerpunkt habe die Wissenschafts- und Technikspionage gebildet.

Von einer Unterwanderung der Bundesrepublik Deutschland war das MfS weit entfernt.

Selbstverständlich. Wenn IM gegen Gesetze der DDR verstießen, wurden sie wie jeder andere Bürger der DDR bestraft. Den IM war es ausdrücklich untersagt, zu Straftaten aufzufordern oder diese zu provozieren. *Agents provocateurs*, die bei Demonstrationen Steine werfen, um einen Einsatz von Polizeikräften zu rechtfertigen, gab es in der DDR nicht.

Nicht denkbar war auch der aktive Beitrag von IM zum Funktionieren einer der verfassungsfeindlichen Tätigkeit verdächtigen Organisation, wie etwa der NPD, die wegen der V-Leute in ihrem Führungsapparat nicht verboten werden konnte.

Auch unabhängig von einer inoffiziellen Zusammenarbeit mit dem MfS war jeder Bürger gemäß dem Strafgesetzbuch der DDR verpflichtet, besonders schwere Straftaten den Sicherheitsorganen anzuzeigen. Auch das Strafgesetzbuch der BRD enthält solche Regelungen in den §§ 138 bzw. 139 StGB. Im § 139 StGB/BRD heißt es u. a. unter dem Titel »Straflosigkeit der Nichtanzeige geplanter Straftaten«: Straffrei ist, wer die Ausführung oder den Erfolg der Tat anders als durch Anzeige abwendet.

Offenkundig haben die Gesetzgeber dabei auch an jene Möglichkeiten gedacht, dass sich Bürger bereit erklären, zur Abwendung von Straftaten vertrauensvoll und geheim mit Sicherheitsbehörden zusammenzuarbeiten wie die IM des MfS in der DDR.

Mit 18 Jahren galt ein Jugendlicher in der DDR als volljährig, er konnte demzufolge auch als hauptamtlicher Mitarbeiter des MfS eingestellt werden. Folglich war eine Anwerbung als Inoffizieller Mitarbeiter ebenfalls möglich.

Die BStU-Behörde gibt an, dass 1.300 Jungerwachsene (14 bis 18 Jahre) 1988 als IM registriert waren.

Das stimmt schon deshalb nicht, weil Jungerwachsene nach den geltenden Dienstanweisungen nicht als IM angeworben oder verpflichtet werden durften. Es handelt sich dabei um für das MfS registrierte Personen, zu denen hauptamtliche Mitarbeiter des MfS Kontakte unterhielten. In der überwiegenden Mehrheit der Fälle handelt es sich um Kontakte im Rahmen der Einberufung zur Nationalen Volksarmee (NVA), aber auch der Nachwuchsgewinnung für das MfS und sein Wachregiment.

Wie die NVA und das Ministerium des Innern (MdI), bemühte sich auch das MfS in den Oberschulen bereits ab der Altersgruppe von 14 Jahren mögliche Perspektivkader für eine spätere Laufbahn als Berufsoffizier oder Berufsunteroffizier zu gewinnen. Zur Erreichung und Festigung dieser Berufsorientierung wurden in größeren Abständen Gespräche geführt, in denen selbstverständlich auch die Eignung für eine Tätigkeit im MfS erkundet wurde. Vielfach wurden spätere Offiziersbewerber vor einer Einstellung mit Stipendien des MfS zum Studium an Universitäten und zivilen Hochschulen delegiert. Auch in dieser Zeit wurde der Kontakt zu ihnen aufrechterhalten.

In Ausnahmefällen musste das MfS zur Klärung von Sachverhalten auch mit Jugendlichen unter 18 Jahren Gespräche führen, vor allem dann, wenn ältere Personen dazu nicht auskunftsfähig waren. Eine Anwerbung oder Verpflichtung erfolgte in solchen Fällen aber nicht.

Das Thema ist unverändert geeignet, Personen, die öffentlich aktiv sind, mit einer solchen Denunziation auch öffentlich zu diskreditieren. Unbekannte Zeitgenossen, die nicht politisch oder beruflich engagiert sind, leben in dieser Hinsicht ruhig.

Die Gründe für eine solche mediale Hinrichtung sind vielschichtig. Mal sind es politische Intentionen, mal soll ein Konkurrent ausgeschaltet werden. Zudem ist die IM-Keule ein wunderbares Disziplinierungsinstrument, das man jederzeit einsetzen kann.

Rechtsanwalt Dr. Peter-Michael Diestel konstatierte, dass aufgrund des Wirkens der BStU-Behörde »mehr Menschen den Freitod wählten als jemals an der deutsch-deutschen Grenze an Opfern zu beklagen waren«. Der letzte DDR-Innenminister meinte: »Die Stasi-Hysterie war notwendig, um Ostdeutsche von den ihnen angestammten Plätzen zu entfernen. Es hat zur Paralysierung der ostdeutschen Intelligenz geführt. Es hat zur Infragestellung ganzer Generationen geführt. Man hat im Westen gemeint, das wäre notwendig, um den Osten beherrschbar zu machen. Man hat die IM aufs Schafott geführt, um mit dem Osten abrechnen zu können.«

Konnte man eine Zusammenarbeit mit dem MfS ablehnen?

Selbstverständlich. Selbst die BStU-Behörde hat bestätigt, dass die Ablehnung einer Zusammenarbeit mit dem MfS in der Regel folgenlos für den Betreffenden blieb.

Vor vielen Jahren wurde einmal ein Kreisvorsitzender der Pionierorganisation angesprochen, Mitarbeiter des MfS zu werden. Er antwortete, dass er andere Pläne für sein Leben hätte – und er wurde später Mitglied des Politbüros, Generalsekretär des ZK der SED, Vorsitzender des Staatsrates und des Nationalen Verteidigungsrates der DDR.

*Die IM im Westen, die als Kundschafter für das MfS gearbeitet
haben, wurden wegen Landesverrat bestraft. Das war doch richtig,
oder etwa nicht?*

Nein, es war rechtswidrig. Es widersprach dem im Grundgesetz
postulierten Gleichheitsgrundsatz, dass von der DDR rechtmäßig
verurteilte Spione und Menschenhändler vor dem 3. Oktober 1990
amnestiert und alle DDR-Kundschafter und Mitarbeiter des MfS
mit Ermittlungs- und Strafverfahren überzogen wurden.

Im am 8. September 1956 veröffentlichten Memorandum der
Bundesregierung »Zur Frage der Wiederherstellung der Deutschen
Einheit« erklärte Adenauer: »Die Errichtung eines neuen Regie-
rungssystems darf […] in keinem Teile Deutschlands zu einer politischen Verfolgung der Anhänger des alten Systems führen. Aus diesem Grunde sollte nach der Auffassung der Bundesregierung dafür
Sorge getragen werden, dass nach der Wiedervereinigung Deutschlands niemand wegen seiner politischen Gesinnung oder nur weil
er in Behörden oder politischen Organisationen eines Teils Deutschlands tätig gewesen ist, verfolgt wird.« (*Bulletin des Presse- und Infor-
mationsamtes der Bundesregierung Nr. 169, S. 1625*)

Das heißt, dass es 1990 notwendig gewesen wäre, wie in früheren Konflikten einen Schlussstrich zu ziehen und sich wechselseitig
frei von Schuld zu stellen. Selbst 1648, am Ende des 30-jährigen
blutigen Krieges, bewiesen die Kontrahenten im Westfälischen Frieden zu Münster mehr Souveränität und Größe als die Bonner Herr-
scher dreieinhalb Jahrhunderte später. Im 17. Jahrhundert amnes-
tierten sich wechselseitig alle am heißen Krieg beteiligten Seiten.
Die am Kalten Krieg im 20. Jahrhundert beteiligte und nunmehr
übriggebliebene Seite sah sich dazu außerstande.

»Es seye eine ewigwärende Vergessenheit und Amnestia auffge-
richtet aller von anbegin dieses Kriegs an einem oder andern theil
verübten Hostilitäten, an was Ort und auff was Art auch dieselbe
fürgangen, also dass unter deren noch einiges andern dinges schein
oder vorwand einer dem andern hinführo einige Hostilitäten oder
Feindschafft, Beschwerd oder Hinderniss, so wenig an Personen und
Stand, als Gütern und Sicherheit, für sich selbst oder durch andere,
heimlich oder öffentlich, directè oder indirectè, unterm schein
Rechtens oder auch de facto, inner- oder ausserhalb Röm. Reichs

(nichts hinderende vormahliger etwa hingegen lautender Verträge) nicht zufügen noch zufügen lassen wollen, sondern alle und jede gegen einander sowol in wärendem Kriege als vor demselben mit Wort, Schrifft oder Wercken fürgangene Injurien, Gewalt, Feindseligkeit, Schaden, Kosten, ohne einigen der Personen oder Sachen Respect dermassen gäntzlich abgethan seyn, dass alles, so dessenthalben einer gegen den andern zu prætendiren haben könte, durch ein ewiges Vergessen auffgehebt und vergraben sey.«

Wozu gibt es Spionage, Spionageabwehr und Gegenspionage?

Es heißt, die Spionage sei das zweitälteste Gewerbe der Welt?

Das stimmt. Schon in der Bibel finden sich Hinweise. Es gibt auch Berichte über Spionage aus China vor 4.000 Jahren, aus Ägypten und Griechenland, aus der Umgebung von Cäsar und Hannibal während ihrer Feldzüge. Die Hanse spionierte gegen die Vitalienbrüder, die Heilige Inquisition gegen Thomas Müntzer, die Türken im belagerten Wien.

Seit der Oktoberrevolution 1917 in Russland bekamen Spionage und deren Abwehr einen sicherheitspolitischen und ideologischen Aspekt – vor allem im Zusammenhang mit den Erfordernissen des Schutzes der jungen Sowjetmacht. Dieser Aspekt verstärkte sich schließlich mit dem vom deutschen Faschismus vom Zaune gebrochenen Zweiten Weltkrieg und der Befreiungsmission der UdSSR und der anderen alliierten Staaten. Er wurde einer der Hauptfelder der Systemauseinandersetzung im nachfolgenden Kalten Krieg zwischen Ost und West.

Im landläufigen Sinne versteht man unter Spionage das durch staatliche Geheimdienste oder andere geheime Nachrichtendienste betriebene Auskundschaften von militärischen, politischen, wirtschaftlichen und anderen Geheimnissen – insbesondere von Staatsgeheimnissen – für einen anderen Staat, eine fremde Macht.

Auf anderer Ebene sind die Initiatoren und Akteure der Spionage aber auch – und sogar zunehmend mehr – Wirtschafts-, Handels- und Forschungsunternehmen, Banken, Parteien, Medien und andere spezielle Interessengruppen, die z. B. aus Konkurrenzgründen Werkspionage, Wirtschaftsspionage, gezielte Informationsgewinnung usw. betreiben. Strafrechtlich werden solche »Auskundschaftungen« in der Regel als Diebstahl, Verwertung fremder Geheimnisse und unlauterer Wettbewerb bewertet und entsprechend verfolgt.

Bei der Spionage werden die vielfältigen Möglichkeiten eines Staates genutzt, um vertrauliche, geheime oder einfach nur nützliche Informationen über einen anderen Staat, eine Staatengruppe, über Institutionen oder Einrichtungen – darunter auch über mögliche oder tatsächliche Gegner – zu beschaffen, die der Durchsetzung eigener Ziele und Interessen nachhaltig dienen. Insofern sie dem Schutz des eigenen Staates dient, ist Spionage – unabhängig vom jeweiligen Gesellschaftssystem – kein Verstoß gegen das Völkerrecht, sondern legitimes Recht der Selbstbestimmung und Souveränität eines jeden Staates.

In vielen Staaten wurden und werden beträchtliche finanzielle, materielle und personelle Ressourcen eingesetzt, um gut funktionierende, effektive und ausbaufähige Spionagedienste unterhalten zu können.

Andererseits ist jeder Staat daran interessiert, seine eigenen Staatsgeheimnisse – oder das, was er dafür hält – vor gegnerischer Ausspähung allseitig und umfassend zu schützen, um mögliche Gefahren abzuwehren und Schaden zu verhindern. Deshalb wurden parallel zu den Aufklärungsdiensten auch wirkungsvolle Abwehrbereiche geschaffen, die neben vielen anderen Aufgaben auch gegnerische Spionage zu unterbinden haben. Die effektivste Form der Spionageabwehr ist natürlich, mit eigenen Kundschaftern (Agenten) in den Zentralen und Außenstellen der gegnerischen Spionagedienste präsent zu sein – das nennt man Konter- oder Gegenspionage!

Die Staaten haben ihre Spionageabwehrdienste in der Regel mit weitreichenden Befugnissen und Kompetenzen ausgestattet. Die Straftatbestände zur Verfolgung von Spionage und anderen Verratshandlungen nahmen und nehmen in den jeweiligen Strafgesetzbüchern einen herausgehobenen Platz ein. Der Strafrahmen ist durchweg sehr hoch, in der Regel sind bereits Vorbereitung und Versuch strafbar.

Welche Rolle spielten die westlichen Geheimdienste und deren
Spionage gegen die DDR im Kalten Krieg?

Bei allen Vorhaben zur Destabilisierung und Beseitigung der DDR
nahmen die Aktivitäten der Geheimdienste und der von ihnen
unterwanderten und genutzten Organisationen und Institutionen
einen zentralen Platz ein. Ihre Informationen und Maßnahmen
bestimmten maßgeblich die psychologische Kriegsführung, Sabotageakte gegen die Volkswirtschaft der DDR, oder die Vorbereitung
direkter und verdeckter (begrenzter) militärischer Aggressionen. Sie
waren beteiligt an der Abwerbung von Fachkräften aus der DDR
oder der Durchsetzung des Alleinvertretungsanspruches der BRD
zur außenpolitischen und außenwirtschaftlichen Isolierung der
DDR.

Die Geheimdienste waren bedeutende Akteure des Kalten Krieges und repräsentierten dabei im besonderem Maße auch dessen
schmutzige Seiten, den Einsatz von Korruption, Erpressung, Fälschungen und Desinformationen. Die personelle Kontinuität der
westdeutschen Geheimdienste zu denen der faschistischen Diktat-
tur in Deutschland und deren fortdauernde antikommunistische
Ausrichtung waren dabei ein charakteristisches Merkmal.

Die Abwehr von Spionageangriffen der Geheimdienste und
ihrer vielen Helfer gegen die DDR war existenziell notwendig. Die
Spionageabwehr des MfS arbeitete effektiv, es liegen Vernah-
mungsprotokolle von etwa 5.000 festgenommenen Spionen vor. An
den Erfolgen der Spionageabwehr waren alle Diensteinheiten des
MfS beteiligt.

Von den 1989 nach westlichen Angaben insgesamt 180 Agenten
des Bundesnachrichtendienstes in der DDR waren 160 vom MfS
»überworben«, das heißt sie arbeiteten als Doppelagenten im Auftrag des MfS *gegen* den BND.

Das MfS hat den Krieg der Geheimdienste gewonnen, den Kalten Krieg jedoch verloren, wie von westlicher Seite auf einer Tagung
in Odense/Dänemark im November 2007 zutreffend eingeschätzt
wurde.

Das waren die Geheimdienste der USA, Großbritanniens, Frankreichs und vor allem natürlich der BRD. Bei den BRD-Diensten handelte es sich insbesondere um die »Organisation Gehlen«, die ab 1. April 1956 nahtlos in den offiziellen staatlichen Auslandsnachrichtendienst der BRD, den Bundesnachrichtendienst (BND), überging. Die Zentrale befand sich in Pullach bei München, demnächst residiert sie in Berlin-Mitte an der Chausseestraße.

Die MfS-Gegenspionage konzentrierte sich neben dem BND vor allem auf die Spionageabwehr (Abt. IV) des Bundesamtes für Verfassungsschutz (BfV) mit Sitz in Köln bzw. auf die Landesämter für Verfassungsschutz (LfV) mit Sitz in den jeweiligen Landeshauptstädten.

In den militärischen Bereichen waren diesbezüglich der Militärische Abschirmdienst (MAD) mit Sitz in Köln und seine zahlreichen regionalen Dienststellen – entsprechend der Bundeswehrstruktur – von Bedeutung. Die Organisation Gehlen rekrutierte sich vornehmlich aus ehemaligen Mitarbeitern der faschistischen Geheimdienste und Angehörigen der SS. Gehlen alias Dr. Schneider erhielt seine »Zulassung« als Spionagechef 1946 vom USA-Geheimdienst OSS, dem Vorläufer der CIA, nachdem er seine Agentenkartei als ehemaliger Chef von »Fremde Heere Ost« (faschistischer Geheimdienstzweig im Oberkommando des Heeres, Abt. 12, zuständig für Osteuropa und Sowjetunion) und als »Zugabe« den »Sabotagekatalog der 5. Kolonne« von Canaris (Chef Amt Ausland/Abwehr) an die Amerikaner übergeben hatte. Gehlen – selbst Kriegsverbrecher – unterstand als BND-Präsident ab 1956 dem Staatssekretär im Bundeskanzleramt, Dr. Hans Globke.

Im BND arbeiteten gegen die DDR die zur Abt. 1 (operative Aufklärung) gehörenden Unterabteilungen

12 B	DDR-Politik, Wirtschaft, Wissenschaft, Technik
12 C	DDR-Süd-Streitkräfte
12 D	DDR-Nord-Streitkräfte
12 L	DDR-Gegenspionage

Dank mehrerer langjähriger Quellen der Hauptverwaltung Aufklärung wusste die MfS-Führung, dass es dem BND bis zum Herbst 1989 nicht gelungen war, auch nur einen einzigen aktiven MfS-Mitarbeiter anzuwerben. Was es gab, waren Hinweise und Meldungen von Verrätern, die später beim BND anklopften.

Zum Aufgabenbereich Spionage gegen die DDR gehörte auch die Unterabteilung 14 im BND, die sich mit der sogenannten »Rezeptiven Aufklärung« beschäftigte. Hier wurden Ausgangs- und Kontrollinformationen für die Werbung neuer Spione/Agenten und für die Organisierung der Spionage erarbeitet. Dazu gehörten im Referat A das Grenzmeldenetz mit 64 Grenzübergangsstellen, das Ref. B, zuständig für die Post- und Fernmeldekontrolle, abgedeckt als »Hauptstelle für spezielle Datenverarbeitung« mit zwölf Außenstellen, u. a. in Bonn, München, Hof, Bad Hersfeld, Frankfurt am Main, Köln, Helmstedt. Hervorzuheben ist in diesem Zusammenhang: Die totale Kontrolle in Westberlin über den Posteingang aus der DDR und den osteuropäischen Staaten behielt sich bis zuletzt der USA-Geheimdienst vor.

Das Ref. C, zuständig für das Befragungswesen, offiziell »Hauptstelle für Befragungswesen« mit Sitz in München und Nebenstellen in Gießen, Berlin-Marienfelde (Notaufnahmelager für »DDR-Flüchtlinge«, Ausgangspunkt für Zehntausende Kontaktanbahnungen und Anwerbungen durch Geheimdienste), Hannover, Friedland, Nürnberg-Zirndorf (für Osteuropäer) Mainz, Stuttgart, Düsseldorf, Frankfurt am Main, Lübeck, Kassel und Herrsching (für »Überläufer«).

Die wichtigsten Außendienststellen des BND, die die eigentliche Spionage gegen die DDR, insbesondere die flächendeckende Militärspionage, vornehmlich mit Agenten organisierten, befanden sich in München und Umgebung, in Bremen, Hamburg, Stuttgart, Düsseldorf, Bonn, Köln und natürlich in Westberlin.

Von besonderer Bedeutung für die Spionage gegen die DDR waren die fernmeldetechnische und elektronische Aufklärung des BND, die der Abt. 2 in der Zentrale unterstand. Zahlreiche Abhörstationen entlang der Grenze zur DDR, auf Schiffen in der Ostsee und weitere fernmeldetechnische Einrichtungen beschafften die Ausgangsinformationen für den BND.

Von den Geheimdiensten der drei westlichen Siegermächte waren besonders Geheimdienste der USA gegen die DDR aktiv. Das betraf vor allem die *Central Intelligence Agency* (CIA) mit Sitz in Frankfurt am Main (IG-Farben Hochhaus »Abrams Building«) und die CIA-Residenturen in der USA-Mission in Westberlin (Clay-

Allee), in der Botschaft in Bonn, im Generalkonsulat Hamburg und in Militärstäben in Stuttgart, München, Köln und Westberlin.

In der Zeit von 1973 bis 1990 gab es eine sehr aktive CIA-Residentur in der Botschaft der USA in der DDR-Hauptstadt.

Nicht minder aktiv gegen die DDR waren die Geheimdienste des USA-Verteidigungsministeriums DIA (Defense Intelligence Agency) mit Sitz in Stuttgart-Vaihingen und deren Teilstreitkräfte, besonders der Landstreitkräfte, INSCOM (Intelligence and Security Command) mit Sitz in Heidelberg und zahlreichen Agenten führenden Außenstellen u. a. in Westberlin, München, Oberursel und bei vielen Militärstäben vorrangig in Bayern, Hessen und Baden-Württemberg.

In Augsburg befand sich eine zentrale Dienststelle, wo vermutete »Ostagenten« oder »Doppelagenten« mittels Polygraf (Lügendetektor) und Stimmenanalysator (Dektor) überprüft wurden. Das MfS hatte in der Regel seine IM auf dieses Ritual psychologisch und praktisch vorbereitet.

Von besonderer und ständig zunehmender Bedeutung für die USA war die Fernmelde- und elektronische Aufklärung. Der zentrale diesbezügliche Geheimdienst ist die NSA (National Security Agency) mit Sitz in Maryland (USA), damals mit 140.000 Mitarbeitern und einem Jahresbudget 1990 von 10 Milliarden Dollar, heute sicherlich weiter aufgestockt. Die zentrale Außenstelle für Deutschland befindet sich offensichtlich immer noch in Stuttgart-Vaihingen. Unter Anleitung der NSA unterhalten die Geheimdienste der USA-Teilstreitkräfte eigene elektronische Aufklärungsdienste. Der finanzielle, materielle, instrumentale und personelle Aufwand war und ist gewaltig, er nimmt ständig zu. Zu ihrer Arbeit gehören Spionagesatelliten, Aufklärungsflugzeuge und -schiffe, Abhörstationen u. a.

Auf dem Gebiet der Fernmelde- und elektronischen Aufklärung gab und gibt es eine enge Kooperation der westlichen Geheimdienste.

Die britischen Geheimdienste, speziell der militärische Aufklärungsdienst DIS (Defence Intelligence Staff) in Deutschland, mit Sitz in Mönchengladbach und großen Außendienststellen in Westberlin (Olympiastadion) und Hannover sowie der französische militärische Nachrichtendienst DRM (Direction du Renseignement Militaire), bekannter als »2. Büro«, mit Sitz in Baden-Baden und großer Außendienststelle in Westberlin-Reinickendorf (»Quartier Napoleon«) arbeiteten bis zum 13. August 1961 von Westberlin aus mit zahlreichen DDR-Spionen zusammen.

Der Spionageabwehr des MfS gelang es, größere Gruppen von Militärspionen zu enttarnen. Nach der Sicherung der Staatsgrenze der DDR am 13. August 1961 wurden keine größeren Aktivitäten dieser Dienste mit Agenteneinsatz gegen die DDR bekannt.

Der britische Aufklärungsdienst SIS (bekannter als MI-6) unterhielt einige Spitzenquellen in Bereichen von Wissenschaft, Forschung und Wirtschaft der DDR. Wie sich später herausstellte, waren sie mehrheitlich IM des MfS, ähnliche Erfahrungen musste auch die CIA im Hinblick auf ihre vermeintlichen Spione in der DDR machen.

Großbritannien und Frankreich unterhielten in ihren Botschaften in der DDR, wie viele andere Staaten auch, als Diplomaten getarnte Geheimdienstresidenturen.

Eine besondere Rolle spielten die Kontrollfahrten der Fahrzeuge der »Militärinspektionen« (MI) mit Sitz in Westberlin und der »Militärverbindungsmissionen« (MVM) mit Sitz in Potsdam bei der ständigen Ausspionierung und Kontrolle militärischer Objekte und Bewegungen in der DDR. Beide Institutionen wurden von den vier Siegermächten (Sowjetunion, USA, Großbritannien und Frankreich) auf der Grundlage des Londoner Abkommens in den Jahren 1946/47 geschaffen, die MI für Gesamtberlin, die MVM für alle Teile Deutschlands.

Sie waren gegenseitig bei den Militärregierungen der jeweiligen Besatzungszonen akkreditiert, genossen Diplomatenstatus und damit weitgehende Bewegungsfreiheit. Spionagefahrten in gekennzeichnete militärische Sperrgebiete waren ihnen jedoch untersagt. Die Mitarbeiter waren durchweg Geheimdienstoffiziere, ihre Fahrzeuge waren rollende Beobachtungs- und Abhörstützpunkte. Die westlichen MI und MVM stimmten ihre täglichen Kontrollfahrten offensichtlich untereinander ab. Den durch das MfS an Schwerpunkten postierten Meldekräften, den Observationshandlungen und Blockierungsversuchen in Sperrgebieten entzogen sich die MI und MVM nicht selten mit riskanten und abenteuerlichen Manövern.

Was interessierte die westlichen, vor allem die westdeutschen
Geheimdienste, und wie haben sie sich Informationen über die DDR
beschafft?

Natürlich gab es auch in der DDR wie in anderen Ländern Staatsgeheimnisse und andere, als Geheimnis deklarierte Dokumente,
Informationen, Materialien und Sachen, die gehütet werden mussten. Diesem Geheimnisschutz diente die bereits 1950 geschaffene
Spionageabwehr als auch die später geschaffene spezielle Gegenspionage seitens des MfS. Und der Gesetzgeber hatte sicher auch
triftige Gründe, den Minister für Staatssicherheit mit der Organisation des Geheimnisschutzes in der DDR zu beauftragen.

Staatsgeheimnisse oder andere offiziell deklarierte Verschlusssachen waren in der Regel äußerlich als »Geheime Kommandosache« (die höchste Stufe), als GVS, VVS oder als »Nur für den
Dienstgebrauch« gekennzeichnet. So gekennzeichnete Dokumente
mit höchsten Geheimhaltungsstufen waren z. B. Pläne und Maßnahmen zur Gewährleistung der Verteidigung der DDR und der
Warschauer Vertragsstaaten oder Pläne zur perspektivischen Entwicklung der außenpolitischen, außenwirtschaftlichen, wissenschaftlich-technischen, kulturellen Beziehungen der DDR zu anderen Staaten oder Staatengruppen (RGW, EU, KSZE, UNO,
NATO). Dass die westlichen, speziell auch die westdeutschen
Geheimdienste, an solchen Informationen interessiert waren, steht
außer Frage. Auf der anderen Seite orientierte sich die Aufklärung
des MfS (HV A) auf analoge Ziele beim Gegner.

Darüber hinaus ging es der westlichen Spionage aber um mehr
und sehr zielgerichtete Interessen, die nicht unbedingt einen
Geheimhaltungsvermerk hatten, dafür aber geeignet waren, die politische, ökonomische, geistig-kulturelle, außenpolitische, wissenschaftlich-technische – kurz die gesamtgesellschaftliche Entwicklung mit dem Ziel der Destabilisierung und letztlich der Beseitigung
der DDR zu beeinflussen. In solchen konkreten Informationen
wurden vor allem seitens der westdeutschen Machthaber Voraussetzungen und Grundlagen für gezielte Störaktionen gegen den
gehassten zweiten deutschen Staat, die DDR, gesehen.

• Auf welche Weise kann die Anerkennung der DDR verhindert
werden?

- Wie können wissenschaftlich-technische Projekte behindert werden?
- Welche Lieferstopps treffen die DDR besonders hart?
- Wie kann man die Anerkennung des DDR-Sports verhindern?
- Wie kann man Versorgungsmängel politisch nutzbar machen?
- Wer will die DDR als Wirtschaftsflüchtling verlassen?
- Welche Informationen sind zur Diskriminierung von engagierten DDR-Persönlichkeiten geeignet?

Hier ging es also vorrangig nicht um Geheimnisse, sondern um verwertbare Ansatzpunkte, die genannten Zielsetzungen tatsächlich zu erreichen.

Einen besonderen Stellenwert bei den westlichen Geheimdiensten nahm die Militärspionage ein. Das hieß neben der Beschaffung von Informationen aus Ministerien, staatlichen Organen und militärischen Führungsstäben vor allem die ständige, möglichst flächendeckende Kontrolle militärischer Objekte, Anlagen (Flugplätze, Übungsgelände, Häfen, Radarstationen, Dienststellen und Wohnkonzentrationen usw.) und Bewegungen (Straße und Schiene).

Wegen der effektiven Arbeit der MfS-Spionageabwehr war die Ausfallquote relativ hoch. 80 Prozent der vom MfS in seinen vier Jahrzehnten rund 5.000 entlarvten Agenten waren Militärspione.

Es heißt, die DDR habe auch im Äther spioniert und
Telefonverbindungen zwischen Westberlin und dem Bundesgebiet
sowie in Westdeutschland abgehört?

Das stimmt. Ende der 60er Jahre begann das MfS mit dem Aufbau der Funkaufklärung. Das entsprach der rasanten Entwicklung in der Kommunikationstechnik, der Ausnutzung dieser Mittel für militärische und geheimdienstliche Interessen und dem verstärkten Auf- und Ausbau von Funkstützpunkten der US-amerikanischen, britischen, französischen und bundesdeutschen Militärs und Geheimdienste in Grenznähe, die in die DDR »hineinhorchten«. Erwähnt seien in Westberlin der Teufelsberg und Stützpunkte auf grenznahen Bergen, auf Schiffen und in Flugzeugen mit entsprechender Ausrüstung.

Die wichtigste Aufgabe der Funkaufklärung war die Verhinderung eines militärischen Überraschungsangriffs. Standen sich doch auf deutschem Boden die NATO und die Staaten des Warschauer Vertrages, beide hochgerüstet, feindlich gegenüber. Auf beiden Seiten hatte sich ein gefährliches Misstrauen entwickelt.

Die Informationen der Funkaufklärung des MfS trugen mit dazu bei, dass reale Einschätzungen der militärischen Lage getroffen werden konnten. Das war zweifellos ein Beitrag zur Erhaltung des Friedens. Gegenstand der Funkaufklärung waren die Nachrichtenverbindungen des Gegners, vor allem seine Funknetze, Richtfunkstrecken und Satellitenverbindungen, soweit sie vom Territorium der DDR oder der CSSR erfassbar waren.

In Zusammenarbeit mit der Funkabwehr und anderen operativen Diensteinheiten des MfS wurde von der Funkaufklärung eine Vielzahl geheimdienstlich gegen die DDR arbeitender Agenturen festgestellt. Häufig waren diese Informationen und ihre weitere Bearbeitung durch andere Diensteinheiten Ausgangspunkte für die Einleitung von Ermittlungsverfahren.

Von großem Interesse waren auch politische, wirtschaftliche und wissenschaftlich-technische Informationen als Grundlage für Maßnahmen der zuständigen DDR-Institutionen.

Eine Quelle der Erfolge der Funkaufklärung des MfS war auch die Sorglosigkeit von Personen in wichtigen Positionen des Westens, selbst geheime Informationen offen zu übermitteln. Das ergab aber

auch eine andere, bittere Erkenntnis: nämlich die starke Verwund-
barkeit der Nachrichtenverbindungen in der DDR, die von dem
personell und technisch überlegenen Gegner umfassend ausgenutzt
wurde. Erinnert sei nur an die Tatsache, dass Telefongespräche
drahtlos über Richtfunk geleitet wurden. Unterschätzung dieser
Probleme, Unkenntnis bzw. mangelnde ökonomische Möglichkeiten standen wesentlichen Verbesserungen trotz Einflussnahme des
MfS im Wege.

Die Funkaufklärung des MfS hat zu keiner Zeit DDR-interne
Nachrichtenverbindungen abgehört. Auch nach der Zusammenführung der Funkabwehr und der Funkaufklärung im Jahre 1982
zur HA III, Spezialfunkdienste des MfS, wurden alle personellen
und technischen Potenzen auf die Aufklärung der Aktivitäten westlicher Geheimdienste, krimineller Banden und Terroristen konzentriert. Dem Schutz der Kundschafter des MfS im Operationsgebiet
galt die besondere Aufmerksamkeit.

Der BND will nach seinen eigenen Angaben in der SBZ/DDR
bis zu zehntausend Spione eingesetzt haben. Trifft das zu?

Diese Angaben machte ein Mitarbeiter des Instituts für Friedens-
forschung und Sicherheitspolitik Hamburg. Er behauptete, die
Spionage gegen die SBZ/DDR, darunter gegen etwa 500 Standorte
der Sowjetarmee, bis 1990 analysiert zu haben, wobei davon auszugehen sei, dass etwa 1.000 Agenten jeweils gleichzeitig im Einsatz
gewesen wären. Und in den 50er Jahren seien sogar bis zu 4.000 in
anderen sozialistischen Staaten im Einsatz gewesen.

Diese Zahlenangaben – obwohl eine unfreiwillige Bestätigung
der intensiven Spionage des BND gegen die DDR und der Notwendigkeit einer qualifizierten Spionageabwehr im MfS – sind zu
relativieren und müssen in zeitlichen und räumlichen Zusammenhängen gesehen werden.

Es ist unbestritten, dass die Organisation Gehlen, ab April 1956
der BND vor allem bis zum 13. August 1961 erhebliche Anstrengungen unternahm, massenhaft DDR-Bürger für eine Spiona-
getätigkeit, vornehmlich gegen militärische Objekte und Bewegungen, anzuwerben.

DDR-Bürger, die die DDR illegal verlassen hatten, wurden in
den 13 Aufnahmelagern – speziell im Notaufnahmelager Berlin-
Marienfelde – intensiven Befragungen unterzogen und geeignete
Rückverbindungen in die DDR als Werbekandidaten ausgewählt.
Diese wurden angeschrieben, nach Westberlin bestellt und dort ver-
sucht, sie anzuwerben. Das geschah mit sehr unterschiedlichem
Erfolg.

Durch zahlreiche offensive Maßnahmen der Spionageabwehr
wie Anwerbung von Kurieren des BND, die Briefe an DDR-Rück-
verbindungen in Ostberlin oder in der DDR einwerfen sollten; An-
und Einschleusung von IM; gezielte Postkontrollen und Beobach-
tungsmaßnahmen in Westberlin und auf den Verbindungswegen;
Desinformationsmaßnahmen; umfassende Sicherung militärischer
Objekte und Bewegungen und andere, wurde diesen Werbeakti-
vitäten wirksam begegnet. Nach 1961 versuchte der BND, die
erheblich eingeschränkten Werbemöglichkeiten durch den Einsatz
von BRD-Bürgern mit DDR-Kontakten oder die Werbung von
DDR-Bürgern mit beruflichen oder privaten Reisemöglichkeiten in

die BRD, nach Westberlin oder andere nichtsozialistische Länder zu kompensieren. Alles in allem gelang es dem MfS, speziell der Spionageabwehr und der Gegenspionage der HV A, zahlreiche Werbeoperationen rechtzeitig zu erkennen, zu verhindern oder zu nutzen sowie bereits geworbene Spione zu identifizieren. Nicht selten hat die oberflächliche, leichtsinnige und fahrlässige Arbeitsweise mancher BND-Mitarbeiter dazu beigetragen.

Insofern sind die Zahlenangaben von Dr. Wagner relativ, sagen nichts über die Effektivität des umfangreichen Einsatzes von Spionen aus, und vor allem: Sie erbrachten keinerlei Informationen über vermeintliche Angriffsabsichten der Warschauer-Pakt-Staaten, weil es die definitiv nicht gab.

Bereitete sich der Osten auf einen Krieg gegen den Westen vor?
Und war daran das MfS beteiligt?

Im Unterschied zur BRD, deren Geheimdienste und Agentenzentralen wie auch anderer Organisationen hat die DDR bzw. das MfS nie die Absicht verfolgt, das System der BRD zu destabilisieren oder zu beseitigen. Die Militärdoktrin der DDR orientierte auf den Kampf gegen den Krieg und ging stets von der Verteidigung der DDR aus. Die DDR hat ausschließlich Vorbereitungsmaßnahmen für den sogenannten E-Fall, der Gefahr oder der Auslösung eines militärischen Angriffs gegen die DDR sowie in Erfüllung ihrer internationalen Bündnisverpflichtungen gehandelt. Aggressionsabsichten oder Eroberungspläne hätten im Gegensatz zum Geiste des Friedens und der Völkerverständigung in der DDR gestanden. Alle vorbereitenden Maßnahmen zur Mobilmachung hatten eindeutig Verteidigungscharakter.

In der DDR war Staatsdoktrin: Von deutschem Boden darf nie wieder Krieg, sondern muss Frieden ausgehen!

Mitte der 80er Jahre befanden sich auf dem Territorium der BRD 108 Raketensysteme Pershing II, 96 Flügelraketen, 156 operativ-taktische, für den Verschuss von Kernraketen geeignete Raketensysteme. Von den ca. 8.000 Kernmitteln in Westeuropa lagerten ca. 6.000 in der BRD. Das hätte gereicht, um Europa gleich mehrfach auszulöschen.

Unter diesen Bedingungen bereitete sich auch das MfS entsprechend seiner spezifischen Verantwortung für den Verteidigungszustand und eine ihm vorausgehende Spannungsperiode vor. Eine Spannungsperiode wäre bei Erwartung einer militärischen Aggression eingetreten und nicht im Falle innerer Unruhen.

Die wichtigste Aufgabe des MfS war die rechtzeitige Aufklärung von Anzeichen einer Aggressionsvorbereitung durch den Gegner. Unter den Bedingungen eines Krieges hatte das MfS die staatliche Sicherheit und die Handlungs- und Operationsfreiheit der Vereinten Streitkräfte zu gewährleisten. Es ging um die Führung der operativen Arbeit unter Kriegsbedingungen, um die verstärkte Sicherung verteidigungswichtiger und lebensnotwendiger Betriebe, um die Umstellung der gesamten Arbeit auf Kriegsbedingungen. Feindliche Kräfte waren festzunehmen oder zu isolieren.

Dem MfS lagen gesicherte Erkenntnisse vor, wonach durch den potenziellen Kriegsgegner sogenannte 5. Kolonnen aktiviert werden sollten. Die Internierung von Ausländern fiel in die Verantwortung des Ministeriums des Inneren.

Die ursprüngliche Orientierung zur Isolierung oder Festnahme möglicher feindlicher Kräfte war überzogen. Deshalb wurde 1987 angewiesen, sich auf solche Personen zu beschränken, von denen die größten Gefahren unter veränderten Lagebedingungen ausgehen konnten. Falsch ist die Behauptung, im Herbst 1989 wäre die Inkraftsetzung der Vorbeugungsdokumente vorgesehen gewesen.

Keine einzige der geplanten Maßnahmen wurde in der DDR auch nur ansatzweise in die Praxis umgesetzt, auch nicht angesichts des sich abzeichnenden Untergangs. Im Gegensatz zu den Notstandsgesetzen der BRD gab es in der DDR keine gesetzlichen Bestimmungen für die Bewältigung eines inneren Notstandes. Übrigens arbeitete die DDR erst nach Vorliegen der Entwürfe der Notstandsgesetze der BRD ihre gesetzlichen Bestimmungen für den Verteidigungszustand und die militärische Spannungsperiode aus.

Was hatte die Staatssicherheit mit der Volkswirtschaft zu tun?

Der Innenminister der DDR, Dr. Carl Steinhoff, erklärte am 8. Februar 1950 zur Begründung des Gesetzes über die Bildung des MfS vor der Provisorischen Volkskammer: »Die Spionage-, Diversions- und Sabotageakte gefährden aber nicht nur den wirtschaftlichen und politischen Aufschwung der Deutschen Demokratischen Republik, sondern sie sind auch geeignet, den Frieden zu gefährden, dadurch, dass sie direkt oder indirekt Anlass für neue kriegerische Entwicklungen bieten können.«

Steinhoff weiter: »Die hauptsächlichsten Aufgaben dieses Ministeriums werden sein, die volkseigenen Betriebe und Werke, das Verkehrswesen und die volkseigenen Güter vor Anschlägen verbrecherischer Elemente sowie gegen alle Angriffe zu schützen, [...] unsere demokratische Entwicklung zu schützen und unserer demokratischen Friedenswirtschaft eine ungestörte Erfüllung der Wirtschaftspläne zu sichern.«

Die Volkswirtschaft bildete das Kernstück des friedlichen Aufbauwerkes und die Existenzgrundlage der Bevölkerung, die den mörderischen faschistischen Eroberungs- und Vernichtungskrieg überlebt hatte. Als das MfS 1950 gebildet wurde, war bereits ein Wirtschaftskrieg im Gange. Nach einem Volksentscheid in Sachsen waren Betriebe von Nazi- und Kriegsverbrechern enteignet und in Volkseigentum überführt worden. Landwirtschaftlicher Grundbesitz von über 100 Hektar war an landarme Bauern und Umsiedler (»Vertriebene«) verteilt und übereignet worden. Das wollten die ehemaligen Besitzer, die zumeist in den Westen geflohen waren, nicht hinnehmen. Geheimdienste und Agentenorganisationen begannen, gestützt auf in der DDR verbliebene ehemals Begünstigte und Lakaien der alten Ordnung, den wirtschaftlichen Aufbau in der DDR systematisch zu stören.

Verschiebung von Waren, Vermögenswerten und Patenten in den Westen, gezielte Desorganisation in der Wirtschaft, dem Finanzwesen, dem Handel und im Verkehrswesen, Anschläge auf und Zerstörung von Produktionsanlagen, Brücken, Gleisen und anderen Verkehrseinrichtungen waren an der Tagesordnung.

Die ersten drei wichtigen Verfahren des am 7. Dezember 1949 gebildeten Obersten Gerichtes der DDR gegen die »Deutsche-Continental-Gas-Gesellschaft« (DCGG) Dessau, gegen die Misswirtschaft in den Organen des Thüringer Bank- und Finanzwesens und gegen die Deutschen Solvey-Werke (DSW) befassten sich mit Tätern, die unabhängig voneinander nur ein Ziel verfolgten: Verhinderung der Entwicklung des Volkseigentums und Erhalt der kapitalistischen Besitzansprüche.

Es ist deshalb kein Zufall, dass die Ende 1948 gegründete Hauptverwaltung zum Schutz der Volkswirtschaft in der Verwaltung des Inneren der sowjetischen Besatzungszone als Vorläufer-Organisation des MfS fungierte und der Schutz der Volkswirtschaft zu einer der ersten und wichtigsten Aufgaben des MfS wurde.

Das perfideste Mittel im Wirtschaftskrieg war die Embargopolitik des Westens. Mittels spezieller Gesetze versuchten die USA Anfang der 50er Jahre den Export sogenannter strategischer Waren (Battle Act) und die Kreditvergabe (Johnson Act) in die sozialistischen Länder zu unterbinden. Später wurde daraus die Cocom-Liste, die die Waren erfasste, deren Export in die sozialistischen Staaten untersagt war. Sie umfasste weit mehr als strategische Güter. Die negativen Wirkungen waren beträchtlich und es bedurfte erheblicher eigener Anstrengungen, bestimmte Produkte selbst zu erzeugen oder unter schwierigen Bedingungen unter Umgehung des Embargos zu erlangen.

Um nur ein Beispiel zu nennen: 1952 hatten Agenten des »Untersuchungsausschusses freiheitlicher Juristen« Informationen über mehr als 400 Handels- und Liefervereinbarungen zwischen DDR-Behörden und westdeutschen Firmen zusammengetragen, die angeblich gegen das US-amerikanische Lieferverbot verstießen. Daraufhin wurden in der BRD etwa 800 Händler, die an diesen Abschlüssen beteiligt waren, festgenommen sowie Waren- und Rohstofflieferungen im Wert von 800 Millionen DM in die DDR unterbunden.

Die Außenhandelsbeziehungen der DDR mit den westlichen Ländern blieben die wichtigsten Angriffsflächen für Wirtschaftsspionage gegen die DDR und bei der gezielten Schädigung ihrer Wirtschaft. Vor allem Personen, die sich im Auftrag von Betrieben und Einrichtungen der DDR im kapitalistischen Ausland aufhielten, wurden erpresst, korrumpiert und angeworben. Immer wieder wurden auch Wissenschaftler, Experten und andere für das Funktionieren der DDR-Wirtschaft wichtige Personen abgeworben und deren Kenntnisse gegen die DDR-Wirtschaft eingesetzt.

Die mit der Bildung Landwirtschaftlicher Produktionsgenossenschaften (LPG) eingeleitete sozialistische Umgestaltung der Landwirtschaft der DDR stieß ebenfalls auf den erbitterten Widerstand äußerer und innerer Feinde der DDR, die u. a. mit Brandstiftungen und Viehvergiftungen diese Entwicklung aufhalten wollten. Auch bei Havarien, Störungen und Bränden in der Volkswirtschaft und im Verkehrswesen musste stets von der Möglichkeit gegnerischer Anschläge und Machenschaften ausgegangen werden.

Während der gesamten Existenz der DDR wurde seitens der westlichen Geheimdienste eine intensive Wirtschaftsspionage gegen die DDR betrieben. Zahlreiche Agenten – zumeist in einflussreichen Positionen – die Wirtschaftsgeheimnisse ausspioniert und umfangreiche Wirtschaftssabotage inszeniert hatten, wurden durch das MfS enttarnt.

Die DDR hatte den Zweiten Weltkrieg weder begonnen noch geführt. Dennoch wurde sie in Potsdam 1945 verpflichtet, Wiedergutmachung zu leisten. Wieso?

Auch die BRD, obgleich sie sich als Rechtsnachfolger des Deutschen Reiches verstand, hatte den Krieg nicht verursacht. Dennoch musste auch sie Reparationen leisten. Die Siegermächte – damals vertreten durch die drei Signatarstaaten UdSSR, USA und Großbritannien – setzten 1945 auf der Konferenz in Jalta die Reparationssumme für eingetretene Kriegsschäden auf 20 Milliarden Dollar fest. Davon sollte die UdSSR wegen der größten materiellen Verluste 50 Prozent erhalten. Die Leistungen sollten durch Demontage von Industrieanlagen, Entnahmen aus der laufenden Produktion und Übernahme von deutschen Auslandsvermögen erbracht werden.

Die Alliierten waren sich auch einig darüber, dass ein Viertel der zur Demontage vorgesehenen Betriebsausrüstungen, davon 15 Prozent im Austausch von Gegenwerten und 10 Prozent ohne Bezahlungen und Gegenleistungen aus den Westzonen zu erbringen sind. Jedoch erst im Frühjahr 1946 wurden dort die ersten Transporte für die Sowjetunion verladen und bereits am 3. Mai 1946 völlig eingestellt. Das war der Bruch der von den Siegermächten getroffenen Vereinbarung durch die Westalliierten.

In der Zeit vom 1. bis 3. Juli 1945 räumten, gemäß der Vereinbarung der Alliierten, US-amerikanische und britische Besatzungstruppen die von ihnen – bedingt durch den Kriegsverlauf – vorübergehend besetzten Gebietsteile in der Sowjetisch besetzten Zone (SBZ). Damit verbunden war ein dreister Raubzug. Etwa 2.000 Waggons mit Beutegut passierten den Grenzbahnhof Bebra. Der Diebstahl konnte nicht mit dem Hinweis legitimiert werden, dass es sich um vormaliges Eigentum des einstigen Kriegsgegners gehandelt habe. Das hätte man auch in den eigenen Zonen requirieren können und müssen – wenn man denn solches beabsichtigte. Nein, man nahm es der Sowjetunion und den in ihrer Besatzungszone lebenden Menschen einfach weg.

Weggeschleppt wurden alle Kupfervorräte, große Bestände an Gold, Silber und Platin, Quecksilber im Werte von 18 Millionen Reichsmark, ebenso massenhaft Benzin, Kohle, Holz und Lebensmittel. Besonders großes Interesse zeigten die im Auftrage ihrer

Monopolgruppen handelnden US-Besatzungstruppen an Ergebnissen von Wissenschaft und Forschung. So verschwanden per Lastkraftwagen Unterlagen der Zeiss-Werke Jena, Rezepturen der Chemiegiganten Buna und Leuna sowie der Film- und Farbenindustrie Wolfen.

Aber nicht nur materielle und geistige Güter wurden beiseite geschafft. Zugleich wurde eine Vielzahl von Akademikern, wissenschaftlich-technischer Experten bis hin zu Facharbeitern aus wissenschaftlichen Instituten und Wirtschaftsbereichen veranlasst, die Seiten zu wechseln. Unter den quasi gekidnappten Fachleuten war der zwölfköpfige Arbeitsstab des Kernphysikers und Nobelpreisträgers Werner Heisenberg vom Physikalischen Institut der Universität Leipzig.

Nicht weniger problematisch waren oft die Art und Weise, wie die Demontagen durch die sowjetische Besatzungsmacht erfolgten bzw. der unsachgemäße Transport der Ausrüstungen und Güter. Wie damalige Hochtechnologie abmontiert und durch die Straßen geschleift, unsachgemäß verladen und abtransportiert worden ist, spottete oft jeder Beschreibung.

Der wirtschaftliche und politische Schaden für die UdSSR als auch für die DDR war nicht selten größer als der Nutzen. Die Entnahme aus der laufenden Produktion, darunter aus Betrieben, die in Sowjetische Aktiengesellschaften (SAG-Betriebe) umgewandelt worden waren, erwies sich in der Folgezeit als ökonomisch effektiver, als 11.800 km Eisenbahngleise zu demontieren und in die UdSSR zu verbringen.

Der Schweizer Historiker Jörg Fisch analysierte, dass die Sowjetische Besatzungszone bzw. später die DDR von 1945 bis 1953 die mit großem Abstand höchsten Reparationsleistungen erbracht hat, die im 20. Jahrhundert jemals bekannt geworden sind.

Praktisch erbrachte die SBZ/DDR die Reparationsleistungen für ganz Deutschland.

Der Osten trug die Hauptlast der deutschen Reparationsleistungen.
Welche Auswirkungen hatte das für die Volkswirtschaft der DDR?

Die Ausgangslage der aus dem einheitlichen Wirtschaftsorganismus des untergegangenen faschistischen Deutschland herausgelösten und verbliebenen wirtschaftlichen Grundlagen der SBZ – später der DDR – war äußerst ungünstig und besonders störanfällig. Dies war vordergründig auf die im Osten Deutschlands zu verzeichnenden verheerenden Kriegsschäden und auf die aus der historischen Entwicklung der deutschen Wirtschaft resultierende Verteilung von Industriestandorten, Rohstoffressourcen und Schlüsselindustrien zurückzuführen. Hier wies Ostdeutschland ernsthafte Nachteile auf.

Das Gebiet der SBZ/DDR war von je her mit einem überdurchschnittlichen Anteil an Maschinenbau, Elektrotechnik und Textilindustrie und dem Fehlen von Rohstoffen auf die Lieferungen von Roheisen, Walzstahlerzeugnissen, Steinkohle und Koks aus den westlichen Teilen Deutschlands existenziell angewiesen. Diese Disproportionen konnten bis weit in die 1950er Jahre durch Lieferungen aus der UdSSR und anderen sozialistischen Ländern nicht ausgeglichen werden. Deshalb sollte der »innerdeutsche Handel«, 1945 durch alle Besatzungsmächte vereinbart, Abhilfe schaffen. Er erreichte unter den Bedingungen des bereits 1946 begonnenen Kalten Krieges bis 1950 aber nicht einmal 10 Prozent des Umfangs aus der Zeit vor dem Zweiten Weltkrieg.

Im Spätsommer 1951 verboten die Hohen Kommissare der westlichen Besatzungsmächte und die Regierung der BRD sogar die bereits vereinbarten Lieferungen von Blechen und anderen Walzstahlerzeugnissen an die DDR.

Hinzu kamen die Belastungen durch Reparationsleistungen, die letztlich nahezu allein die DDR für ganz Deutschland an die UdSSR zu erbringen hatte. Die Gesamtleistungen beliefen sich auf 500 bis 700 Milliarden Mark nach heutigen Preisen (auf der Basis der Preise von 1944 wurde ein Betrag von etwa 54 Milliarden Reichsmark/RM errechnet). Sie trafen wichtige Zweige der Volkswirtschaft – den Maschinenbau, die chemische Industrie, die optische Industrie und das Verkehrswesen. Unter den Bedingungen von 11.800 km demontierten Schienen, d.h. 6.300 km eingleisigem Bahnverkehr, konnte die Infrastruktur auch nicht funktionieren.

Auch die Besatzungskosten waren mit 1349,00 RM je Einwohner der SBZ/DDR gegenüber 23,00 RM je Einwohner der BRD (nach den Preisen von 1944) nachteilig für den Osten Deutschlands. Die Belastungen aus den Reparationsleistungen betrugen für jeden Einwohner der DDR nach Preisen von 1953 5.500,00 DM und für jeden BRD-Bürger nur 440,00 DM. Schließlich konnte die BRD auch im Gefolge dessen von Anfang an 20 Prozent ihres Bruttosozialproduktes für die Akkumulation einsetzen, die DDR nur etwa 7 Prozent.

Wenn die Frage gestellt wird, warum die DDR in der Arbeitsproduktivität immer hinter der BRD lag, so sind neben der außerordentlich ungünstigen Ausgangssituation für die SBZ/DDR vor allem Fehler in der Wirtschaftspolitik der DDR sowie deren Einbindung in das ineffektive Wirtschaftssystem der sozialistischen Länder zu berücksichtigen.

Welche Haltung nahm das MfS zu Fehlentwicklungen
in der Volkswirtschaft der DDR ein?

Die SED bestimmte auch die Leitlinien der Wirtschaftspolitik. Die Beschlüsse ihres Politbüros und Zentralkomitees galten als rechtsverbindliche Grundlagen staatlichen Handelns. Die darin festgelegten Aufgaben wurden in Gesetzen und Beschlüssen der Volkskammer sowie in Beschlüssen und Anordnungen des Ministerrates festgeschrieben und beschlossen.

Insofern konnte das MfS mittels seiner Möglichkeiten der gezielten Informationsbeschaffung zwar Stimmungen im Lande zu bestimmten gesellschaftlichen Entwicklungen analysieren und (mit Schlussfolgerungen zur Gewährleistung der staatlichen Sicherheit versehen) der SED- und Staatsführung zuleiten, hatte allerdings auf ihre Bewertung oder Beachtung keinen Einfluss. Das traf selbstverständlich auch auf das Schicksal bedeutsamer ökonomischer Reformbemühungen zu, deren Abbruch von der UdSSR erzwungen wurde.

Allerdings, und das sei angefügt, galt als Grundprinzip der Informationspolitik des MfS die objektive Wiedergabe der Realität ohne Wenn und Aber. Damit waren subjektive Sichten weitgehend ausgeschlossen. Auf die Richtigkeit und Zuverlässigkeit der MfS-Informationen konnten sich die Empfänger verlassen, auch wenn sie unangenehme Wahrheiten enthielten.

Natürlich wurde den zuständigen SED- und Staatsorganen signalisiert, wenn einzuschätzen war, dass bestimmte dem MfS bekannt gewordene in der Volkswirtschaft angestrebte Entwicklungen zu Rückschlägen oder gar spürbaren ökonomischen Verlusten führen würden. Das betraf insbesondere Investitionen, die auf Valutabasis erfolgten und deren Parameter nicht den vertraglichen Abmachungen entsprachen. Analoge Beispiele gab es natürlich auch hinsichtlich volkswirtschaftlicher Entscheidungen, die von DDR-Organen getroffen wurden. In den 70er und 80er Jahren enthielten die auf inoffiziellem und offiziellem Weg erlangten Informationen zunehmend kritische Hinweise zu bestimmten Entwicklungstendenzen in der Leitung und Planung der Wirtschaft, die im Widerspruch zu Beschlüssen der SED standen. Das betraf Schönfärberei, Planmanipulationen, Verletzung des Leistungsprinzips, diskontinuierliche Materialbereitstellung, Belastungen der Werktätigen durch Überstunden und Sonderschichten, Probleme bei der Klärung von Arbeits- und Lebensbedingungen sowie Mängel hinsichtlich der Versorgung und Dienstleistungen.

Besonders in den 80er Jahren wurden jährlich mehr als 500 Informationen für die SED- und Staatsführung sowie zahlreiche weitere für die SED-Bezirksleitungen und wirtschaftsleitende Organe erarbeitet. Sie betrafen den technischen Zustand der Anlagen der chemischen Industrie, die angespannte Situation in der Energiewirtschaft, schwerwiegende Mängel in der Ersatzteilversorgung für Landmaschinen und LKW, den technischen Zustand in der Schlacht- und Kühlwirtschaft, Defizite in der Tierseuchenbekämpfung sowie hinsichtlich der Versorgung der Bevölkerung. Wie darauf reagiert wurde, lag nicht mehr in der Verantwortung des MfS.

Waren die DDR an ihrem Ende nicht wirtschaftlich bankrott und ihre Betriebe marode sowie die Umwelt massiv geschädigt?

Die Mängel und Defizite der DDR in ihrer Wirtschaft und beim Schutz der Umwelt waren im MfS genau bekannt. Dr. Edgar Most, Vizepräsident der Staatsbank der DDR bis 1990 und danach Direktor und Vorstandsmitglied der Deutschen Bank, äußerte sich in einem Interview in der *jungen Welt* am 2. Mai 2009: »Finanziell war die DDR keineswegs bankrott, auch wenn es wirtschaftlich immer schwieriger wurde. Das Nationaleinkommen der DDR ist bis zum Schluss gewachsen – wenn auch nicht in dem Maße wie geplant. Warum fragt eigentlich niemand, was nach der Wiedervereinigung aus den DDR-Schulden geworden ist? Die wurden nämlich aus dem Vermögen der DDR bezahlt! Das Geld kam zum Teil aus der Staatsbank, zum Teil aus Auslandsguthaben sowohl in sozialistischen wie auch nichtsozialistischen Ländern. [...] Das Gutachten der Bundesbank vom August 1999 wies entgegen allen vorher getroffenen Prognosen zuständiger Behörden der DDR eine reell errechnete Nettoverschuldung der DDR zum 31. Dezember 1989 in Höhe von 19,887 Milliarden Valutamark aus. In Kenntnis dessen wirkt die ständig wiederholte Behauptung, die DDR sei 1989 pleite gewesen, nicht sehr überzeugend.«

Teile der Wirtschaft der DDR verkörperten Weltspitze und die durch die Vergenossenschaftlichung erreichte Agrarstruktur der DDR ist der in Westdeutschland eindeutig überlegen. Martin Irion schrieb 1997 im Berliner *Tagesspiegel*: »Der Vorwurf aus dem Westen – an der Bodenreform werden die verhungern –, hat sich nicht bewahrheitet. Auch die Vergesellschaftung der Produktion führte nicht in die Krise, ganz im Gegenteil, die Landwirtschaft der DDR war der erfolgreichste Wirtschaftsbereich des schließlich gescheiterten Systems.«

Die Wohnbedingungen konnten für viele Menschen erheblich verbessert werden.

Unter den sozialistischen Ländern hatte die DDR den höchsten Lebensstandard. Dieser war mit dem vieler entwickelter kapitalistischer Länder durchaus vergleichbar.

Sozialprogramme wurden leider auch auf Kosten notwendiger Investitionen realisiert, so dass der Anteil veralteter Produktionsanlagen und verfallender Altbauten in den Städten zunahm. Nach der Erdölkrise Mitte der 70er Jahre war die DDR gezwungen, wieder auf ihre einzige eigene Rohstoffquelle zur Erzeugung von Primärenergie, die Braunkohle, zurückzugreifen. Umweltschäden waren deshalb nicht zu vermeiden.

Dennoch hat die DDR die größten zusammenhängenden Naturschutzgebiete in die deutsche Einheit eingebracht und die Wälder waren vor 20 Jahren in einem besseren Zustand als im Westen Deutschlands. Forderungen von Umweltschützern, die sich unter den Bedingungen der DDR realisieren ließen, z. B. Tempolimit auf den Autobahnen, wurden auch realisiert. Etwa 80 Prozent (heute ca. 10 Prozent) der Gütertransporte wurden umweltfreundlich per Eisenbahn befördert.

Der heutige wirtschaftliche Rückstand Ostdeutschlands ist Ergebnis einer verfehlten Wirtschaftspolitik nach 1990, insbesondere des verhängnisvollen Wirkens der Treuhand. Die schlagartige Umstellung der Währung 1990 und der dadurch bedingte Wegfall der osteuropäischen Märkte, aus ideologischen und Konkurrenzgründen ausbleibende Anpassungsmechanismen sowie die weitreichende Eliminierung von DDR-Experten aus Wirtschaft und Wissenschaft konnten nicht folgenlos bleiben.

Eine sauberere Umwelt wurde nach der »Wende« erreicht, aber vorrangig durch die De-Industrialisierung der DDR, verbunden mit dem Wegfall von Millionen Arbeitsplätzen.

Als die DDR bereits Mitte der 50er Jahre ohne Marshall-Plan-Hilfe die Vorkriegsproduktion wieder erreicht hatte, konnte man angesichts der geschilderten Ausgangsbedingungen durchaus auch von einem Wirtschaftswunder in der DDR sprechen. Der letztlich von der UdSSR erzwungene Abbruch wirtschaftlicher Reformen, die hinter den Erfordernissen immer mehr zurückbleibende wirtschaftliche und wissenschaftlich-technische Kooperation der sozialistischen Länder und der vor allem auch dadurch bedingte wachsende Rückstand gegenüber der weltweit in Gang gekommenen wissenschaftlich-technischen Revolution haben die Niederlage der DDR in der wirtschaftlichen Systemauseinandersetzung besiegelt.

Hatte das MfS die Terroristen im Griff?

Den internationalen Terrorismus gab es schon, bevor US-Präsident
Bush ihm den Krieg erklärte. Hat er auch schon das MfS beschäftigt?

Natürlich. Für die vorbeugende Verhinderung, operative Bearbeitung, Aufklärung und Bekämpfung von terroristischen Gewaltverbrechen war in der DDR das MfS verantwortlich. Es ließ sich stets von der Überzeugung leiten, dass die Anwendung oder Ausnutzung von Terror die progressive Lösung gesellschaftlicher Widersprüche nicht befördere, sondern nur be- und verhindere.

Grundsätzlich lehnten die DDR und das MfS den individuellen Terror als revolutionäre Methode ab. Terrorismus war und ist unvereinbar mit dem humanistischen Grundanliegen des Sozialismus. Clara Zetkin erklärte 1921 im Deutschen Reichstag namens der KPD: »Wir erblicken in den individuellen Terrorakten kein Mittel des revolutionären Klassenkampfes. Individueller Terror kann den revolutionären Klassenkampf weder ersetzen noch ihn einleiten, auslösen, steigern oder irgendwie fördern [...]. Wir lehnen es ab, individuelle Terrorakte als politische Kampfmittel zu werten!«

Die exzessive Anwendung von Gewalt, bis hin zu terroristischen Mitteln und Methoden, wie sie in einer bestimmten Phase der Entwicklung in der Sowjetunion zur Machterhaltung praktiziert wurde, war verbrecherisch und ein enormer historischer Fehler und fügte der sozialistischen Idee einen nicht wieder gut zu machenden Schaden zu.

Daraus folgt aber nicht, dass Terror der sozialistischen Ideologie entspringt und zu ihrer Praxis gehört. Dies ist so absurd wie die Unterstellung, zum Wesen der Kirche gehöre es, Menschen auf Scheiterhaufen zu verbrennen.

Aufgrund von Fehleinschätzungen sowie mangelndem Verständnis für die Kompliziertheit der Klassenauseinandersetzung, griffen in der Vergangenheit und greifen noch heute einige linksradikale Kräfte bzw. Splittergruppen nationaler Befreiungsbewegungen zu terroristischen Mitteln und Methoden. Soweit das MfS zu diesen Befreiungsbewegungen Kontakte unterhielt, hat es versucht, sie von der Anwendung dieser Mittel und Methoden abzubringen, ohne die Unterstützung für die Gesamtheit der Befreiungsbewegung einzustellen.

Entsprechend den gesellschaftswissenschaftlichen Auffassungen in der DDR galt der Terrorismus auch für das MfS als »eine zur politischen Strategie erhobene, äußerst zugespitzte Form der reaktionären Gewaltausübung«. Der Terrorismus als gesellschaftliche Erscheinung wurde als eine Einheit von politisch-ideologischen Maximen, direkten Aktionen (terroristische Aktionen), konkreten Instrumentarien zu ihrer Durchsetzung (terroristische Mittel und Methoden) und handelnden Kräften (Terroristen) betrachtet.

Ideologisch stimuliert, begründet und verteidigt wurde und wird (auch heute noch) der Terrorismus vor allem durch die extremen Varianten rechter bürgerlicher, linksextremistischer, opportunistischer und kleinbürgerlicher Ideologien und durch alle Formen des Antikommunismus.

Das MfS unterschied vier wesentliche Erscheinungsformen des Terrorismus:

Terrorismus als direkter Bestandteil des subversiven Kampfes des Imperialismus gegen den Sozialismus und jeglichen antikapitalistischen Entwicklungsweg;

Terrorismus als Begleiterscheinung im antiimperialistischen Kampf der Völker um nationale und soziale Befreiung;

Terrorismus rechtsextremistischer, insbesondere neonazistischer und neofaschistischer Kräfte und schließlich

den linksextremistischen, besonders anarchistischen Terrorismus.

Auch die bürgerliche Politikwissenschaft geht davon aus, dass Terrorismus politisch-ideologisch determinierter Terror ist und bezeichnet ihn deshalb als »ein Produkt extremistischen Denkens«, als eine »politisch motivierte Form der Gewaltkriminalität«, die durch »die Androhung und Anwendung von Gewalt gegen staatliche oder gesellschaftliche Funktionsträger im Rahmen längerfristiger Strategien« das Ziel verfolge, »mit der Verbreitung von Furcht und Schrecken bestehende Herrschaftsverhältnisse zu erschüttern«. Seit Februar 1997 definiert das Europäische Parlament den »Terrorismus als eine kriminelle Handlung [...], die unter Anwendung von Gewalt oder Drohung mit Gewalt politische, wirtschaftliche und gesellschaftliche Strukturen in Rechtsstaaten ändern will und sich somit von Widerstandsaktionen in Drittstaaten unterscheidet, die sich gegen Staatsstrukturen richten, die ihrerseits terroristischen Charakter haben«.

Für das MfS war Terrorismus Teil einer Strategie reaktionärer Teile der Bourgeoisie, um ihre Interessen durchzusetzen. Die soziale Basis fand sich im Kleinbürgertum, aus dem sich hauptsächlich das Personal des Terrorismus rekrutierte.

Nach den theoretischen Erkenntnissen, nicht nur im MfS, lag
Staatsterrorismus dann vor, wenn der Staat – etwa ein faschistischer
– Träger des Systems terroristischer Handlungen war, unabhängig
davon, ob sein Handeln nach innen oder außen oder in beide Richtungen zielte.

Auf gleicher Stufe stand die Anwendung von Terror und anderen
Gewaltakten durch Institutionen eines Staates, etwa durch seine
Geheimdienste oder paramilitärische Einheiten, die vom Staat organisiert und unterstützt wurden, oder durch den Einsatz von Teilen
seines Militärs.

Als ein Beispiel sei hier der Sozialdemokrat Andreas von Bülow
zitiert, der in seinem 1998 veröffentlichten Buch »Im Namen des
Staates« zur Rolle der US-Geheimdienste bei den Versuchen, die
alte Ordnung wiederherzustellen schrieb: »Die CIA ist daher nicht
so sehr eine Organisation, die sich dem Sammeln und Auswerten
möglichst objektiver Daten widmet. Der Schwerpunkt der CIA-
Herausforderung wurde von Beginn an in der verdeckten Operation, dem Krieg ohne Kriegserklärung, gesehen. Ein Krieg, der keine
Grenzen kennt, der durch Völkerrecht nicht eingedämmt ist und
den die amerikanische wie die Weltöffentlichkeit in keinem der
betroffenen Länder als amerikanische Amtshandlung mit Verantwortlichkeit für das Geschehen sollte wahrnehmen können.«

Die bis heute geltende, zum Teil modifizierte Grundlage für die
geheimen Operationen der CIA bildete die Direktive 10/2 des
Nationalen Sicherheitsrates der USA vom 18. Juni 1948, in der es
heißt: »Aktivitäten der geheimen Operationen sind Propaganda,
Wirtschaftskrieg, direkte Präventivhandlungen, einschließlich Sabotage, [...] Wühlarbeit gegen feindliche Staaten, einschließlich der
Hilfe für die illegalen Widerstandsbewegungen im Untergrund, für
Guerillas sowie die Unterstützung von antikommunistischen Elementen in bedrohten Ländern der freien Welt.«

Die CIA selbst definiert Geheimaktionen als jene »illegale Operation oder Aktivität, die dazu bestimmt ist, ausländische Regierungen, Organisationen, Personen oder Ereignisse in einer für die
amerikanischen Politik positiven Weise zu beeinflussen«, schrieb das
US-Nachrichtenmagazin *Newsweek* am 8. November 1982. »Das

bezieht alles ein – von einem proamerikanischen Leitartikel, der in eine ausländische Zeitung lanciert wird, bis zur Inszenierung eines Putsches oder der Aufstellung von Geheimarmeen. Demokratische Ideale passen oft nicht zu Geheimaktionen.«

James Doolittle, Berater von US-Präsident Eisenhower, urteilte über verdeckte Aktionen so: »Es gibt keine Regeln in einem solchen Spiel. Im Allgemeinen akzeptierte Normen menschlichen Verhaltens sind nicht anwendbar.«

US-Präsident Ford sah sich 1976 genötigt, eine *executive-order* zu erlassen, nach der der CIA ausdrücklich verboten wurde, weiterhin Mordanschläge gegen ausländische Politiker durchzuführen. Damals war bekannt geworden, dass die CIA Mordanschläge gegen Fidel Castro und andere ausländische Politiker inszeniert hatte.

Selbstverständlich nicht. Ausgehend davon, dass im MfS Terror als eine »Wesensäußerung des Imperialismus und der aggressiven Politik imperialistischer Staaten« beurteilt wurde, waren Terrorverbrechen (Terror) und Terrorverbrecher (Terroristen) folglich »Bestandteil des Systems der Feindtätigkeit gegen die DDR und andere sozialistische Staaten; ausgeführt vor allem von Geheimdiensten u. a. feindlichen Organisationen, Einrichtungen und Kräften.«

Die internationalen Tendenzen im Terrorismus, einschließlich der Gefahr von terroristischen Anschlägen gegen die sozialistischen Staaten (Flugzeugentführungen, Gewaltakte gegen Auslandsvertretungen sozialistischer Staaten, Geiselnahmen) erforderten auch eine aktive geheimdienstliche Aufklärung der terroristischen Szene außerhalb der DDR.

Die Maßnahmen des MfS sollten verhindern, dass Terroristen auf dem Territorium der DDR und in anderen sozialistischen Staaten aktiv wurden. Zugleich sollte Einfluss darauf genommen werden, dass terroristische Handlungen insgesamt unterblieben.

Ziel des MfS, speziell der Terrorabwehr, war es auch zu verhindern, dass die Hauptstadt der DDR Berlin bzw. das Territorium der DDR als Ausgangspunkt, Stützpunkt oder Rückzugsraum für terroristische Anschläge genutzt werden könnte. Daraus folgte für die damit beauftragte Diensteinheit der Terrorabwehr, die Abteilung/Hauptabteilung XXII, natürlich die Beschaffung von Informationen über terroristische Organisationen, ihre Mitglieder, ihre Reisetätigkeit, vor allem, wenn sie die Einreise in die und den Transit durch die DDR betrafen. Nach ihnen wurde an der Staatsgrenze gefahndet, sie wurden operativ unter Kontrolle gehalten, Kontakte zu Bürgern der DDR überprüft, verhindert oder zur Beschaffung von inoffiziellen Informationen genutzt.

Das MfS hat zu keinem Zeitpunkt terroristische Organisationen, auch nicht die RAF, organisiert, gesteuert, beauftragt oder Vorhaben mit ihnen abgesprochen. Sie erhielten weder Waffen, Munition, Geld oder andere materielle Unterstützung. Alle Versuche, dem MfS genau dies zu unterstellen, sind gescheitert. Weder in den umfangreichen Akten der Terrorabwehr noch in den Prozessunterlagen ließ sich dafür auch nur die Spur eines Beweises finden.

Das MfS setzte im Kampf gegen Terroristen und deren Organisationen vorwiegend nachrichtendienstliche Mittel ein, um das Wirksamwerden von Terroristen auf dem Territorium der DDR und in anderen sozialistischen Staaten vorbeugend zu verhindern. Ebenso sollte verhindert werden, dass die DDR als Hinterland bzw. logistische Ausgangsbasis genutzt oder vom Territorium der DDR aus terroristische Anschläge im Ausland verübt werden konnten.

Dazu waren auch zeitweilige Kontakte zu einzelnen Angehörigen oder Sympathisanten terroristischer bzw. der Zugehörigkeit zum internationalen Terrorismus verdächtigten Personen, Gruppen bzw. Organisationen über Kontaktpersonen, den Einsatz von Inoffiziellen Mitarbeitern (IM) sowie operativ technischer Mittel erforderlich.

Genutzt wurden auch alle geeigneten Möglichkeiten, um verdächtige Personen bei Reisen durch oder bei Aufenthalten auf dem Territorium der DDR (z. T. unter diplomatischer Abdeckung) möglichst lückenlos unter Kontrolle zu halten oder ihren Aufenthalt in der DDR zu erschweren, Einreise- und Durchreiseerlaubnisse zu verweigern usw.

Zugleich sollten Zuspitzungen verhindert werden, die die DDR zum Objekt terroristischer Aktivitäten gemacht hätten. Auch durften die politischen, diplomatischen und wirtschaftlichen Beziehungen zu anderen Staaten nicht durch Maßnahmen des MfS gefährdet werden.

Ziel war es aber auch, Einblicke in Entwicklungen der internationalen terroristischen Szene, deren Strukturen, die Führungskräfte, Mitglieder und Sympathisanten sowie deren politische Ziele und Motive, die eingesetzten terroristischen Mittel und Methoden sowie die materielle und finanzielle Basis, die personellen Bezugspunkte und internationalen Verflechtungen, Zusammenschlüsse und aktionsbezogene Abstimmungen zu erlangen, um eine effektive Terrorabwehr im MfS zu organisieren.

Durch die im MfS dafür gebildete spezielle Diensteinheit für die Terrorabwehr wurden folgerichtig vielseitige Maßnahmen auch zu den in der Bundesrepublik und über deren Territorium hinaus operierenden linksradikalen und terroristischen Organisationen wie der

RAF und ähnlichen Gruppierungen durchgeführt. Letztlich gelang die Aufnahme der RAF-Aussteiger nur über die Kontakte mit den noch aktiven RAF-Mitgliedern.

Mit einer Vielzahl differenzierter politisch-operativer Maßnahmen wurde versucht, sie davon zu überzeugen, dass ihre Handlungen vom MfS nicht gebilligt würden, da sie den Entspannungsprozess national und international störten und damit auch der Politik der DDR schadeten. Auch wurde versucht, ihren Handlungsspielraum einzuschränken oder sie ruhig zu stellen, sie vom Terror abzubringen.

Was hatte das MfS mit dem international gesuchten Terroristen
»Carlos« zu tun?

Etwa im März 1979 geriet in der Hauptstadt der DDR Berlin eine Gruppe Ausländer, zumeist Araber, in das Blickfeld des MfS. Sie wohnten zeitweilig in den Interhotels, gaben viel Geld aus, trafen sich mit Personen aus Westberlin und dem Ausland, fuhren selbst nach Westberlin, telefonierten häufig und lange ins Ausland, besonders in den arabischen Raum, hatten intensive Verbindungen zu diplomatischen Vertretungen arabischer Staaten in der DDR, waren dort oft Gäste und besaßen gültige Diplomatenpässe dieser Länder.

Mit Hilfe der Kontakte zur PLO und in Auswertung operativer Maßnahmen wurden aus diesem Personenkreis Carlos alias Illich Ramirez Sánchez und einige seiner Vertrauten identifiziert. Das MfS verfügte bis zu diesem Zeitpunkt zu dieser Person über keine ihn identifizierenden Erkenntnisse.

Da die weitere Recherche ergab, dass sein Verhalten und das seiner Begleitung offenbar nicht der Unterstützung des antiimperialistischen Kampfes der PLO diente, sondern den Verdacht auf mögliche terroristische Umtriebe erhärtete, wurde die Abteilung XXII des MfS beauftragt, ihn operativ in einem Operativen Vorgang (Codename »Separat«) zu bearbeiten.

Das Ziel dieser Bearbeitung bestand darin, keine terroristischen Handlungen in der DDR und vom Territorium der DDR aus zuzulassen, »Carlos« daran zu hindern, in der DDR und von hier aus aktiv zu werden. Mittelfristig sollte er aus der DDR und möglichst auch aus Zentraleuropa heraus gedrängt werden.

Die Aufgabe war insofern ambivalent, da die »Carlos«-Gruppe ihre Hauptbasis in Damaskus hatte. Von dort erhielt sie umfangreiche Unterstützung und war offenkundig eng mit den nahöstlichen Geheimdiensten verflochten. Er selbst soll sich einmal gerühmt haben, mit über 15 Staaten bzw. ihren Geheimdiensten gute Beziehungen zu unterhalten.

Auf der anderen Seite hatte die DDR gute Beziehungen zu Syrien, die von derartigen Belastungen freizuhalten waren. Mit Hilfe des Einflusses der PLO-Sicherheit und durch »nachrichtendienstlich-operative Spiele«, Nutzung von Einflussmöglichkeiten über begrenzte, zeitweilige Kontakte von IM und Vertretern der

PLO zu Gruppenmitgliedern und repressiven Maßnahmen (Erteilung von Auflagen, Aufenthalts-, Einreise und Durchreisesperren, Zurückweisungen, Gepäckkontrollen und Beobachtungen, Belehrungen, Einsatz von IM und operativ-technischer Mittel) wurde die Gruppe nach und nach weitgehend isoliert. In den Gesprächen des MfS mit Vertretern der PLO-Sicherheit wurde stets verdeutlicht, dass terroristische Handlungen auch der palästinensischen Sache schaden und die PLO kompromittieren, sie ihren Einfluss auf die »Carlos«-Gruppe in diesem Sinne nutzen sollte.

Auch andere sozialistische Staaten folgten mit ähnlichen Maßnahmen. Dadurch reduzierten sich der Handlungsspielraum und die Handlungsfähigkeit der »Carlos«-Gruppe ständig, wurde sie praktisch unwirksam gemacht.

»Carlos« selbst hielt sich letztmalig am 1. August 1980 mit einem syrischen Diplomatenpass in Berlin auf. Weitere Einreisen wurden ihm verweigert.

»Carlos« erhielt in der DDR nicht die von ihm angestrebte Unterstützung und politische Aufwertung. Sein Ansinnen, mit Mitgliedern des Politbüros des ZK der SED Gespräche zu führen, wurde abgelehnt.

Das MfS verfügte zu keiner Zeit über persönliche Kontakte zu »Carlos« selbst, es gab mit ihm keine Gespräche. Von der DDR erhielt die Gruppe weder Waffen, Geld, Diplomatenpässe noch andere praktische Hilfe. Sie fühlte sich – durchaus begründet – in ihren Möglichkeiten durch das MfS eingeengt, behindert und kontrolliert. Trotz aller Bemühungen konnte das MfS zu diesem Zeitpunkt aber auch keine stichhaltigen Hinweise zu konkreten terroristischen Plänen oder gar zu bevorstehenden Aktionen von »Carlos« oder seinen Vertrauten erarbeiten.

Warum hat das MfS den Anschlag auf das französische Kultur-
zentrum »Maison de France« in Westberlin 1983 nicht verhindert?

Zunächst muss noch einmal daran erinnert werden: Das Ziel des MfS, speziell der Terrorabwehr, war es, unbedingt zu verhindern, dass die Hauptstadt der DDR Berlin als Ausgangspunkt, Stützpunkt oder Rückzugsraum für terroristische Anschläge genutzt wird.

Am 25. August 1983 erfolgte ein schwerer Sprengstoffanschlag auf das französische Kulturzentrum »Maison de France« am Kurfürstendamm in Westberlin, ausgeführt, wie sich im Nachhinein herausstellte, durch die »Carlos«-Gruppierung.

Die konkrete Planung und Vorbereitung dieses Anschlages waren dem MfS nicht bekannt. Er wurde auch vom MfS weder gewollt, gebilligt noch gar wissentlich unterstützt.

Ein Vertrauter von »Carlos«, der gelegentlich auch Gesprächspartner der Terrorabwehr des MfS war, lieferte dem MfS keine direkten Hinweise auf diesen Anschlag. Noch im Mai 1982 versicherte dieser Weinrich gegenüber den Gesprächspartnern aus der Terrorabwehr, dass die »Carlos«-Gruppierung keine Aktionen in Westberlin bzw. der BRD plane.

Am 31. Mai 1982 reiste Weinrich mit syrischem Diplomatenpass, mit einer Linienmaschine aus Bukarest kommend, über den Flughafen Berlin-Schönefeld in die DDR ein. In seinem Diplomatengepäck führte er 24,38 kg plastifizierten Nitropenta-Sprengstoff mit sich. Dieser wurde sichergestellt und beim MfS eingelagert. Nur die mehrmals nachdrücklich erhobene Forderung Weinrichs, den Sprengstoff nach Syrien zurückführen zu müssen, seine engen Verbindungen zur syrischen Botschaft und zu anderen Dienststellen in Syrien sowie die ausdrückliche Versicherung, mit dem Sprengstoff nichts auf oder vom Territorium der DDR aus gegen Drittländer zu unternehmen, führten schließlich am 16. August 1983 (15 Monate nach der Sicherstellung) zur Rückgabe an Weinrich. Die von ihm anschließend erfolgte Deponierung des Sprengstoffes in der syrischen Botschaft wurde vom MfS zuverlässig überprüft.

Im Nachhinein muss festgestellt werden, dass dem Drängen von Weinrich nicht hätte entsprochen werden dürfen, ganz gleich, welche Begründung dafür vorgebracht worden wäre. Wäre dem MfS ein beabsichtigter Anschlag in Westberlin bekannt geworden, hätten alle Beteiligten die Herausgabe des Sprengstoffes und vielleicht damit auch den Anschlag verhindert. Das MfS wurde getäuscht und hintergangen.

Johannes Weinrich wurde am 17. Januar 2000 wegen dieses Sprengstoffanschlages zu einer lebenslangen Haftstrafe verurteilt.

Durch die Sachverständigen erfolgte nach der Detonation – aus welchen Gründen auch immer – kein exakter, zweifelsfreier Nachweis über Art und Menge des verwendeten Sprengstoffs. Das Ausmaß der Zerstörung ließ jedoch den sicheren Schluss zu, dass es sich um hochbrisantes Material in einer Größenordnung von 20 bis 30 kg gehandelt haben muss. Auch im Prozess gegen Weinrich wurde nicht eindeutig geklärt, ob jener in der syrischen Botschaft deponierte Sprengstoff tatsächlich beim Anschlag auf das französische Kulturzentrum benutzt worden war oder nicht.

Laut Aussagen des Zeugen Nabil Shritah, damals 3. Sekretär der syrischen Botschaft in der DDR, habe er den in der Botschaft eingelagerten Sprengstoff an Weinrich übergeben. Weinrich habe ihm gegenüber bekundet, dass er den Sprengstoff zu Fuß nach Westberlin gebracht und den Anschlag als sein Werk bezeichnet habe.

Nabil Shritah war also über den Inhalt der Tasche und den Verwendungszweck informiert, wurde aber wegen Beihilfe nur zu einer Haftstrafe von zwei Jahren auf Bewährung verurteilt.

Der ehemalige Mitarbeiter der Terrorabwehr der DDR, der nach Feststellung des Gerichtes, die Herausgabe des Sprengstoffes an Weinrich auf Befehl seines Vorgesetzten veranlasste, wurde dagegen wegen Beihilfe zur Sprengstoffexplosion und zum Mord zu einer Freiheitsstrafe von vier Jahren verurteilt.

Er war für schuldig befunden worden, obwohl der Beweis für seine Tatbeteiligung, insbesondere der unmittelbare Zusammenhang zwischen der Rückgabe des beschlagnahmten Sprengstoffes an Weinrich, der Deponierung in der syrischen Botschaft, der Wiederaushändigung durch diese und dem dann angeblich damit erfolgten Anschlag, nicht erbracht werden konnte.

Gab es terroristische Anschläge gegen Personen, Einrichtungen und Objekte in der DDR?

Ja, natürlich. Die DDR war Zeit ihrer Existenz ständig terroristischen Angriffen ausgesetzt. Besonders von Westberlin, dem Zentrum von Diversions- und Agentenzentralen und anderen gewaltbereiten, sozialismusfeindlichen Organisationen, ging die Gewalt aus, die die DDR schädigen und ihre Bevölkerung einschüchtern sollte.

Angeleitet, finanziert und unterstützt von den Geheimdiensten betrieben zahlreiche nichtstaatliche antisozialistische Organisationen wie das »Ostbüro der SPD«, der »Untersuchungsausschuss freiheitlicher Juristen« (UfJ), das »Informationsbüro West« (IWE), die »Kampfgruppe gegen Unmenschlichkeit« (KgU) Wühl- und Zersetzungstätigkeit, Sabotage, Diversion, Wirtschafts-, Werk- und Militärspionage und waren deshalb für die westlichen Geheimdienste interessant. Sie fälschten Lebensmittelkarten, Briefbögen und Dienstsiegel von staatlichen Behörden, gesellschaftlichen Organisationen und volkseigenen Betrieben. Sie fingierten Dienstanweisungen, Rundschreiben und Geschäftsbriefe und versuchten so die Wirtschaft, die Arbeit der Staatsorgane, den Verkehrsablauf zu stören und Unruhe unter der Bevölkerung hervorzurufen. Ihre Methoden reichten vom Auslegen von Reifentötern zur Herbeiführung von Verkehrsunfällen mit Funktionären der DDR, Abreißen und Anzünden von Fahnen oder politischen Plakaten, Auslegen bzw. Verbreiten von Hetzflugblättern, Plünderungen und Brandlegungen an und in HO-Kiosken, über Sabotage- und Diversionsakte zur Stilllegung von Turbinen und Maschinen in Betrieben, Zerstörungen an Güterwagen, Zugentgleisungen und Zusammenstößen auf Verschiebebahnhöfen, Fehlleitungen von Lebensmitteltransporten bis zu Sprengstoff- und Brandanschlägen sowie Mord an politisch aktiven Bürgern, Polizisten, Grenzsicherungskräften und Parteiaktivisten.

Ein Joachim Müller setzte 1951 die mit Holz provisorisch reparierte Autobahnbrücke Finowfurt bei Berlin mit Phosphor in Brand und sollte auftragsgemäß 1952 die Paretzer Schleuse des Oder-Havel-Kanals bei Hohenneuendorf sprengen. Ein Burianek erhielt 1952 den Auftrag, eine Eisenbahnbrücke in der DDR zu sprengen.

(Er wurde nach 1990 von der Justiz der BRD rehabilitiert!) Gerhard Benkowitz aus Weimar hatte auftragsgemäß die Zerstörung mehrerer Objekte in Weimar vorbereitet, darunter die Sechsbogenbrücke bei Weimar und die Bleiloch-Saaletalsperre im Kreis Schleiz. Um nur wenige Beispiele zu nennen.

Derartige Angriffe gegen die DDR waren in den 50er Jahren an der Tagesordnung. Sie bestimmten damit auch Aufgaben und Tätigkeit des MfS wie der Deutschen Volkspolizei.

Auf der Grundlage der Arbeitsergebnisse des MfS und der Justizorgane der DDR wurden die skrupellosen Verbrechen der KgU vor der Öffentlichkeit entlarvt. Das trug wesentlich dazu bei, dass Ende 1959 die westlichen Besatzungsmächte und der Senat von Westberlin diese Verbrecherorganisation nicht mehr länger stützen konnten. Sie wurde aufgelöst.

Kein einziger der in Westberlin ansässigen Organisatoren dieser geplanten und ausgeführten schwersten Verbrechen, weder die Führungskräfte noch die unmittelbar daran beteiligten Mitarbeiter und Agenten, wurden jemals in der BRD oder Westberlin vor Gericht gestellt und zur Verantwortung gezogen. Im Gegenteil, es wurde alles für ihren Schutz und ihre Sicherheit getan. Teilweise fanden die Mitarbeiter der KgU unmittelbar danach als Dank für ihre »treuen Dienste« einen neuen Arbeitsplatz beim Bundesnachrichtendienst (BND), im Bundesministerium für gesamtdeutsche Fragen oder wurden vom Ostbüro der SPD übernommen.

Nach den Maßnahmen zur Sicherung der Staatsgrenze der DDR zur BRD und zu Westberlin am 13. August 1961 gehörten Grenzprovokationen und Anschläge, die in der Regel mit Wissen, Duldung und Unterstützung der Geheimdienste, Polizei und Besatzungsmächte in Westberlin vorbereitet und durchgeführt wurden, zu den Hauptformen von Gewaltakten gegen die DDR. Dabei wurde von manchem Täter rücksichtslos von der Schusswaffe Gebrauch gemacht. Auch Angehörige westlicher Besatzungstruppen beteiligten sich mitunter an derartigen Aktionen.

Allein vom 13. August 1961 bis 30. April 1962 wurden die Grenzsicherungskräfte in 93 Fällen von Westberliner Gebiet aus beschossen, wobei in 68 Fällen die Täter Polizeiuniform trugen. Noch von 1980 bis 1988 wurden vom Territorium der BRD und Westberlins aus schwerwiegende Gewaltakte und andere Übergriffe gegen die Staatsgrenze der DDR verübt. In 209 Fällen wurden

Grenzposten mit der Schusswaffe bedroht oder beschossen. In 329 Fällen wurden Grenzsicherungsanlagen und 852 Grenzzeichen auf dem Territorium der DDR auch durch Sprengung zerstört. Allein 98 Mal wurde in dieser Zeit der Luftraum der DDR verletzt – trotz einer überwachten 30 km tiefen Luftsperrzone auf westlicher Seite.

Menschenhändlerbanden, Schleuserbanden, Tunnelbauer, Grenzprovokateure und andere Gruppen, die noch heute als Helden der westlichen Welt bejubelt werden, trugen wesentlich dazu bei, an der Staatsgrenze eine Atmosphäre des Kalten Krieges zu schüren, immer wieder Unruhe zu stiften, außerordentlich gefahrvolle Situationen für die Aufrechterhaltung von Sicherheit und Ordnung in diesem sensiblen Bereich zu schaffen, und das oft mit Wissen, Duldung bis hin zur Unterstützung durch Geheimdienste und andere staatliche Stellen in der BRD und Westberlin.

Insgesamt verloren 27 Angehörige der Grenzsicherungskräfte der DDR während ihrer Dienstdurchführung durch Grenzverletzer, Fluchthelfer oder Waffenträger der BRD ihr Leben.

Drahtzieher und Ausführende von terroristischen Anschlägen in der DDR, vor allem nach dem 13. August 1961, waren – bis auf wenige verblendete und hasserfüllte Täter – nicht Bürger der DDR. Es gab also auch in der DDR terroristische Angriffe gegen Personen, Einrichtungen und Objekte. Zutreffend ist auch, dass es terroristische Bestrebungen im Innern der DDR in solchem Ausmaß und mit derart öffentlicher Wirkung wie anderenorts, zum Beispiel in der BRD, nicht gegeben hat. Die gesellschaftlichen Verhältnisse in der DDR boten dafür auch keinen ausreichenden Nährboden. Die Wachsamkeit der Bürger und der gesellschaftlichen Organisationen sowie ihr Engagement für ihren Staat und dessen Sicherheitsorgane erstickten solche Bestrebungen oft bereits im Keim.

Der als international erfahren geltende Sprengstoffexperte und Neofaschist Herbert Kühn bereitete im Juni 1963 von Westberlin aus Sprengungen in der Hauptstadt der DDR (im Roten Rathaus, im Ministerium für Außenhandel und im Stadtgericht Littenstraße sowie am Gebäude des ZK der SED) vor. Zwei Zeitzünderbomben wurden entdeckt, die dritte, im Ministerium für Außenhandel, detonierte und richtete beträchtlichen Schaden an. Bei dem Versuch, eine Sprengladung am Gebäude des ZK der SED anzubringen, wurde er auf frischer Tat festgenommen.

Anfang der 80er Jahre gab es in Arnstadt/Thüringen eine Gruppe Jugendlicher, die sich »RAF« nannte. Mit der Rote-Armee-Fraktion in der BRD hatte sie aber nichts zu tun. Aus Opposition zum sozialistischen Staat wollten sie das Trinkwasser für die Stadt Erfurt mit Zyankali vergiften, einen General der in der DDR stationierten sowjetischen Streitkräfte ermorden und Sprengstoffanschläge verüben

Am 9. März 1980 wurde in Karl-Marx-Stadt, heute wieder Chemnitz, durch Josef K. ein Sprengstoffanschlag mit selbst gefertigtem Sprengstoff auf ein Denkmal mitten in einem Wohngebiet verübt, dabei wurde der auf einem Sockel stehende Panzer T-34 aus dem Zweiten Weltkrieg beschädigt.

In der Nacht vom 4. zum 5. Mai 1979 versuchte der Obermaat Bodo Strehlow ein Küstenschutzschiff der Volksmarine der DDR, dessen Maschinist er war, mit Waffengewalt zu entführen. Er wurde überwältigt und von einem DDR-Gericht wegen Mordversuches und Terror verurteilt. Nach 1989 wurde Strehlow von der BRD-Justiz rehabilitiert. Dafür wurden aber gegen den damaligen Kommandanten und den Leitenden Ingenieur Ermittlungen wegen versuchten Totschlags eingeleitet.

Ebenso gab es Versuche zur Entführung von Flugzeugen. Allein von 1962 bis 1973 wurden vierzehn Versuche unternommen, Passagier- und auch Agrarflugzeuge zu entführen. Davon gelangen vier.

Versuche gewaltsamer Grenzdurchbrüche gab es auch mit Triebfahrzeugen der S-Bahn in Berlin und der Reichsbahn. Dabei erfolgten mitunter Geiselnahmen des Fahrpersonals.

Wie war das Verhältnis zur RAF? Unterstützte das MfS die Rote Armee Fraktion?

Der zuweilen ungehinderte Transit von aktiven Mitgliedern der RAF durch die DDR, ihr zeitweiliger Aufenthalt in der DDR zu Gesprächen mit dem MfS und schließlich die Aufnahme von zehn Aussteigern der RAF sowie ihre Einbürgerung als DDR-Bürger wird als Unterstützung durch die DDR/MfS gewertet.

Dies diente jedoch vor allem dem MfS zur Beschaffung von Informationen über die terroristischen Organisationen, ihre Aktivitäten, Mitglieder und Sympathisanten, um die DDR und ihre Bürger besser schützen zu können. In den Gesprächen mit ihnen zur Informationsgewinnung wurde auch die grundsätzliche Haltung des MfS zum Terror eindeutig zum Ausdruck gebracht. Ziel war zugleich, den Teufelskreis Untergrund-Anschläge-Haft-Freipressung-Untergrund zu sprengen, in dem z. B. die RAF gefangen war. Anfang der 80er Jahre fanden insgesamt zehn RAF-Aussteiger auf ihren Antrag hin und nach »zentraler Entscheidung« Aufnahme in der DDR und erhielten aus Gründen der eigenen Sicherheit eine neue Identität als DDR-Bürger. (1980: Susanne Albrecht, Silke Maier-Witt, Werner Lotze, Christine Dümlein, Ralf Baptist Friedrich, Sigrid Sternebeck, Monika Helbing, Ekkehard Freiherr von Seckendorff-Gudent. 1982: Henning Beer und Inge Viett).

Dies war mit der Verpflichtung verbunden, sich völlig vom Terrorismus zu lösen, keine Verbindungen in die BRD zu unterhalten und das Staatsgebiet der DDR nicht zu verlassen. Nachweislich gab es keinen einzigen Verstoß gegen diese Auflagen. Nur einem RAF-Aussteiger wurde aus beruflichen und familiären Gründen ein zeitweiliger Aufenthalt in der Sowjetunion gestattet.

Durch Gespräche und Einflussnahme der betreuenden Mitarbeiter des MfS auf die Aussteiger und nicht zuletzt durch das Leben in der DDR als einfache Bürger – auch wenn einige dies im Nachhinein herunterspielen und als »sehr tristen, frustrierenden Aufenthalt« bezeichnet haben sollen – wurden sie in ihrer Abkehr vom Terrorismus bestärkt. Sie bildeten fortan auch keine Gefahr mehr für die BRD. Ihre volle Resozialisierung wurde erreicht. Anhänger und Sympathisanten wurden verunsichert, vorhandene Zweifel an der Richtigkeit ihres terroristischen Handelns verstärkt. Das blieb nicht ohne Auswirkung auf die Organisationen und ihre Handlungen. Damit wurde bewiesen, dass diese zielgerichteten Maßnahmen richtig waren. Bekanntlich bildete in der Bundesrepublik und anderen Ländern die Inhaftierung von Terroristen vielfach nur den Ausgangspunkt für neue Anschläge – nicht selten für eine Eskalation des Terrors.

Das wurde in der damaligen Situation von den Repräsentanten der DDR wie auch der BRD für richtig gehalten. In der DDR wurde danach gehandelt, und die Bundesrepublik hat davon profitiert.

Warum hat die DDR erkannte Mitglieder der RAF nicht festgenommen und an die BRD ausgeliefert?

Obwohl offenkundig ist, dass den mit der Bekämpfung der RAF befassten Behörden wie auch Politikern der BRD bekannt war, dass aktive RAF-Mitglieder die DDR als Transitland in den Nahen Osten nutzten und später sich ein Teil ehemaliger RAF-Aktivisten in der DDR aufhielt, gab es keine Forderungen nach Rechtshilfe oder Auslieferung. Laut *Berliner Zeitung* vom 25. Februar 1997 lagen im Wiesbadener Bundeskriminalamt schon Ende der 70er Jahre – wie es in einem BKA-Schreiben vom 22. Dezember 1978 heißt – »nicht konkretisierbare Hinweise auf einen möglichen Aufenthalt deutscher Terroristen in der DDR« vor.

Offensichtlich hängt dieser Hinweis mit den drei, den Zielfahndern des BKA in Bulgarien im Juni 1978 entwischten Frauen der »Bewegung 2. Juni« zusammen, die dann in der CSSR festgenommen und an die DDR überstellt worden waren. Darunter war Inge Viett, die damals Kontakt mit der Terrorabwehr des MfS erhielt. Diesen Zielfahndern war es im Juni 1978 gelungen, drei Frauen und den im Mai aus der Haft befreiten Till Meyer durch die bulgarischen Behörden festnehmen und an die BRD ausliefern zu lassen. Möglich ist auch, was Andreas von Bülow in seinem Buch »Im Namen des Staates« schrieb: »So steht fest, dass westdeutsche Terroristen zeitweilig regelmäßig über Ostberlin in die Länder des Ostblocks geflogen sind. Sie waren dabei nicht nur von der Staatssicherheit überwacht, sondern wurden zum Teil auch von V-Männern des Verfassungsschutzes oder des Bundeskriminalamtes, möglicherweise auch des BND begleitet.«

Die BRD-Justiz hat die RAF-Aussteiger strafrechtlich nicht über ein Auslieferungsersuchen an die DDR verfolgen wollen, weil das die Zusicherung der Gegenseitigkeit vorausgesetzt hätte. Die BRD wollte diese unter keinen Umständen gewähren. Lieber ließ sie ihren Strafverfolgungsanspruch ruhen. Zudem waren die RAF-Aussteiger wie andere in die DDR übergesiedelte BRD-Bürger hier aufgenommen worden. Sie hatten die DDR-Staatsbürgerschaft erhalten und besaßen damit uneingeschränkt alle in der DDR-Verfassung verbürgten Grundrechte. Die Verfassung der DDR aber verbot die Auslieferung von DDR-Bürgern. Ihr Artikel 33, Absatz 2, besagte eindeutig: »Kein Bürger der Deutschen Demokratischen Republik darf einer auswärtigen Macht ausgeliefert werden.«

Und es gab noch weitere Gründe, weshalb eine Auslieferung der RAF-Aussteiger wenig opportun gewesen wäre: Auch in Bonn wusste man, dass eine neuerliche Inhaftierung in der Bundesrepublik neuen Terror zu ihrer Freipressung provoziert hätte. Die Ruhigstellung der RAF-Aussteiger in der DDR garantierte Sicherheit und Ordnung im eigenen Land. Zumal die im Sommer 1980 durch den Verfassungsschutz organisierte geheime Briefaktion für Aussteiger – »eine Million Dollar in bar und eine neue Identität wurde denen geboten, die den bewaffneten Kampf aufgeben würden« – ohne jede Resonanz geblieben war. (*Der Spiegel* 37/2008, S. 52)

Die Verantwortlichen in Bonn kalkulierten möglicherweise auch ein, dass die politische Führung der DDR einem Ersuchen auf Auslieferung nicht nachgekommen wäre. Das hätte die Beziehungen zusätzlich belastet, was man weder diesseits noch jenseits der Grenze wollte. Sowohl die Aufnahme der RAF-Aussteiger in die DDR als auch der Verzicht auf ein Auslieferungsersuchen durch die BRD waren rechtlich durchaus begründete politische Entscheidungen.

Dass der gegen Mitarbeiter des MfS nach 1990 konstruierte Vorwurf der Strafvereitelung schlicht falsch war, wurde erst sehr spät auch durch die Justiz eingestanden und mit entsprechenden Entscheidungen – Freispruch aller Angeklagten – belegt.

Wie der Bundesgerichtshof (BGH) 1998 feststellen musste, gab es zwischen der BRD (gemäß ihrem Alleinvertretungsanspruch für alle Deutschen) und der DDR kein Rechtshilfeabkommen; darüber hinaus war die DDR ein souveräner international anerkannter Staat und kein »abtrünniges Bundesland der BRD gewesen, in dem die BRD-Rechtsordnung gegolten habe«: da auch eine »allgemeine völkergewohnheitsrechtliche Verpflichtung zur Auslieferung« nicht bestehe, sei die DDR auch völkerrechtlich nicht verpflichtet gewesen, der BRD den Aufenthaltsort der Gesuchten mitzuteilen.

Außerdem unterstrich der BGH »das aus der Souveränität eines jeden Staates abgeleitete Recht, die Einreise in das eigene Hoheitsgebiet ohne Rücksicht auf die Interessen anderer Staaten zu gestatten und auch die Gestaltung der Lebensverhältnisse nach erfolgter Einreise ausschließlich an innerstaatlichen Interessen auszurichten«.

Die DDR hatte also keinen Grund, auch nicht völkerrechtlich, als Erfüllungsgehilfe der BRD-Justiz zu wirken.

Obwohl bisher keine offizielle Erklärung vorliegt, dass man in Bonn von den RAF-Aussteigern in der DDR schon sehr zeitig erfahren hatte, spricht vieles dafür. Führende Politiker in Ost und West, die aufgrund ihrer damaligen Funktion und ihres politischen Einflusses in derartige Vorgänge involviert waren, sind inzwischen verstorben bzw. schweigen. Ausgegangen werden muss davon, dass im MfS keiner ohne Wissen und Billigung des Ministers für Staatssicherheit die Kontakte mit der RAF und die Aufnahme der Aussteiger hat durchführen können. Der Minister selbst war dafür bekannt, dass er sich schon weitaus weniger wichtige Entscheidungen (z. B. Erlass oder Aufhebung von Einreisesperren gegen Persönlichkeiten) vom SED-Generalsekretär Erich Honecker bestätigen ließ.

Erich Honecker selbst war daran interessiert, die Beziehungen zur BRD nicht zu gefährden. Er wollte auch seinen Wunsch, die BRD zu besuchen, in naher Zukunft realisieren und wird mit Sicherheit über entsprechende Kanäle die Gegenseite davon informiert haben. Soweit die Unterstellung, die nach 1990 aus den Äußerungen verschiedener leitender Mitarbeiter des MfS bei Interviews, vor Gericht usw. zu entnehmen war. So den Äußerungen des Leiters der Abt. XXII des MfS, Dr. Harry Dahl, vor dem Landgericht in Berlin im Februar 1997, zitiert nach *Der Spiegel*, Nr. 9/1997, S. 57: Die Unterbringung der Terroristen sei, so Dahl, eine Entscheidung der »Hoheitsträger der DDR« gewesen. Der Befehl zur Aufnahme der RAF-Ruheständler sei im Übrigen, wie ihm ein Vorgesetzter bei einer »lockeren Aussprache« bekundet habe, von Honecker persönlich gekommen. In dieser heiklen Frage habe es seinerzeit wohl »eine Verständigung zwischen Honecker und dem damaligen Bundeskanzler gegeben«. Und der hieß Helmut Schmidt. Schließlich wollte einer der Anwälte, Karl Pfannenschwarz, am 26. Februar 1997 »enthüllende Dokumente« zum Wissen des ehemaligen Bundeskanzlers Helmut Schmidt dem Gericht präsentieren. Was allerdings aufgrund des sich abzeichnenden Revisionsverfahrens unterblieb. Im Revisionsverfahren beim BGH ein Jahr später erhielten alle Angeklagten Freispruch.

Zu den vielen Zeugnissen, die es zwischenzeitlich dazu gibt, zählen auch die von Ingrid Köppe, Bundestagsabgeordnete und innenpolitische Sprecherin von *Bündnis 90/Die Grünen*, die in einer Presseerklärung am 10. März 1992 über die in Bonn beobachtete Heuchelei informierte, »dass die CIA die Bundesregierung schon vor langer Zeit auf den Aufenthalt ehemaliger RAF-Mitglieder in der DDR hingewiesen habe, die Regierung jedoch bekanntlich weiterhin Fahndungseifer im Westen öffentlich vortäuschte«.

Auch Erich Schmidt-Eenboom schrieb dazu 1993 in seinem Buch »Der BND – die unheimliche Macht im Staate«: »Der frühere CIA-Direktor William Colby und ein früherer Mitarbeiter der amerikanischen Botschaft in Bonn hätten ihr erklärt, so Köppe, dass damals sowohl das Kanzleramt als auch das Bundesamt für Verfassungsschutz und der BND über die CIA-Erkenntnisse unterrichtet waren, dass RAF-Terroristen in der DDR untergekommen seien und dort vom MfS unterstützt würden.«

Aber auch konkrete Hinweise gab es:

Ein im Januar 1985 in die BRD übersiedelter Altenpfleger aus der DDR erklärte im Sommer 1985, er habe mit der gesuchten RAF-Terroristin Silke Maier-Witt alias Angelika Gerlach 1983/84 in Weimar an der Fachhochschule »Walter Krämer« studiert. Gegenüber dem BKA beschrieb er sie so konkret, dass »an der Glaubwürdigkeit des Hinweisgebers nicht gezweifelt« werden konnte. Der BND, mit der Recherche beauftragt, teilte Ende Januar 1986 – nach mehr als sechs Monaten – mit, dass die Ermittlungen ergebnislos verlaufen seien. Erst im Februar 1986 erfuhr das MfS, dass man »drüben« dahinter gekommen war und änderte Name und Aufenthaltsort. War das eine dilettantische Leistung des BND (bei mehr als sechs Monaten sollte es doch möglich sein, eine Person mit so vielen Hinweisen zu ermitteln?), oder wollte man diesen Hinweis nicht klären? Siehe erneut Erich Schmidt-Eenboom: »Veteranen in Pullach bekennen hingegen, sie hätten Ende der 70er Jahre zu den Gesprächen zwischen Politikern der beiden deutschen Staaten denselben Kenntnisstand gehabt, möglicherweise sogar einen besseren, weil sie das Verdienst, diese Terrororganisation zum Teil in der DDR stillgelegt zu haben, nicht allein auf das Erfolgskonto der damals regierenden sozial-liberalen Koalition buchen lassen wollten.«

Also hat der BND aus politischen Gründen geschwiegen – und er schweigt noch heute.

Schließlich vermeldete *Der Spiegel* in seiner Ausgabe 37/2008 auf Seite 52/53, dass ein V-Mann des BND, ein gewisser Chalid

Dschihad, der von 1979 bis etwa 1983 die militanten Palästinenser ausspionierte, schon Ende 1980 dem BND den Hinweis gab, dass RAF-Angehörige, die sich vom sogenannten bewaffneten Kampf losgesagt hatten, in der DDR untergetaucht waren. Das Bundeskanzleramt wurde unverzüglich davon informiert. Doch es geschah nichts. »Die wollen's nicht hören« habe ein führender BND-Mitarbeiter damals geäußert. Die »Quelle« sei aber als sehr zuverlässig bewertet worden, vor allem wegen ihrer konkreten Hinweise zu einer konspirativen Wohnung in Paris im Frühjahr 1980, denen zufolge im Mai 1980 die Festnahme der Sieglinde Hofmann und weiterer vier Frauen der »Bewegung 2. Juni« gelang.

Einmal dahingestellt, dass es sich nicht erschließt, wie ein V-Mann, der vorwiegend zu Palästinensern und ihren Ausbildungslagern Zugang hatte, erfahren konnte, dass sich RAF-Aussteiger in der DDR aufhalten. Dorfgespräch wird es dort wohl nicht gewesen sein, oder? Es unterstreicht aber in besonderem Maße die Feststellung, dass Bonn es gewusst haben muss.

Die *Berliner Zeitung* schrieb bereits am 22./23. Juni 1990: »Nach Informationen der spanischen Zeitung *El Pais* soll Bonn immer auf dem Laufenden über den Aufenthalt von RAF-Terroristen in der DDR gewesen sein [...], dass Bonn im konkreten Fall der RAF-Terroristen einverstanden war, sie in der DDR leben zu lassen, womit sie neutralisiert waren. Man dachte, dass die Überwachung durch das kommunistische Regime die beste Garantie ihrer Demobilisierung wäre.«

Interessant und rätselhaft ist auch, dass auf einem im Januar 1990 vom BKA herausgegebenen Fahndungsplakat fünf RAF-Terroristen nicht mehr auftauchten, die erst ein halbes Jahr später in der DDR festgenommen werden sollten. (*Berliner Morgenpost* vom 23. Februar 1997)

Und im Februar 1990 überreichten Mitarbeiter des BKA dem Zentralen Kriminalamt (ZKA) der DDR Informationen über zwei gesuchte RAF-Mitglieder mit dem Hinweis: »Susanne Albrecht und Silke Maier-Witt sollten sich möglicherweise schon längere Zeit in der DDR aufhalten.«

Erich Mielke sagte in einem Interview mit dem *Spiegel* 36/1992 als »Untersuchungshäftling« im Gefängnis auf die Frage »Waren nach ihren Erkenntnissen die westlichen Nachrichtendienste so ahnungslos, wie sie heute behaupten?« Antwort: »Dazu sage ich nur soviel: Ich glaube es nicht.«

Ein namentlich nicht bekannt gewordener Offizier des MfS sagte im Fernsehmagazin *Stern TV* im Jahre 1990, zitiert nach *Berliner Zeitung* vom 25. Februar 1997, »dass es höchst geheim gehaltene Absprachen zwischen Vertretern der Bundesregierung und der DDR-Führung zum Abtauchen der RAFler in der DDR gegeben habe, in die auch der BND eingeweiht gewesen sei«.

Und an anderer Stelle hieß es, »dass die Verhandlungen über die Aufnahme der RAF-Terroristen in der DDR durch die Abteilung Sicherheit beim SED-ZK geführt wurden. Auf westlicher Seite seien insbesondere Egon Bahr und Hans-Jürgen Wischnewski von der SPD und Gerhart Baum von der FDP informiert gewesen. Auch der Rosenheimer Kreis des CSU-Chefs Franz Josef Strauß sei einbezogen worden.

Die Bundesregierung habe heftig widersprochen. Wischnewski habe bereits 1990 dementiert, Bahr und Baum haben sich nicht dazu geäußert.«

In der *Bild*-Zeitung hieß es am 3. März 1997: »Laut *Focus* informierten die Israelis Anfang der 80er Jahre westdeutsche Sicherheitsbehörden darüber, dass in geheimen Stasi-Objekten RAF-Terroristen an Waffen ausgebildet wurden.«

Warum wurde den RAF-Aussteigern eine neue Identität gegeben?

Die neue Identität diente neben der Realisierung strengster Geheimhaltung auch der eigenen Sicherheit. Ihre Resozialisierung sollte weder durch ein Bekanntwerden bei den Mitarbeitern der Sicherheitsorgane der BRD noch bei aktiven Mitgliedern der RAF gestört werden. Eine Erpressbarkeit musste ausgeschlossen werden. Deshalb war die Betreuung durch das MfS zugleich Schutz und Überwachung der Einhaltung der eingegangenen Verpflichtungen. Dass dies notwendig war, zeigte sich spätestens mit der Enttarnung der Silke Maier-Witt alias Angelika Gerlach durch einen Übersiedler 1985. Aus ihr wurde Sylvia Beyer und ihr neuer Aufenthaltsort wurde fortan Neubrandenburg. Susanne Albrecht alias Ingrid Becker wurde von ihrem Kollegenkreis als äußerst ähnlich mit der in der BRD gesuchten Susanne Albrecht erkannt und dies ihr mittels eines anonymen Briefes auch angezeigt. Auch hier wurde der Aufenthaltsort verändert. Schließlich musste auch Inge Viett alias Eva-Maria Sommer ihre Lebensgefährtin und Dresden verlassen. Eine gemeinsame Freundin hat sie nach einer Besuchsreise in die BRD anhand von Merkmalen aus einem Fahndungsplakat erkannt und dies der Lebensgefährtin mitgeteilt. Bis zu ihrer Festnahme lebte sie dann als Eva-Maria Schnell in Magdeburg. Alle drei Fälle ereigneten sich 1985/86, danach war dann Ruhe.

Das Zentrale Kriminalamt (ZKA) der Noch-DDR hatte 1990 erhebliche Mühe, alle zehn Aussteiger aufzuspüren, was dann aber im Sommer gelang.

Laut dem Stellvertreter des Ministerpräsidenten und Innenminister der DDR, Rechtsanwalt Dr. Peter-Michael Diestel, gelang dies im »Ergebnis intensiver Analysen der Personalakten des Zentralen Aufnahmeheimes des Ministeriums des Innern auf der Grundlage von Hinweisen des Bundeskriminalamtes sowie weiterer Untersuchungs- und Ermittlungshandlungen von DDR-Kriminalisten«. (*Neues Deutschland* vom 16. Juni 1990)

Hat das MfS gemordet?

Nein! Das ist eine reine Medienerfindung. Oft wird mit dieser Mär die beim Minister für Staatssicherheit bestehende Arbeitsgruppe des Ministers/Sicherheit (»AGM/S«) diffamiert.

Ein Versuch, dies gerichtsnotorisch festzuschreiben, scheiterte im März 1999, als das Düsseldorfer Landgericht den ehemaligen Leiter der AGM/S vom Vorwurf freisprach, einen Meineid geleistet zu haben. Ihm war zur Last gelegt worden, am 6. Oktober 1993 als Zeuge im Strafverfahren gegen den Stellvertreter des Ministers für Staatssicherheit und Leiter der HV A Markus Wolf vor dem 4. Strafsenat des Düsseldorfer Oberlandesgerichts bewusst die Unwahrheit gesagt zu haben.

Der Leiter der AGM/S hatte dort bezeugt, dass es sich bei der AGM/S nicht um ein »Killerkommando des MfS« gehandelt habe, das »Verräter im Operationsgebiet« liquidieren sollte, wie der Generalbundesanwalt behauptete. Es handelte sich vielmehr um Kräfte zur Bekämpfung und zur Abwehr terroristischer Anschläge gegen DDR-Einrichtungen (Botschaften, Konsulate, Handelsvertretungen etc.) im Ausland. Die Bildung von »Killerkommandos« sei niemals erwogen worden.

Auch der als Zeuge geladene Vertreter der BStU bestätigte in diesem Prozess, dass man trotz intensiver Suche im MfS-Archiv nur Dokumente zur »Planung für die Mobilmachung, also für den Verteidigungsfall« gefunden habe. Der Zeuge weiter: Er »habe keine Kenntnis über die vom Generalbundesanwalt behauptete Version eines Killerkommandos«.

Er habe »in den Unterlagen keine Hinweise darauf gefunden, dass (es) zur Einrichtung oder zur Planung von Killerkommandos gekommen sei. Es habe sich insbesondere auch kein Beleg dafür gefunden, dass jemals aus dem Gebiet der DDR geflohene Personen in der Bundesrepublik getötet worden seien.«

Daran vermochte auch die vom Mitarbeiter der BStU-Behörde, Thomas Auerbach, erarbeitete Studie (»Einsatzkommandos an der unsichtbaren Front«) im April 1999 nichts zu ändern. Darin behauptete Auerbach, in der AGM/S habe eine »Killerausbildung« stattgefunden, denn die Mitarbeiter haben dort nicht nur »das Schießen, sondern auch den tödlichen Nahkampf geübt«. Im

Wesentlichen sei es darum gegangen, so behauptete Auerbach, »bestens qualifizierte, spezialisierte und hoch motivierte Fachleute für Terror, Zerstörung und Mord heranzuziehen«. Beim Leser dieser Studie soll der Eindruck verbleiben, die AGM/S, die dann später mit der Abt. XXII zur HA XXII (Terrorabwehr) fusionierte, habe nicht der Terrorabwehr gedient, sondern der »Terror- und Sabotagevorbereitung des MfS gegen die Bundesrepublik Deutschland«.

Auch wurde der AGM/S unterstellt, dass sie im Februar 1981 einen Sprengstoffanschlag auf den Sender *Radio Freies Europa* verübt haben soll. (Wie man weiß, ging dieser Anschlag auf das Konto der »Carlos«-Gruppe.)

Dieser Unsinn bewegt sich auf dem gleichen Niveau wie die Hirngespinste von »Organentnahmen für SED- und Staatsfunktionäre«, »Zwangsadoptionen in der DDR«, »Missbrauch der Psychiatrie für politische Zwecke«, »Isolierungs- bzw. Konzentrationslager der Stasi«, den »Röntgenkanonen« etc. Für alles blieb man die Beweise schuldig. Es gibt sie nicht.

Natürlich trainierten Angehörige von Antiterroreinheiten das Schießen und den Nahkampf – einschließlich der Fähigkeit, einen Terroristen oder Angreifer auch mit anderen Mitteln unschädlich zu machen. Sie erlernten den Umgang mit Sprengmitteln, Fallschirmspringen, den Kampf unter Wasser u. a. m.

Ausbildungsunterlagen und andere Veröffentlichungen etwa der GSG 9 oder anderer spezieller Anti-Terroreinheiten anderer Länder weisen im Vergleich mit denen des MfS keine Unterschiede aus.

Das MfS hat weder Killerkommandos losgeschickt noch Auftragsmorde begangen! Erstens: Wer sollte solche Aufträge erteilt haben und zweitens: Wie vereinbarten sich solche Verbrechen mit dem humanistischen Charakter der Gesellschaftsordnung der DDR? Nein, ein solches Thema ist völlig absurd.

Der Grund für derlei Erfindungen sind ungeklärte Mord- und Todesfälle in der Bundesrepublik. Immer dann, wenn die Ermittler mit ihrem Latein am Ende waren, musste der Hinweis auf »die Stasi« herhalten, die ihre Finger angeblich im Spiel gehabt hätte.

Mit Berufung auf das *Wall Street Journal* (in New York muss man es ja genau wissen) stellte *spiegel-online* am 17. September 2007 eine Verbindung des MfS zu den unaufgeklärten Mordfällen am Vorstandssprecher der Deutschen Bank und seinerzeitigen Kohl-Berater Alfred Herrhausen, am Siemens-Vorstand Karl Heinz Beckurts, am Diplomaten Gerold von Braunmühl, am Treuhandchef Karsten Rohwedder und am Rüstungsmanager Ernst Zimmermann her.

Regelmäßig wird behauptet, dass der Tod des 1979 in die BRD geflüchteten Fußballers des BFC Dynamo Berlin, Lutz Eigendorf, am 5. März 1983 durch das MfS mittels Gift/Drogen und »Verblitzen« herbeigeführt worden sei. Im Ergebnis der Untersuchungen durch die BRD-Organe wurde aber festgestellt, dass Eigendorf mit 2,2 Promille Alkohol im Blut in der Nähe von Braunschweig gegen einen Baum raste und tödlich verunglückte.

Nachdem im März 2000 in der *ARD* der Fall Eigendorf unter dem Titel »Tod dem Verräter« gesendet worden war, meldete sich der seinerzeit aus der DDR geflüchtete Nachwuchstrainer des DDR-Fußballverbandes Jörg Berger in *Bild* am 18. Mai 2001 und erklärte, dass er seine zeitweilige Lähmung 1986 und ein ganzes Jahr Schmerzen »der Stasi« zu verdanken hatte, sie habe ihn »ruinieren oder sogar töten« wollen.

Noch spektakulärer und abenteuerlicher war der Fall des Klempners Jürgen G. aus der Uckermark, der behauptete, als »Auftragskiller« 27 Menschen zwischen 1967 und 1987 getötet zu haben. Ausgangspunkt dieser aberwitzigen Räuberpistole waren das Münchner Magazin *Focus* und ein ehemaliger Mitarbeiter des MfS, der dort nach dem Ende des Dienstes angeheuert hatte. Er lernte 1995 bei einem Gartenfest Jürgen G. kennen, der zu DDR-Zeiten mit der Frau des Ex-MfS-Mannes in einem Betrieb zusammengearbeitet hatte. Dieser ging G. offenkundig mit Aufschneidereien derart auf die Nerven, dass dieser ihm jene Gruselstory von den Auftragsmorden auftischte.

Vier Jahre will der *Focus*-Journalist mit der Story schwanger gegangen sein, bis im März 1999 die Bundesanwaltschaft »Wind von der Sache« bekommen haben soll. Nun ermittelte das BKA. Seit dem 17. März 2000 stand G. unter permanenter Beobachtung. Verdeckt wurde von einem vermeintlichen CIA-Mitarbeiter versucht, dem »Täter« Einzelheiten zu entlocken. Bei etwa 17 Treffen, bei denen 5.785 Euro flossen, um »die Wahrheit« herauszufinden, erzählte G. viel. Vier Jahre brauchte das BKA schließlich, um einen Haftbefehl zu erwirken. In einer filmreifen spektakulären Aktion wurde G. durch Spezialkräfte festgenommen. Allerdings musste er nach 86 Tagen U-Haft aus Mangel an Beweisen freigelassen werden. Er räumte ein, alles erfunden zu haben.

Am 1. Oktober 2003 erschien im *Neuen Deutschland* ein Leserbrief von Egon Krenz, in welchem dieser erklärt hatte, »mit Terroristen, ob man sie nun Killer oder Auftragsmörder nennt, hatten wir nie etwas gemein«. Prompt erhielt er Post vom BKA, das ihn im Ermittlungsverfahren gegen Jürgen G. als Zeuge vorlud.

Die Sache verlief wie stets: im Sande.

1967 wurde in Westberlin der Student Benno Ohnesorg von einem
Polizisten erschossen. Kurras war, wie später aus der BStU-Behörde
und den Medien bekannt wurde, IM der DDR-Staatssicherheit.
War das MfS an diesem Mord beteiligt?

Wahr ist, dass Karl-Heinz Kurras am 2. Juni 1967 Benno Ohnesorg erschoss. Wahr ist, dass damals dieser Polizeibeamte insbesondere von der Springer-Presse als Held der Freien Welt gefeiert und
in einem Gerichtsverfahren freigesprochen wurde.

Und wahr ist schließlich auch, dass Kurras von 1955 bis 1967
IM des MfS und Mitglied der SED war. Er gehörte in der Politischen Polizei Westberlins einer Sonderermittlungsgruppe an, die
sich mit »Verrätern in den eigenen Reihen« befasste. In dieser Eigenschaft hatte er Einblick in Aktionen gegen das MfS und informierte
darüber im Detail. Wahr allerdings ist ebenfalls, dass das MfS
unmittelbar nach dem Mord den Kontakt zu Kurras abbrach. Mit
dieser Tat hatte er jede Grundlage für eine weitere Zusammenarbeit
zerstört. Es bestand zudem keinerlei kausaler Zusammenhang zwischen der Tat des als Waffennarr bei seinen Kollegen bekannten
Kurras und seiner Verbindung zum MfS.

Als im Mai 2009 die befristete IM-Anbindung publik wurde,
meinte man einen Beweis für die These gefunden zu haben, dass
das MfS Mordaktionen in Auftrag gegeben hatte.

Nachdem zunächst in den Medien der Verdacht genährt wurde,
dass auch in diesem Falle »die Stasi« dahinter steckte, dementierte
man alsbald. Überraschend stellten sich selbst Personen vor das
MfS, die dies bisher noch nie getan hatten. Der Polizist Karl-Heinz
Kurras habe den Studenten Benno Ohnesorg am 2. Juni 1967 nicht
im Auftrag der Staatssicherheit getötet. Davon geht der Direktor
der »Stasi-Gedenkstätte Berlin-Hohenschönhausen«, Hubertus
Knabe, aus, wie er Reportern der *WAZ*-Gruppe sagte. Eher habe
Kurras die Tat »im Affekt« begangen. Der Vorgang sei der DDR-
Staatssicherheit, die Kurras als IM führte, »unangenehm« gewesen,
glaubte Knabe laut Zeitung. »Es drohte die Gefahr, dass ihr Agent
auf diese Weise in der Berliner Polizei enttarnt werden könnte.«

Wo Knabe Recht hat, hat er Recht.

Im Zusammenhang mit »Killerkommandos« und Mordaufträgen tauch immer wieder das Kürzel AGM/S auf. Was verbirgt sich dahinter?

Diese Arbeitsgruppe des Ministers (AGM) war für militärisch-operative Spezialaufgaben zuständig. Als in den 50er und 60er Jahren Einheiten bei der NATO aufgestellt und ausgebildet wurden, die im Krisen- und Kriegsfall »im Rücken des Gegners« handeln sollten, reagierte zunächst die Nationale Volksarmee. Die XV. Verwaltung der NVA sollte solche Fernspähkompanien, Fallschirm-, Ranger- und andere paramilitärische Einheiten ausschalten oder in gleicher Weise wirksam werden. 1962 übernahm das MfS die Verwaltung bzw. diese Aufgabe. Diese spezielle Ausbildungsdiensteinheit begann zu Beginn der 70er Jahre sich auf die wirksame Bekämpfung von Terror- und anderen Gewaltakten auf dem DDR-Territorium zu konzentieren. Das Profil glich dem der GSG 9, die zur selben Zeit in der BRD entstand.

Mit der Bildung der AGM/S entstanden ab Mitte der 70er Jahre innerhalb dieser Diensteinheit nach und nach Struktureinheiten zur militärisch-operativen Terrorbekämpfung, die in ständiger Bereitschaft gehalten wurden.

Der Einsatz erfolgte entweder offen sichtbar, uniformiert und mit entsprechender Bewaffnung und Ausrüstung, in und mit zivilen Fahrzeugen oder in gedeckter, für die Öffentlichkeit nicht erkennbarer Form.

Die teilweise demonstrative Präsenz sollte zugleich vorbeugend und abschreckend wirken, etwa bei der Sicherung ausländischer Botschaften in der DDR, eigener Vertretungen im Ausland, vor allem in den Krisengebieten, bei Großveranstaltungen und zum Schutz ausländischer Repräsentanten bei Besuchen in der DDR.

Die Mitarbeiter der AGM/S trainierten die militärisch-operative Terrorbekämpfung und den Einsatz technischer Mittel. So die Befähigung zum Erkennen und Entschärfen sprengkörperverdächtiger Gegenstände verschiedener Art, Fahrzeugpräparationen zur Personensicherung, als Fluchtfahrzeuge, optische, elektronische und andere technische Hilfs- und Abwehrmittel.

Zur Sicherung des Luftverkehrs flogen Mitarbeiter (vergleichbar den »Sky-Marshalls« bei westlichen Flugunternehmen) der AGM/S in der INTERFLUG mit. Obwohl die DDR-Fluggesellschaft bereits Ende der 70er Jahre in allen ihren Maschinen die Cockpit-Türen beschusssicher ausgekleidet hatte, war ein Einsatz von Flugsicherungsbegleitern (FSB) für bestimmte Fluglinien zwingend. Ihre Aufgabe bestand darin, terroristische Anschläge auf die Luftfahrzeuge wie Geiselnahmen oder Entführungen zu verhindern und Attentäter im Ernstfall zu bekämpfen.

Auch diese Aufgabe wurde der AGM/S übertragen, dazu eine spezielle Struktureinheit gebildet und die Flugsicherungsbegleiter gesondert ausgebildet. Sie setzten Waffen mit präparierter Munition ein.

Darüber hinaus war die AGM/S auch eine Ausbildungsdiensteinheit, die Mitarbeiter des MfS durch Vermittlung von Spezialwissen zu Aufgaben als Objektschutzkräfte für Botschaften befähigte. Auf der Grundlage staatlicher Verträge bzw. Vereinbarungen wurden Mitglieder nationaler Befreiungsbewegungen bzw. Mitarbeiter ausländischer Sicherheitsorgane für ihre Aufgaben in den jungen, vom Kolonialismus befreiten Nationalstaaten durch eine nach Vorgaben der Partner spezialisierte Ausbildung bzw. Qualifizierung vor Ort oder in der DDR vorbereitet.

Die AGM/S wurde 1989 nach ihrer Umbenennung in Abt. XXIII in die für die Terrorabwehr zuständige HA XXII integriert.

In regelmäßigen Abständen wird der haltlose Verdacht aufgewärmt, dass die AGM/S bei Anschlägen auf westdeutsches Spitzenpersonal beteiligt gewesen sei. So streut man immer wieder aus der BStU den Verdacht, in den – bislang unaufgeklärten – Anschlag auf den Chef der Deutschen Bank am 20. November 1989, Alfred Herrhausen, könne die AGM/S verstrickt gewesen sein. »Nach Erkenntnissen von Stasi-Kenner Auerbach waren Ende der 80er-Jahre rund 300 Agenten der AGM/S in der Bundesrepublik im Einsatz. Sie sollten potenzielle Anschlagziele auskundschaften. Auerbach: ›Das waren Todeskommandos.‹«, hieß es am 18. September 2007 in der *Welt*.

Das alles ist hanebüchener Unsinn und durch nichts belegt.

Und da gab es noch den Fall Gartenschläger? Ihm soll an der Grenze,
als er Selbstschussanlagen demontierte, die »Stasi« aufgelauert und ihn
erschossen haben?

Die Geschichte trug sich 1976 zu und muss der Reihe nach erzählt
werden.

Michael Gartenschläger wurde am 13. Januar 1944 in Straus-
berg bei Berlin geboren. Er besuchte in der DDR die Grundschule
und machte eine Lehre als Autoschlosser. Nach dem 13. August
1961 gründete er mit anderen Jugendlichen eine – wie man heute
sagen würde – verfassungsfeindliche terroristische Gruppe. Sie setzten die Scheune einer Genossenschaft vorsätzlich in Brand und wurden durch das Bezirksgericht Frankfurt/Oder 1961 in einem öffentlichen Verfahren und gesetzeskonform wegen Diversion, staatsgefährdender Gewaltakte sowie staatsgefährdender Propaganda und
Hetze im schweren Fall zu lebenslänglicher Haft verurteilt. 1971
wurde Gartenschläger durch die BRD freigekauft. Dort wurde er
sofort wieder kriminell. Gegen ihn liefen einige Ermittlungsverfahren wegen Verstoßes gegen das Waffengesetz. Nach eigenen Angaben will er bis 1975 aus der DDR 31 Bürger ausgeschleust haben.

In der Nacht zum 1. April 1976 baute er auf DDR-Territorium
im Bezirk Schwerin an der Staatsgrenze West bei Schönberg eine
Splittermine SM-70 ab. Diese bot er dem BND und dem Verfassungsschutz erfolglos zum Kauf an. Für 12.000 DM nahm sie *Der
Spiegel* – einschließlich seiner damit verbundenen »Story«, die am
12. April veröffentlicht wurde. Damit wurde Gartenschlägers Handeln offiziell bekannt. Bonn wäre nach dem Völkerrecht verpflichtet gewesen einzugreifen und ihn an weiteren Handlungen gegen
die Staatsgrenze der DDR zu hindern. Doch das unterblieb.

Zehn Tage nach Erscheinen des *Spiegel*-Beitrages demontierte
Gartenschläger in der Nacht vom 22. zum 23. April 1976 im selben
Grenzbezirk eine zweite Mine. Er und seine Begleiter drangen wie
schon beim vorigen Mal bewaffnet in das Grenzgebiet der DDR
ein. Diese Splittermine SM-70 kaufte die »Arbeitsgemeinschaft 13.
August« für 3.000 DM. In der Nacht zum 1. Mai 1976 versuchte
Gartenschläger, im gleichen Grenzabschnitt eine dritte Mine abzubauen, um sie vor der Ständigen Vertretung der DDR in Bonn
demonstrativ aufzustellen.

Mit dieser Aktion wollte er Druck auf die DDR ausüben, um die Freilassung des Bruders seiner Freundin und eines Fluchthelfers aus der Strafhaft der DDR zu erzwingen. Er hatte bereits wegen dieser Forderung bei der Ständigen Vertretung in Bonn angerufen und außerdem die Zahlung eines Geldbetrages von 15.000 DM verlangt.

Seine zwei Komplizen, ebenfalls bewaffnet mit einer Pistole bzw. einer abgesägten Schrotflinte, sollten ihm vom Territorium der BRD aus Feuerschutz geben.

In Kenntnis des Vorhabens, ohne jedoch Ort und Zeit genau zu wissen, waren auf DDR-Seite weiträumige Sicherungsmaßnahmen durch Kräfte der Einsatzkompanie der HA I/Äußere Abwehr im Bereich des »Großen Grenzknick« angelaufen.

Bei dem Versuch der eingesetzten Kräfter der Einsatzkompanie der HA I, ihn »feindwärts« der Grenzanlagen, aber bereits auf dem Territorium der DDR, festzunehmen, wurde Gartenschläger, nachdem er mit seiner Pistole das Feuer auf die Posten eröffnet hatte, im Feuergefecht tödlich getroffen. Die eingesetzten Grenzsoldaten werteten diese Schüsse »als Angriff auf ihr Leben und schossen zurück«, wie es im Urteil des Landgerichts Berlin vom 10. April 2003 später hieß.

Alle – nach 1990 auch den BRD-Gerichten vorliegenden – Pläne der Staatssicherheit und der Grenztruppen gingen davon aus, den Täter möglichst lebend auf DDR-Gebiet festzunehmen und ihn vor Gericht zu stellen, um Tatbeteiligte, Hintermänner und Auftraggeber zu entlarven sowie solche Terrorakte künftig zu verhindern. Das haben auch das Landgericht Berlin, das Landgericht Schwerin und der Bundesgerichtshof so gesehen und alle im Fall Gartenschläger auf DDR-Seite Beteiligten vom »Mordvorwurf« bzw. »Totschlag« freigesprochen.

Gartenschläger könnte unter Umständen heute noch leben, wenn die zuständigen BRD-Organe damals gehandelt und ihn an seinen terroristischen Handlungen gehindert hätten. Gewusst haben sie davon, wie aus Funksprüchen des Bundesgrenzschutzes (BGS), die die Funkaufklärung der DDR abgefangen hatte, hervorging.

An der geplanten Festnahme Gartenschlägers war die Hauptabteilung I
(HA I) des MfS beteiligt. Was hatte die an der Grenze verloren?

Die Einsatzkompanien der Hauptabteilung I (Militärabwehr) waren
in der Zeit des Kalten Krieges gebildet worden, um einen möglichen Aggressor zielgerichtet in Ausgangs- und Bereitstellungsräu-
men abzuwehren und zu bekämpfen. Das heißt im grenznahen
unmittelbaren Hinterland oder auf dem von einem Aggressor über-
rollten DDR-Territorium. Diese Einheiten waren das Gegenstück
zu den Fernspähkompanien der Bundeswehr oder der Marines und
Seals der US Army.

Im Rahmen der Sicherung der Staatsgrenze der DDR wurden
die Angehörigen der Einsatzkompanie zeitweise an komplizierten
Grenzabschnitten eingesetzt, etwa in Bahntunneln und alten unter-
irdischen Gängen, an Fluss-, Bach- und anderen Gewässerübergän-
gen an der Staatsgrenze West. Einsätze erfolgten auch zur Festnahme
von Grenzterroristen und -provokateuren wie Gartenschläger.

An der Grenze zu Westberlin verfügte das Grenzkommando
Mitte über eine Sicherungskompanie, die der Militärabwehr der
DDR (Hauptabteilung I des MfS) unterstellt war und die spezielle
Sicherungs- und Überwachungsaufgaben in Bereichen mit unter-
irdischen Übergangsmöglichkeiten, wie Fluss-, Abwasser- und
andere Kanalisationsdurchlässe, an U-Bahntunneln und anderen
alten grenzüberschreitenden Gängen zu erfüllen hatte.

Suche, Auswahl und Ausbildung der Kompanieangehörigen
erfolgte in eigener Verantwortung. Ausschlaggebend für eine Verwendung in der Einsatzkompanie bzw. Sicherungskompanie waren
Zuverlässigkeit, Einsatzbereitschaft, Klugheit und Mut.

In den Darstellungen vermeintlicher Mordanschläge erscheint
die »Stasi« als ziemlich fantasiebegabt und variantenreich?

Auch in Unkenntnis aller verbreiteten Details kann man grundsätzlich davon ausgehen, das dabei mehr die Fantasie der Autoren denn
die der Mitarbeiter des MfS ins Kraut schoss.

Eine der Kopfgeburten ging so: Das MfS hat mit Hilfe von Kri-
minologen der Humboldt-Universität eine Gift-Datei TOXDAT
erstellt. Die Datenbank enthalte verschiedene Gifte, beschreibe ihre
Wirkung, die Möglichkeiten ihrer Anwendung und die erforderli-
che Dosis.

Im November 1994 reagierte Prof. Dr. Ehrenfried Stelzer, einst
Direktor der Sektion Kriminalistik an der Humboldt-Universität zu
Berlin, mit einer Gegendarstellung auf eine Veröffentlichung in der
Zeitschrift *Tango* (»Die Giftakte der Stasi. Das plante die Stasi: Gift-
morde beim Sex, mit Tampons während der Menstruation, in der
Sauna. Selbst Babys waren nicht sicher«). Darin wies er nach, dass es
sich bei der Forschungsarbeit nicht um eine »Anleitung zum Töten«,
sondern um eine detaillierte Anleitung zur kriminalistischen Ent-
deckung und Untersuchung derartiger Tötungen handelte.

Auch in der DDR war es bei der Untersuchung unnatürlicher
Todesfälle mitunter zu erheblichen Beweisschwierigkeiten gekommen, was in mehreren Mordprozessen zutage getreten war oder
auch in Fällen unnatürlichen Todes an den Transitautobahnen zwischen der BRD und Westberlin über das Territorium der DDR.
Auch in der DDR gab es jährlich Selbsttötungsfälle, unter denen
natürlich auch eine bestimmte Dunkelziffer an Tötungsdelikten zu
befürchten stand. Zudem hatten industrielle Vergiftungen (z. B.
beim Umgang mit Holzschutzmitteln) zugenommen. Diese und
weitere Vorkommnisse veranlassten die Untersuchungsorgane –
auch die des MfS – die kriminalistische Untersuchungsmethodik
für derartige Delikte zu aktualisieren und wissenschaftlich zu verbessern. Der Forschungsauftrag wurde im Oktober 1987 vom MfS
erteilt, im September 1988 fertiggestellt und der Hauptabteilung
Untersuchung des MfS (HA IX) wie auch der Kriminalpolizei der
DDR übergeben.

Die in *Tango* angeführten Fälle von 1981 bzw. 1983 können also
nicht ihre »Anleitung in der Stasi-Akte« (von 1988) erfahren haben.

Warum brauchte die DDR eine Auslandsaufklärung?

Dass im Innern des Landes Ruhe und Ordnung gesichert werden mussten, ist logisch. Aber weshalb wurde auch außerhalb der Landesgrenzen spioniert?

Dazu muss man bis in das Jahr 1945 zurückgehen. Gleich nach Kriegsende wurden zahlreiche Spionage- und Sabotageorganisationen gebildet und gegen die Ostzone eingesetzt. Die bekannteste war die von den USA geschaffene und finanzierte Organisation unter Führung Gehlens. Allein in Westberlin saßen bis zu 80 solcher gen Osten gerichteter Organisationen. Die nach der Bundesrepublik am 7. Oktober 1949 gegründete DDR musste sich vom ersten Tag an massiver Angriffe erwehren.

Nach Einschätzung des britischen Historikers Dr. Paul Maddrell hat in der Sowjetischen Besatzungszone (SBZ) und danach in der DDR ein *echter Kampf der Geheimdienste* stattgefunden. Der Westen schätzte die DDR als das schwächste Glied der sozialistischen Staaten ein und folgerte, sie pausenlos unterminieren zu müssen. Deshalb, so Maddrell, blieb der DDR gar nichts anderes übrig, als sich zu wehren.

Zunächst leisteten die Dienste der UdSSR die Arbeit zur Abwehr solcher Angriffe und auch zur Aufklärung außerhalb der Grenzen der SBZ/DDR. Später ging man offensichtlich davon aus, dass ein eigener Aufklärungsdienst der DDR effektiver arbeiten könnte. Das am 8. Februar 1950 gegründete MfS war zunächst sowohl für die Abwehrarbeit im Innern der DDR als auch für die Bearbeitung der hauptsächlich in Westberlin und der BRD angesiedelten zahlreichen Spionage, Terror, Sabotage, Diversion sowie Wühl- und Zersetzungstätigkeit betreibenden Organisationen und Einrichtungen zuständig. Es gab deshalb die Orientierung, einen größeren Anteil der Abwehrarbeit in das Operationsgebiet BRD und Westberlin zu verlagern.

Aufgrund der Vielzahl der Angriffe gegen die DDR erschienen sowohl den sowjetischen Organen als auch der Regierung der DDR der Aufbau eines eigenen Nachrichtendienstes zur frühzeitigen Aufklärung der gegen ihre Existenz und Politik gerichteten Pläne der BRD und der Westmächte dringend notwendig. Ein Beleg dafür ist eine handschriftliche Notiz des Ministerpräsidenten Otto Grotewohl zum Protokoll der Ministerratssitzung vom 16. August 1951 mit dem Text: »Beim Ministerpräsidenten wird eine Hauptverwaltung für wirtschaftswissenschaftliche Forschung gebildet.« Dieser Beschluss ist faktisch die Gründungsurkunde des Außenpolitischen Nachrichtendienstes (APN), der späteren HV A.

Es erfolgte damit eine Spezialisierung. Die Diensteinheiten des MfS waren nunmehr zuständig für die Abwehr feindlicher Angriffe gegen die DDR innerhalb ihres Staates und zur offensiven Bearbeitung der Zentralen und Außendienststellen der feindlichen Geheimdienste in der BRD und Westberlin.

Und die Diensteinheiten des neugebildeten APN waren zuständig für die Informationsbeschaffung aus den maßgeblichen politischen, militärischen und wirtschaftlichen Einrichtungen der BRD, der anderen NATO-Staaten und internationalen Organisationen (Regierungsstellen, Parteien, NATO, EWG/EU, führende Konzerne etc.).

Bereits 1956 orientierte der Leiter der HV A auf eine systematische Erfassung und Aufklärung von Aktivitäten der Ämter für Verfassungsschutz, des Bundesnachrichtendienstes (BND) und der politischen Polizei gegen Inoffizielle Mitarbeiter (IM) der HV A. 1959 wurde dafür ein eigenes Referat gebildet. Ab 1973 wurde die HV A auch für die Bearbeitung der Zentralen der feindlichen Geheimdienste der BRD und der NATO-Staaten verantwortlich gemacht, während die operative Kontrolle der Außendienststellen und ihrer konkreten Aktivitäten bei der Spionageabwehr im MfS verblieb. Dazu wurden zahlreiche Mitarbeiter der bis dahin dafür zuständigen Hauptabteilung II des MfS zur HV A versetzt.

Damit wurde die Praxis der kooperativen Aufklärung und Abwehr konsequent weitergeführt.

Die Tätigkeit der Hauptverwaltung Aufklärung (HV A) war seit ihrer Gründung darauf gerichtet, durch rechtzeitige Aufklärung der gegen die DDR und die anderen sozialistischen Länder gerichteten politischen, militärischen, ökonomischen und geheimdienstlichen Pläne und Aktivitäten die Sicherheit der DDR, ihre stabile Entwicklung und damit eine friedliche Entwicklung in Europa insgesamt zu gewährleisten.

Warum wurde die Aufklärung in das MfS eingegliedert? Der BND,
der Auslandsnachrichtendienst der Bundesrepublik, existiert doch
auch eigenständig neben der Abwehr, dem Verfassungsschutz?

Die Gründung des APN, nachfolgend HV A, erfolgte 1951 auf
sowjetische Anregung in der Verantwortung des Außenministeri-
ums der DDR, d. h. als eine zivile politische Institution. Als erster
Leiter des Nachrichtendienstes wurde Anton Ackermann eingesetzt,
Staatssekretär im Außenministerium der DDR. Er gab die Funktion des Leiters des Nachrichtendienstes 1952 an Markus Wolf ab,
der dann zunächst Walter Ulbricht und nach einigen Wochen Wilhelm Zaisser, dem Minister für Staatssicherheit, in dessen Funktion
als Mitglied des Politbüros unterstellt wurde. Diese Struktur bestand
bis 1953.

Nach dem 17. Juni 1953 wurde Minister Zaisser abgelöst und
das Ministerium als Staatssekretariat dem Innenminister unterstellt.
Zuständiger Staatssekretär wurde Ernst Wollweber.

Im Zuge dieser Veränderungen wurde die Aufklärung als
Hauptabteilung XV in das SfS eingegliedert und der Leiter Markus
Wolf als Stellvertreter des neuen Staatssekretärs bestätigt. Erich
Mielke wurde als Stellvertreter für den Bereich der Abwehr einge-
setzt. Mit dieser Strukturveränderung wurden die »zivilen« Mitar-
beiter der Aufklärung zu Offizieren des SfS ernannt.

Diese Veränderungen erfolgten auf Anweisungen der SED- und
Staatsführung der DDR. Man folgte auch hier dem sowjetischen
Vorbild. Nach dem Tod Stalins waren dort die Staatssicherheitsorgane einschließlich der Aufklärung in das Innenministerium eingegliedert worden.

Die Kooperation von Abwehr und Aufklärung innerhalb eines
zentralistisch und nach militärischen Prinzipien geführten Ministeriums erwies sich als besonders effektiv. Ähnliche Erfahrungen hatten auch westliche Geheimdienste gemacht. Bei klarer Orientierung
der HV A auf die Beschaffung von Informationen aus Zielobjek-
ten außerhalb der DDR waren die hauptamtlichen und Inoffiziellen Mitarbeiter angehalten, relevante Erkenntnisse zur inneren Lage
der DDR der Abwehr zu übergeben (z. B. Informationen über in
westlichen Gefilden agierende Menschenhändlerbanden, Erkenntnisse zur ökonomischen Störtätigkeit, um die Volkswirtschaft vor

Schaden zu bewahren; Hinweise zu Terroristen oder zu geheimdienstlichen Verbindungen zur sogenannten Bürgerrechtsbewegung in der DDR). Auch DDR-IM der HV A wurden angehalten, Informationen für die Abwehr zu erarbeiten. Jedoch wurde durch die HV A kein einziger DDR-Bürger mit dem Ziel angeworben, ausschließlich im Inland für die Abwehr zu arbeiten, alle hatten ihre Funktion in Vorgängen nach außen.

Andererseits waren die Abwehrdiensteinheiten verpflichtet, bedeutsame Ausgangsinformationen für offensive Aktivitäten der HV A zur Verfügung zu stellen (z. B. Hinweise auf interessante Kontakte, einreisende Personen usw.)

In der BRD existieren zwar formal getrennte Dienste, allerdings durchdringen auch sie sich wechselseitig. So wurde bei der Gründung des Bundesamtes für Verfassungsschutz der hochrangige Mitarbeiter der »Organisation Gehlen«, Albert Radke, dort als Vizepräsident eingesetzt. Der BND nutzte und nutzt sehr umfassend im Rahmen sogenannter Amtshilfe die Möglichkeiten der Polizei, des Zolls, des Bundesgrenzschutzes und anderer Einrichtungen für seine Tätigkeit. Er unterhält eigene Dienststellen im Inneren der BRD, wie das Grenzmeldenetz, das Befragungswesen, Außenstellen der Post- und Telefonkontrolle (sogenannte rezeptive Quellen). Die Koordinierung der Tätigkeit der Geheimdienste erfolgt durch das Bundeskanzleramt.

Die aktuellen Planungen der Bundesregierung sehen eine weitere enge Verzahnung der Arbeit dieser Behörden und eine wesentliche Erweiterung ihrer Zugriffsmöglichkeiten auf persönliche Daten der Bürger vor.

Es heißt, es habe zwischen der Abwehr und der Aufklärung des MfS mehr als nur eine gesunde Rivalität gegeben. Die Aufklärung rechnete sich zur Elite, während die Abwehr zu den Fußtruppen zählte. Die einen hätten sich nicht die Hände »beschmutzt«, während die anderen als Teil des Repressionsapparates die »Drecksarbeit« machten?

Die angebliche Konkurrenz zwischen Abwehr und Aufklärung ist eine Erfindung der Medien. Ohne kameradschaftliche Zusammenarbeit hätte es keine erfolgreiche Arbeit der Staatssicherheit geben können. Die Hauptverantwortung für die innere Sicherheit lag bei der Abwehr. Ohne deren Unterstützung hätten bestimmte Maßnahmen in der Arbeit der HV A nicht erfolgen können, z. B. die sichere Grenzpassage der eingesetzten Kräfte oder die Erarbeitung von Hinweisen aus den vielfältigen Verbindungen von Personen und Institutionen ins westliche Ausland. Wechselseitig wurden wichtige Informationen, die das andere Aufgabegebiet betrafen, ausgetauscht. Großen Anteil hatten die Abwehrdiensteinheiten zur Sicherung der Volkswirtschaft, aber auch bei der qualifizierten Auswertung und Anwendung von wissenschaftlich-technischen Informationen, die von der HV A gebracht wurden.

Die Einheit von Aufklärung und Abwehr hieß abwehrmäßiges Denken in der Aufklärung und Aufklärungsdenken in der Abwehr, darauf wurde in den Dienstkollektiven großer Wert gelegt.

Beide Dienstbereiche organisierten ihre Kadersuche selbst. Es gab aber eine Vielzahl von Mitarbeitern, die aus der Abwehr in die HV A versetzt wurden und umgekehrt. Die Gründe dafür waren in der jeweiligen Qualifikation und Eignung für eine Aufgabe und im aktuellen Kaderbedarf zu sehen.

Die Grundanforderungen waren für einen Einsatz in Abwehr und Aufklärung gleich.

Welchen Einfluss nahm der sowjetische Geheimdienst KGB auf die
Aufgaben der HV A? Hatte er Kenntnis über die Identität
der Kundschafter des MfS?

Sieht man von den frühen Anfangsjahren bis 1958 ab, hatten die
Vertreter des KGB gegenüber den Mitarbeitern der HV A keine
Weisungsbefugnis.

Ende der 50er Jahre traten Verbindungsoffiziere an die Stelle der
Berater. Es erfolgten Erfahrungsaustausche über die Aufgabenstel-
lung der jeweiligen operativen Linie, über politische und operativ-
methodische Fragen. Erarbeitete Informationen wurden übergeben,
soweit es nicht wegen ihres außergewöhnlichen Inhalts zentral über
den Minister geschah.

Allerdings erhielten die sowjetischen Partner keine Kenntnisse
über die Identität der Quellen des MfS im Operationsgebiet. Auch
umgekehrt wurde so verfahren.

Das hatte jedoch keinen Einfluss auf das ausgesprochen freund-
schaftliche Verhältnis in der Zusammenarbeit zwischen den Vertretern der HV A und des KGB.

Wurden in der Wendezeit Quellen der Aufklärung oder andere
inoffizielle Verbindungen an den KGB übergeben?

Nein. Und selbst wenn es sich so verhielte, würde dies nicht öffentlich gemacht werden.

Trotz der engen Zusammenarbeit galt im Informationsaustausch mit dem KGB immer das strikte Prinzip des Quellenschutzes. Informationen, aus denen Schlüsse auf deren Herkunft gezogen werden konnten, wurden niemals direkt an den KGB weitergeleitet, sondern immer mit zum Teil hohem Aufwand umgeschrieben, um die Herkunft zu verschleiern.

Die Vertretung des KGB in der DDR führte ein eigenes Netz von Quellen unter DDR-Bürgern, das auch gegenüber dem MfS streng abgeschirmt wurde.

In der Zeit der Auflösung des MfS und der geordneten Abwicklung der Hauptverwaltung Aufklärung entsprechend einer Entscheidung des Zentralen Runden Tisches bestand die Aufgabe der Mitarbeiter der HV A darin, die Verbindungen zu den Quellen im Operationsgebiet geordnet und sicher aufzulösen. In wenigen Ausnahmefällen äußerten Quellen der HV A den Wunsch, ihre inoffizielle Tätigkeit unter der Führung des KGB fortzusetzen. Das wurde von den verantwortlichen Führungsoffizieren, nicht zuletzt mit dem Hinweis auf die mögliche Gefährdung, zurückgewiesen. Sie bestand darin, dass auch die Auflösung der HV A in verschiedener Hinsicht Risiken der Enttarnung von Quellen in sich barg (z. B. durch Überläufer/Verräter aus den eigenen Reihen), und auch in der Sowjetunion und im KGB schon Erscheinungen der drohenden Niederlage, der Zersetzung erkennbar waren. Damit hätte eine mögliche Verbindung zum KGB für die HV A-Quellen eine hohe Gefährdung ihrer Sicherheit bedeutet.

Es gibt aber auch einige Beispiele, dass die westdeutschen Geheimdienste mit Hilfe von Verrätern versuchten, Beispiele einer Übergabe von Quellen zu provozieren, die dann öffentlichkeitswirksam hätten ausgewertet werden können. Das besonnene und verantwortungsbewusste Verhalten der betreffenden Quellen hat diese Provokationen verhindert, so dass nur die Medienlüge über die »massenhafte Nutzung von Quellen der DDR durch die Sowjets« übrig blieb.

Arbeitete die HV A nach dem gleichen Muster wie westliche Spionagedienste?

Handwerklich unterscheiden sich Spione aller Länder kaum. Der entscheidende Unterschied in der Arbeit der gegeneinander arbeitenden Geheimdienste bestand in ihrer Motivation« und in ihrer Zielsetzung. Kundschafter und IM aus dem Operationsgebiet (BRD, Westberlin, kapitalistische Drittländer) arbeiteten zu zwei Drittel, DDR-Bürger zu 100 Prozent auf politischer Grundlage mit der HV A zusammen, Werbungen erfolgten auch auf kombinierter politisch-materieller Basis, nur in Ausnahmefällen auf alleiniger materieller Basis, manchmal auch unter fremder Flagge. Keine auf Druck und Erpressung.

Ziel der Arbeit der HV A bestand darin, Beiträge zu leisten zur Erhaltung des Friedens, zum Abbau von Spannungen, zur Verbesserung der Beziehungen zu den kapitalistischen Staaten einschließlich der BRD, zum Schutz der DDR und der sozialistischen Länder sowie zu ihrer politischen und ökonomischen Stärkung. Zum Aufgabenspektrum gehörten weder die Destabilisierung noch die Liquidierung anderer Staaten, insbesondere der BRD. Das geht aus allen Dokumenten (Befehlen, Dienstanweisungen und Informationsaufgabenstellungen) hervor. Demgegenüber war die Arbeit der westlichen Dienste auf Unterwanderung und schließlich Beseitigung der DDR ausgerichtet. Diese Zielstellung ergab sich aus den Grundlinien der Politik.

Kanzler Adenauer sagte, nicht Wiedervereinigung, sondern die »Befreiung der unerlösten Provinzen östlich der Elbe« wäre das Ziel. Das bedeutete nichts anderes als die Beseitigung der DDR. Darauf war die Arbeit der westlichen Geheimdienste ausgerichtet.

Leistete die HV A, wie behauptet, einen Beitrag zur Verhinderung
eines Krieges, insbesonders eines Atomkrieges?

Eindeutig ja. Erreicht wurde das vor allem durch eine umfassende
Informationsarbeit zu militärpolitischen und zu militärstrategischen
Fragen. Man muss dazu wissen, dass sich die Beziehungen zwischen
den NATO-Staaten und den Staaten des Warschauer Vertrages nach
dem Amtsantritt des US-Präsidenten Reagan 1981 deutlich zuspitz-
ten. Damals wurde in den USA intensiv an Szenarien gearbeitet,
nach denen für die USA ein begrenzter Raketen-Kernwaffen-Krieg
führbar und gewinnbar sein sollte. Das führte zu einer erheblichen
Verunsicherung der Führung der UdSSR, da sich nach der erfolgten Stationierung von 108 Pershing-II-Mittelstrecken-Raketen und
464 Marschflugkörpern in der BRD und Westeuropa die Vor-
warnzeit für die UdSSR auf 8 bis 10 Minuten verkürzt hatte.

Ziel dieser nuklearen Modernisierung der NATO war, die zivilen und militärischen Kommando-, Kontroll- und Kommunikati-
onszentren der UdSSR und des Warschauer Vertrages mit einem
Überraschungsschlag zu vernichten und damit deren Verteidigung
unmöglich zu machen. Als dann im Herbst 1983 in der NATO-
Übung »Able Archer« (Geschickter Bogenschütze) diese Strategie
geprobt wurde, befürchtete die politische Führung in Moskau einen
bevorstehenden Angriff der NATO.

Die Kundschafter der HV A berichteten umfangreich und
dokumentarisch und konnten belegen, dass eine solche Absicht zu
diesem Zeitpunkt *nicht* bestand. Damit haben gerade sie eine weitere Eskalierung dieser Konfrontation verhindert und maßgeblich
zum Erhalt des Friedens beigetragen.

Dass das so war, bestätigte auf der Konferenz »Spionage für den
Frieden« 2004 in Berlin Milton Bearden, zuletzt Abteilungsleiter
Sowjetunion/Osteuropa der CIA. Er verwies darauf, dass es während des Kalten Krieges immer wieder zu Fehleinschätzungen in
gefährlichen Situationen auf beiden Seiten gekommen sei. Wörtlich sagte er: »In der Tat ist hier die Frage angebracht, wie sehr das
allgemeine Niveau des Verständnisses (des gegenseitigen Wissens),
das den Kalten Krieg kalt hielt, durch die von der HV A gesam-
melten Erkenntnisse zusätzlich befördert wurde.« Abschließend
gestand er auch der HV A zu, nicht nur der DDR, »sondern auch

der Sache des Friedens gut gedient« zu haben. Auch der US-Stratege Vojtech Mastny, Historiker und außenpolitischer Experte, der u. a. als Professor an der Kriegsakademie der US-Navy lehrt, stellt in einer Studie zu dem oben angeführten Manöver die Frage: »Haben ostdeutsche Spione einen Atomkrieg verhindert?« und kommt zu dem Schluss, dass die NATO »unglaublich von Agenten des Warschauer Vertrages, insbesondere der DDR« durchdrungen gewesen sei.

Die Arbeit der Kundschafter der HV A hat somit direkt zur Verhinderung eines Krieges beigetragen.

Erst mit dem Verschwinden der sozialistischen Staaten wurde das militärische Gleichgewicht in Europa zu Gunsten der NATO aufgehoben, die Folge war der erste Krieg nach 1945 mit deutscher Beteiligung im Jahr 1999 gegen Jugoslawien!

Der Stellenwert ergibt sich, wenn man sich die konkreten Lage-bedingungen noch einmal vor Augen führt. In der Bundesrepublik wurde mit Beginn der 1950er Jahre ihre forcierte Remilitarisierung betrieben, eingebettet in den systematischen Auf- und Ausbau der NATO als Instrument des Kalten Krieges. An der Grenze zwischen der DDR und der BRD standen sich zwei gewaltige militärische Gruppierungen gegenüber. Die Gefahr eines dritten Weltkrieges war real. Neben der hauptsächlichen politischen und wissenschaft-lich-technischen Aufklärung waren ab Mitte der 1950er Jahre drei Abteilungen der HV A mit der militärischen und politisch-militäri-schen Aufklärung beauftragt. Das hieß vor allem, in die militäri-schen und politisch-militärischen Führungsorgane der NATO, USA-Streitkräfte und Bundeswehr einzudringen und bedeutsame Informationen dort zu sammeln. Diese strategische Informations-beschaffung war nur mit gut platzierten Kundschaftern und Quel-len in den höchsten Stäben und in Regierungsstellen zu realisieren.

Schwerpunkte waren das NATO-Oberkommando Europa, das NATO-Generalsekretariat, der NATO-Militärausschuss mit dem Internationalen Militärischen Stab, das NATO-Kommando Zen-traleuropa (Afcent), das Oberkommando der US-Streitkräfte in Europa und das Bundesverteidigungsministerium mit dessen nach-geordneten Stäben und Dienststellen.

Die Aufgabe lautete, jegliche politischen und militärischen Überraschungen seitens des Gegners auszuschließen. Was für die HV A vor allem bedeutete, rechtzeitig aussagekräftige Informatio-nen über die Pläne und Absichten der NATO auf den Gebieten der Militärpolitik und -strategien, der Nuklearpolitik, der Streitkräfte- und Rüstungsentwicklung und der Fähigkeit zu überraschenden Handlungen zu beschaffen. Es galt, einen Beitrag zur Verhinderung eines Krieges zwischen der NATO und dem Warschauer Vertrag zu leisten. Und die Ergebnisse belegen:

Die Aktivitäten/Pläne des Gegners (NATO) auf politischem und militärischem Gebiet wurden durch die Ergebnisse der Auf-klärungsarbeit der HV A transparent. Die politischen und militäri-schen Spitzen der DDR und des Warschauer Vertrages waren jeder-zeit konkret über die Lage in der NATO, deren Absichten und

Pläne, deren tatsächliches Potential informiert. Diese Erkenntnisse fanden Eingang in die militärisch-strategischen Überlegungen, fanden Berücksichtigung für Vorschläge zur Abrüstung und Rüstungsbegrenzung.

Das waren wesentliche Beiträge zur Erhaltung des Friedens in Europa.

Wie war das Zusammenwirken der HV A mit der Aufklärung der Nationalen Volksarmee der DDR?

Die Zusammenarbeit mit dem Bereich Aufklärung der NVA fand auf der Ebene der Leitungen/Chefs beider Nachrichtendienste, der Auswertungsabteilungen und auf den Gebieten Regimefragen und Dokumentationen statt.

Die zentralen Aufgaben/Orientierungen für die militärische Informationsbeschaffung wurden abgestimmt und wichtige Auswertungsergebnisse, z. B. zu bedeutsamen NATO-Übungen wie Wintex/Cimex ausgetauscht.

Ansonsten verlief die Tätigkeit beider Nachrichtendienste der DDR parallel. Ein Zusammenwirken auf der Ebene der operativen Abteilungen gab es nicht.

Gemäß der Hauptaufgabe des MfS und im Besonderen der Aufklärung, einen Beitrag zur Erhaltung des Friedens zu leisten und zu verhindern, dass aus dem Kalten Krieg ein heißer wurde, lag eine Entspannung insbesondere im Verhältnis zwischen den beiden mächtigsten Militärblöcken der Welt, im ureigensten Interesse der Mitarbeiter der Aufklärung.

Zwangsläufig ergab sich daraus die Schlussfolgerung, Schritte in Richtung Entspannung zu fördern, allerdings unter Berücksichtigung der eigenen Sicherheit und der Existenz der sozialistischen DDR. Beispiele dafür waren die vorbehaltlose Unterstützung der Neuen Ostpolitik der SPD unter Kanzler Willy Brandt seit 1969, die bekanntlich auf harten Widerstand der CDU/CSU stieß; die Vorbereitung und Durchführung der in den 70er Jahren stattfindenden Konferenz für Sicherheit und Zusammenarbeit in Europa (KSZE), an der auch die USA und Kanada teilnahmen und die 1975 mit der Unterzeichnung der Schlussakte ihren Abschluss fand und danach als »Helsinki-Prozess« entscheidenden Einfluss auf die weitere politische Entwicklung in Europa unter den Bedingungen des Kalten Krieges nahm; sowie die großen Aktivitäten in den 80er Jahren zum Abzug der Mittelstreckenraketen aus Europa.

Die HV A hat diese und andere Prozesse durch ihre Informationen und durch aktive Einflussnahme unterstützt. Die Behauptung, die Aufklärung des MfS habe den Entspannungsprozess hintertrieben, ist deshalb eine bösartige Unterstellung, eine Lüge, die durch viele Beispiele widerlegt ist.

*Das Bekenntnis zur Ostpolitik Willy Brandts wirkt nicht
überzeugend angesichts der Tatsache, dass Günter Guillaume – ein
Offizier des MfS – 1974 den Bundeskanzler gestürzt hat?*

Wahr ist, dass die Enttarnung »des Kanzlersamtsspions« Willy Brandt
veranlasste, die Verantwortung für die vermeintliche Sicherheits-
panne zu übernehmen und zurückzutreten. Wahr ist aber auch,
dass dies nicht die eigentliche Ursache für diesen Schritt war.

Die Politik Brandts als Außenminister der Großen Koalition
(1966-1969) und als Bundeskanzler (1969-1974) brachte Bewegung in die Politik der BRD gegenüber den sozialistischen Ländern.
Die darin enthaltenen Ansatzpunkte für eine Verbesserung der
Beziehungen zur DDR, zu mehr Normalität wurden von der Regierung der DDR aufmerksam verfolgt und Möglichkeiten der Weiterentwicklung gesucht. Dementsprechend hatte auch die HV A
die Aufgabe, alle Möglichkeiten der Beförderung dieser Politik zu
nutzen. Dafür wurden vielfältige Informations- und Gesprächs-
kanäle genutzt.

Als der Bundeskanzler durch ein konstruktives Misstrauens-
votum von der CDU/CSU 1972 gestürzt werden sollte, sorgte die
HV A nachweislich dafür, dass genügend Stimmen für Willy
Brandt abgegeben wurden. In dem zuständigen Referat wurde
damals der Begriff »Brandtschutzwochen« geprägt.

Anfang Mai 1974 trat Brandt von seiner Funktion als Bundeskanzler zurück, nachdem die Enttarnung Guillaumes zum »größten Spionagefall der Bundesrepublik« hochstilisiert worden war.

Günter Guillaume wurde 1956 als Kundschafter gemeinsam
mit seiner Ehefrau Christel von der Abteilung II der HV A in die
BRD geschickt. Als Mitglied der SPD stieg er dank seiner aktiven
politischen Arbeit in dieser Partei sehr schnell auf. 1970 wurde er
Mitarbeiter im Bundeskanzleramt und 1972 Partei-Referent des
Bundeskanzlers. Im April 1974 wurde er als Kundschafter enttarnt.
Dem Verfassungsschutz war es gelungen, alte Funksprüche aus den
50er Jahren aufzuarbeiten und auch einige Günter Guillaume zuzu-
ordnen. Er und seine Frau wurden verhaftet.

Brandt nahm das als Anlass für seinen Rücktritt. Die Gründe
lagen tiefer. Er war Opfer unüberbrückbarer Differenzen in der
Parteispitze geworden, namentlich zwischen ihm, Wehner und

Schmidt. Brandt misstraute den Ostkontakten Wehners, dieser wiederum kritisierte den Lebensstil Brandts, mit dem sich dieser erpressbar machte. Schmidt verhielt sich nicht feindselig gegen ihn, unterstützte ihn aber in dieser kritischen Situation auch nicht.

Auch waren Brandts Beziehungen zum Koalitionspartner FDP nicht mehr die besten. Die ursprüngliche Mehrheit der Koalition aus SPD und FDP im Bundestag von zwölf Stimmen war durch mehrere Übertritte von FDP-Politikern zur Union bereits auf sechs Stimmen geschrumpft. Nach der Enttarnung Günter Guillaumes fühlte Brandt keinen Rückhalt mehr in seiner näheren Umgebung und nutzte den Vorfall deshalb für seinen Rücktritt.

Obwohl Willy Brandt für die Einstellung Günter Guillaumes und dessen Weiterbeschäftigung im Bundeskanzleramt nach Vorliegen konkreter Verdachtsmomente nicht verantwortlich gemacht werden konnte, übernahm er trotzdem die persönliche Verantwortung.

Für den Verbleib Günter Guillaumes im Bundeskanzleramt mit Zugang zu vertraulichen Informationen waren Innenminister Genscher und der Präsident des Bundesamtes für Verfassungsschutz, Nollau, verantwortlich. Deren Absichten blieben weitgehend im Dunkeln.

Die HV A, die Brandt in jedem Falle stützen wollte, erfuhr mit Brandts Demission eine ihrer größten Niederlagen.

Konnte die HV A mit ihrer wissenschaftlich-technischen Aufklärung den technologischen Rückstand der DDR ausgleichen?

Es war immer Aufgabe der wissenschaftlich-technische Aufklärung, Informationen über modernste Technologien, Werkstoffentwicklungen und Industrieanlagen zu erarbeiten. Allerdings konnte eine solche Nachrichtenarbeit allein nicht alle Rückstände in der DDR-Volkswirtschaft kompensieren.

Die konkrete wirtschaftliche Situation verstärkte die Notwendigkeit dieser Arbeitsrichtung in besonderem Maße. Der ursprüngliche Grund für die Einrichtung dieser Arbeitslinie war jedoch die bereits 1948 beginnende Ausschaltung der Länder mit einer sozialistischen Orientierung und damit auch der DDR aus der internationalen Arbeitsteilung und dem unbehinderten Welthandel. Erinnert sei an die Embargomaßnahmen und die CoCom-Liste. Dringend benötigte technische Neuentwicklungen waren für die DDR nicht mehr auf normalem Wege zu erhalten. Deshalb war ein wirtschaftlicher und wissenschaftlich-technischer Dienst der DDR zur Abwendung der Folgen der Embargo-Politik objektiv notwendig.

Negative Auswirkungen zeigten sich im Zurückbleiben der Konsumgüterindustrie und der Erhöhung der Produktionskosten. Das Anliegen der wissenschaftlich-technischen Aufklärung bestand darin, diese Folgen zu minimieren. Das erklärt auch die Größe der wissenschaftlich-technischen Aufklärung im MfS.

Die wissenschaftlich-technische Aufklärung der HV A beschaffte vieles: von Zuchtschweinen aus Großbritannien bis hin zu einer kompletten Industrieanlage zur Herstellung von Komponenten der Mikroelektronik.

Seit Beginn der industriellen Revolution entwickelte sich auch die Industriespionage sprunghaft. Bekanntlich verlief die industrielle Entwicklung in England am stürmischsten wegen der Erfindung der Dampfmaschine. Da Preußen damals hinterherhinkte, schickte man einen Spion nach England, diese Maschine zu studieren. Er brachte auch die Konstruktionsunterlagen mit – aber damit gelang noch kein funktionierender Nachbau. Deshalb wurde ein zweiter Agent mit dem Auftrag ausgesandt, in England einen Mitarbeiter an dieser Erfindung zu kaufen und ihn nach Preußen zu bringen. Das gelang – und danach setzte auch in Preußen und in den anderen deutschen Ländern eine stürmische industrielle Entwicklung ein. Die Order für diesen Coup hatte kein geringerer erteilt als Friedrich II.

Heute betreiben fast alle Industrienationen wissenschaftlich-technische Spionage.

US-Präsident Clinton erließ 1993 ein Programm der nationalen Industriesicherheit, das als Basis für eine offensive Industrie- und Wirtschaftsspionage angesehen wird. Die US-Nachrichtendienste erhielten dafür ein Jahresbudget von 30 Milliarden Dollar.

Unter Bush wurde das Programm ausgeweitet und mit etwa 40 Milliarden pro Jahr finanziert. Die USA wollen damit mit aller Entschlossenheit den Kampf um Weltmarktanteile insbesondere gegen China, Japan und die EU-Staaten führen. Nie zuvor in der Geschichte wurden soviel Mittel bereitgestellt und so viele Menschen in wirtschafts- und wissenschaftlich-technische Aufklärungsaktivitäten einbezogen wie in der Gegenwart.

Was zeigt, dass das nicht nur eine DDR-typische Arbeitsrichtung war.

Welchen konkreten Nutzen hatte die wissenschaftlich-technische Aufklärung, wenn der Abstand zur Weltspitze damit nicht wesentlich kleiner wurde?

Die Frage ist berechtigt, berücksichtigt aber nicht, dass auch diese Arbeitsrichtung ihren Anteil daran hatte, dass in Europa 45 Jahre Frieden herrschte. Das ist das überragende Ergebnis.

Die Nachkriegspolitik der Westmächte und der BRD ließen erwarten, dass in der BRD als Beitrag zur NATO verstärkte Forschungen zur Weiterentwicklung der bereits in Nazi-Deutschland betriebenen Forschung an wirksameren konventionellen Waffen und auch an atomaren, biologischen und chemischen Waffen vorgenommen werden.

Eine der ersten zu klärenden Fragen war deshalb, ob und wie die BRD sich an der Weiterentwicklung der Atombombe beteiligt. Bekanntlich hatte Kanzler Adenauer bereits Anfang der 50er Jahre gefordert, dass die Bundeswehr Atomwaffen haben müsste. Bei jedem Rüstungsprogramm spielte die Ausrüstung der Luftwaffe damit eine hervorragende Rolle. Es gelang, in den Hauptzentren der Kernenergieforschung zuverlässige Quellen zu positionieren. Durch sie konnte die HV A sicher einschätzen, dass in der BRD eine solche Produktion nicht versucht wird, man setzte auf die Präsenz der USA. Das war eine sehr wichtige Information. Gleichzeitig konnten über diese Quellen wesentliche Grundlagen für die zivile Atomforschung der DDR und ihrer Verbündeten erarbeitet werden.

Auf militärischem Gebiet konnten kontinuierlich fundierte Informationen über die Luftrüstung der BRD, zum Kriegsschiffbau und zum Panzerbau erarbeitet werden. Dadurch war die Waffentechnik der Bundeswehr zum sehr großen Teil bekannt.

Bedeutend war die Arbeit zur Unterstützung der Chemie-Industrie der DDR (Verarbeitung von Synthesegas, Petrochemie, Plastwerkstoffe, Pharmazie, Polyurethane usw.).

Wurden in den 60er Jahren hauptsächlich die Bereiche Elektromaschinenbau, Kabelherstellung, Starkstromtechnik, Feinmechanik/Optik und Nachrichtentechnik unterstützt, waren das später die strategischen Gebiete der Elektronik, insbesondere Datenverarbeitung, Mikroelektronik und digitale Nachrichtentechnik. Damit wurde der Volkswirtschaft der DDR eine von Jahr zu Jahr größere Unterstützung gegeben. Die Höhe der ökonomischen Vergleichswerte war beachtlich, sie betrug bereits in den 70er Jahren rund 300 Millionen Mark der DDR und erreichte in den letzten Jahren der DDR mehr als 1,5 Milliarden Mark. Damit wurde ein Forschungs- und Entwicklungsaufwand kompensiert, der der DDR nicht zur Verfügung stand. Schätzungsweise hätten mehrere Tausend vollbeschäftigte Wissenschaftler dafür ein ganzes Jahr arbeiten müssen.

Die Aufgabe der wissenschaftlich-technischen Aufklärung bestand in der Gewährleistung der Sicherheit der DDR in ihrem Abschnitt und in der Linderung der Folgen der Embargopolitik für die Bevölkerung. Es war ihr nicht möglich und auch niemals gedacht, damit alle Probleme der Wirtschaft zu lösen.

War das Ausspionieren wissenschaftlich-technischer Geheimnisse
nicht geistiger Diebstahl und damit moralisch verwerflich?

Die wissenschaftlich-technische Aufklärung entstand für die DDR aus dem Zwang, die Wirtschaft als Lebensgrundlage für Millionen Menschen unter Bedingungen der Ausgrenzungen und Isolation zu entwickeln. Der Handel wurde mehr und mehr mit Restriktionen überzogen.

Diese Politik, institutionalisiert in der CoCom-Behörde, sollte die Lebens- und Verteidigungsfähigkeit der sozialistischen Länder unmöglich machen. Der freie Handel mit Waren, Dienstleistungen und Technologien sowie der Wissenschaftsaustausch wurden weitgehend unterbunden.

Wenn die DDR also auf diesem Feld, wie übrigens viele andere Staaten auch, tätig wurde, so, um die Lebensgrundlagen und die Sicherheit der DDR im Bündnis mit den Warschauer Vertragsstaaten zu gewährleisten.

Daraus ergibt sich die Antwort auf die Frage nach der moralischen Beurteilung dieser Politik. Unmoralisch war es, die DDR mit Embargo und Boykott zu überziehen. Das war gegen die Menschen gerichtet.

*Die HV A unterhielt, wie es heißt, eine eigene Abteilung für
Desinformation. Worin bestand deren Aufgabe?*

In der HV A gab es die Abteilung X mit der Bezeichnung »Aktive
Maßnahmen«. Vergleichbare Abteilungen/Bereiche existierten in der
Zeit des Kalten Krieges in allen Geheimdiensten, gleich ob in Ost
oder West. Politisch-aktive Maßnahmen von Geheimdiensten sind
verdeckte Aktivitäten, um mit Hilfe geheimdienstlicher Erkenntnisse, insbesondere Fakten und Dokumenten, Einfluss auf gesellschaftliche Entwicklungen des Gegners zu nehmen, vor allem über
Medien und die Öffentlichkeit. Sie schließen aber auch Unterstellungen, Unwahr- und Teilwahrheiten ein.

Der Abteilung X war die Aufgabe gestellt, die von der BRD aus-
gehenden und gegen die DDR und andere sozialistische Länder
gerichteten Aktivitäten, deren Hintergründe und Zielsetzungen
publik zu machen und zu entlarven. Dabei standen die Exponenten
dieser Politik in Führungsfunktionen der Gesellschaft sowie deren
Vergangenheit, aktuelle bzw. zukünftige Positionen im Mittelpunkt.
Eine besondere Rolle spielten dabei zudem Widersprüche und Dif-
ferenzierungsprozesse im gegnerischen Lager.

Die im Rahmen solcher aktiven Maßnahmen eingesetzten Agenten werden »Einflussagenten« genannt. Für die Abt. X der HV A
also IM und Kontaktpersonen, die journalistisch tätig waren,
Schriftsteller, Mitarbeiter von Verlagen und Redaktionen, Politiker
und solche Personen, die Einfluss auf das öffentliche Leben nehmen
konnten.

Über mehrere Jahre stand im Mittelpunkt solcher aktiven Maßnahmen die Entlarvung wichtiger Amtsträger des Faschismus, die
unter Adenauer wieder zu Amt und Würden gelangt waren. Durch
gezielte Aktionen gelang es, öffentlich aufzudecken, dass hohe und
höchste Würdenträger der BRD an Nazi- und Kriegsverbrechen
beteiligt oder anderweitig durch eine braune Vergangenheit belastet
waren. Hierzu gehörte der KZ-Baumeister und Bundespräsident
Heinrich Lübke; der Hauptverantwortliche für die »schwarze
Kriegspropaganda« und leitende Mitarbeiter des faschistischen Auswärtigen Amtes, Bundeskanzler Kurt Kiesinger; der an Todesurteilen beteiligte Marinerichter und spätere Ministerpräsident von
Baden-Württemberg, Hans Filbinger; der als Generalstaatsanwalt

in Hochverratsprozessen gegen Antifaschisten beteiligte spätere Präsident des Bundesamtes für Verfassungsschutz, Hubert Schrübbers, und andere, auch Oberländer und Globke.

Weitere Aktionen richteten sich gegen leitende Mitarbeiter westlicher Geheimdienste, insbesondere des BND und des BfV, und deren Aktionen, gegen die Kriegspolitik der NATO und der Bundeswehr, gegen die Rüstungspolitik, gegen den Revanchismus usw. Gegenstand aktiver Maßnahmen der HV A und ihrer Abteilung X waren jedoch nie die Durchführung von Staatsstreichen, Mord und Sabotage oder ähnlicher Verbrechen.

Die »Stasi« soll die Legende, dass der Aids-Virus aus einem CIA-Labor stamme, erfunden und mit Hilfe von Stefan Heym und der taz verbreitet haben. Trifft das zu?

Es ist eine Ente in jeder Hinsicht. Dass die vermeintlich linksalternative *Tageszeitung* mit einem selbstkritischen Bekenntnis Anfang 2010 an die Öffentlichkeit trat (»Als die Stasi uns benutzte«) kann wohl mit dem Kampf um Aufmerksamkeit erklärt werden. Jedes Blatt, das sich wichtig nimmt, enthüllte mindestens einen internen »Stasi-Skandal«. Da hatte die *taz* bislang nichts zu bieten. Plötzlich und unvermittelt erinnerte man sich aber eines Interviews aus dem Jahre 1987, das Stefan Heym (1913-2001) mit seinem Freund Jakob Segal (1911-1995) geführt hatte, in welchem der Biologe behauptete, das Virus für die Immunschwächekrankheit sei einem Laborunfall im US-amerikanischen Militärforschungsinstitut Fort Detrick geschuldet. Und ein ehemaliger Mitarbeiter der Abt. X der HV A bestätigte auf Nachfrage, dass eben diese Nachricht vom MfS lanciert worden sei.

Bei dem Kron- und überhaupt einzigen Zeugen handelt es sich um jenen Günter B., der regelmäßig seine »hohe Sachkenntnis« gegenüber Medienvertretern beweist. Egal, ob »Stasi und Papstattentat« oder »Stasi und die UFOs«, für Honorar hat der – nach eigenem Bekunden – Hauptverantwortliche für Desinformation in der Abt. X stets Unerhörtes mitzuteilen. So auch in diesem Falle: B. bestätigte der Zeitung, sie sei damals auf einen miesen Trick der Stasi hereingefallen. B. versteht sein Handwerk eben noch immer.

Zwar fragte sich die *taz*, weshalb Stefan Heym »auf seine alten Tage« überhaupt auf die Idee gekommen sei, Segal in dieser Sache zu interviewen. Aber die nicht minder spannende Frage, ob sich Heym vom MfS für eine solch niederträchtige Übung überhaupt hätte benutzen lassen, stellte sie nicht.

Tatsache ist, dass der Schriftsteller Stefan Heym – und zu diesem Fehler bekennt sich das MfS – zu den am stärksten observierten Personen in der DDR gehörte. Obgleich ein überzeugter Sozialist ‚wäre er unter diesen Umständen zu einer derartigen Kooperation gewiss nicht bereit gewesen. Und auch indirekt wäre es nicht gelungen: Dazu war Heym einfach zu klug.

Das MfS wäre im Übrigen nie auf diese Idee gekommen.

Die *taz*-Story hat eine fatale Ähnlichkeit mit jener Denunziation, die 1994 verhindern sollte, dass der 82-jährige PDS-Abgeordnete Heym als Alterspräsident des Deutschen Bundestages die konstituierende Sitzung des Parlaments eröffnete. Da war kurz zuvor belastendes Material aus dem Jahre 1958 aufgetaucht: Heym hatte angeblich damals dem MfS Aussagen zu Heinz Brandt angeboten. (Der SED-Funktionär Brandt [1909-1986], der seit 1956 für das Ostbüro der SPD in Westberlin arbeitete, war 1958 in den Westen geflüchtet, 1961 in die DDR entführt und wegen »schwerer Spionage in Tateinheit mit staatsgefährdender Propaganda und Hetze im schweren Fall« zu 13 Jahren Zuchthaus verurteilt worden. Nach zwei Jahren Haft in Bautzen wurde er in den Westen abgeschoben. 1980 gehörte Brandt zu den Mitbegründern der Grünen, die er aber noch im selber Jahr wieder verließ.)

Heym hielt 1994 seine Rede im Bundestag, die Anschuldigungen verliefen im Sande.

Auch diese wird schon bald wieder vergessen sein.

Wie wurde die Verbindung der HV A zu den Kundschaftern im Westen organisiert?

Verbindungen zwischen Inoffiziellen Mitarbeitern und der Zentrale galten als die Nervenstränge der Geheimdienstarbeit. Sie mussten sehr zuverlässig, stets funktionsfähig und sehr geheim arbeiten. Auf Grund vieler Sicherheitsmaßnahmen und Kontrollen in Objekten und an den Grenzen waren sie auch großen Gefahren ausgesetzt. Es mussten daher für jede Person individuell zugeschnittene Wege eingerichtet werden. Genutzt wurden alle nur denkbaren Möglichkeiten: der Brief- und Paketverkehr, sogenannte Tote Briefkästen zur unpersönlichen Materialweitergabe, Transportverstecke in grenzüberschreitenden Zügen, Schiffen und Kraftfahrzeugen, spezielle Behältnisse für den versteckten Transport im Reisegepäck (Container) usw. Die Transportrouten der Kuriere führten dabei zumeist über andere Länder.

Kurze Informationen konnten mit speziellen Geheimschreibmitteln notiert, die Mehrzahl der Dokumente musste jedoch fotografisch verarbeitet werden. Genutzt wurden dazu präparierte handelsübliche Filmkameras und spezielle Dokumentenfilme, die in normalen Filmkassetten untergebracht waren. Für Filmmaterialien gab es besondere Verstecke, die bei unbefugter Öffnung den Film durch Belichtung unbrauchbar machten.

Material konnte auch über die grüne Grenze übergeben werden. Es wurden aber auch so unkonventionelle Möglichkeiten genutzt wie mittels Pfeil und Bogen kleine Behältnisse an besonderen Orten einfach über die Grenzanlagen zu schießen (Wurfschleusen).

Für kurze und besonders dringende Informationen wurden auch verschlüsselte Mitteilungen mittels Spezialschnellgeber mit Telefonverbindung genutzt und Verbindungen über Funk aufrechterhalten.

Wozu diente das umfangreiche Netz von DDR-IM,
die für die Aufklärung tätig waren?

Das IM-Netz im Inland, bestehend aus DDR-Bürgern, war zahlenmäßig erheblich größer als das IM-Netz im Operationsgebiet, bestehend aus Bürgern der BRD, anderer westlicher Staaten sowie Westberlins. Dafür gibt es im Wesentlichen zwei Gründe:

Begünstigt durch die räumliche Nähe der BRD, durch die gemeinsame politische und kulturelle Vergangenheit und vor allem durch die einheitliche Sprache war es möglich, DDR-Bürger kurz- und auch langfristig im Operationsgebiet einzusetzen, in der Regel mit einer Legende und Abdeckung als BRD-Bürger. Das galt u. a. für operative Funktionen wie Werber, Beobachter, Ermittler, technische Spezialisten, aber auch für Residenten, Instrukteure oder Kuriere zu IM des Operationsgebietes.

Oft wurden auch in der DDR wohnende Verwandte und Bekannte von IM des Operationsgebietes mit einer operativen Funktion in entsprechende Vorgänge einbezogen. Außerdem erforderten funktionierende Verbindungen auch solche IM auf dem DDR-Territorium, die ihre Adresse, ihr Telefon oder ihre Wohnung für Treffs mit IM aus beiden deutschen Staaten und aus Westberlin, zur Verfügung stellten. Dabei handelte es sich um eine zahlenmäßig beachtliche Gruppe von IM, die ausschließlich logistische Aufgaben erfüllten.

Wie war das Verhältnis zwischen hauptamtlichen Mitarbeitern
und Kundschaftern bzw. IM?

Es wurde ein enges persönliches, wenn möglich freundschaftliches Verhältnis angestrebt. Dieses herzustellen gelang auch in vielen Fällen, es hielt oft Jahrzehnte. Das abgegebene Versprechen zu helfen, wenn IM in Schwierigkeiten gerieten, wurde gehalten. Wenn bekannt wurde, dass ein IM ins Blickfeld der gegnerischen Abwehr geraten war, wurde er in die DDR zurückgezogen. Erfolgte die Inhaftierung, bekannte sich das MfS zu dieser Verbindung und organisierte juristischen Beistand und persönliche Unterstützung.

Diese Frage ist nicht einfach zu beantworten. In der Arbeit jeder Diensteinheit gab es spezifische Aufgaben, die jeweils in einer bestimmten politischen Situation eine herausgehobene Bedeutung besaßen, deren Lösung im konkreten zeitlichen und politischen Zusammenhang von besonderer Tragweite war. Das waren Informationen, die Aufschluss gegeben haben über politische Strategien der Regierungen westlicher Staaten gegen die DDR und die sozialistischen Länder in Reaktion auf Vorgänge und Maßnahmen unserer Staaten. So während des 17. Juni 1953, der Vorgänge in Ungarn 1956, im Zusammenhang mit dem 13. August 1961 usw.

Das waren auch Informationen zu den Konzeptionen des Westens für die Verhandlungen mit der UdSSR und der DDR in der Phase der Erarbeitung der Ostverträge sowie der KSZE-Verhandlungen.

Von besonderer Bedeutung waren die kontinuierlichen Informationen zur Strategie der NATO und ihrer Rüstungsvorhaben, die seit den 60er Jahren in steigender Menge und Qualität erarbeitet werden konnten. Dazu gehörten auch die Informationen zur realen Beurteilung des Manövers »Able Archer« oder die Materialien zu einem beabsichtigten Enthauptungsschlag gegen die Staaten des Warschauer Vertrages unter dem Codenamen CANOPY WING.

Von Bedeutung waren auch die Informationen aus den Zentralen des BND und des Bundesamtes für Verfassungsschutz sowie die Maßnahmen zur Paralysierung der Spionageangriffe der CIA.

Auf dem Gebiet der Wissenschaft und Technik wurde umfassend über Forschung und Technik der Kernenergie, zu bedeutenden Entwicklungen aus den Gebieten der Chemie, der Elektrotechnik/Elektronik und der Rüstungsproduktion informiert. Es gelang auch, in vielen Fällen die CoCom-Beschränkungen zu durchbrechen.

Für die Arbeit der HV A insgesamt ist als größter Erfolg einzuschätzen, dass durch die Vielzahl von Informationen die Politik der Feinde der DDR für unsere Regierung transparenter und berechenbar gemacht und damit ein wesentlicher Beitrag zum Schutz, zur Sicherung und auch wirtschaftlichen Stärkung der DDR und des sozialistischen Lagers geleistet und so eine friedliche Entwicklung in Europa mit gesichert wurde.

Was waren die größten Niederlagen der HV A?

Auch diese Frage ist nicht mit einem Satz zu beantworten. Die Nichterfüllung einer wichtigen Aufgabe wurde von dem jeweiligen Mitarbeiter bzw. der Diensteinheit sicher sehr negativ gewertet, aber als Niederlage kann man so etwas nicht bezeichnen. Die rechtzeitig erkannte Gefährdung eines Mitarbeiters und dessen Rückzug stellten zwar einen Rückschlag dar, aber die Niederlage kassiert in diesem Fall die gegnerische Abwehr.

Anders war das im Falle der Enttarnung und Verhaftung eines Mitarbeiters zu sehen. Markus Wolf nannte deshalb die Enttarnung von Günter Guillaume eine seiner größten Niederlagen, weil das zum Rücktritt von Willy Brandt und damit auch zu negativen politischen Folgen führte. Die Enttarnung und Verhaftung von Mitarbeitern waren immer die schmerzlichsten Niederlagen.

Es gab in der Geschichte der HV A auch einige wenige Fälle des Verrats von Mitarbeitern, die alle äußerst schmerzlich und mit strafrechtlichen Konsequenzen für Quellen der Aufklärung verbunden waren.

Mit der »Wende« erwiesen sich einige ehemals verantwortliche Mitarbeiter der HV A ebenfalls als Verräter und offenbarten den gegnerischen Diensten ihr Wissen über Quellen der HV A.

Diese Verräter können jedoch nicht das in der übergroßen Mehrheit standhafte und mutige Verhalten der hauptamtlichen und Inoffiziellen Mitarbeiter in der Strafverfolgung und Medienhetze nach 1989 aufwiegen.

Warum wurden die Akten von Kundschaftern und IM der HV A vernichtet?

Als absehbar war, dass in der DDR gravierende politische Veränderungen erfolgen würden und der Schutz interner Unterlagen nicht mehr garantiert werden konnte, wurde die Vernichtung befohlen. Zunächst differenziert, schließlich total. Das geschah zum Schutz der Kundschafter und IM. Niemand, schon gar nicht andere Geheimdienste, sollte Zugriff auf Unterlagen über die konkrete nachrichtendienstliche Tätigkeit dieser Personen erhalten.

Zu Beginn der 90er Jahre wurde publik, dass die Unterlagen über die Westspione in den Westen gelangt waren. Sie kehrten aus den USA unter der Bezeichnung »Rosenholz« zurück. Wie war die CIA an diese Daten gekommen?

Es handelte sich um Kopien der Karteikarten mit den Personalien und Decknamen Inoffizieller Mitarbeiter der HV A sowie von statistischen Bögen mit Angaben über die Tätigkeit, Objekte, Informationsmöglichkeiten und das Verbindungssystem zu diesen Personen. Sie kamen in den Besitz der CIA als Film, nach Angaben von CIA-Technikern als 5. oder 6. Kopie des Originalfilms. Wie diese Filme in den Besitz der CIA gelangten, ist bis heute nicht eindeutig erwiesen. Es gibt mehrere Theorien.

Mr. Robert Livingstone, langjährig im diplomatischen Dienst der USA tätig und auch mit der DDR befasst, zuletzt Gastprofessor am *German Historical Institut* in Washington, berichtete dazu in einem Vortrag auf der HV A-Tagung 2007 in Odense, dass angeblich ein Archivar des KGB 1992 der CIA in der US-Botschaft in Warschau dieses Material angeboten habe. Diese Angabe hielt er von allen Theorien für die wahrscheinlichste. Die CIA soll dafür lediglich 75.000 Dollar gezahlt haben, da die Mitarbeiter bezweifelten, dass das Material besonders wertvoll sein könnte.

Dabei wird davon ausgegangen, dass die HV A diese Filme dem KGB 1989/90 übergeben hätte.

Das ist zu bezweifeln, da von den Mitarbeitern der HV A alle Unterlagen vernichtet wurden. Die Karteikarten wurden 1989 aus der zentralen Kartei des MfS herausgenommen und geschreddert, auch vorhandene Filmkopien wurden im Frühjahr 1990 im Objekt Degnerstraße in Berlin restlos vernichtet.

Es bleiben also Fragen offen. Fest steht, dass diese Bänder zusammen mit der Entschlüsselung der SIRA-Datei (Elektronisches System zur Erfassung und Recherche von Informationen der HV A) zu weiteren Enttarnungen von Inoffiziellen Mitarbeitern führten und auch Strafverfahren wegen Landesverrats auslösten.

1986 trat der Chef der HV A und Stellvertreter des Ministers,
Markus Wolf, überraschend von seinen Funktionen zurück.
Freiwillig? Oder was waren die Gründe?

Zu dieser Frage nahm Generaloberst a. D. Markus Wolf wiederholt
ausführlich Stellung. Er habe mit Erreichen seines 60. Geburtstages
1983 aus dem MfS ausscheiden und sich der Pflege des Vermächtnisses seiner Familie, insbesondere seines früh verstorbenen Bruders
Konrad Wolf, widmen wollen. Als anerkanntes Opfer des Faschismus hatte er die in der DDR geltende vorgezogene Altersgrenze für
eine Berentung erreicht. Sein Ausscheiden hat er zielstrebig betrieben, da ein Rücktritt von einer so hohen Funktion immer der
Zustimmung der SED- und Staatsführung bedurfte. Deshalb dauerte es noch bis 1986.

In seinen eigenen Darstellungen nennt er als Beweggründe auch
Bedenken in Bezug auf die politische Situation in der DDR. Ihn
haben die immer größeren Differenzen zwischen offiziellen Darstellungen und der tatsächlichen Lage in der DDR, die ökonomische Situation und die wachsende Unzufriedenheit in der Bevölkerung mit großer Sorge um die weitere Entwicklung der DDR
erfüllt.

Nach seinem freiwilligen Ausscheiden veröffentlichte er sein
erstes Buch über den Filmstoff seines Bruders »Die Troika«. Damit
trat er dann in der Öffentlichkeit sehr aktiv auf, um bei Lesungen
und auf Foren auf gesellschaftliche Veränderungen in der DDR hinzuwirken. In Erinnerung bleibt sein mutiges Bekenntnis zur DDR
und zum MfS am 4. November 1989 auf dem Berliner Alexander-
platz und vor Gericht, in zahlreichen Veranstaltungen, in den
Medien und in Buchveröffentlichungen.

Er hat sich auch damit bei vielen Menschen in Ost und West
große Anerkennung erworben.

Warum lagen die verhängten Strafen gegen West- und Ostspione so erheblich auseinander?

Gemeint sind sicherlich die in der DDR verhängten Strafurteile gegen Westspione und die in der BRD gegen Kundschafter und nach 1990 auch gegen hauptamtliche Mitarbeiter des MfS.

Der Grund liegt einmal im Strafrahmen, den die Strafgesetze der beiden Länder vorsahen. Die höhere Strafandrohung im StGB der DDR war eine Reaktion auf die zahlreichen und zum Teil gefährlichen, die Grundlagen des Staates angreifenden Handlungen westlicher Geheimdienste. Die DDR war mit ihrer Gründung ungleich mehr Angriffen ausgesetzt, die die Existenz der neu aufzubauenden Gesellschaft bedrohten. Es sollte dadurch eine wirksamere Generalprävention erreicht werden.

Umgekehrt waren die Handlungen der DDR-Aufklärer nie auf die Destabilisierung und Vernichtung der BRD ausgerichtet. Es muss aber darauf hingewiesen werden, dass auch in der BRD in einer Reihe von Fällen sehr hohe Strafen verhängt wurden. Genannt seien hier die Urteile gegen Günter Guillaume, Klaus Kuron oder auch Rainer Rupp.

Im Unterschied zu den nach 1990 Verurteilten bestand angesichts der deutschen Zweistaatlichkeit bis 1989 die Möglichkeit des Austausches. Dadurch wurde die Strafdauer in vielen Fällen erheblich verkürzt.

Hätten Mitarbeiter der HV A nach 1990 auch für den BND
arbeiten können?

Für die übergroße Mehrheit der Mitarbeiter der HV A kam eine solche Überlegung überhaupt nicht in Frage. Die politischen Ziele der Arbeit des BND oder auch der CIA standen und stehen in direktem Gegensatz zur Grundüberzeugung der Angehörigen des MfS über die Lösung der vor der Menschheit stehenden Fragen. Demzufolge wäre eine andere Entscheidung nur als Verrat an Idealen und vor allem an unseren langjährigen Kampfgefährten anzusehen.

Wenn man bedenkt, welche Opfer unsere Vorbilder gerade im Kampf gegen den Faschismus auf sich genommen haben, sehr viele bezahlten ihren Widerstand mit dem Leben, dann wäre eine Arbeit für den BND oder die CIA nur als Verrat an ihrem Vermächtnis zu werten.

Es fand sich nur eine kleine Zahl ehemaliger Mitarbeiter bereit, die Seiten zu wechseln.

Alles schön und gut: Was aber ist mit den Menschen, die unter der »Stasi« litten?

Wir wissen, die Bevölkerung der DDR bestand aus Opfern und aus Tätern. Warum reden Sie immer nur über die Täter, nie über die Opfer?

Auch wenn es hier deplatziert akademisch wirkt: Wir sollten erst einmal klären, was ein Täter und wer ein Opfer ist.

Als Täter gelten Personen, die Straftaten begangen haben. Opfer sind Personen, die durch Straftaten geschädigt wurden.

Diese Unterscheidung gilt auch für ehemalige DDR-Bürger. So gesehen trifft das wohl auf die wenigsten Menschen zu. Der letzte DDR-Ministerpräsident, Lothar de Maizière, ironisierte den Sachverhalt: Drei Prozent waren Opfer und Täter, 97 Prozent Volk.

Es steht dahin, ob es drei Prozent der Bevölkerung waren, die geschädigt wurden und die gegen Gesetze verstoßen haben. Aber die Relation macht das Problem sichtbar.

Mit dieser grobschlächtigen Einteilung werden einerseits Ausgrenzung und Diskriminierung ganzer Bevölkerungsgruppen gerechtfertigt und andererseits ein totalitärer Deutungsanspruch der einstigen Gegner der DDR über die Geschichte begründet. Jeder Versuch, sich der geschichtlichen Wahrheit zu nähern, wird als »Verhöhnung und Beleidigung der Opfer« diffamiert.

Den angeblichen »Tätern« werden »Verharmlosung oder Rechtfertigung ihrer Verbrechen« unterstellt. Auf diese Weise werden die Feindbilder des Kalten Krieges weiter gepflegt. Personen, die Recht und Gesetz der DDR geschützt haben, werden zu »Tätern«, Rechtsbrecher zu »Opfern« der DDR.

Die ganze Heuchelei über angebliche Täter wird offenkundig, wenn führende Politiker der BRD ohne Bedenken den Schutz ihres Lebens ehemaligen Personenschützern des MfS anvertrauen oder ausgewählte Spezialisten des MfS in verschiedene Staatsdienste der BRD integriert sind.

Viele Menschen sind nach einem Besuch in der als »Gedenkstätte
Berlin-Hohenschönhausen« eingerichteten ehemaligen Zentralen
Untersuchungshaftanstalt des MfS tief beeindruckt.
Andere bezeichnen diese Gedenkstätte als »Gruselkabinett«.
Ist das wirklich nur eine Frage der Betrachtung?

Haftanstalten sind nirgendwo auf der Welt Erholungsheime. Sie
nehmen Menschen die Freiheit, Menschen werden, weil sie Gesetze
brachen, weggeschlossen, aus der Gemeinschaft zeitweise ausgeschlossen. Dessen sollte man sich bewusst sein, wenn über Knäste
nachgedacht wird.

Die meisten Besucher der Gedenkstätte in Hohenschönhausen
sehen erstmals in ihrem Leben eine Haftanstalt von innen. Die
bedrückende Atmosphäre einer Untersuchungshaftanstalt (UHA),
noch dazu die der Nachkriegszeit geschuldeten indiskutablen, men-
schenunwürdigen Haftbedingungen, hier sorgsam »rekonstruiert«,
machen Eindruck und lösen Betroffenheit aus. Gezeigt wird das
sogenannte U-Boot, ein nach dem Krieg in einem Fabrikkeller provisorisch eingerichtetes und bis 1950 zunächst von der sowjetischen
Besatzungsmacht genutztes Untersuchungs-Gefängnis.

Die meisten Gefängnisse in Berlin befanden sich damals im
Westteil der Stadt. Sie waren zur Kaiserzeit errichtet worden und
standen hinsichtlich ihrer Menschenunwürdigkeit den russischen
Einrichtungen in nichts nach. Das Zellengefängnis Lehrter Straße in
Moabit wurde von 1945 bis 1955 von den westlichen Alliierten
genutzt. Dort fanden zu jener Zeit auch Hinrichtungen statt. Das
Gefängnis wurde 1957/58 abgerissen. Die Gefangenen wurden in
zum Teil neu gebaute Gefängnisse verlegt. Auch das U-Boot in
Hohenschönhausen wurde 1959/60 durch einen Neubau ersetzt.
Die tatsächlich schlechten Haftbedingungen der ersten Jahre in
Hohenschönhausen waren den Bedingungen im vom Krieg zer-
störten Berlin geschuldet. Geeignete Haftgebäude waren im Ostteil
der Stadt nicht vorhanden. Zunächst mussten die in Notunter-
künften hausenden Berliner mit Wohnraum versorgt werden. Der
Aufbau der Wirtschaft, des Verkehrswesens, des Bildungswesens,
von Krankenhäusern hatte gegenüber Haftanstalten unbestreitbar
Vorrang. Aber bereits 1959 wurde in Hohenschönhausen eine neue,
moderne Haftanstalt sowie bis 1989 insgesamt fünf weitere Unter-

suchungshaftanstalten des MfS in den Bezirken der DDR mit einem Gesamtaufwand von 240 bis 260 Millionen Mark der DDR errichtet sowie vorhandene Einrichtungen rekonstruiert.

Die zentrale Untersuchungshaftanstalt in Berlin-Hohenschönhausen war wie alle anderen Haftanstalten des MfS in den Bezirksstädten der DDR eine *Untersuchungshaftanstalt*. Inhaftiert waren hier ausschließlich Personen im Rahmen von Ermittlungsverfahren, die in der Regel (in mehr als 90 Prozent aller Fälle) nach drei Monaten abgeschlossen wurden. Zweck der Ermittlungsverfahren war die Klärung dringender Verdachtsgründe für die Begehung von Straftaten nach den Gesetzen der DDR bei strikter Anwendung und Einhaltung der Strafprozessordnung. Aufgabe der Untersuchungsführer war es, durch die Vernehmung der Beschuldigten, durch Zeugenvernehmungen, Einbeziehung von Sachverständigen sowie die Sicherung und Bewertung von Sachbeweisen einen vorliegenden Verdacht zu überprüfen, zu bestätigen oder zu entkräften. Ermittlungsverfahren wurden eingestellt, wenn sich der vorliegende Verdacht nicht bestätigte.

Die Ergebnisse der Untersuchung wurden der Staatsanwaltschaft zur Prüfung und Anklageerhebung vor Gericht übergeben. Alle von den Gerichten zu Freiheitsstrafen verurteilten Straftäter verbüßten diese in Haftanstalten des Ministeriums des Inneren (MdI).

Untersuchungshaftanstalten waren also keine mit Strafvollzugsanstalten (Gefängnisse, in denen verurteilte Straftäter die gegen sie verhängten Strafen absaßen) vergleichbare Einrichtungen. Die in UHA Inhaftierten unterlagen spezifischen Einschränkungen, die sich aus dem Zweck der Untersuchungshaft ergaben.

Verstärkt wird der beklemmende Eindruck beim Besuch durch die persönlichen Schilderungen ehemaliger Häftlinge. Die Untersuchungshaft bedeutete für sie einen schweren Eingriff in ihr Leben. Auf engstem Raum, abgeschnitten von der Außenwelt, von der Familie, Freunden, den Arbeitskollegen und ihrem normalen Lebensrhythmus wurden sie einem Leben ausgesetzt, das auf Kommando funktionieren sollte.

Damit unterschieden sie sich aber in keiner Weise von anderen Häftlingen auf der Welt, die allesamt eine solche Situation nur schwer und individuell äußerst unterschiedlich verkraften.

Für den Vollzug der Untersuchungshaft galten im MfS, wie auch im Haftvollzug des MdI, detaillierte Ordnungen hinsichtlich

Verpflegung, gesundheitlicher Betreuung, zu den Verbindungen mit Angehörigen (Angehörige waren z. B. innerhalb von 24 Stunden über eine erfolgte Inhaftierung zu benachrichtigen), zu Reaktionen auf Verstöße gegen die Anstaltsordnung, die internationalen Regelungen entsprachen.

Die Aufsicht über die Haftanstalten der DDR einschließlich der Untersuchungshaftanstalten des MfS hatte die Staatsanwaltschaft der DDR. Sie betraf die Ermittlungsverfahren, also die Arbeit der Untersuchungsführer, die Entscheidungen über den Verkehr des Inhaftierten mit seinem Rechtsanwalt, den Angehörigen und der Arbeitsstelle sowie den Vollzug der Untersuchungshaft. Die Kontrollhandlungen der Staatsanwaltschaft wurden protokolliert. Vernehmer, also Mitarbeiter der Linie IX im MfS, waren zu keiner Zeit zugleich auch Aufsichtspersonal (Abteilung XIV des MfS) im Untersuchungshaftvollzug. Diese wiederum hatten keine Kenntnis über die begangenen Straftaten.

Es ist verständlich, wenn Betroffene, vielfach mit Hass- und Rachegefühlen emotional aufgeladen, über ihre Haft berichten und dabei die negativen Erlebnisse betonen. Wer ihren Schilderungen aber genau folgt, muss feststellen, dass es sich bei den meisten Anschuldigungen gegenüber dem MfS nicht um eigene Erlebnisse handelt, sondern dass es Geschichten vom Hörensagen sind. Etwa jeder Zweite der 2009 in der Gedenkstätte Hohenschönhausen eingesetzten »Besucherreferenten« war *zu keiner Zeit* in dieser Untersuchungshaftanstalt inhaftiert.

Nach bisherigen Erkenntnissen hat sich innerhalb von immerhin 18 Jahren niemand gefunden, der bestätigt hat, dass er einer Wassertropf-Folter ausgesetzt worden sei oder tagelang in der sogenannten Gummizelle (in Wirklichkeit eine Zelle zur Beruhigung tobender Häftlinge nach Alkohol- oder Drogenentzug) eingesperrt war. Sie werden aber stets kolportiert. Andere Geschichten sind ebenfalls frei erfunden. So berichtete ein ehemaliger Häftling nach Presseberichten dem Bundespräsidenten, dass er wochenlang in einem Stehkarzer in unbequemer Haltung habe ausharren müssen. In der Zeit seiner Inhaftierung befand sich dort, wo er angeblich gefoltert wurde, bereits seit mehreren Jahren ein Lagerraum. In seinen Akten ist nachlesbar, dass er vom ersten Tag seiner Haft an geständig war. Besonders bösartig sind Behauptungen oder Unterstellungen, das MfS habe Häftlinge »verstrahlt«. Dafür verantwortlich gemachte Röntgengeräte zur Untersuchung von Gegenständen sind selbst von der bundesdeutschen Staatsanwaltschaft als unbedenklich und mit entsprechenden Geräten der Kontrolle an Flughäfen vergleichbar eingestuft worden. Wenn in Deutschland alle 45 Minuten ein Mensch an Leukämie erkrankt und jeder zweite daran stirbt, dann ist der Tod von drei ehemaligen Häftlingen von Hohenschönhausen, verursacht durch eine solche Krankheit, ca. 20 Jahre nach ihrer Haft, wahrlich kein Beweis. Und selbst eine spezielle »Projektgruppe Strahlen« der BStU-Behörde kommt zu dem Ergebnis: »Es konnte allerdings kein konkreter Hinweis darauf gefunden werden, dass das MfS mit derartigen Geräten oder herkömmlichen Röntgenstrahlern oder mit radioaktiven Substanzen [...] politischen Gegnern vorsätzlich bzw. zielgerichtet gesundheitlichen Schaden zufügen wollte.«

Übrigens wurde das Haftkrankenhaus des MfS – eine moderne medizinische Einrichtung, in der kranke Häftlinge durch qualifiziertes Personal behandelt und gepflegt wurden – den Besuchern lange Zeit nicht gezeigt.

Verschwiegen wird auch, dass Untersuchungshäftlinge aus der BRD und aus dem westlichen Ausland regelmäßig durch Angehörige der Ständigen Vertretung der BRD bzw. Botschaftspersonal der entsprechenden Länder betreut wurden. Dabei wurden nie anschließend Vorwürfe hinsichtlich Folter oder Häftlingsmisshandlungen erhoben.

Zweimal nein. Das »Gelbe Elend« ist »Bautzen I«, eine andere Haftanstalt in Bautzen, welche immer mit »Bautzen II« verwechselt wird. Aber auch die Justizstrafvollzugsanstalt Bautzen II unterstand – wie alle Strafvollzugsanstalten in der DDR – dem MdI/Hauptverwaltung Strafvollzug und damit der Aufsichtspflicht des Generalstaatsanwaltes. Sie war, wie selbst ein »Stasi-Beauftragter« des Landes Sachsen einmal befand, »kein Privatknast Erich Mielkes«, wie gelegentlich in den Medien behauptet.

»Kommen Sie mit nach Bautzen – eine Einladung zum Nachdenken« lautete der Titel eines Buches des Dresdner Historikers Prof. Dr. Horst Schneider, in welchem er die Geschichte dieses Strafvollzuges schildert und die Frage beantwortet.

Seit 1990 gab es ein starkes Medieninteresse wie kaum für ein anderes deutsches Gefängnis, was besonders durch Veröffentlichungen ehemaliger Häftlinge und des Bautzen-Komitees geschürt wurde. Wissenswert ist, das beide ehemalige Vorsitzende des Komitees, Karl Wilhelm Fricke (ehemals in Haft wegen Spionage) und Eberhard Göhl (in Haft als Doppelagent), gemeinsam mit dem Hannah-Ahrend-Institut für Totalitarismusforschung an der TU Dresden 1994 eine 72-seitige Broschüre mit dem Titel »MfS-Sonderhaftanstalt Bautzen II« veröffentlicht hatten.

Das führte dazu, dass sich der Sächsische Landtag wiederholt mit diesem Thema beschäftigte und Prof. Schneider dazu umfangreiches Schriftmaterial (10 Themen mit 219 Quellen) gesichtet und Richtigstellungen dazu in seinem Buch veröffentlicht hatte. So bildete der Sächsische Landtag eine Arbeitsgruppe, welche dem sächsischen Justizminister Steffen Heitmann konkrete Fragen stellte, die er am 16. Mai 1995 (Drucksache 2/0855) mit folgenden Feststellungen beantwortete:

Die Staatsregierung kennt die Methoden der ehemaligen Vollzugsanstalt Bautzen II.

Bautzen II unterstand dem MdI – Hauptverwaltung Strafvollzug –, und die Bediensteten waren Angehörige des Strafvollzuges.

Die Aufsichtspflicht oblag dem Generalstaatsanwalt.

Die Anzahl der eingeleiteten Ermittlungsverfahren wegen Menschenrechtsverletzungen ist nicht bekannt.

Ein Angehöriger des Strafvollzuges wurde vom Landgericht 1994 zu zwei Jahren auf Bewährung verurteilt. Der Angeklagte soll Gefangene geohrfeigt und mit einem Schlüsselbund zwei Zähne ausgeschlagen haben. Diese Angabe genügte, eine zahnmedizinische Prüfung erfolgte nicht. Beweismittel wären die sogenannten Zahnbilder gewesen, die in jeder Patientenkartei/Akte angefertigt wurden. Der ehemalige Strafgefangene, dem angeblich die Zähne ausgeschlagen wurden, hatte nicht nach der Ausreise in die BRD in den 70er Jahren, sondern erst 1994 die Anzeige erstattet.

Über diesen Prozess gab es keine Presseinformationen.

Außer den genannten Ergebnissen ist noch zu ergänzen:

Grundlage für die Aufnahme in die Haftanstalt waren rechtskräftige Gerichtsurteile besonders mit den Delikten Spionage, Sabotage, Geheimnisverrat (besonders ehemalige leitende Funktionäre/Angehörige bewaffneter Organe), Terror, Menschenhandel, Gewalt- und Tötungsverbrechen.

Die Häftlinge wurden entsprechend ihren Delikten von der Hauptverwaltung Strafvollzug in Abstimmung mit dem jeweiligen Untersuchungsorgan auf den üblichen Gefangenentransportwegen nach Bautzen befördert.

Besuche von Angehörigen waren möglich und Gespräche mit Diplomaten wurden genutzt.

Prof. Schneider zitiert als Fazit folgende Eintragung des ehemaligen Bundespräsidenten, Richard von Weizsäcker, welche er am 20. Februar 1992 in das Gästebuch der Stadt Bautzen schrieb: »Die Menschen wollen Aufklärung, nicht Abrechnung. Die Wahrheit soll ans Licht, damit Aussöhnung und Frieden möglich werden. Das geht nur durch Differenzierung. Pauschalurteile führen nicht zur Einsicht, sondern zur Verstockung. Pressefreiheit ist und bleibt ein entscheidender Bestandteil unserer Freiheit. Als Verleumdungsfreiheit darf sie nicht missbraucht werden.

Aus der leidvollen Geschichte der DDR ein Objekt für Mediengeschäfte mit gekauften Akten und mit reißerischer Verbreitung von Angst und Feindschaft zu machen, ist ein widerwärtiger Skandal. Es darf nicht sein, dass die einen verdienen, die anderen verzweifeln.«

Das Recht auf Verteidigung im Strafverfahren wurde in der auf Grundlage der Verfassung von 1949 erarbeiteten und am 2. Oktober 1952 erlassenen ersten Strafprozessordnung (StPO) der DDR geregelt. Sie löste die bis dahin noch geltende, mit vielen Änderungen versehene StPO vom 1. Februar 1877 ab, die ebenfalls das Recht auf Verteidigung gesichert hatte.

Auch die erste eigene StPO der DDR gewährleistete, dass jeder Beschuldigte in jeder Lage des Verfahrens die Hilfe eines Verteidigers in Anspruch nehmen konnte oder ein Verteidiger zu stellen war. Der Verteidiger war nach Zustellung der Anklageschrift zur Einsicht in die Gerichtsakten befugt. Ihm konnte auch vorher Einsicht gestattet werden, sofern eine Gefährdung der Untersuchungen auszuschließen war. Geregelt war auch, dass der Verteidiger unter den vom Staatsanwalt festgesetzten Bedingungen mit dem in Untersuchungshaft befindlichen Beschuldigten sprechen und korrespondieren konnte.

Mit der StPO vom 12. Januar 1968, die bis zum Ende der DDR galt, wurde das Recht und die Gewährleistung des Rechts auf Verteidigung im Strafverfahren ausführlicher und genauer geregelt. Neu gefasst wurden die Rechte von Beschuldigten und Angeklagten (§ 61) und die Pflichten für Gericht, Staatsanwaltschaft und Untersuchungsorgane, dieses Recht auf Verteidigung zu gewährleisten und den Beschuldigten im jeweiligen Verfahrensstadium über diese Rechte zu belehren (Vgl. § 61 StPO). Für die Untersuchungsorgane ergab sich daraus die Pflicht, den Beschuldigten vor der ersten Vernehmung im Ermittlungsverfahren über seine Rechte, auch der Wahl eines Verteidigers, zu belehren. Das galt für alle Untersuchungsorgane. Die Belehrung war in den Vernehmungsprotokollen festzuhalten und vom Beschuldigten zu quittieren. Eine Prüfung in strittigen Fällen war damit jederzeit möglich.

Jeder in der DDR zugelassene Rechtsanwalt konnte als Verteidiger gewählt werden. Eine Begrenzung seiner Zulassung für bestimmte Gerichte gab es nicht. Die Untersuchungsorgane hatten die Aufgabe, den Häftling bei der Wahl eines Anwalts zu unterstützen, falls er diesbezüglich, was häufig der Fall war, keine eigenen Vorstellungen hatte. In diesem Fall war dem Beschuldigten eine

Liste zugelassener Anwälte vorzulegen. So wurde auch für den rechtsunkundigen Häftling die Möglichkeit real, einen Anwalt zu seiner Verteidigung zu bevollmächtigen. Wenn der Beschuldigte auch hiervon keinen Gebrauch machte, war entsprechend der Festlegung in der StPO ein Verteidiger zu bestellen. Erforderlich war das in Strafverfahren in erster oder zweiter Instanz vor dem Obersten Gericht und in erster Instanz vor dem Bezirksgericht. Außerdem in Fällen, in denen das die Sache oder die Person des Angeklagten notwendig machten.

Für die zuständigen Untersuchungsorgane bedeutete dies: Spätestens vor Abschluss des Ermittlungsverfahrens war zu klären, ob der Beschuldigte einen Verteidiger beauftragt oder eine gerichtliche Beiordnung eines Verteidigers erwartet. Bei der Übergabe des Ermittlungsverfahrens war der Staatsanwalt diesbezüglich zu informieren.

Verteidiger konnten mit den Beschuldigten oder Angeklagten sprechen oder korrespondieren. Rechtsanwalt Friedrich Wolff schreibt in seinen Erinnerungen: »Einen Tag nach der Akteneinsicht suchte ich meinen Mandanten in der UHA des MfS in der Magdalenenstraße in Berlin-Lichtenberg auf. Das Regime war äußerst diszipliniert und disziplinierend. Von der Atmosphäre des einstigen Amtsgerichtsgefängnisses war nichts zu spüren. Alles verlief ruhig, höflich und distanziert. Auch, wenn man sich über Jahr und Tag kannte. Die äußeren Bedingungen bei Mandantengesprächen waren Weltspitze. In keinem anderen ausländischen Gefängnis, das ich kannte, wurde Gleiches geboten. Zeitliche Beschränkungen gab es für Unterredungen mit Beschuldigten nicht.«

Für den Kontakt mit seinem Mandanten benötigte der Verteidiger keine schriftliche Genehmigung durch den Staatsanwalt bzw. im gerichtlichen Verfahren die des Richters. Die Vorlage einer Prozessvollmacht war ausreichend.

Der Staatsanwalt konnte während der Dauer des Ermittlungsverfahrens Bedingungen festsetzen, damit der Zweck der Untersuchung nicht gefährdet wurde. Diese Bedingungen wurden vom Staatsanwalt mit der Inhaftierung festgelegt und waren dem Verteidiger mitzuteilen. Für das Untersuchungsorgan und die Untersuchungshaftanstalt waren diese Bedingungen verbindlich, sie hatten keine eigenen Entscheidungsbefugnisse zur Änderung. Waren Änderungen aus der Sicht des Untersuchungsorgans erforderlich, konnten dem Staatsanwalt entsprechende Vorschläge unterbreitet werden. Bedingungen, die staatsanwaltlich festgesetzt werden konnten, damit der Zweck der Untersuchung nicht gefährdet wurde, waren z. B. die zeitliche oder inhaltliche Begrenzung des Gesprächs mit dem Verteidiger auf bestimmte Sachkomplexe oder sogar nur auf persönliche Belange.

Gegebenenfalls konnte die Einhaltung dieser Begrenzung durch die ausnahmsweise Teilnahme des Staatsanwaltes oder in dessen Auftrag durch die Teilnahme eines Mitarbeiters des Untersuchungsorgans ergänzt werden. Es konnte auch die Kontrolle des Briefverkehrs des Beschuldigten angeordnet werden. Für die Information des Verteidigers über die verfügten Bedingungen war der zuständige Staatsanwalt zuständig. Dies galt auch für den Fall, dass diese einschränkenden Bedingungen schon vor dem Abschluss des Ermittlungsverfahrens aufzuheben waren.

In der DDR gab es außer dem Strafverteidiger noch die Institution des gesellschaftlichen Verteidigers. Dabei handelte es sich um einen Vertreter aus dem Arbeitskollektiv oder einer sonstigen gesellschaftlichen Personengruppe, der aus der Kenntnis eines Angeklagten ihn verteidigende, strafmindernde oder strafausschließende Umstände vortragen, Beweisanträge stellen und die Bereitschaft zu einer Bürgschaft erklären konnte. Die Mitwirkung eines gesellschaftlichen Verteidigers hing nicht von der Vollmacht des betreffenden Angeklagten ab und schloss die Verteidigung durch einen Anwalt im Verfahren nicht aus. Sie war eine zusätzliche Möglichkeit der Verteidigung, erhöhte die erzieherische Wirkung des Verfahrens und war Ausdruck der demokratischen Mitwirkung der Bürger im Strafverfahren.

Es darf nicht übersehen werden, dass nach Gründung der DDR bis in die zweite Hälfte der 50er Jahre außer den gesetzlichen Regelungen der DDR auch besatzungsrechtliche Bestimmungen und Verhältnisse wirksam waren. Für die Untersuchungsorgane und den Untersuchungshaftvollzug des MfS hatte das zur Folge, dass sowjetische Berater in einer Reihe von Fällen Verfahren einleiteten und deren Verlauf maßgeblich beeinflussten, vor allem dann, wenn sowjetische Objekte und Einrichtungen betroffen waren. Das ging mitunter soweit, dass Verfahren von sowjetischen Organen übernommen und die betroffenen Personen von sowjetischen Gerichten verurteilt wurden.

Für den gesamten Untersuchungshaftvollzug des MfS wurden seit 1951 in mehreren Etappen medizinische Einrichtungen und ein zentrales Haftkrankenhaus Berlin-Hohenschönhausen aufgebaut. Das Haftkrankenhaus war für die stationäre medizinische Versorgung aller Untersuchungshäftlinge des MfS, also auch der der Bezirksverwaltungen, zuständig. Die Ersteinrichtung des Untersuchungshaftkrankenhauses, zu dem auch eine Bettenstation mit zehn Krankenzimmern und entsprechender Technik gehörte, erfolgte 1960 bis 1962.

Von 1971 bis 1974 wurde es für 2,2 Millionen Mark erweitert. Danach verfügte das Haftkrankenhaus über zwei Stationen mit 21 Betten, sieben Notbetten sowie modernen Ausrüstungen für Diagnose und Therapie (Röntgen, EKG, EEG, klinisch-chemisches Labor). Es gab Untersuchungs- und Behandlungsräume für Gynäkologie, Urologie, Physiotherapie sowie einen OP-Bereich. Zum ständigen Personal gehörten Fachärzte für Allgemeinmedizin, Innere Medizin, Psychiatrie/Neurologie, ein Zahnarzt, ein Physiotherapeut sowie eine entsprechende Anzahl von examinierten Krankenschwestern, Pflegern und medizinisch-technischen Assistentinnen.

In allen UHA des MfS war eine ständige medizinische Betreuung durch Fachpersonal gewährleistet und es bestanden jederzeit Möglichkeiten zur Inanspruchnahme eines Arztes. So konnten sich Beschuldigte täglich für die regelmäßigen Sprechstunden des Arztes/Zahnarztes melden bzw. verordnete Behandlungen durch das medizinische Personal in Anspruch nehmen. Für Notfälle stand immer ein diensthabender Arzt zur Verfügung. Bei Erfordernis konnte der behandelnde Arzt entsprechende Fachärzte – auch aus dem staatlichen Gesundheitswesen – hinzuziehen.

Alle medizinischen Maßnahmen, die Versorgung mit erforderlichen Heil- und Hilfsmitteln, Zahnersatz und Medikamenten entsprachen den sozialversicherungsrechtlichen Bestimmungen der DDR. Auch für inhaftierte Personen in UHA des MfS galt uneingeschränkt das Recht auf kostenlose medizinische, inklusive zahnmedizinische, Versorgung. Übrigens sind in den Akten des MfS auch Briefe von Bundesbürgern zu finden, die sich nach ihrer Haftentlassung z. B. für die ausnehmend gute zahnärztliche Behandlung in der UHA des MfS bedankt haben.

Bei Aufnahme in die UHA erfolgte grundsätzlich eine ärztliche Untersuchung. Für jeden Beschuldigten wurde eine Gesundheitsakte angelegt und geführt.

Im Jahre 1989 waren im Haftkrankenhaus Hohenschönhausen 62 Mitarbeiter tätig, davon 34 Angehörige des Medizinischen Dienstes und 28 Angehörige des Untersuchungshaftvollzugs als Sicherungs- und Kontrollposten. In Fällen, in denen die medizinischen Möglichkeiten im Untersuchungshaftvollzug nicht ausreichten, erfolgte die unverzügliche Verlegung in eine Einrichtung des staatlichen Gesundheitswesens. Das Haftkrankenhaus wurde nach 1990 demontiert und die Einrichtung veräußert.

Nach Presseberichten soll das Haftkrankenhaus des MfS in Berlin-Hohenschönhausen neuerdings bei Führungen zu besichtigen sein. Die wissenschaftliche Erforschung habe bereits begonnen. Was immer zu diesem Haftkrankenhaus in Hohenschönhausen erzählt wurde und wird, seine eigentliche Funktion – kranken Menschen zu helfen – wird dabei ausgeblendet. »Klinik des Grauens wieder geöffnet … inhaftierte Frauen wurden zur Abtreibung gezwungen … Schmerzmittel wurden verweigert … Dissidenten mit Strahlen verseucht … viele starben später an Blutkrebs … Einsatz von Psychopharmaka … Demonstration doppelter Ohnmacht als Häftling und kranker Mensch … Leichenkammern zu besichtigen« – so lauten die Schlagzeilen und Reizworte.

Dabei sind alle Gesundheitsakten der Untersuchungshäftlinge des MfS bei der BStU-Behörde vollständig vorhanden und brauchten nur eingesehen und ausgewertet zu werden. Doch konkret belegbare Fakten stören offenkundig die vorgegebene Diktion, wonach Häftlinge im Haftkrankenhaus vorsätzlich und massiv gequält wurden. So jedenfalls lautet eine in der *Berliner Morgenpost* am 7. Februar 2009 wiedergegebene und bezeichnenderweise anonyme Zuschrift.

In diesem Rahmen der »Aufarbeitung« wurde ein Arzt dieses Krankenhauses angeklagt, er habe psychisch kranke Personen während der Untersuchungshaft zur Einnahme von Medikamenten genötigt, die ihre Aussagewilligkeit erhöht hätten.

Der Arzt musste vom Landgericht Berlin frei gesprochen werden.

Das MfS verteidigte eine menschliche und antifaschistische Gesellschaft und war deshalb aus grundsätzlichen weltanschaulichen Gründen gegen jede Art von Folter und Häftlingsmisshandlungen. Auch aus rechtlichen Gründen wurde Folter als Mittel zur Erlangung von Geständnissen generell abgelehnt. Und das nicht nur, weil in der DDR ein gesetzliches Folterverbot existierte.

Hätte ein Angeklagter vor Gericht erklärt, dass sein Geständnis durch Folter erzwungen worden sei, wäre es als Beweismittel wertlos geworden. Unabhängig davon ist der Wahrheitsgehalt eines durch Folter herbeigeführten Geständnisses in jedem Fall von vornherein in Zweifel zu ziehen.

Nach 1990 haben bundesdeutsche Staatsanwälte intensiv zu Foltervorwürfen ermittelt, aber keinen einzigen ehemaligen Angehörigen des MfS wegen Folter anklagen oder verurteilen können.

Zu DDR-Zeiten war in Salzgitter mehrere Jahrzehnte lang eine Zentrale Erfassungsstelle tätig, die alles Mögliche registriert hat, was man der DDR hätte vorwerfen können, aber keinen einzigen beweisbaren Fall von Folter in der DDR. Und das, obwohl mehr als 30.000 ehemalige Häftlinge von der BRD freigekauft wurden. Die Vertreter westlicher Botschaften haben Häftlinge aus ihren Staaten regelmäßig besucht, in keinem einzigen Fall aber Beschwerden hinsichtlich Folter oder Misshandlungen von Häftlingen vorgebracht.

Auf welche Weise trotzdem angebliche Folter seitens des MfS belegt werden soll, zeigt das folgende Beispiel: Nach einem Vorfall mit einem US-Amerikaner, der in einem Tobsuchtsanfall die komplette Zelleneinrichtung demoliert und sich dabei selbst verletzt hatte, wurde im Jahre 1974 im Kellergeschoss der neuen UHA eine »Gummizelle«, wie sie in psychiatrischen Einrichtungen und auch in Haftanstalten der BRD üblich sind, eingebaut.

Von 1974 bis 1990 waren insgesamt elf Inhaftierte kurzzeitig in dieser Zelle untergebracht. Namen der Betroffenen sowie Anlass und Zeitdauer ihres Aufenthaltes sollten sich in den Haft- bzw. Gesundheitsakten für Inhaftierte bei der BStU-Behörde finden lassen. Gleichermaßen könnten durch Beiziehung der Ermittlungs-, Rechtsanwalts-, Gesundheits- und Haftbegleitakten alle Foltervorwürfe geprüft werden. Warum wohl erfolgt das nicht?

Ein »Zeitzeuge« der »Gedenkstätte Berlin-Hohenschönhausen« bot den von ihm geführten Besuchern »Informationen aus erster Hand«: Während seiner Strafverbüßung war er im Hauskommando der UHA Hohenschönhausen tätig. Wiederholt – so an die Besucher gewandt – habe er gesehen, wie Belüftungsfenster mit Matratzen verschlossen wurden. Den Sinn dieser Maßnahmen habe ihm später seine Ehefrau, die im Frauenkommando arbeitete und zu Reinigungsarbeiten eingesetzt wurde, erklärt: Die Matratzen hätten dazu gedient, die Schreie in der Gummizelle gequälter und blutig geschlagener Häftlinge nicht nach draußen dringen zu lassen.

Abgesehen davon, dass diese Erklärung totaler Unsinn ist – ein bezeichnender Fakt für die Haltlosigkeit dieser Geschichte besteht darin, dass beide 1963/64 als Strafgefangene in der UHA Berlin-Hohenschönhausen eingesetzt waren.

Also zehn Jahre bevor diese Gummizelle eingebaut worden war.

Nein. Selbstverständlich aber gehört eine wissenschaftliche Ausbildung in der modernen Kriminal-Psychologie zu den Grundvoraussetzungen für eine Tätigkeit als Vernehmer. Im unmittelbaren Kontakt mit Menschen muss dieser aus der Einschätzung der Persönlichkeit eines Beschuldigten seine Vernehmungstaktik ableiten, wenn er ihn zu einem Geständnis bewegen will. Das ist in allen Staaten der Welt so.

Was aber ist psychische Folter? Ist das die Stille in der Haftanstalt, die Isolation in einer Einzelzelle, die gefühlte Ohnmacht angesichts des Eingesperrtseins? Sind das unangenehme Fragen des Untersuchungsführers, Einschränkungen im Kontakt zur Außenwelt, zu wenig Freigang usw. usf.? Jeder kann also psychische Folter für sich selbst definieren.

Dazu muss man wissen, dass eine Untersuchungshaft keine Strafhaft, kein Strafvollzug in einem Gefängnis ist. Sie ist zeitlich begrenzt, in der DDR waren das im Regelfall drei Monate. Nicht wenige Ermittlungsverfahren wurden in noch kürzeren Fristen abgeschlossen. In komplizierten Fällen konnte die Untersuchungshaft mit Zustimmung des Bezirks- bzw. Generalstaatsanwaltes der DDR auf bis zu sechs Monate bzw. darüber hinaus verlängert werden.

Einschränkungen im Verkehr mit anderen Häftlingen und der Außenwelt sind dem Ziel der Untersuchungshaft, also der Feststellung der Wahrheit im Ermittlungsverfahren, geschuldet (Verdunklungsgefahr, Vermeidung der Warnung noch unerkannter Tatbeteiligter, Verhinderung der Beseitigung von Beweismitteln usw.).

Seit Neuerem ist in der heutigen BRD die Untersuchungshaft wie der Strafvollzug insgesamt als Länderaufgabe geregelt. Deshalb werden derzeit in den Bundesländern entsprechende Gesetze vorbereitet. Es ist zu hoffen, dass dabei auch Fristen für die Länge der Untersuchungshaft bestimmt werden und die bisherige Praxis der gemeinsamen Unterbringung von Untersuchungshäftlingen mit bereits verurteilten Kriminellen aufgegeben wird.

Ehemalige Häftlinge des MfS behaupten, ihre Geständnisse seien mit psychologischen Tricks erpresst worden?

Wer wird schon gern zugeben, dass er – aus welcher Einsicht auch immer – mit seinem Vernehmer kooperiert hat? Die Untersuchungsführer des MfS waren zwar solide ausgebildet, aber nicht im Besitz von Instrumenten diabolischer Geheimwissenschaften. So wird die an der Juristischen Hochschule des MfS gelehrte *Operative Psychologie* heute bewertet, obwohl in diesem Fach überhaupt keine Vernehmungstechniken behandelt wurden. Wenn heute wegen ihrer Anwendung im MfS ein Missbrauch der Psychologie unterstellt wird, so gehört das in das Reich der gängigen Klischees. In den meisten Ermittlungsverfahren des MfS lagen ausreichend objektive Beweismittel vor, und häufig erfolgten Festnahmen »auf frischer Tat«, so dass Geständnisse eher eine Formsache waren.

Ansonsten galt auch im MfS die Strafprozessordnung der DDR. Die Aufsicht über die Ermittlungsverfahren und den Untersuchungshaftvollzug hatte die Staatsanwaltschaft der DDR. Urteile konnten nur Gerichte unter Beachtung und in Durchsetzung der Gesetze der DDR aussprechen.

Interessant ist auch, was Herbert Kierstein, langjähriger Untersuchungsführer (Vernehmer) des MfS zu diesem Thema in polemischer Auseinandersetzung mit Hans-Eberhard Zahn, einem Westberliner Psychologen und ehemaligen Häftling des MfS, schreibt: »Bereits Anfang der 70er Jahre tauchte in den bürgerlichen Medien der Begriff der psychologischen Folter auf. Er wurde insbesondere auf entsprechende Praktiken westlicher Geheimdienste bezogen. Im Verlauf einiger Jahre entstanden Begriffe wie Gehirnwäsche, Psychotechniken, Psychiatrisierung und Einsatz von Psychopharmaka. Darüber hinaus haben US-amerikanische, britische und auch kanadische Experten Forschungen zu Vernehmungsmethoden betrieben, die man – nach westlichem Verständnis – nicht als physische Folter bezeichnen kann.

Seit Bilder aus Guantanamo zur Verfügung stehen, gibt es klare Vorstellungen vom Resultat dieser Forschungen. Man sieht in orangefarbene Overalls gekleidete Gefangene, denen undurchsichtige Taucherbrillen und schalldichte Kopfhörer aufgesetzt sind. Der dadurch bewirkte Entzug von Sinnesreizen führt zu einer psychischen Desorientierung, die wirksamer sein soll als Schläge oder Nahrungs- und Schlafentzug. Damit wäre das Instrumentarium beschrieben, auf welches Zahn für sein Konzept zurückgreifen konnte. Psychiatrisierung und Psychopharmaka musste er aus dem Programm streichen, da die zunächst unterstellte Anwendung solcher Methoden und Mittel seitens des MfS bereits durch die BRD-Justiz widerlegt worden war. Ausrüstungen zur Entzugsfolter à la Guantanamo wurden nirgends gefunden. Gehirnwäsche war medial bereits durch Aktivitäten von Sekten besetzt, also auch nicht sonderlich brauchbar.«

In seinem 2005 in 4. Auflage erschienenen Werk zum Thema »Haftbedingungen und Geständnisproduktion in den Haftanstalten des MfS« stellte Zahn zunächst fest: »Zur Perfektionierung des psychologischen Drucks in Vernehmungssituationen forschten die Gelehrten einer ganz speziellen Hochschule – jener vom MfS betriebenen juristischen Hochschule in Potsdam-Eiche. Hier erhielten MfS-Vernehmer ihren Schliff, um auf elegantere Weise als mit der groben Faust Verhaftete dazu zu bringen, sich selbst zu belasten.«

Anzumerken ist hier zunächst, dass – geschätzt – an der erwähnten Hochschule etwa 40 Prozent der Vernehmer tatsächlich studiert haben. Hinsichtlich der Forschungsergebnisse der Wissenschaftler dieser Institution gelangt Zahn – nach Auswertung themenbezogener Dissertationen – zu der Einschätzung: »Um es gleich zu sagen: Ich habe nichts, fast nichts, gefunden. In diesen dickleibigen Wälzern liest man Ähnliches wie diese Tiraden, die man etwa aus vierseitigen Honecker-Reden im *Neuen Deutschland* kennt. Ich habe mich überwunden, mich durch solche Bleiwüsten regelrecht hindurchzukämpfen. Dabei begegnete ich furchtbar vielen Phrasen, Leerformeln, sehr ausgeprägtem Partei-Chinesisch – aber relativ wenig Substanz.«

Wie konnten auf einer solchen Grundlage die Vernehmer des MfS *psychologisch geschliffen* werden?

Dass er ein ganz anderes Ziel verfolgte, offenbart Zahn selbst: »Wenden wir uns also weg von diesen Elaboraten und überlegen uns: Wie müsste ein psychologisch ausgebildeter Vernehmer handeln, damit er mit möglichst geringem Aufwand einen möglichst großen Ertrag erzielen kann? Ertrag ist für den Vernehmer als höchstes Gut die Aussagebereitschaft des Häftlings. Dieser Begriff kommt in den Dissertationen einige Tausend Male vor. Wir können uns jetzt etwas konkreter die folgende Frage stellen: Wie muss die Welt eines Untersuchungshäftlings gestaltet werden, damit der Vernehmer möglichst viel an Geständnissen oder Selbstbezichtigungen aus ihm herausholen kann? Zur Beantwortung stehen uns jetzt einige Werkzeuge zur Verfügung, die physische Folter im engeren Sinne, also etwa Schläge oder Hunger, weitgehend entbehrlich machen. Weil die DDR ja schließlich als ein richtiger normaler Staat anerkannt sein wollte, sollte das Untersuchungsverfahren human sein und allein mit der – im übrigen viel wirksameren – psychischen Folter arbeiten.«

Es geht also nicht mehr um die tatsächlich erfolgte Ausbildung der Untersuchungsführer des MfS, sondern um die Vorstellungen Eberhard Zahns, *wie* psychologische Folter ins Spiel gebracht werden könnte. Er übersieht dabei, dass die von ihm verarbeiteten psychologischen Kategorien Deprivation, Reduktion kognitiver Dissonanz, Senkung des Adaptationsniveaus, Hospitalismussyndrom oder Mentizid ausschließlich Bestandteile eines psychologischen Fachstudiums sind. Sie spielten in der Ausbildung der Untersuchungsführer keine Rolle. Zu dieser gehörten lediglich Grundkurse in Psychologie. Hätte er sich an deren Programme gehalten, wäre ihm die Substanz seiner Thesen zerronnen.

Zahn setzt offensichtlich darauf, dass die Unterstellung psychischer Folter schwerer zu widerlegen ist als die physischer Gewalt.

Wie hoch war der Anteil politischer Gefangener in der DDR
an der Gesamtzahl der Inhaftierten?

1987 gab es in der DDR eine umfassende Amnestie, von der insgesamt etwa 25.000 Strafgefangene (ausgenommen Mörder und Kriegsverbrecher) profitierten. Davon hatte das MfS rund 725 zu prüfen, d. h. diese Personen waren durch das MfS inhaftiert und ihre Ermittlungsverfahren durch das MfS bearbeitet worden. Somit kamen nur 2,9 Prozent der Inhaftierten auf das Konto des MfS.

Insgesamt kann davon ausgegangen werden, dass niemals mehr als fünf Prozent der Inhaftierten solche mit politischem Hintergrund (auch Spione und Terroristen galten als »Politische«) waren.

Man müsste annehmen, dass nach fast 20 Jahren Tätigkeit der BStU-Behörde wenigstens Anzahl, Zusammensetzung und Haftgründe für die vom MfS inhaftierten Personen exakt dokumentiert sind. Doch auf der Website der »Gedenkstätte« Hohenschönhausen erfährt man: »Die Geschichte des Haftortes Berlin-Hohenschönhausen ist bisher nur unzureichend erforscht. Repräsentative Angaben über die soziale Zusammensetzung der Gefangenen oder über die Gründe und die Dauer ihrer Inhaftierung liegen nicht vor. Es ist nicht einmal genau bekannt, wie viele Häftlinge in Hohenschönhausen inhaftiert waren.«

Dagegen steht im MfS-Handbuch, Teil III/9 der BStU-Behörde: »Im Zentralarchiv der Bundesbeauftragten für die Stasi-Unterlagen findet sich ein Bestand der zentralen Abteilung XIV von 145,1 laufenden Metern, der inzwischen vollständig erschlossen und damit für die Forschung zugänglich ist. Bei 76 laufenden Metern dieses Bestandes handelt es sich um etwa 15.000 Gefangenen- bzw. Haftakten.« Diese Feststellung der BStU bezieht sich auf die ehemalige UHA Berlin-Hohenschönhausen und datiert aus dem Jahr 1999.

Auch die archivierten Untersuchungsvorgänge der Hauptabteilung Untersuchung des MfS liegen der BStU vollständig vor. Konkret ausgewiesen ist, weshalb eine Person inhaftiert wurde, ob ihr Spionage, Terror, Nazi- und Kriegsverbrechen, Mord oder schwere kriminelle Straftaten, staatsfeindliche Hetze, Menschenhandel oder andere Staatsverbrechen zum Vorwurf gemacht wurden. Nicht nur über die Gesamtzahl der Inhaftierten, sondern auch über die Gründe der Inhaftierung ließen sich eindeutige Aussagen treffen.

Neben der zentralen Untersuchungshaftanstalt des MfS in Berlin-Hohenschönhausen existierte von 1954 bis 1974 ein Arbeitslager, in dem verurteilte Strafgefangene der DDR – überwiegend verurteilte Kriminelle – ihre Haftstrafe verbüßten und dabei wie alle Strafgefangenen der DDR produktiv arbeiteten.

Schwerpunktmäßig wurden sie zu Bauarbeiten (Aufbau der neuen Untersuchungshaftanstalt 1958-1960, Wohnungsbau) sowie bei der Reparatur von Dienstfahrzeugen des MfS u. ä. eingesetzt. Sie wurden dafür nach Leistung entlohnt, und für sie wurden (übrigens im Unterschied zu Inhaftierten in der BRD) Sozialversicherungsbeiträge (Renten- und Krankenversicherung) entrichtet.

In der DDR bestand nicht nur das Recht auf Arbeit, sondern auch eine Pflicht zur Arbeit. Das betraf auch alle Strafgefangenen und war in ihrem Fall die wohl wichtigste Maßnahme zur Resozialisierung. Sie konnten berufliche Qualifikationen erhalten und z. T. auch neu erwerben bzw. weiterentwickeln. Heutige Haftanstalten können zu ihrem Bedauern vielen Häftlingen während der Haftzeit keine sinnvollen Tätigkeiten anbieten.

Das Haftarbeitslager in Berlin-Hohenschönhausen galt unter Strafgefangenen der DDR übrigens als »gute Adresse«. Ein gewählter Kommando-Rat organisierte die Häftlings-Selbstverwaltung, kulturelle und sportliche Aktivitäten. Den Häftlingen stand in den Sommermonaten auch ein Schwimmbad zur Verfügung.

In der Gedenkstätte Berlin-Hohenschönhausen wird ein Gefangenentransport-Waggon der Deutschen Reichsbahn als »Grotewohl-Express« gezeigt, der allerdings mit der Untersuchungshaftanstalt des MfS nichts zu tun hat. Untersuchungshäftlinge des MfS wurden mit Pkw oder Kleintransportern befördert. Der ausgestellte Waggon ist ein für Gefangenentransporte umgebauter Personenzug-Waggon mit damaligem Standard hinsichtlich Heizung, Lüftung, Federung usw., also kein speziell konstruierter »Folter-Waggon«. Er wurde für Häftlingstransporte der Hauptverwaltung Strafvollzug des Ministeriums des Inneren genutzt. Häftlingsbeschwerden über diese Transporte sind nicht bekannt und auch nicht dokumentiert.

Vermutlich wurde der Waggon nur ausgestellt, um Assoziationen zu den menschenvernichtenden Transporten der Deutschen Reichsbahn in der Zeit des Faschismus zu erzeugen.

Wo sind jene Güterzüge und Viehwaggons zu besichtigen, mit denen die Opfer der faschistischen Repression, Aggression und Okkupation nach Auschwitz transportiert wurden? Selbst eine zeitweilige und mobile Ausstellung dazu war in der BRD nur unter großen Schwierigkeiten möglich.

Die Eisenbahn wurde seit Bismarcks Zeiten für »Gefangenensammeltransporte« genutzt. Auch in der BRD waren in der Ära Adenauer bis in die 60er Jahre 14 Gefangenenzüge im Einsatz. Und wie erfolgen eigentlich heute die Häftlingstransporte in der BRD?

Über seine Erlebnisse auf einem solchen Transport berichtete der langjährige IM der Militäraufklärung der DDR, Dr. Gerd Löffler: »Häftlingstransporte werden in Bussen mit eingebauten verschließbaren Zellen für 1 bis 2 Personen durchgeführt, die nur mit Panzerglasschlitzen erhellt sind. Sie dauern bis zu 16 Tage, den Häftlingen steht nur ein Platz von weniger als einem halben Quadratmeter zur Verfügung, Heizung und Belüftung sind unzureichend.

Der Straf- und Ermittlungsrichter Christian Kropp kommentierte diese Praxis mit den Worten: Wer jetzt meint, es handele sich um die Beschreibung von Gefangenentransporten in der Dritten Welt, der irrt.«

Bei gesellschaftlichen Umbrüchen hat immer eine große Zahl der noch dem alten System verhafteten Menschen einen Ausweg im Verlassen des Landes gesucht. Das trifft für die Anfangsjahre der DDR zweifellos auch zu. Ehemalige Offiziere und Staatsbeamte aus der Nazi-Zeit kamen ohne große Probleme im bundesdeutschen Staats- und Beamtendienst unter. Durch großzügige Regelungen des Lastenausgleichs für »Vertriebene aus den Ostgebieten« erhielten ehemals Besitzende großzügige Abfindungen.

Dazu kam, dass sich die DDR gegenüber der alten BRD, an der sie immer gemessen wurde, in ihrer ganzen Geschichte immer in einer wirtschaftlich unterlegenen Position befand. Während die alte BRD zum Wirtschaftswunderland aufstieg, leistete die DDR mehr als 90 Prozent der Reparationen für ganz Deutschland an die UdSSR. Trotz großer Aufbau-Erfolge der DDR stieg der Lebensstandard in Westdeutschland schneller und viele DDR-Bürger suchten dort ein besseres Leben. Allein bis 1961 verließen etwa zwei Millionen DDR-Bürger ihr Land in Richtung Westen. Nur etwa 14 Prozent von ihnen wurden dort als »politische Flüchtlinge« anerkannt, denen bei Aufnahme in die BRD eine Vielzahl von Vorteilen gewährt wurde. Um diesen Status zu erreichen, wurde mitunter auch gelogen und gefälscht.

Alle übrigen Flüchtlinge würden heute als Wirtschaftsflüchtlinge bezeichnet werden.

Durch diesen Aderlass wurde aber die Entwicklung der DDR zusätzlich erschwert. Unter den Republikflüchtigen befanden sich viele junge Menschen und in der DDR auf Staatskosten ausgebildete Fachkräfte.

In Berlin lebten zehntausende Grenzgänger auf Kosten der DDR, sie nahmen die sozialen Leistungen der DDR in Anspruch und arbeiteten in Westberlin. Sie profitierten von Wechselkursen zwischen DM und Mark der DDR, die außerdem den Aufkauf hochwertiger Waren der DDR zu Spottpreisen ermöglichten. Massenhafte Abkäufe von hochwertigen Konsumgütern (Porzellan, Fotoapparate, Ferngläser, Edelfleischwaren) und die Inanspruchnahme von Dienstleistungen (Friseur, Schneider), der Besuch von Gaststätten und Restaurants durch Bürger der BRD bzw. Westberlins sowie Angehörige der westlichen Besatzungsmächte waren von großem Nachteil für die DDR-Bürger. Auch daraus resultierten Mangelerscheinungen, die wiederum zur Abwanderung von DDR-Bürgern führten.

In Durchsetzung von Beschlüssen des Warschauer Vertrages wurde mit den Sicherungsmaßnahmen am 13. August 1961 eine Notbremse gezogen, stellte sich doch in dieser Zeit die Frage der weiteren Existenz der DDR. Mit der Festigung des Status quo wurde aber auch ein gefährlicher Spannungsherd in Europa entschärft, der Frieden sicherer gemacht und nachfolgende Schritte in Richtung Entspannung und Abrüstung überhaupt erst möglich.

Das änderte aber nichts an der weiter bestehenden Anziehungskraft des Westens und führte zu weiteren Versuchen, die DDR illegal zu verlassen bzw. nach dem KSZE-Vertrag von 1975 eine legale Ausreise zu erzwingen. Seitens der Alt-BRD wurde alles getan, um diese Fluchtbewegung nicht abreißen zu lassen. So wurde die Staatsbürgerschaft der DDR niemals anerkannt, und Republikflüchtige wurden in der BRD großzügig aufgenommen und gefördert. Während aus der DDR ausgereisten Pfarrern eine Einstellung in den kirchlichen Dienst verweigert wurde (sie sollten unbedingt in der DDR weiter wirken), hatte niemand moralische Skrupel, Ärzte der DDR gezielt abzuwerben. Was aus ihren Patienten in der DDR wurde, interessierte nicht. Westmedien popularisierten erfolgreiche Fluchtversuche und die Bonner Politik beförderte in massiver Form Botschaftsbesetzungen durch Ausreisewillige und schließlich auch die Grenzöffnung in Ungarn. In den letzten Jahren der DDR, besonders 1989, kam es zu einem sprunghaften Ansteigen des ungesetzlichen Verlassens der DDR und der Antragstellungen auf Übersiedlung in die BRD, was aus dem zunehmend desolaten Zustand der DDR und der anwachsenden Unzufriedenheit resultierte.

Seit 1990 haben bis heute etwa weitere zwei Millionen Ostdeutsche das einstige Staatsgebiet der DDR in Richtung Westdeutschland und zunehmend nach anderen Ländern verlassen. Politische Motive scheiden aus. Zu den wirtschaftlichen Motiven kommen aber Arbeitslosigkeit und soziale Notlagen, Zwänge, die es in der DDR nicht gegeben hat.

Die DDR hat Leute eingesperrt und an den Grenzen sogar geschossen, nur weil Ostdeutsche ihre Verwandten, Freunde und Bekannten im Westen besuchen wollten!

Das stimmt, und dennoch ist es nicht die Wahrheit. Die Grenze zwischen Ost und West hat nicht die DDR gezogen, die deutsche Teilung war die Folge des Nazikrieges. An dieser Grenze trafen zwei militärische Paktsysteme aufeinander, es war die Frontlinie des Kalten Krieges. An dieser Grenze wurde über die Frage von Krieg und Frieden entschieden.

Deshalb mussten die Verhältnisse an dieser Grenze klar und deutlich geregelt werden. Das geschah am 13. August 1961.

Die Ausgestaltung des Grenzregimes wurde in Moskau entschieden, nicht in Berlin. Und die andere Großmacht, mit der das verabredet worden war, akzeptierte es.

Aufgabe der DDR und ihrer Grenztruppen war es, das Grenzregime durchzusetzen. Dazu gehörte es, dass nicht jeder nach eigenem Gusto hinüber und herüber wechseln konnte, wie er es wollte. Das kann man an keiner Grenze der Welt.

Für die legale Ausreise benötigt man entsprechende Papiere, und man nimmt die dafür ausgewiesenen Grenzübergänge.

Geschieht das nicht, versucht man es auf andere Weise, verstößt man gegen geltendes Recht und muss mit Konsequenzen rechnen.

So simpel war und ist das.

Dass nicht jeder und jede Ausreisepapiere erhielt und folglich auch nicht an den zulässigen Übergängen das Land verlassen oder betreten konnte, steht auf einem anderen Blatt. Das war eine politische Frage. Das Grenzregime und seine Durchsetzung hingegen war ein militärisches Problem. Das ist die Wahrheit.

Zum politischen Problem:

Die Reisebedingungen für DDR-Bürger wurden nach 1961 schrittweise erleichtert. Zunächst nur Rentner, später eine immer größer werdende Gruppe von Personen konnte »in dringenden Familienangelegenheiten« in den Westen reisen, Personen im staatlichen Auftrag der DDR ohnehin. Das betraf jährlich mehr als 100.000 DDR-Bürger. Einer sechsstelligen Zahl von DDR-Bürgern wurde nach 1961 aus humanitären Gründen (z. B. Familienzusammenführungen) die ständige Ausreise nach Westdeutschland gestattet. Hinzu kam, dass seit den 70er Jahren jährlich rund sechs Millionen Personen aus dem Westen, vorwiegend aus der BRD, in die DDR einreisten.

Bis in die Mitte der 70er Jahre gingen die Versuche des illegalen Verlassens der DDR kontinuierlich zurück. Die innere Stabilisierung der DDR nach den Sicherungsmaßnahmen vom 13. August 1961 wirkte sich aus. Danach verschlechterte sich die wirtschaftliche Lage der DDR wieder. Unter den Bedingungen wirtschaftlicher Embargomaßnahmen des Westens verlor die DDR den Anschluss an die wissenschaftlich-technische Revolution, die durch die Mikroelektronik vorangetrieben wurde. Versuche, die DDR zu verlassen, nahmen wieder zu, wobei immer mehr Bürger jetzt auch eine legale Ausreise unter Berufung auf die KSZE-Verträge durchsetzen wollten. Mitte der 80er Jahre stiegen sowohl das ungesetzliche Verlassen der DDR als auch die Antragstellungen auf Ausreise sprunghaft an. Wurden 1986 schon etwa 72 Prozent der Ermittlungsverfahren des MfS wegen damit verbundener Straftaten geführt, waren es 1987 bereits 76 Prozent. 1988 stieg deren Anteil auf rund 85 Prozent.

Übrigens wurden auch an den Grenzen der BRD zu ihren Nachbarstaaten zahlreiche Menschen erschossen, z. B. in den 50er und 60er Jahren bei der Bekämpfung des Kaffee- und Butter-Schmuggels an der holländischen Grenze. Bei Verhandlungen vor Gerichten wurden die beteiligten Grenz- und Zollbeamten in der Regel mit der Begründung freigesprochen, der Beamte habe nicht wissen können, dass es sich nur um einen Schmuggler und nicht um einen gesuchten Schwerverbrecher gehandelt habe.

Und heute? Die intensiven Kontrollen an den EU-Außengrenzen zur Verhinderung illegaler Einreisen (Migration) und grenzüberschreitender Kriminalität führen zu immer mehr Todesfällen. Zwar sind Informationen über derartige Todesfälle an diesen Grenzen kaum vollständig und aktuell zu erfahren, aber das Erkennbare ist alarmierend genug: Von 1993 bis 2002 erfasste UNITED (das Europäische Netzwerk gegen Nationalismus, Rassismus, Faschismus und zur Unterstützung von Migranten und Flüchtlingen) mehr als 3.000 Todesfälle. Die Antirassistische Initiative (ARI) berichtet über 4.773 Todesfälle in der Zeit von 1999 bis 2004.

*Wurden Todesfälle von Grenzverletzern an der Staatsgrenze der DDR
vom MfS geheimgehalten oder vertuscht?*

In wenigen Einzelfällen wurde vom MfS, nach gründlicher Abwägung aller politischen und sicherheitsrelevanten Gesichtspunkte und wenn es in staatlichem Interesse der DDR von außergewöhnlicher Bedeutung war, versucht, Grenzzwischenfälle, bei denen Grenzverletzer zu Tode kamen, geheim zu halten bzw. zu legendieren, d. h. die wahre Todesursache zu verschleiern.

Jene, die die militärische Sicherung der Staatsgrenze der DDR darauf zu reduzieren versuchen, dass Bürgern der DDR und anderer sozialistischer Staaten der Weg in das kapitalistische Ausland verlegt werden sollte, blenden bewusst aus, dass mit den Maßnahmen des Warschauer Vertrages ein Problem von außergewöhnlicher friedenspolitischer Bedeutung zu lösen war: Von deutschem Boden darf nie wieder Krieg ausgehen!

Unter den Bedingungen eines Gleichgewichts des Schreckens, d. h. eines ausgeglichenen nuklearen Waffenpotentials beider Großmächte, was bei seiner Anwendung keine Seite als Sieger überlebt und die Vernichtung des Planeten nach sich gezogen hätte, war diese Staatsgrenze eine rote Linie, die nicht überschritten werden durfte. Im Verlaufe des Kalten Krieges kamen beide Militärblöcke dieser roten Linie mehrfach bedrohlich nah. Selbst US-Präsident J. F. Kennedy meinte: Die Mauer sei zwar keine schöne Lösung, aber immer noch besser als Krieg.

Während seiner Haft in Berlin-Moabit Anfang der 90er Jahre gab Erich Mielke dem Nachrichtenmagazin *Der Spiegel* ein Interview, das im Heft 36/1992 (»Ich sterbe in diesem Kasten«) abgedruckt wurde. Dabei stellten die *Spiegel*-Redakteure Erich Mielke die Frage: »Warum vertuschte das MfS Todesfälle an der Grenze, wenn die Soldaten legal gehandelt haben?«

Erich Mielkes Antwort lautete: »Wir haben die Todesfälle an der Grenze nicht aus schlechtem Gewissen oder weil wir meinten, hier werde illegal gehandelt, gegenüber der Öffentlichkeit geheimzuhalten versucht. Uns ging es darum zu verhindern, dass um die Todesfälle ein großes öffentliches Geschrei gemacht würde, dass der Umstand, dass Menschen zu Tode gekommen waren, propagandistisch gegen die DDR ausgeschlachtet wurde.«

Die Geheimhaltung oder Legendierung derartiger Vorkommnisse an der Staatsgrenze stellten Ausnahmefälle dar. Nach Angaben des als seriös geltenden »Zentrums für zeithistorische Forschung Potsdam« kamen an der Berliner Mauer 136 Menschen ums Leben, darunter 30 aus Ost und West, die keine Fluchtabsicht hatten, und acht Grenzsoldaten der DDR. In elf Fällen sei durch das MfS die wahre Todesursache verschleiert worden.

Eine solche Verschleierung war ohnehin nur im begrenzten Rahmen möglich und bezog sich nur auf die unbeteiligte allgemeine Öffentlichkeit. Es war unumgänglich, in jedem Fall derartige ernste Zwischenfälle gründlich aufzuklären und zu erforschen, welche Motive, Umstände und Bedingungen den Handlungen des Betroffenen und der Angehörigen der Grenztruppen der DDR zugrunde lagen. Dafür bildete die Einleitung eines Ermittlungsverfahrens im Falle einer lebensbedrohlichen Verletzung oder die Dokumentation des Todesfalles die strafprozessuale Grundlage. Damit verbunden waren die Rückverfolgung des Geschehnisablaufes durch schriftliche Berichterstattung, Befragung bzw. Zeugenvernehmung, um die erfolgten militärischen Handlungen sowie im Falle erfolgloser erster medizinischer Hilfsmaßnahmen die Bemühungen des Sanitätspersonals und die Ergebnisse der Obduktion durch ein Gerichtsmedizinisches Institut zu dokumentieren. Alle diese Ergebnisse waren dem zuständigen Staatsanwalt für weitere Entscheidungen vorzulegen. Das hieß, unabhängig vom Ausschluss der breiten Öffentlichkeit war zur Klärung des Grenzzwischenfalles stets eine Vielzahl Personen involviert, die zwar zum Schweigen verpflichtet war, aber dennoch über Detailkenntnisse verfügte.

Die Gerichtsmedizin der DDR arbeitete sehr effektiv. 40 Prozent aller Leichen wurden obduziert, in der Bundesrepublik sind es heute nur zwei bis drei Prozent. Geprägt wurde die Gerichtsmedizin von der herausragenden Persönlichkeit des international hoch geachteten Prof. Otto Prokop, den der heutige Chef der Gerichtsmedizin der Berliner Charité, Prof. Tsokos, als den besten Rechtsmediziner bezeichnete, den es jemals gab. (siehe *Berliner Zeitung* am 6. Juni 2009)

Zu beachten war, ob der Grenzzwischenfall eine gezielte Provokation darstellte oder von dritter Seite angestiftet wurde. Nicht selten waren DDR-feindliche Einrichtungen, Organisationen bzw. in deren Auftrag tätige Personenkreise oder gar westliche Geheimdienste von BRD- oder Westberliner Seite an der Vorbereitung und Durchführung derartiger Angriffe auf die Staatsgrenze beteiligt oder erhielten vorher davon Kenntnis. In solchen Fällen hingen demzufolge Maßnahmen des MfS auch von der Haltung der Gegenseite ab.

Auch dort gab es – wie im Falle der Ermordung des Angehörigen der DDR-Grenztruppen, Reinhold Huhn, am 18. Juni 1962 – eine geheimdienstliche und von offizieller Seite vorgenommene Legendierung, um den Mörder Rudolf M. zu schützen. Vom Westen war die Legende in Umlauf gebracht worden, Huhn sei von eigenen Kameraden erschossen worden. Erst 1999 wurde Rudolf M. als Mörder verurteilt.

Gründe, die das MfS bewogen, von Legendierung oder Geheimhaltung im Zusammenhang mit Grenztoten Gebrauch zu machen, waren bevorstehende Verhandlungen zur Verbesserung der Beziehungen zwischen der DDR, BRD und Westberlin, die nicht beeinträchtigt werden sollten, ebenso geplante Staatsbesuche in der DDR oder bedeutsame politische Höhepunkte bzw. Großveranstaltungen.

Nicht zuletzt ging es darum, Nachahmungstäter bei besonders gravierenden Grenzzwischenfällen auszuschließen und massive Hetze gegen die DDR abzuwenden. Soweit es bei diesen Einzelfällen BRD- bzw. Westberliner Bürger betraf, gab es auf Grund fehlender Rechtshilfeabkommen keinerlei Informationspflichten.

Um solche tragischen Zwischenfälle möglichst zu vermeiden, waren die oftmals zu Unrecht viel gescholtenen, tief gestaffelten Grenzsicherungsanlagen errichtet worden.

Bleibt die Frage, ob eine geheimdienstliche Verschleierung für ein Sicherheitsorgan eines sozialistischen Staates politisch-moralisch vertretbar war? Das aber wirft die generelle Frage nach Sinn und Zweck von Geheimdiensten auf.

Welche Rolle spielte der Menschenhandel in der Auseinandersetzung
zwischen der BRD und der DDR?

Menschenhandel war keinesfalls Propaganda, sondern Geschäft. Nachdem unmittelbar nach den Maßnahmen vom 13. August 1961 besonders Studenten Westberliner Universitäten aus durchaus idealistischer Gesinnung Fluchthilfe für DDR-Bürger geleistet hatten, übernahmen zunehmend kriminelle Bande diesen Part und machten daraus ein Gewerbe. Ausschließlich aus Profitgier, mitunter auch im Auftrag westlicher Geheimdienste, verbrachten sie DDR-Bürger illegal in den Westen. Die Menschenhändlerbanden erhielten dabei Unterstützung von staatlichen Stellen und Geheimdiensten der BRD, etwa gefälschte Ausweise oder Fahrzeugpapiere. Zudem wurden sie bei Delikten nicht belangt. Auch die Methoden waren kriminell. Umgebaute Schleusungsfahrzeuge waren oft nicht verkehrssicher, als Schleusungsfahrer wurden Drogenabhängige gewonnen und eingesetzt. Es kam auch vor, dass ein Kind im Kofferraum eines Autos erstickte. Im Vordergrund stand der Profit. Bis zu 60.000 DM für die Schleusung eines Arztes aus der DDR, das war schnell und relativ leicht verdientes Geld.

Was kümmerte es die Auftraggeber und Hintermänner im Westen, wenn Schleusungsfahrer oder Geschleuste vom MfS festgenommen wurden, was in einer erheblichen Zahl der Fälle auch passierte? Das zwischen beiden deutschen Staaten ausgehandelte Transitabkommen, in dem sich die BRD zur Verhinderung seines Missbrauches verpflichtet hatte, wurde z. T. mit Wissen und aktiver Unterstützung der westdeutschen Behörden für Schleusungsaktionen ausgenutzt.

Heute gehen BRD- und EU-Behörden gegen Menschen-Schleuser und ihre Helfer rigoros vor. Selbst Taxi-Fahrer, die im Grenzgebiet Personen befördern, sind vor empfindlichen Strafen nicht sicher. Dagegen werden Schleuser, die von der DDR inhaftiert wurden, unverändert als Helden verehrt und als Opfer der DDR mit Entschädigungen belohnt.

Wie wurde mit Antragstellern auf ständige Ausreise in den Westen umgegangen?

Zunächst: Wegen des Stellens eines solchen Antrages wurde niemand eingesperrt. Nicht wenige Personen stellten 30 bis 60 solcher Anträge und wurden deshalb auch nicht inhaftiert. Das MfS, die Volkspolizei, Justiz und andere Organe der DDR wurden immer dann aktiv, wenn die betreffenden Personen zur Durchsetzung ihrer Anträge ungesetzliche Aktivitäten und erpresserische Provokationen inszenierten. Das war insbesondere dann der Fall, wenn feindliche westliche Stellen (z. B. Agentenzentralen, spezielle Hetzredaktionen der Medien) informiert und eingeschaltet wurden. Aber auch, wenn öffentlich die Missachtung der staatlichen und öffentlichen Ordnung und Sicherheit der DDR demonstriert wurde (z. B. wenn Personalausweise vor Grenzposten zerrissen wurden, sich Personen anketteten u. ä.).

Als Gefährdung der öffentlichen Ordnung und Sicherheit galten Demonstrationen von Antragstellern. So war der Aufzug von »Andersdenkenden« im Januar 1988 anlässlich der traditionellen Ehrung für Karl Liebknecht und Rosa Luxemburg in Berlin zu 95 Prozent eine Demonstration von Antragstellern, die mit einem Eklat ihre Ausreise aus der DDR erzwingen wollten. Die Leipziger Montagsdemonstrationen und die ihnen vorausgehenden Friedensgebete in der Nikolai-Kirche waren ebenfalls zunächst vorwiegend Aktivitäten von Antragstellern. Ihre Losung lautete: »Wir wollen raus!«

Als Anfang Oktober 1989 Antragsteller aus der Prager Botschaft der BRD, in der sie sich festgesetzt hatten, über die DDR in den Westen ausreisen durften, kam es am Hauptbahnhof in Dresden während der Durchfahrt der Züge zu gewalttätigen Auseinandersetzungen.

Die Antragsteller auf Ausreise in den Westen waren unter den vor allem mit den wirtschaftlichen Verhältnissen der DDR unzufriedenen Bürgern der radikalste Teil. Da sie unbedingt aus der DDR weg wollten und dafür notfalls auch den Umweg über eine Inhaftierung in Kauf nahmen, waren sie durch Maßnahmen der Sicherheitsorgane nicht mehr von ihrem Entschluss abzubringen. Als sich schließlich immer mehr unzufriedene Bürger von der SED-Führung abwandten, wurde die DDR unregierbar.

Ja, in wenigen Fällen bis Anfang der 60er Jahre, überwiegend zu Beginn der 50er Jahre, in der Zeit zügellosen Terrors und massiver Hetze und Spionagehandlungen gegen die sich unter schwierigen und einzigartigen Bedingungen entwickelnde DDR. Bei der Beurteilung dieser gewiss anfechtbaren Aktionen ist zu beachten, dass es lange Zeit kein Rechtshilfeabkommen, keine internationale Fahndung gab, mit der die DDR ihre Rechtsansprüche durchsetzen konnte. Völkerrechtliche Bestimmungen respektierend, wurden später derartige Aktionen nicht mehr durchgeführt.

In »Der Fall Mielke« von Klaus Bästlein ist die Rede von mehreren 100 Entführungen. Die Historikerin Susanne Muhle spricht von mehr als 400 Menschen, die aus dem Westen »entführt oder in den Osten gelockt« worden sein sollen, darunter »rund 100 gewaltsame Entführungen«. Andere sprechen von Tausenden Entführungsfällen.

Wir können sie nicht zählen, da uns die Unterlagen verschlossen sind, zweifeln diese Zahlen jedoch stark an. Auch die BStU-Behörde hat, obwohl das zweifellos ihrem Propagandaauftrag entsprechen würde, dazu kaum etwas veröffentlicht.

Nach 1990 sind 16 Ermittlungsverfahren wegen Entführungen gegen hauptamtliche und Inoffizielle Mitarbeiter des MfS eingeleitet worden. Auch wenn nicht alle Fälle zu klären und Beteiligte bereits verstorben waren, ist hieraus eine drei- oder gar vierstellige Zahl nicht abzuleiten. Dazu kommt, dass nicht jeder in der DDR festgenommene Westdeutsche oder Westberliner »verschleppt« wurde. Viele wurden bei ihrer Agententätigkeit in der DDR auf frischer Tat festgenommen oder hatten sich leichtfertig bzw. irrtümlich in das Gebiet der DDR begeben. Die Grenze war bis 1961 offen und der Grenzverlauf kompliziert.

Wer weiß heute noch, dass der U- und S-Bahnhof Potsdamer Platz drei Ausgänge in West- und zwei in Ostberlin hatte?

Das ist keine Rechtfertigung.

Bekannt ist die gewaltsame Entführung von Dr. Walter Linse am 8. Juli 1952. Er war leitender Mitarbeiter des Untersuchungsausschusses freiheitlicher Juristen (UfJ). Diese Organisation betrieb eine aktive Feindtätigkeit gegen die DDR. Diese Tatsache wird natürlich heute verharmlost. Die »Gedenkstätte« Hohenschönhausen wollte 2007 einen mit 5.000 Euro dotierten »Walter-Linse-Preis« stiften. Als Linses Mitverantwortung für faschistische Verbrechen in der Öffentlichkeit bekannt wurde, musste dieser Plan fallen gelassen werden. Fakt ist: Linse war von 1938 bis 1941 »Arisierungsbeauftragter« der Industrie- und Handelskammer in Chemnitz. Er ist verantwortlich für die »Entjudung« von 300 jüdischen Gewerbebetrieben und arbeitete eng mit der Gestapo und der Polizei zusammen. 1940 trat er in die NSDAP ein. Linse wurde von der sowjetischen Besatzungsmacht verfolgt.

1962 wurde der ehemalige Mitarbeiter des MfS, Walter Thräne, aus Westberlin entführt.

Die meisten Fälle, die das MfS zu verantworten hat, erfolgten ohne Gewaltanwendung, sondern vor allem mit List. Ein sehr fleißiger Agent und Werber des US-amerikanischen Geheimdienstes MID (Military Intelligence Devision) z. B. wurde durch eine Wette verleitet, die U-Bahn von Westberlin nach Ostberlin über den Bahnhof Friedrichstraße zu benutzen, wo seine Festnahme erfolgte. Andere fanden sich nach Zechgelagen, bei denen K.o.-Tropfen ins Spiel kamen, in der DDR wieder.

In allen Fällen handelte es sich um Personen, die schwere Verbrechen gegen die DDR begangen und sich dafür auch vor DDR-Gerichten zu verantworten hatten. In Ausnahmefällen erfolgte eine Übergabe an sowjetische Behörden, von denen in solchen Fällen auch die Initiative für derartige Aktionen ausging.

Auch zum prominenten Entführungsopfer, Karl-Wilhelm Fricke, der als namhafter Experte für »SED-Diktatur« und MfS gehandelt wird und auch so auftritt, musste selbst der Bundesgerichtshof feststellen, dass die Wertung seines Verhaltens als Spionage durch das Oberste Gericht der DDR 1956 »ersichtlich nicht willkürlich« gewesen sei. (*vgl. Friedrich Wolff* »*Verlorene Prozesse*«)

Aus politischen Gründen wurden auch von BRD-Seite Entführungen inszeniert bzw. DDR-Bürger bei Aufenthalten in der BRD inhaftiert.

Der Stellvertretende DDR-Ministerpräsident, Otto Nuschke (CDU), war während der Ereignisse des 17. Juni 1953 nach Westberlin entführt worden, von wo aus er erst nach heftigen Protesten wieder in die DDR zurückkehren konnte.

Nein. Mit Adoptionen hat sich das MfS niemals beschäftigt, aber auch die zuständigen Behörden der DDR für Jugendhilfe haben niemals »zwangsadoptiert«.

Wenn beide Elternteile inhaftiert waren, musste in jedem Fall eine Lösung für vorhandene Kinder gesucht werden, manchmal auch, wenn Eltern ihre Kinder bei der Republikflucht einfach in der Wohnung zurückließen.

Zunächst wurde immer versucht, die Kinder in die Obhut von Verwandten, z. B. Großeltern, Onkel und Tanten, zu geben. Vorübergehend oder auch für längere Zeit erfolgten auch Einweisungen in Kinderheime. Weit über 10.000 Kinder sind aus der DDR auf dem Wege der Familienzusammenführung an ihre in die BRD ausgereisten Eltern übergeben worden. Nur wenn ein Gericht den Eltern begründet das Erziehungsrecht aberkannt hat, wurde auch eine Adoption in Betracht gezogen.

Allein in Berlin wird gegenwärtig jährlich etwa 5.000 Eltern das Erziehungsrecht entzogen. 2007 wurden bundesweit 28.200 Kinder von ihren Eltern getrennt. Das waren 8,4 Prozent mehr als im Vorjahr und dieser Trend hält an. Wie viele der davon betroffenen Kinder per Adoption in neue Familien kommen, ist nicht bekannt. Spricht hier jemand von Zwangsadoption?

Auch die Kinder der »Frau vom Checkpoint Charly« wurden nicht zwangsadoptiert. Die Mutter hatte, um aus der Haft in die BRD ausreisen zu können, in aller Form auf ihr Erziehungsrecht verzichtet. Die Kinder wurden daraufhin per Gerichtsentscheid dem leiblichen (von der Mutter geschiedenen) Vater zugesprochen.

Nicht in einem einzigen Fall haben die Justizbehörden der BRD nach 1990 einen DDR-Bürger wegen Unrechts im Zusammenhang mit Adoptionen angeklagt oder gar verurteilt.

Dagegen haben offenkundig die alten Bundesländer Nachholebedarf bei der Aufarbeitung des Schicksals von etwa 700.000 Heimkindern der 50er und 60er Jahre. »Brutale Erziehungsmethoden, Zwangsarbeit und sexuelle Übergriffe waren offenbar nicht die Ausnahme, sondern in vielen bundesdeutschen Erziehungsanstalten die Regel. Etwa zwei Drittel der Einrichtungen wurden von kirchlichen Trägern« betrieben, schrieb die *Berliner Zeitung* am 4./5. April 2009.

Warum haben sich die Mitarbeiter des MfS bei den Opfern nicht entschuldigt?

Ehe Personen heute Opfer sein können, mussten sie zu DDR-Zeiten als Täter mit den Gesetzen der DDR in Konflikt gekommen sein. Leider ist die Zahl solcher Personen, die zu ihren Taten und Motiven im Kampf gegen die DDR stehen und der DDR das Recht einräumen, sich dagegen zu verteidigen, sehr gering. Unter ihnen befinden sich auch Personen, die von westlichen Geheimdiensten, Agentenorganisationen und Menschenhändlerbanden in deren Machenschaften gegen die DDR regelrecht verheizt und danach vergessen wurden.

Das Bundesverfassungsgericht bestätigte 1996 in einem Grundsatzverfahren gegen Offiziere der HV A, dass die Arbeit des MfS von den Gesetzen der DDR gedeckt und sogar gefordert war. Auch die nach 1990 einsetzende politische Strafverfolgung von Mitarbeitern des MfS erbrachte keine Beweise für Morde, Folter, Zwangseinweisungen in die Psychiatrie aus politischen Gründen oder andere menschenverachtende Handlungen. Viele Anschuldigungen sind so durchsichtig und absurd, dass eine ernsthafte Auseinandersetzung mit ihnen nicht möglich ist. So sollen Mitarbeiter des MfS an Kannibalismus und Kinderpornografie beteiligt gewesen sein, den Homunkulus der CIA Osama Bin Laden in chemischer und biologischer Kriegsführung ausgebildet, zu Hunderten in den Geheimdiensten Saddam Husseins in Irak gearbeitet haben usw. usf.

Die Wahrheit ist immer konkret. Dazu gehört auch, dass das MfS einzelne Personen zu Unrecht verdächtigt und bearbeitet hat und nicht alle seine Maßnahmen aus heutiger Sicht zu rechtfertigen sind. Mitarbeiter des MfS haben sich aus diesem Grunde z. B. beim Schriftsteller Stefan Heym entschuldigt, den sie für einen CIA-Agenten gehalten und intensiv überwacht hatten.

Sie bedauern, dass manche Personen, die in konstruktiver Weise an der Gestaltung des Sozialismus in der DDR mitwirken wollten, dafür keine Gelegenheit erhielten, pauschal verdächtigt, persönlich benachteiligt und sogar repressiv eingeschränkt wurden. Keinen Grund gibt es allerdings, sich bei Personen zu entschuldigen, die vor den Kirchen in der DDR Kriegsspielzeug eingesammelt haben und nach 1990 deutsche Kriegseinsätze in aller Welt unterstützen.

Wenn es um Reue und Entschuldigung ehemaliger Mitarbeiter des MfS geht, dann vor allem um die schmerzliche Einsicht, dass die hohen Ideale einer humanen, sozial gerechten, antifaschistischen und friedlichen Gesellschaft, für die auch sie einst angetreten sind, nicht im notwendigen und möglichen Maße umgesetzt und verteidigt werden konnten. Entschuldigen müssen wir uns deshalb vor allem bei den Menschen im Osten Deutschlands:

- bei den Inoffiziellen Mitarbeitern und allen die sich für die Sicherheit der DDR und des Friedens eingesetzt haben und dafür nach der sogenannten Wende verfolgt, diffamiert und ausgegrenzt wurden und werden;
- bei Millionen Arbeitslosen, denen heute eine sinnerfüllte Tätigkeit verwehrt und ein Leben am Rande des Existenzminimums zugemutet wird;
- bei den Jugendlichen, die ohne Ausbildung und Arbeit bleiben, denen ein antiquiertes Schulsystem übergestülpt wurde und die durch wachsende soziale Schranken von einer höheren Bildung ausgeschlossen werden;
- bei den »überflüssig« gewordenen Mitarbeitern von Theatern, Orchestern, Kultureinrichtungen und Bibliotheken, bei den vielen Bürgern, denen heute der Zugang zur Kultur weitgehend verwehrt bzw. unmöglich gemacht wird;
- bei den Opfern der sich entwickelnden Zweiklassen-Medizin;
- bei den Frauen, die in ihrem Kampf um Gleichberechtigung zurückgeworfen wurden;
- bei den ungeborenen Kindern in Ostdeutschland, das mittlerweile nach dem Vatikanstaat die weltweit niedrigste Geburtenrate aufzuweisen hat;
- bei den Opfern des immer weiter um sich greifenden Antikommunismus, Antisemitismus und Neofaschismus.

Warum wurden in der DDR die Oppositionellen verfolgt?

Weshalb hat das MfS »Andersdenkende« verfolgt
und die Opposition in der DDR unterdrückt?

Niemand wurde in der DDR verfolgt, nur weil er anders gedacht hat. Dem anderen Denken mussten konkrete Handlungen folgen oder entsprechen, die im Widerspruch zu den Gesetzen und Sicherheitsbedürfnissen der DDR standen.

Richtig ist, dass das MfS Personen und Zusammenschlüsse zu verfolgen hatte, die es »politischer Untergrundtätigkeit«, also der gezielten Unterwanderung und Destabilisierung der politischen Verhältnisse in der DDR mit dem Ziel ihrer letztendlichen Beseitigung verdächtigt hat und bei denen es Hinweise auf Verbindungen zu westlichen Einrichtungen und Kräften gab. In der Praxis war davon jedoch insgesamt jener Personenkreis betroffen, der nach heutigem Verständnis als Opposition oder Bürgerrechtler in der DDR aktiv war. Obwohl das MfS bei seinen Einschätzungen stets differenziert hat, war es dabei von Auffassungen bestimmt, die jegliche Abweichung von der Parteilinie und kritische Haltungen zu dieser als schädlich angesehen haben.

Damit wurden auch Personen als »feindlich-negativ« eingestuft und so behandelt, die überzeugte Sozialisten waren oder loyal zur DDR standen. So wurden in einigen Fällen durch die Eingriffe in das Leben dieser Menschen gerade jene von der DDR abgestoßen, die durch ihre Kritik zum Aufbrechen von Verkrustungen und damit zur Stabilisierung der sozialistischen Verhältnisse hätten beitragen können. Resignation und Unzufriedenheit erfassten zunehmend breitere Personenkreise.

Das bedeutet jedoch nicht, dass der DDR nicht auch wirkliche Feinde gegenüberstanden, darunter solche, die aus taktischen Gründen ihre wahren Ziele verbargen und sich als Demokraten oder Bürgerrechtler tarnten. In spektakulärer Weise wurde das Zitat von Rosa Luxemburg »Freiheit ist immer die Freiheit der Andersdenkenden« 1988 bei der traditionellen Januar-Demonstration zur Gedenkstätte der Sozialisten missbraucht. Fast ausnahmslos Antragsteller auf Ausreise aus der DDR versuchten mit dieser Losung die Staatsorgane der DDR zu provozieren und auf diese Weise ihre Ausreise zu erzwingen. Mit Rosa Luxemburg verband sie nichts.

Eine organisierte Opposition hat es in der DDR erst ab Anfang der 80er Jahre gegeben. Zuvor war diese Opposition die Angelegenheit einer sehr begrenzten kleinen Zahl von Intellektuellen und Künstlern. Selbst im Sommer 1989 umfaßte die äußerst heterogen zusammengesetzte »unabhängige Friedensbewegung der DDR«, die im Westen der »Solidarnosc« in der VR Polen oder der »Charta 77« in der CSSR gleichgesetzt wurde, etwa 2.500 Personen.

Nur etwa ein Prozent der 1988 vom MfS inhaftierten Personen waren Oppositionelle und auch diese wurden in der Regel nicht verurteilt, sondern kamen nach kurzer Haft frei und konnten in den Westen ausreisen.

Die Bekämpfung der Opposition in der DDR hatte für das MfS also einen deutlich geringeren Stellenwert als z. B. die Bekämpfung der Spionage oder von Wirtschaftsverbrechen.

Für die Opposition der 50er, 60er und 70er Jahre in der DDR stehen Namen wie Wolfgang Harich, Robert Havemann, Wolf Biermann und Rudolf Bahro. Obwohl die repressiven Maßnahmen gegen sie aus der Zeit und den Bedingungen des Kalten Krieges heraus erklärbar sind, wären die Verantwortlichen der DDR aus der heutigen Sicht gut beraten gewesen, sich auf die politische Auseinandersetzung zu beschränken.

Wolfgang Harich hatte 1956 zusammen mit anderen (z. B. Verlagsleiter Walter Janka) eine oppositionelle Gruppe gebildet, die die Parteiführung unter Walter Ulbricht ablösen, Maßnahmen zum Aufbau des Sozialismus in der DDR revidieren und mit der SPD in Westdeutschland die Wiedervereinigung vorantreiben wollte. Vor dem Hintergrund der dramatischen Ereignisse in Ungarn 1956 und angesichts der Verbindungsaufnahme von Harich mit der Agentenzentrale »Ostbüro der SPD« wurde das als Umsturz-Versuch bewertet. Harich wurde entsprechend angeklagt und zu 10 Jahren Haft verurteilt.

Robert Havemann ist eine schillernde Persönlichkeit, dessen wirkliche Rolle vermutlich nicht mehr zu klären ist. Er war in der DDR Volkskammer-Abgeordneter und als zum Tode verurteilter Nazi-Gegner hoch angesehen. Anfang der 60er Jahre trat er als Regime-Kritiker auf und wurde von den Westmedien zum bedeutendsten Dissidenten der DDR aufgebaut. Gegen ihn lag der begründete Verdacht einer engen Zusammenarbeit mit Agenten westlicher Geheimdienste vor. Er hatte allerdings zeitweise auch für den sowjetischen Geheimdienst und das MfS gearbeitet und war auch schon mal Sicherheitsbeauftragter der Gestapo. Mit seinem politischen Auftreten hatte er sich im Kalten Krieg eindeutig auf die Seite des Westens gestellt. Er wurde vom MfS deshalb intensiv überwacht, stand zeitweilig unter Hausarrest, wurde aber wegen seiner antifaschistischen Vergangenheit niemals inhaftiert.

Wolf Biermann war durch Vermittlung von Margot Honecker, die er aus Kindheitsjahren kannte, in die DDR gekommen und konnte hier studieren. Anfang der 60er Jahre profilierte er sich als Texter und Interpret von Liedern, die die DDR und führende Politiker diffamierten. Er erhielt Auftrittsverbot und lebte fortan von den Tantiemen seiner Gönner im Westen. 1976 wurde er aus der DDR ausgebürgert, was sich im Nachhinein als eine der größten Dummheiten der DDR-Führung erwies. Biermann wurde dadurch unnötig aufgewertet. Seine »kommunistische« Gesinnung hat er zwischenzeitlich abgelegt. Er bedauerte nach 1990, dass Verantwortliche der DDR nicht aufgehängt wurden und wird heute selbst von den schwärzesten Politikern der CSU geschätzt und gefeiert.

Rudolf Bahro verfasste 1977 eine systemkritische Schrift »Die Alternative« und verbreitete sie im Westen. Er wurde zu einer hohen Haftstrafe verurteilt, konnte aber nach einem Jahr Haft in die BRD ausreisen.

Harich und Bahro haben es nach 1990 abgelehnt, die bürgerliche Klassenjustiz gegen Richter und Staatsanwälte der DDR zu unterstützen und Verständnis dafür gezeigt, dass die DDR in der konkreten Situation zum Schutz ihres Staates nicht anders handeln konnte. Robert Havemann ist 1986 verstorben. Die von ihm aufgestellten Theorien spielen in der heutigen programmatischen Diskussion unter Linken nur eine marginale Rolle.

Aus verständlichen Gründen stieg nach 1990 die Zahl der Personen, die im Widerstand gegen die DDR gestanden haben wollen, inflationär an. Viele haben ihre Biografien umgeschrieben und ihr einstiges Engagement für die DDR vergessen. Mit wachsendem zeitlichem Abstand werden die angeblich erduldeten Verfolgungen und Repressionen immer dramatischer. Viele sind davon beeindruckt, aber kaum einer fragt konkret nach.

Die DDR verstand sich als Friedensstaat. Das lebendige Credo lautete: Von deutschem Boden darf nie wieder Krieg, muss Frieden ausgehen. Aufs Ganze gesehen, hat die DDR an jedem Tag ihrer Existenz so gelebt und gehandelt.

Gleichwohl war die DDR kein pazifistischer Staat. Sie war eingebunden in das östliche Paktsystem. Für sie galt, was Wilhelm Busch unter der Zeile »Bewaffneter Friede« gedichtet hatte: »Ganz unverhofft an einem Hügel / Sind sich begegnet Fuchs und Igel. / Halt, rief der Fuchs, du Bösewicht! / Kennst du des Königs Ordre nicht? / Ist nicht der Friede längst verkündigt, / Und weißt du nicht, dass jeder sündigt, / Der immer noch gerüstet geht? / Im Namen seiner Majestät / Geh her und übergib dein Fell. / Der Igel sprach: Nur nicht so schnell. / Lass dir erst deine Zähne brechen, / Dann wollen wir uns weiter sprechen! / Und allsogleich macht er sich rund, / Schließt seinen dichten Stachelbund / Und trotzt getrost der ganzen Welt / Bewaffnet, doch als Friedensheld.«

Wenn sich unter diesen Umständen Personen bewusst einer »staatlichen Friedensbewegung« verweigern, um einen »unabhängigen« Kampf für den Frieden zu führen, stellen sich zwei Fragen: a) Ist der Frieden »teilbar«, gibt es unterschiedliche Arten von Frieden?, b) Warum stellen sich solche »Friedenskämpfer« bewusst neben die staatlichen Strukturen? Welche Ziele verfolgen sie? Wessen Interessen bedienen sie damit? Das war die Ausgangslage zur politischen Einschätzung dieser Kräfte, selbst wenn man akzeptierte, dass sich die DDR-Gesellschaft immer weiter differenzierte und staatliche Angebote keineswegs ausreichten.

In einer Information des MfS für die SED- und Staatsführung am 1. Juni 1989 wird über etwa 160 Zusammenschlüsse mit einem Gesamtpotenzial von rund 2.500 Personen berichtet. Der »harte Kern« bestand aus etwa 60 von Sendungsbewusstsein, Geltungsdrang und politischer Profilierungssucht getriebenen Personen, die weniger für den Frieden, wohl aber gegen die DDR stritten. Diese Zusammenschlüsse bezeichneten sich als »Friedenskreise« (35), »Friedens- und Umweltgruppen« (23), »Ökologiegruppen« (39), »Frauengruppen« (7), »Ärztekreise« (3), »Menschenrechtsgruppen« (10) oder »Dritte-Welt-Gruppen« (39). Zehn Zusammenschlüsse existierten überregional und gliederten sich in Regionalgruppen, etwa der Fortsetzungsausschuss »Frieden konkret«, der Arbeitskreis »Solidarische Kirche«, »Kirche von unten«, »Grün-ökologisches Netzwerk Arche«, »Initiative Frieden und Menschenrechte« und der »Freundeskreis Wehrdiensttotalverweigerer«.

Seit Mitte der 80er Jahre stellten einige dieser Gruppen illegale Publikationen in Auflagen von bis zu 2.000 Exemplaren her und verbreiteten diese. Sie profitierten dabei von der schlechten Medien- und Informationspolitik der SED, die Probleme und Schwierigkeiten der DDR ausklammerten. Dabei wurden teilweise auch offen antisozialistische Positionen vertreten. Der Versuch des MfS, 1987 die Vervielfältigung der schon vom Titel her provozierenden Schrift »Grenzfall« in der »Umweltbibliothek« in der Berliner Zionskirche zu unterbinden, führte zum Eklat. Die überzogenen strafrechtlichen Maßnahmen lösten eine von Westberlin aus organisierte mehrtägige Besetzung der Zionskirche aus. Diese wurde von westlichen Medien propagandistisch begleitet.

Diese fehlgeschlagene Aktion zeigte einmal mehr: Die notwendige politische Auseinandersetzung mit oppositionellen Gruppen und ihren Auffassungen konnte durch Maßnahmen des MfS nicht ersetzt werden.

Vorschläge des MfS an die SED-Führungen der jeweiligen Ebenen, einen Dialog mit diesen Gruppen aufzunehmen, scheiterten an Hardlinern im Politbüro wie dem Berliner SED-Bezirkschef Günter Schabowski.

Die oppositionellen Gruppen waren lange Zeit von der Bevölkerung der DDR isoliert und erlangten erst im Herbst 1989 temporäre Bedeutung, nachdem sich große Bevölkerungsteile enttäuscht von der DDR-Führung abgewandt hatten. Sie wurden Keimzellen neuer Parteien und Organisationen (»Neues Forum«, »Demokratischer Aufbruch«, »Sozialdemokratische Partei«). Sie wollten zunächst mehrheitlich den Erhalt der DDR bzw. gingen von der Fortexistenz einer antikapitalistischen DDR aus. Sie hatten dazu aber keine konkreten oder nur illusionäre Vorstellungen und beförderten objektiv den Prozess der innenpolitischen Destabilisierung. So wurden sie objektiv zu Wegbereitern des Zusammenbruches der DDR und verloren jede politische Bedeutung.

*Es heißt, dass Widerstand und Opposition in der DDR von außen
gesteuert worden seien? War das nicht Selbstbetrug?*

Ja und nein. Vor allem in der Zeit der offenen Grenze bis 1961
schürten in Westberlin ansässige Agentenzentralen den Widerstand gegen die DDR. So inszenierte die »Kampfgruppe gegen
Unmenschlichkeit« als eine klassische Terrororganisation Sprengstoffanschläge, Brandstiftungen und Viehvergiftungen, legte Rei-
fentöter aus und plante die Vergiftung von Trinkwasser. Der als
Rechtsberatungsstelle für DDR-Bürger getarnte »Untersuchungsausschuss freiheitlicher Juristen« warb, wie auch die Ostbüros der
SPD, der CDU und der FDP DDR-Bürger an, sie organisierten
Sabotageakte in der DDR und zügellose Hetze. Diese Agentenzentralen waren Hilfsorganisationen westlicher Geheimdienste. Sie
wurden von diesen gegründet, finanziert und gesteuert. Und sie
wiederum führten »Oppositionelle« in der DDR.

Nach 1961 hatte sich diese Form des »Widerstandes« und der
Unterstützung aus dem Westen erledigt. Später übernahmen zunehmend westliche Diplomaten, Journalisten und andere legal in der
DDR wirkende Vertreter kapitalistischer Staaten die Anleitung,
Unterstützung und Steuerung oppositioneller Kräfte. Zahlreiche
Aktionen der »unabhängigen Friedensbewegung« der DDR erwiesen sich als Inszenierungen für westliche Medienkampagnen. Die
westliche Rundfunk- und Fernseh-Propaganda, darunter auch
geheimdienstlich gesteuerte Einrichtungen wie der *Rundfunk im
amerikanischen Sektor* (RIAS), erreichten die Bürger der DDR rund
um die Uhr und flächendeckend. Die millionenfachen Einreisen
von Personen aus dem westlichen Ausland und unzählige grenz-
überschreitende Kontakte boten faktisch unbegrenzte Möglichkeiten und Tarnungen für subversive Aktivitäten.

Das bedeutet aber nicht, dass Widerstand und Opposition
innerhalb der DDR keine Basis gehabt hätten. Waren es anfangs
noch vorwiegend die ehemaligen Nutznießer des durch Enteignung
beseitigten kapitalistischen Ausbeutungssystems oder die alten
Nazis, so kamen später auch Menschen hinzu, die aus unterschied-
lichsten Motiven den in der DDR eingeschlagenen Weg ablehnten,
weil sie andere Vorstellungen von einer sozialistischen Gesellschaft
hatten.

Das Scheitern der DDR ist auch darauf zurückzuführen, dass die SED-Führung es nicht ausreichend vermochte, konstruktive Kritik aufzunehmen und umzusetzen. Dazu fehlte es an demokratischen Mechanismen und einer dazu gehörenden problemorientierten, offenen Medien- und Informationspolitik.

Vieles ist allerdings auch durch den Kalten Krieg unmöglich gemacht worden, in dessen Logik jedes Eingeständnis eines Fehlers oder einer Schwäche gnadenlos vom politischen Gegner ausgenutzt wurde.

Der »Selbstbetrug« bestand darin, dass viel zu viele, die sich kritisch zur DDR und zum Sozialismus äußerten, als Sprachrohre des Klassenfeinds betrachtet und auch so behandelt wurden. Eine solche Haltung basierte auf zwei grundsätzlich falschen Prämissen. Erstens: Der existente Sozialismus ist so gut, dass er nicht mehr verbessert werden muss. Zweitens: Wenn etwas zu verbessern ist, entscheidet das ausschließlich die politische Führung, will heißen: der Generalsekretär des ZK der SED.

Dies von einer 2,3 Millionen Mitglieder zählenden Partei widerspruchslos hingenommen und damit akzeptiert zu haben, war eine gefährliche Selbsttäuschung.

Ist es nicht Propaganda, das »Ostbüro der SPD« in Berlin als Agentenzentrale zu bezeichnen?

Das Ostbüro der SPD wurde nachweislich vom britischen Geheimdienst in Kooperation mit Partnern in den USA gegründet und unterhalten.

Die Leiter des Ostbüros Siegmund Neumann (bis 1948) und Stephan Grzeskowiak alias Stephan Thomas waren englische Agenten. Die Finanzierung des Ostbüros erfolgte zunächst aus geheimdienstlichen Quellen, später zunehmend auch durch staatliche Förderung. Selbst westliche Publikationen kamen nicht umhin, den dubiosen Charakter des Ostbüros der SPD zu bestätigen und einiges aus seiner Tätigkeit zu offenbaren. Das Nachrichtenmagazin *Der Spiegel* definierte es als »eine Nachrichtenbeschaffungsstelle, die vor allem im Westberliner Agentendschungel des Kalten Krieges eine dominierende Rolle spielte«. Es buchte dies unter »SPD-Spionageaktivitäten im Kalten Krieg« ab und berichtete über »Tausende von Agenten eines ›Ostbüros‹ der westdeutschen SPD, finanziert mit Steuergeldern und ausgerüstet mit Geheimtinte und Minikameras«. Ostbüroagenten beschafften Sitzungsberichte des Zentralkomitees der SED, Details über den Aufbau der Polizei, Baupläne von Gefängnissen oder Angaben zu Standorten der Roten Armee und erhielten von den britischen Streitkräften Ausforschungsaufträge zu Wirtschafts- und Militärfragen.

Wie *Der Spiegel* 1966 bestätigte, hatte das Ostbüro der SPD mittels gefälschter Begleitpapiere 1950 für die Leipziger Bevölkerung bestimmte Lieferungen von Butter aus Polen nach Rostock umgeleitet, wo diese infolge zu langer Lagerung verdarb. Im Winter des gleichen Jahres erfroren Kartoffeln auf Abstellgleisen der Reichsbahn, die von Agenten des Ostbüros der SPD in die Irre dirigiert worden waren. Das SPD-Ostbüro sammelte durch seine Agenten Informationen über drei Millionen DDR-Bürger, um nach einer Wiedervereinigung ein »besseres Nürnberg« zu ermöglichen, infiltrierte, von staatlichen Stellen geduldet oder gefördert, im Rahmen seiner Inlandsaufklärung »politische Extremistengruppen« (gemeint war damit die KPD), schickte Kuriere und V-Leute in den illegalen Propagandakampf gegen das »Ulbricht-Regime« etc. Es arbeitete »im konspirativen Bereich stark mit den deutschen und westlichen Geheimdiensten zusammen«. Das Ostbüro fälschte Dokumente, darunter Ausweise des Schweizer Roten Kreuzes. Seine hauptamtlichen Mitarbeiter waren bewaffnet. *Der Spiegel*: »Der frühere V-Mann Heinz Richter schätzt, dass insgesamt 800 Menschen aufgrund der vom Westen organisierten Nachrichtenbeschaffung wegen Spionage durch die DDR-Organe verurteilt worden sind.«

Nach dem Selbstverständnis der SPD war das Ostbüro »die organisatorische Basis der Arbeit der geflüchteten Parteiführer und Mitglieder der SPD nach der Zwangsvereinigung von SPD und KPD zur SED am 21. April 1946«. Im Jahr 1966 wurde das Ostbüro in das »Referat für gesamtdeutsche Fragen« der SPD umgewandelt. Bis zur Auflösung im Jahr 1971 leitete es Helmut Bärwald. In Berlin arbeitete die Außenstelle noch bis 1981 unter Charlotte von Heyden und Käthe Frädrich weiter.

Eintrag im Internet: »Der SPD-Parteivorstand beauftragte Anfang 1959 Max Kukil mit der Reorganisation des Ostbüros, wenige Tage später starb er plötzlich. Es gab Gerüchte, dass Kukil wegen seiner Tätigkeit für das Ostbüro von der Stasi vergiftet worden ist.« *(http://de.wikipedia.org/wiki/Ostbüro_der_SPD)*

Sie können es einfach nicht lassen.

Ehemalige Oppositionelle aus der DDR behaupten, ihre Zusammen-
schlüsse seien »zersetzt« worden. Was ist darunter zu verstehen?

Zersetzung meinte das verdeckte, also von den Betroffenen nicht
lokalisierbare Beeinflussen von Personen und Personengruppen mit
dem Ziel, deren Handlungsfähigkeit, persönliche Integrität und
deren Öffentlichkeitswirkung zu untergraben bzw. ganz zu unterbinden. Zersetzung ist wie die Desinformation eine üble Methode,
die Geheimdienste – die CIA rechnet sie zu ihren »schmutzigen
Tricks« –, die aber auch Politiker und Medien anwenden, um den
Ruf politischer Gegner zu schädigen und das gegnerische Lager
durch geschürte innere Konflikte und Zwistigkeiten zu schwächen.
Darauf wird vor allem zurückgegriffen, wenn die herkömmlichen
Mittel der Repression nicht angewendet werden können oder nicht
zweckmäßig erscheinen.

Zersetzung ist am ehesten mit Intrigen zu erklären, bei denen
wahre und unwahre Behauptungen vermischt, Emotionen bewusst
geschürt, Misstrauen und Verdächtigungen provoziert werden. Der
Ruf unliebsamer Personen wird demontiert und Gruppierungen
werden in interne Auseinandersetzungen verwickelt, die sie zwin-
gen, sich mit sich selbst zu beschäftigen und sie dadurch lähmen
und ausschalten. Es geht also niemals um physische Beeinträchti-
gungen oder Behinderungen von Personen.

Das MfS beispielsweise hat durch das Streuen von Gerüchten
über angebliche moralische Verfehlungen reaktionäre Scharfmacher
in den Kirchen in Erklärungszwang gebracht und deren Einfluss
untergraben. Es hat auch dafür gesorgt, dass oppositionelle Gruppen sich endlos darüber stritten, wie sie am besten vorgehen könnten. Solange sie mit sich selbst beschäftigt waren, so die Überlegung
der Zuständigen, waren andere Störungen oder gar Straftaten nicht
zu erwarten.

Ja, es hat Zersetzungsmaßnahmen des MfS gegeben.

Diese Methode wird unverändert von anderen Diensten praktiziert. Am wirksamsten erweisen sich Zersetzungsmaßnahmen, die
als solche nicht erkannt werden. So handelte es sich bei der medialen Inszenierung der »Stasi-Verharmlosung« durch eine niedersäch-
sische Landtagsabgeordnete im Februar 2008 vermutlich um eine
geheimdienstlich gesteuerte Zersetzungsmaßnahme, die den meis-

ten Beteiligten nicht bewusst wurde. Ebenfalls ist es nur schwer vorstellbar, dass die Austritte und inneren Streitigkeiten im Landesverband Hessen der LINKEN kurz vor den Landtagswahlen 2008 *keine* von den Medien gestützte geheimdienstliche Aktion gewesen sein soll.

Vor dem BND-Untersuchungsausschuss wurde der BND-kritische Autor Erich Schmidt-Eenboom im Ergebnis einer Zersetzungsaktion des BND als V-Mann gehandelt. Etwas bleibt immer hängen, und der Einzelne kann sich kaum dagegen wehren.

Angesichts der allgegenwärtigen Praxis der Zersetzung muss festgestellt werden, dass die Zersetzungsmaßnahmen des MfS, die sich nur gegen einen eng begrenzten Personenkreis richteten, auch nicht im entferntesten jene Größenordnungen und Wirkungen erreichten, wie sie sich im nahezu täglichen Rufmord der Boulevard-Presse und in den Schlammschlachten der Politiker widerspiegeln.

In welchem Ausmaß westliche Geheimdienste mit Zersetzungsmaßnahmen operieren, zeigt am deutlichsten die Gründung und Förderung maoistischer Parteien in den 60er Jahren, die darauf abzielten, aus dem damaligen Konflikt zwischen den Führungen der UdSSR und Chinas Nutzen für die Spaltung der kommunistischen Bewegung zu ziehen.

Auch bei der Terrorbekämpfung wird vermutlich auf Desinformations- und Zersetzungsmaßnahmen nicht verzichtet. *Der Spiegel* (Nr. 16/2009) berichtete über Planspiele des Bundeskriminalamtes und des Landeskriminalamtes Baden-Württemberg aus den Jahren 1975/76, selbst inszenierte Terroranschläge gegen die Trinkwasserversorgung Westberlins oder die Hamburger Elektrizitätswerke der RAF in die Schuhe zu schieben, »bandeninterne Konflikte« zu vertiefen, Flugblätter zu fälschen und die Medien gezielt zu belügen.

Durchaus. Der wichtigste Schutz ist eine offene, aufrichtige Atmosphäre des gegenseitigen Vertrauens, auch bei der Diskussion von Fehlern. Politische Kultur und Toleranz sind gerade unter Gleichgesinnten immer wieder einzufordern. Bei der Suche nach den besten Konzepten ist produktiver Streit unerlässlich. Er sollte aber mit dem Ziel der Herausarbeitung der gemeinsamen Positionen konstruktiv geführt werden und in der Verständigung über das weitere Vorgehen enden. Die Leistungen von Personen sollten immer nach den Maßstäben ihres Nutzens und des tatsächlichen Einsatzes für ein angestrebtes Projekt beurteilt werden. Fehlende Sachargumente können nicht durch persönliche Angriffe ersetzt werden.

Vorsicht ist immer geboten, wenn konkrete Vorhaben durch fundamentalistische Diskussionen destruktiv beeinflusst oder unmöglich gemacht werden sollen. So gibt es in linken Bewegungen eine Fülle von Themen, über die erbittert gestritten werden kann und auch wird, ohne nur einen Schritt voranzukommen.

Wurden Oppositionelle in der DDR in psychiatrische Anstalten eingewiesen?

Die in den neuen Bundesländern eingesetzten Untersuchungs-kommissionen und die BStU-Behörde mussten nach intensiven Untersuchungen feststellen, dass es in der DDR eine »Zwangs-psychiatrisierung aus politischen Gründen« nicht gegeben hat.

Allerdings gab es auch in der DDR psychisch Kranke, die eine Gefahr für andere Menschen darstellten und deshalb in psychiatrische Einrichtungen eingewiesen oder dort behandelt werden muss-ten. Das hatte aber nichts mit deren politischer Einstellung zu tun und war auch nicht Gegenstand der Arbeit des MfS. Und bis heute gibt es Menschen, die ihre psychische Erkrankung nicht wahrhaben wollen und in diesem Zusammenhang die unsinnigsten Beschuldigungen aufstellen.

Keine der Anschuldigungen gegen Psychiater der DDR, wie sie nach 1990 vereinzelt erhoben wurden, hielten Überprüfungen nicht stand.

Für Schlagzeilen sorgte der Fall des DDR-Pfarrers und sächsischen Innenministers Heinz Eggert, der einen ihn behandelnden Chefarzt der Psychiatrie beschuldigt hatte. Vor Gericht hatten diese Beschuldigungen (*Bild*: »Satan in Weiß«) keinen Bestand. Der Arzt wurde freigesprochen, nachdem ihm zwei Jahre lang Freiheitsberaubung, Körperverletzung, Nötigung und Vergiftung vorgeworfen worden waren und er seine Anstellung verloren hatte.

Pro Jahr werden in Deutschland mittlerweile etwa 110.000 Menschen nach den Unterbringungsgesetzen der Länder (UBG/PsychKG) und dem im Bürgerlichen Gesetzbuch (BGB) geregelten Betreuungsrecht in der Bundesrepublik zwangsweise untergebracht.

Untersuchungen lassen zudem vermuten, dass mindestens noch einmal so viele Patienten ohne richterlichen Beschluss zwangsbehandelt werden.

Nein. Zu den Aufgaben des MfS gehörte nicht die Bekämpfung von Religion, sondern lediglich der Kampf gegen den Missbrauch der Religion für gegen die DDR gerichtete politische Zwecke. In den Anfangsjahren der DDR gab es dabei nachweislich Überspitzungen, etwa das zeitweilige Verbot der »Jungen Gemeinde«, Maßnahmen gegen »Studentengemeinden« oder auch das überaus harte Vorgehen gegen die vom Obersten Gericht der DDR 1950 verbotene Sekte »Zeugen Jehovas«.

Die Kirchen standen der DDR zunächst überwiegend ablehnend gegenüber und blieben bis zuletzt außerhalb des durch die SED geführten politischen Systems. Durch das Staatssekretariat für Kirchenfragen und das MfS wurden – verbunden mit vielen politischen Kompromissen – nach und nach vertrauensvolle Beziehungen und eine konstruktive Zusammenarbeit entwickelt. Das Konzept einer »Kirche im Sozialismus« (also Kirche nicht *für* oder *gegen*, sondern *im* Sozialismus) und die Anerkennung der staatlichen Souveränität der DDR wurden am Ende von vielen kirchlichen Amtsträgern akzeptiert und praktiziert. Schwerpunkt bildeten die evangelischen Kirchen, die sich entsprechend der protestantischen Tradition und als Mehrheitskirche gesellschaftlich stärker engagierten als die betont unpolitische katholische Kirche in der DDR. Sichtbarer Ausdruck eines guten Verhältnisses zu den Kirchen in der DDR waren die Luther-Ehrungen, Kirchentage und Katholiken-Treffen in den 80er Jahren. Zahlreiche kleine Religionsgemeinschaften konnten in der DDR unbehelligt ihre Glaubenslehren verkünden. Mit Achtung und Respekt begegnete das MfS der kleinen, nur etwa 1.500 Personen umfassenden Jüdischen Gemeinde in der DDR.

Einzelne Religionsgemeinschaften waren in der DDR nicht zugelassen oder verboten, darunter die Weltuntergangspsychosen schürende Sekte »Zeugen Jehovas« mit Hauptsitz in den USA. Sie hatte zum Boykott aller staatlichen Maßnahmen aufgerufen und selbst gegen das von der Weltfriedensbewegung geforderte Verbot aller Atomwaffen gehetzt. Ihre illegal tätigen Funktionäre wurden anfangs zu hohen Haftstrafen verurteilt, später aber nur noch durch administrative Maßnahmen in ihrem Wirken behindert.

War der Ministerpräsident des Landes Brandenburg und spätere Bundesminister Manfred Stolpe Inoffizieller Mitarbeiter des MfS?

Zu dieser Frage haben sich schon ein Untersuchungsausschuss des Landtages Brandenburg und diverse Gerichte geäußert. Als Sekretär des Bundes evangelischer Kirchen in der DDR hat Manfred Stolpe mit dem Staatssekretariat für Kirchenfragen der DDR und auch mit dem MfS Verhandlungen zum Nutzen der evangelischen Kirchen geführt. Er war auch ein angesehener Gesprächspartner westdeutscher Politiker, die – wie Alt-Kanzler Schmidt oder Ex-Außenminister Genscher – zu seinen Gunsten aussagten.

Ohne Kenntnis der westdeutschen Akten kann nicht entschieden werden, welcher der beiden Seiten Manfred Stolpe mehr genützt hat. Ohne das Vertrauen der westdeutschen Seite hätte er sicherlich nicht seine Funktionen nach 1990 einnehmen können.

Wenn allein Gespräche mit dem MfS zur Verteufelung ausreichen würden, dann müsste auch Pfarrer Joachim Gauck, der erste BStU-Chef, beschuldigt werden. Von ihm ist in den Akten des MfS mindestens ein sehr sachliches und freundliches Gespräch mit einem MfS-Mitarbeiter überliefert. (*s. auch die Erinnerungen des letzten Chefs der Rostocker Bezirksverwaltung des MfS, Oberst a. D. Artur Amthor, »Ruhe in Rostock? Von wegen!«*)

Viele prominente »Nach-Wende«- und Bundespolitiker unterhielten zu DDR-Zeiten berufs- und funktionsbedingte Arbeitskontakte zum MfS. Das war keineswegs anrüchig, wie seit 1990 behauptet. Das MfS war eine legale staatliche Institution. Insofern ist es legitim, wenn sich unverändert Personen dagegen wehren, wegen dieser Verbindung diskreditiert zu werden. Nur wer sich darauf einlässt zu erklären, man habe »niemandem geschadet«, macht sich angreifbar: Der Betreffende gibt damit seine Auffassung zu erkennen, er habe gefehlt und etwas Unrechtes begangen.

Warum konnte man in der DDR aus Gewissensgründen
den Wehrdienst nicht verweigern?

Der Wehrdienst erfolgte bis 1961 freiwillig. Danach wurde per Gesetz die Wehrpflicht eingeführt. Sie betrug 18 Monate und war in jedem Falle abzuleisten. Sogenannte Totalverweigerer, also Personen, die auch den Wehrersatzdienst (»Bausoldaten-Dienst«) verweigerten,wurden nach § 256 des Strafgesetzbuches der DDR belangt. Wehrdienstverweigerung ist in vielen Ländern der Welt unverändert ein Straftatbestand.

Die DDR eröffnete die Möglichkeit eines Wehrersatzdienstes. Für gläubige Christen, die das 5. Gebot (»Du sollst nicht töten«) sehr ernst nahmen und darum den Dienst mit der Waffe ablehnten, bestand die Möglichkeit, als Bausoldat der Wehrpflicht zu genügen. Eine solche Regelung war in den sozialistischen Ländern einmalig. Die Bausoldaten wurden zunächst für militärische Bauten, später nur noch für Hilfsarbeiten in Garnisonen und Stäben eingesetzt. Möglichkeiten, sich religiös zu betätigen, wurden schrittweise erweitert.

Wer sich für den Bausoldatendienst entschied, wurde keiner Gewissensüberprüfung unterzogen.

Absolut nein! Das ist eine bösartige Unterstellung, die auf eine Gleichsetzung mit den Nazis abzielt.

Homosexuelle als Personengruppe wurden erst in den 80er Jahren für das MfS interessant, als sich in den Kirchen entsprechende Gruppen etablierten. Das MfS hat hierauf 1984 mit Vorschlägen an die SED-Führung reagiert, bestehende Diskriminierungen gegenüber Homosexuellen abzubauen. So wurden z. B. Kontaktanzeigen in den Zeitungen, Ehrungen homosexueller Opfer in den KZ, Erleichterungen bei der Wohnungsvergabe u. a. ermöglicht.

1988 wurde auf Vorschlag des MfS auch die besondere Strafbarkeit gleichgeschlechtlicher sexueller Handlungen mit Jugendlichen (§ 151 StGB) aufgehoben, übrigens fünf Jahre früher als eine analoge Regelung in der BRD.

Homosexualität selbst war in der DDR schon seit 1968 nicht mehr strafbar.

Als Prototyp der realistischen Darstellung gilt der Oscar-prämierte Spielfilm »Das Leben der Anderen«. Die Tatsache, dass die als einseitig geltende »Gedenkstätte Berlin-Hohenschönhausen« Aufnahmen zu diesem Film auf ihrem Gelände verweigerte, spricht doch eher für als gegen diesen Film!

Ein Spielfilm ist ein Kunstwerk. Kunstwerke besitzen keinen dokumentarischen Charakter. Auch dieser Film ist künstlich, also ausgedacht: Einige Drehbuchautoren, der Regisseur und Schauspieler stellten sich vor, dass die DDR-Wirklichkeit so gewesen sein könnte.

Bei allem Respekt vor einzelnen schauspielerischen Leistungen: Die Realität widerspiegelte der Film nicht annähernd. Er besteht aus Versatzstücken, Klischees und Legenden. Selbst technische Details waren nachweislich falsch.

Aber, und darum wurde der Film propagandistisch hochgejubelt und mit medialem Getöse gefeiert: Er diente der Denunziation der DDR und des MfS, und da dies auf hohem künstlerischen Niveau erfolgte, war die Plattheit nicht gleich zu erkennen. Genau dort setzte die Kritik aus dem eigenen Lager an: Nicht alle dargestellten »Schufte« verfielen als »MfS-Schergen« gleich der Verachtung der Zuschauer. Bereits die schwächste Differenzierung wird darum abgelehnt.

Im Film treibt das MfS einem geilen Minister eine Gespielin zu. Einen solchen Fall hat es in vierzig Jahren DDR nie gegeben. Margot Honecker hat nachweislich keine Bücher von Solshenyzin verschenkt, und Prostituierte standen weder MfS-Mitarbeitern noch deren Vorgesetzten zu Diensten. Es ist kein Beispiel bekannt, dass das MfS in den 70er oder 80er Jahren einen Regisseur oder eine Schauspielerin in den Tod getrieben hätte.

Für den Einsatz operativer Technik, wie sie im Film gezeigt wird, hätte es des dringenden Verdachts feindlicher Handlungen gegen die DDR bedurft: Die lagen nicht vor.

In den Vernehmungsprotokollen des MfS, die auch in Gerichtsakten enthalten sind, sind die Zeiten der Vernehmungen penibel vermerkt. 40-stündige Dauervernehmungen – noch dazu als Norm – sind nicht dokumentiert. Die Vernehmungszeiten sind auch aus den Haftakten ersichtlich, da die Untersuchungshäftlinge schriftlich zu den Vernehmungen bestellt wurden.

Mit Geruchskonserven wurde im MfS erst ab Mitte der 80er Jahre experimentiert. (Etwa ab dieser Zeit beschäftigten sich auch Strafverfolgungsbehörden der BRD mit der Konservierung und Nutzung von Geruchsspuren. Dabei wurde und wird das gleiche Ziel verfolgt wie heute mit dem DNA-Vergleich: die Ermittlung von Tätern für noch unaufgeklärte Straftaten.) Diese kriminalistische Methode war keinesfalls obligatorischer Bestandteil von Vernehmungen im MfS.

Die Durchführung von Hausdurchsuchungen war in der Strafprozessordnung genau geregelt, niemand wurde für erkennungsdienstliche Fotos angeschnallt, und für das Erzählen politischer Witze wurde auch im MfS niemand strafversetzt.

Und dass die Postkontrolle keine Domäne des MfS war, dürfte inzwischen Gemeingut sein.

Die Liste der zweckdienlichen »Ungenauigkeiten« lässt sich beliebig fortsetzen.

Viel diskutiert wurde auch die Fernsehproduktion »Die Frau vom Checkpoint Charly«. Wird darin eine authentische oder auch eine erfundene Geschichte behandelt?

Der Film beruht auf einem Buch, das die vermeintliche Lebensgeschichte einer DDR-Bürgerin beschreibt, die nach einem Fluchtversuch inhaftiert wurde, danach ausreiste und anschließend mit spektakulären Aktionen die Ausreise ihrer beiden Töchter erzwingen wollte.

Die Person ist historisch verbürgt. Die Darstellung der Sachverhalte ist falsch, aber absichtsvoll.

- Die Frau hatte in Wirklichkeit nicht zwölf Ausreiseanträge gestellt, wie behauptet, sondern keinen.
- Zu ihrem Vater in Aachen, an dem ihr Herz hing, hatte sie seit dem 15. Lebensjahr keinen Kontakt mehr.
- Sie wurde als Informatikern nicht gekündigt, sondern schmiss den Job selbst hin.
- Es gab keine Isolation von den Töchtern: Selbst in der U-Haft durfte sie mit ihnen korrespondieren.
- Die Kinder wurden keineswegs »linientreuen« Pflegeeltern zur »Zwangsadaption« übergeben, sondern dem leiblichen Vater, von dem im übrigen nicht sie sich getrennt hatte, wie behauptet, dieser hatte sich von ihr scheiden lassen.
- Sie verzichtete, um ihre Ausreise zu erreichen, explizit auf das Erziehungsrecht.
- Auf sie angeblich angesetzte Killerkommandos und Überfälle des MfS entspringen ausschließlich der Fantasie der Erzählerin.

Im Unterschied zum Spielfilm »Das Leben der Anderen« handelte es sich hier um billige Massenware mit den gleichen Intentionen. Nicht zufällig besetzte man die Hauptrolle mit einer der attraktivsten und bekanntesten *westdeutschen* Schauspielerinnen. Damit konnte man sich der Aufmerksamkeit des (mehrheitlich westdeutschen) Publikums sicher sein.

Warum beruft sich das MfS stets auf den Antifaschismus?

Zu den Gründungsmythen der DDR und des MfS gehören
die antifaschistischen Wurzeln. Ist das nicht überzogen?

Keineswegs. Die DDR war ein antifaschistischer Staat, der aus dem Kampf gegen den Faschismus hervorgegangen ist. Das bedeutete aber nicht, dass es nach 1949/50 in der DDR keine Nazis mehr gegeben hätte. Die hatten sich nicht in Luft aufgelöst, und nicht alle waren in die Westzonen geflüchtet.

Seit den 50er Jahren bis zum Ende der DDR wurde vor allem unter Mitwirkung des MfS noch eine ganze Reihe von Nazi-Tätern aufgespürt und wegen ihrer Beteiligung an faschistischen Verbrechen vor Gericht gebracht.

Den zahlreichen, nicht an Nazi-Verbrechen beteiligten Mitläufern des Nazi-Regimes wurde hingegen die Chance eröffnet, sich am Aufbau einer antifaschistisch-demokratischen Gesellschaft zu beteiligen. Dieses politische Herangehen galt auch für das MfS.

Im Hinblick auf an Verbrechen beteiligten Nazi-Aktivisten stellten sich für das MfS in den Anfangsjahren im Wesentlichen drei Schwerpunktaufgaben:

- Mitwirkung an der Fahndung nach flüchtigen und untergetauchten Nazi-Kriegsverbrechern;
- Entlarvung von an der Verfolgung von Kommunisten und Antifaschisten beteiligten ehemaligen Gestapo- und SD-Mitarbeitern sowie deren V-Leute, Spitzel und Verräter;
- Bearbeitung inoffizieller/operativer Hinweise zu Personen, die der Begehung von Nazi-Verbrechen verdächtig waren.

Seit Ende der 50er, Anfang der 60er Jahre lag der Schwerpunkt der Ermittlungs- und Untersuchungstätigkeit des MfS dann stärker auf bisher unerkannt gebliebenen Tätern, die vor allem an Massenverbrechen in den von den Faschisten besetzten Gebieten, hauptsächlich in Osteuropa, beteiligt waren. In den drei Jahrzehnten bis 1989/90 kam es zu mehr als 90 Prozessen vor DDR-Gerichten, in denen über 100 Angeklagte wegen Kriegsverbrechen und Verbrechen gegen die Menschlichkeit verurteilt wurden. Diese Urteile sind in der unter Federführung von Prof. C. F. Rüter von der Amsterdamer Universität nach 2002 edierten mehrbändige Dokumentation »DDR-Justiz und NS-Verbrechen« enthalten. Diese Publikation mit den Urteilen im Wortlaut wird zurecht als bedeutsamer Beitrag gegen die seit 1990 verbreiteten Verleumdungen und Entstellungen gewertet. Sie lässt keinen Zweifel am unbeugsamen Willen der DDR-Organe zur Aufklärung von Nazi-Verbrechen und der Strafverfolgung aufgespürter Täter.

Es ist unbestreitbar, dass der Anfang der Geheimdienste der BRD gekennzeichnet war vom Wirken einer Vielzahl von Nazi-Verbrechern, die z. T. sogar auf den Fahndungslisten der Alliierten standen! Signifikant für die Rekrutierung ehemaliger Nazis zur subversiven Tätigkeit gegen die DDR und andere Staaten ist die in einem *Spiegel*-Artikel zitierte Aussage des CIA-Mannes Rositzki: »Es war unbedingt notwendig, dass wir jeden Schweinehund verwendeten. Hauptsache, er war Antikommunist.«

Es war also keineswegs Zufall, dass sich westliche Geheimdienste und andere antikommunistische Organisationen und Einrichtungen im Westen nach 1945 vorzugsweise auf ehemalige Anhänger und Aktivisten des Nazi-Regimes stützten und diese für den Kampf gegen die neue Ordnung im Osten rekrutierten. Ehemalige aktive Nazis wurden deshalb vom MfS als Agenturbasis des Gegners angesehen und deswegen auch mit besonderer Aufmerksamkeit intensiv überwacht.

In 40 Jahren DDR und MfS sind vor allem in den ersten zehn Jahren zahlreiche ehemalige Nazi-Aktivisten als vom Westen gesteuerte Spione und sonstige subversiv tätige Elemente entlarvt sowie mehrere Hundert Nazi-Verbrecher strafrechtlich zur Verantwortung gezogen worden.

Unter den in der DDR verfolgten Nazi- und Kriegsverbrechern befanden sich ganze Tätergruppen, die in der alten BRD systematisch der Strafverfolgung entzogen wurden. Typische Beispiele dafür sind die Ausklammerung von Kriegsverbrechen und damit die weitgehend ungesühnt gebliebenen Verbrechen der faschistischen Wehrmacht sowie die Schonung der furchtbaren Nazi-Blutjuristen, die vor 1945 den Dolch des Mörders unter der Robe trugen und später in der BRD unbehelligt ihre Karriere fortsetzen konnten.

Es blieb der DDR vorbehalten, hier aufgegriffene Nazi-Juristen vor Gericht zu bringen und wegen ihrer Teilnahme an den faschistischen Justiz-Verbrechen zu verurteilen.

Im Prinzip hat das MfS bei der Strafverfolgung von Nazi-Ver-brechern so gehandelt, wie unter strafprozessualen und kriminalistischen Gesichtspunkten auch eine Kriminalpolizei an die Aufklärung von Straftaten herangeht – Prüfung von Anzeigen, Hinweisen und Mitteilungen zu einem Tatverdacht, zweifelsfreie Identifizierung des Tatverdächtigen und Prüfung der Haft- und Vernehmungsfähigkeit, Suche nach und Sicherung von Beweismitteln und Zeugenvernehmungen, Ermittlungen zu den Opfern der Verbrechen, zu Mittätern, Auftraggebern und Hintermännern, Zusammenfassung der Ermittlungsergebnisse und Information an die Staatsanwaltschaft zwecks Einleitung eines Ermittlungsverfahrens bei ausreichender Beweislage.

Von Vorteil war dabei, dass die Ermittler und Untersucher des MfS sich auch auf die Mithilfe operativer Diensteinheiten dieses Ministeriums stützen konnte, die mit nachrichtendienstlichen Mitteln und Methoden arbeiteten und zur Beschaffung von Informationen und zur umfassenden Aufklärung Tatverdächtiger beigetragen haben. Infolge des in der DDR geltenden besonders schweren Schuldvorwurfs bei Nazi-Verbrechen war es beispielsweise erforderlich, zu sichern, dass der Tatverdächtige vor der Einleitung eines Ermittlungsverfahrens keine Kenntnis von den gegen ihn laufenden Prüfungshandlungen erlangen sollte. So wurde verhindert, dass er sich durch Flucht in den Westen oder anderweitig einer Strafverfolgung entziehen konnte. Deshalb sind solche Tatverdächtigen auch unmittelbar mit der Einleitung eines Ermittlungsverfahrens verbunden, festgenommen und in Untersuchungshaft eingeliefert worden. Ein Beispiel: Am 5. April 1982 erging vom Strafsenat 1a des Stadtgerichtes Berlin, Hauptstadt der DDR, ein Urteil gegen den ehemaligen Untersuchungsrichter und Anklagevertreter des Oberreichsanwaltes am faschistischen Volksgerichtshof (VGH), Erich Geißler. Dieser lebte in der DDR im Kreis Plauen und war bis zur Berentung u. a. als Hilfsarbeiter, Pförtner und Lichtpauser tätig. Nach 1945 hatte er seine wahre Identität verschleiert und seine Tätigkeit beim Volksgerichtshof verschwiegen.

Bei der Erschließung von NS-Dokumenten zum Volksgerichtshof für ein beim Generalstaatsanwalt der DDR eingeleitetes Rechtshilfeverfahren zur Unterstützung von Beweisführungsmaßnahmen in einem in Westberlin anhängigen VGH-Verfahren waren Staatsanwälte des Generalstaatsanwaltes der DDR und Mitarbeiter des MfS auch auf Geißler aufmerksam geworden. Erschlossen wurden Originalakten des Oberreichsanwalts beim Volksgerichtshof aus den Beständen des MfS, des Zentralen SED-Parteiarchivs, des staatlichen Zentralarchivs Potsdam und regionaler Archive der DDR. Außerdem war es möglich, damals allerdings in sehr beschränktem Umfang, Dokumente auszuwerten, die in Archiven der UdSSR lagerten. Gleiches traf auf Archivbestände der damaligen Volksrepublik Polen und der CSSR zu. Ausgewertet wurden außerdem Mikrofilme aus USA-Archiven.

Geißler konnte im Ergebnis von Aufenthaltsermittlungen als auf dem Gebiet der DDR wohnhaft festgestellt und durch Schriftenvergleich identifiziert werden. Am 3. November 1981 wurde er wegen des dringenden Tatverdachts der Mitwirkung an Kriegsverbrechen und Verbrechen gegen die Menschlichkeit festgenommen. Die Festnahme erfolgte durch dazu befugte Mitarbeiter des MfS auf der Grundlage eines richterlichen Haftbefehls.

Da die Untersuchungsorgane des MfS für die Untersuchungen von Verbrechen gegen die Menschlichkeit und Kriegsverbrechen zuständig waren, wurde Geißler in die Untersuchungshaftanstalt des MfS in Berlin-Hohenschönhausen eingeliefert. Noch am selben Tag erfolgte die Vorführung beim Haftrichter gemäß § 126 StPO/DDR. In einem forensisch-psychiatrischen Gutachten war seine Vernehmungs- und Prozessfähigkeit bejaht worden.

Aufgrund seines hohen Alters (Geißler war bereits 83 Jahre alt) erfolgte seine Unterbringung und medizinische Betreuung durch das Fachpersonal im zur Untersuchungshaftanstalt des MfS gehörenden Haftkrankenhaus. Schließlich war zu gewährleisten, dass die Voruntersuchung entsprechend der StPO ordnungs- und fristgemäß erfolgen und das Verfahren mit einem rechtskräftigen Urteil abgeschlossen werden konnte.

Die Vernehmungen erfolgten im Gebäude des Haftkrankenhauses. Geißler wurde ausführlich zur Person und zum Tatverdacht vernommen. Zugleich wurden ihm die Beweisdokumente als notariell beglaubigte Kopien der Originale vorgelegt. Mit der ihm eigenen Akribie beschäftigte sich Geißler intensiv mit den vorgelegten Beweisen. Er nahm handschriftliche Korrekturen sowie Ergänzungen auf den von den Vernehmungen gefertigten schriftlichen Protokollen vor, bevor er sie Seite für Seite und am Schluss unterschrieb. In Protokollen wurden eindeutig die Fragen und Antworten und die ihm vorgelegten Beweisdokumente bezeugt. Festgehalten wurden Beginn und Ende der Vernehmung sowie zeitliche Vernehmungsunterbrechungen. Von den Vernehmungen wurden außerdem – mit Wissen und Zustimmung von Geißler – Tonbandaufnahmen gefertigt. Mikrofon und Aufnahmegerät standen sichtbar auf dem Schreibtisch. Dies erfolgte vorsorglich, um eventuellen späteren Widerrufen wirksam begegnen zu können. Dessen bedurfte es allerdings nicht.

Nach Abschluss des Ermittlungsverfahrens übergab die Untersuchungsabteilung gemäß § 146 StPO/DDR das Verfahren mit einem das Ergebnis der Untersuchungen zusammenfassenden Schlussbericht und neun Aktenbänden dem aufsichtsführenden Generalstaatsanwalt von Berlin. Nach einer Vernehmung von Geißler durch die zuständige Staatsanwältin erhob diese am 24. Februar 1982 Anklage und beantragte die Durchführung der Hauptverhandlung vor dem Strafsenat 1 a des Stadtgerichts Berlin, Hauptstadt der DDR.

Schließlich wurde Erich Geißler am 5. April 1982 vom Strafsenat 1 a des Stadtgerichts Berlin, Hauptstadt der DDR, wegen mehrfach gemeinschaftlich begangener Verbrechen gegen die Menschlichkeit in teilweiser Tateinheit mit Kriegsverbrechen gemäß Artikel 6 Buchstaben b und c des Statuts des Internationalen Militärgerichtshofes in Nürnberg vom 8. August 1945 in Verbindung mit Artikel 8 und 91 der Verfassung der Deutschen Demokratischen Republik, §§ 91 Abs. 1, 93 Abs. 1 Ziff. 2 StGB, § 1 Abs. 6 Einführungsgesetz zum Strafgesetzbuch sowie der UNO-Konvention vom 26. November 1968 über die Nichtanwendung von Verjährungsbestimmungen auf Kriegs- und Naziverbrechen zu einer Freiheitsstrafe von 15 Jahren verurteilt.

In 8 öffentlichen Hauptverhandlungen war nachgewiesen worden, dass er gemeinschaftlich und arbeitsteilig handelnd an 26 Morden, 6 versuchten Morden und in 97 Fällen an der Verfolgung von Opfern mitgewirkt hatte. Unter anderem leitete er Vollstreckungen von Todesurteilen in der Strafanstalt Berlin-Plötzensee und im Zuchthaus Brandenburg-Görden, wo z. B. innerhalb von 22 Minuten 6 aufrechte Deutsche hingerichtet wurden, davon 4 der Jakob-

Bästlein-Saefkow-Widerstandsgruppe. Seine Opfer waren neben Deutschen auch Bürger aus Österreich, Polen, den Niederlanden, aus dem Elsass und aus Lothringen.

Geißler verbüßte die Strafe in der Strafvollzugsanstalt Brandenburg, wo er am 11. März 1983 verstarb.

Warum sind diese Fakten zu einem 1981/1982 in der DDR gelaufenen Strafverfahren gegen einen Staatsanwalt des faschistischen deutschen Volksgerichtshofes heute überhaupt noch erwähnenswert? Zum einen, weil sie als ein Beispiel von vielen dokumentieren, dass die zuständigen Organe und Gerichte der DDR Verantwortliche für faschistische Verbrechen zur Rechenschaft gezogen haben, unabhängig davon, wann und wo sie entdeckt wurden.

Zum anderen aber auch deshalb, weil – obwohl der Volksgerichtshof die oberste Instanz der politischen Justiz in Nazideutschland war und von ihm von den insgesamt mindestens 16.342 Angeklagten 5.243 zum Tode verurteilt wurden – westdeutsche und Westberliner Strafverfolgungsorgane, die laut öffentlichen Verlautbarungen jahrelang Ermittlungen gegen Richter und Staatsanwälte des faschistischen Volksgerichtshofes geführt haben, nicht in der Lage waren, auch nur ein Verfahren mit einem rechtskräftigen Urteil abzuschließen. Das musste selbst der mit den VGH-Verfahren in Westberlin befasste Bernhard Jahntz, Staatsanwalt bei der Staatsanwaltschaft beim Landgericht Berlin, eingestehen: »Die Ermittlungen der Staatsanwaltschaft bei dem Landgericht Berlin gegen ehemalige Richter und Staatsanwälte am Volksgerichtshof sind eingestellt worden, ohne dass jemals durch ein deutsches Gericht ein rechtskräftiges Urteil gegen den genannten Personenkreis gefällt worden ist.«

Wider besseren Wissen wurde dabei allerdings – ganz im Sinne der über Jahrzehnte praktizierten westdeutschen Alleinvertretungsanmaßung – verschwiegen, dass es »deutsche Gerichte« auch in der Deutschen Demokratischen Republik gab und diese sehr wohl ehemalige Staatsanwälte und Richter des Volksgerichtshofes rechtskräftig verurteilt haben. Denn außer Geißler hatten bereits 1950 vier Staatsanwälte des ehemaligen Volksgerichtshofes, die aus sowjetischer Internierungshaft an die Behörden der gerade gegründeten DDR übergeben worden waren, sich vor einem ostdeutschen Gericht zu verantworten. Sie wurden vom damaligen Landgericht

Chemnitz zu langjährigen Freiheitsstrafen bzw. in einem Fall zum Tode verurteilt. Darüber hinaus wurden von Gerichten der DDR weitere ehemalige an faschistischen Sondergerichten tätig gewesene Nazi-Juristen wegen ihrer Mitwirkung an exzessiven Todesurteilen zur Verantwortung gezogen.

Der Kreis schließt sich, wenn man weiß, dass der gleiche Staatsanwalt Jahntz, später Oberstaatsanwalt bei der Sonderstaatsanwaltschaft beim Berliner Landgericht, der sein Versagen bei der Verfolgung von Nazirichtern und -staatsanwälten eingestehen musste, nach 1990 in den wichtigsten Verfahren aus dem Bereich der sogenannten Regierungskriminalität die Anklagen gegen Hoheitsträger der DDR vertreten hat.

Prof. Dr. Hans Weber konstatierte in einem Artikel zur Geschichte der politischen Strafverfolgung in Deutschland: »Es ist also eine Geschichtslüge, wenn heute das Bedauern darüber zum Ausdruck gebracht wird, dass man nach 1945 den Fehler begangen habe, sich nicht mit der Nazijustiz auseinandergesetzt zu haben – ein Fehler, für den man sich nunmehr glaubt schadlos halten zu müssen an den antifaschistischen DDR-Juristen, die daran ja unschuldig sind. Während in der BRD nicht ein Nazirichter oder -staatsanwalt bestraft wurde, stellt man heute DDR-Richter vor Gericht, die faschistische Blutrichter und Staatsanwälte verurteilt haben.«

Nach 1990 wurden 165 Juristen der DDR von bundesdeutschen Gerichten verurteilt, darunter auch die Vorsitzende Richterin des Strafsenats 1 a des Stadtgerichts Berlin und die Staatsanwältin beim Generalstaatsanwalt von Berlin, Hauptstadt der DDR, die Geißler verurteilte bzw. die die Anklage gegen ihn vertrat. Sie gehören zum Kreis der »rechtsstaatlich« verfolgten DDR-Juristen.

Warum sollte es? Es gab für die DDR keinerlei Veranlassung, Nazi-Verbrecher vor strafrechtlicher Verantwortlichkeit zu schützen. Das heißt allerdings nicht, dass es nicht auch in der DDR solche Fälle gab, in denen ein für Anklage und Verurteilung notwendiger zweifelsfreier Nachweis eines individuellen Tatbeitrages nicht erbracht werden konnte. Denn auch in der heute als »Unrechtsstaat« diffamierten DDR galt das Prinzip der Unschuldsvermutung (Präsumtion der Unschuld) bis das Gegenteil mit vor Gericht zulässigen Beweismitteln nachzuweisen war. Von den nach 1990 in öffentlichen Verlautbarungen behaupteten »Hunderten« in der DDR angeblich nicht verfolgten Nazi-Verbrechern ist nach dem Ende der DDR von den nunmehr »rechtsstaatlichen« Justizorganen nicht ein einziger strafrechtlich belangt worden.

Im Gegenteil: Es wurden zwar mehrere sogenannte Vorermittlungsverfahren gegen angeblich von der »Stasi« geschonte Tatverdächtige eingeleitet und zwei solcher Verfahren auch vor Gericht gebracht. Am Ende aber musste konstatiert werden, dass trotz öffentlicher Vorverurteilung ein Schuldnachweis gegen die so denunzierten Beschuldigten nicht erbracht werden konnte und die Verfahren deshalb einzustellen waren. Damit wurde bestätigt, dass der in der DDR aufgekommene Tatverdacht auch nach 1990 bei weitaus umfangreicheren Recherche- und Prüfungs-Möglichkeiten nicht nachweisbar und somit in *dubio pro reo* (im Zweifelsfall für den Beschuldigten/Angeklagten) zu entscheiden war.

Obwohl ein immer wieder unterstellter Täterschutz für Nazi-Verbrecher in der DDR nicht in einem einzigen Fall tatsächlich beweisbar ist, wird diese Legende vor allem in den Medien unter aktiver Mitwirkung bestimmter Mitarbeiter der BStU-Behörde weiter kolportiert.

Die DDR hielt sich an das völkerrechtliche Gebot zur Aufklärung und strafrechtlichen Verfolgung von Nazi- und Kriegsverbrechen und Verbrechen gegen die Menschlichkeit. Auf dem Territorium der DDR wurden auf die Einwohnerzahl umgerechnet etwa zehnmal so viele Nazi-Verbrecher (insgesamt: 12.890 Personen) verurteilt als in Westdeutschland. (Dort waren es bis 1990 etwa 6.490). Dabei sind erwiesenermaßen sehr viele belastete Nazis kurz vor Kriegsende und danach »vor den Russen« in den Westen geflohen und nicht mehr in der SBZ/DDR wohnhaft gewesen. Nicht wenige Nazi-Verbrecher konnten von Westdeutschland aus über die »Rattenlinien« unter maßgeblicher Mitwirkung des Vatikans in vor allem südamerikanischen Staaten Unterschlupf finden.

Das MfS und seine Vorläufer in der Deutschen Volkspolizei haben von Beginn an die Aufklärung von Nazi- und Kriegsverbrechen aktiv unterstützt. Anderseits erhielt das MfS von verschiedenen nationalen und internationalen Organisationen der Verfolgten und Opfer des Naziregimes, deren Mitgliedern einschließlich Menschen jüdischer Herkunft, Hinweise und Unterstützung bei der Suche von Zeugen und Beweismaterial zur Aufklärung von Nazi- und Kriegsverbrechen.

Die überwiegende Mehrzahl der ostdeutschen Verfahren (12.151) war bis 1950 abgeschlossen. Von den nach der Bildung des MfS seit 1950 in der DDR ergangenen Urteilen gegen Nazi- und Kriegsverbrecher/Verbrecher gegen die Menschlichkeit resultieren mindesten 165 solcher Urteile aus Ermittlungsverfahren und Untersuchungsvorgängen, die vom MfS bearbeitet wurden. Ab den 60er Jahren war das Untersuchungsorgan des MfS unter Aufsicht des Generalstaatsanwaltes der DDR allein für derartige Verfahren zuständig.

Problematisch war die Aufklärung von Verbrechen, die vom deutschen Faschismus in den okkupierten Ländern begangen wurden. Dokumente, die darüber Aussagen enthielten, befanden sich mehrheitlich in den Händen der Siegermächte oder bei den Organen der betroffenen Länder. Das US-amerikanische Dokumentationszentrum in Westberlin (BDC) war der DDR versperrt, ebenso die im Bundesarchiv und anderen Archiven im westlichen Ausland existenten Dokumente aus der Zeit des Faschismus.

Die Suche nach Zeugen und Dokumenten zur Prüfung von Verdachtsfällen setzte umfangreiche Recherchen in entsprechenden Unterlagen voraus. Allein mit Rechtshilfe bzw. Ermittlungsersuchen an die Organe der betreffenden Länder ließ sich dieses Problem nicht lösen. In den 60er Jahre wurden deshalb mit der Volksrepublik Polen, der CSSR und anderen Staaten Übereinkünfte erzielt, auf deren Grundlage ein erheblicher Bestandteil der in diesen Ländern befindlichen Unterlagen gesichtet, kopiert und in den Aktenbestand des MfS zur Aufklärung faschistischer Verbrechen aufgenommen werden konnte. Der letzte derartige Einsatz von Mitarbeitern der HA IX/11 zur Auswertung und Mikroverfilmung von Archivalien in der VR Polen erfolgte im August 1989.

Das MfS hat also keine Nazis geschont, sondern bis zuletzt alles Mögliche zur Informationsgewinnung und Beschaffung von Beweismitteln unternommen, um ungesühnte Verbrechen zu ahnden.

Mit der im Herbst 1989 getroffenen Entscheidung über die Umbildung des MfS in ein Amt für Nationale Sicherheit (AfNS), der damit verbundenen Herauslösung der zuständigen Abteilung (HA IX/11) aus der Hauptabteilung Untersuchung und ihrer folgenden Auflösung kamen in der DDR die Recherchen und Untersuchungen zur Aufklärung von Nazi- und Kriegsverbrechen/Verbrechen gegen die Menschlichkeit faktisch zum Erliegen. Für die noch in Bearbeitung befindlichen und noch nicht abgeschlossenen Operativen Vorgänge und Dossiers gegen in der DDR und auch in der BRD lebende und noch verfolgbare Tatverdächtige gab es seit dem Spätherbst 1989 niemanden mehr, der bereit und in der Lage gewesen wäre, diese zu übernehmen und weiter zu bearbeiten. Hinweise darauf, zunächst an »Bürgerbewegte« und die »Arbeitsgruppe Akten«, blieben ebenso unbeachtet wie später an Verantwortliche des Zentralen Staatsarchivs der DDR und gegenüber leitenden Beamten des Bundesarchivs nach Übernahme der Archivalien im Oktober 1990.

Waren Prozesse in der DDR gegen Nazi-Verbrecher Propaganda-Aktionen gegen die BRD?

Das wird seit Jahren zwar immer wieder behauptet. Zutreffend ist, dass eine Vielzahl der DDR-Prozesse gegen Nazi-Verbrecher auch einen westdeutschen Bezug hatten, weil Mittäter, Vorgesetzte, Hintermänner und Auftraggeber der in der DDR vor Gericht gestellten Täter in der BRD Zuflucht gefunden hatten und dort nicht selten unbestraft davon gekommen sind. Da war es schon aus rechtlicher Sicht notwendig und politisch gewollt, im Verfahren auf solche Umstände aufmerksam zu machen.

Dass der schonende Umgang mit Nazi-Verbrechern und die Verfolgungsunlust der BRD-Justiz in DDR-Verfahren zur Sprache kamen, war rechtlich geboten und wurde natürlich in Zeiten des Kalten Krieges auch für propagandistische Zwecke genutzt. So war z. B. im Verfahren gegen einen der Mörder von Oradour, Heinz Barth, festzustellen, dass der Kommandeur der SS-Division »Das Reich«, der SS-General Lammerding, sowie weitere unmittelbare Vorgesetzte von Barth in der BRD völlig unbehelligt lebten und in Deutschland nur vor einem Gericht in der DDR überhaupt ein Prozess zum Massaker von Oradour durchgeführt wurde. Es ist Unsinn, wenn behauptet wird, Barth sei hier nur verurteilt worden, um der BRD zu schaden.

Erste Verdachtshinweise, die zur Bearbeitung von Barth führten, hatten mit dem Verbrechenskomplex Oradour und den in der BRD straffrei gebliebenen SS-Tätern überhaupt nichts zu tun, sondern betrafen Geiselerschießungen im Jahre 1942 nach dem Attentat auf Heydrich in der damals annektierten Tschechoslowakei. Verschiedene DDR-Verfahren hatten auch einen direkten Bezug zu Verfahren in der BRD, weil stets auch geprüft werden musste, ob mögliche Mittäter der in der BRD Angeklagten sich in der DDR aufhielten. So wurden etwa von BRD-Verfahren ausgehend Angehörige der Einsatzgruppen der Sicherheitspolizei, des SD und von SS-Polizeieinheiten ermittelt und in der DDR vor Gericht gestellt.

Was ist eigentlich schlimm daran, dass die DDR in den 60er Jahren ein Verfahren gegen den Adenauer-Staatssekretär und Geheimdienstkoordinator Globke eröffnete, nachdem der hessische Generalstaatsanwalt Bauer, der nach dem Eichmann-Prozess in

Israel nunmehr einen der »geistigen Urheber« der Judenverfolgung in der BRD vor Gericht bringen wollte, feststellen musste, dass ein solches Verfahren in der BRD mit den vielen noch im Dienst befindlichen Nazi-Juristen nicht möglich ist? Globke war immerhin der Kommentator der faschistischen Rassengesetze, ein Schreibtischtäter, der begründet hatte, warum die Juden einen Stern als Erkennungszeichen tragen mussten.

Bezeichnenderweise wurde das Urteil des Obersten Gerichtes der DDR gegen Globke nach 1990 nicht aufgehoben.

Das von der DDR 1965 veröffentlichte Braunbuch registrierte Hunderte belastete Nazis in führenden Funktionen des BRD-Staates. Das war doch der eigentliche Skandal. Dass die DDR dazu beigetragen hat, dass einige aus dieser Altnazi-Elite – wie der als KZ-Baumeister in die Geschichte eingegangene Bundespräsident Lübke, der »Vertriebenen-Minister« Oberländer oder der Nazi-Marine-Richter Filbinger – sich aus der Politik verabschieden mussten, kann doch auch aus heutiger Sicht nur positiv bewertet werden.

Warum sollte die DDR in dem von beiden Seiten nicht zimperlich geführten Propaganda-Krieg zwischen Ost und West auf die propagandistische Verwertung ihrer aus umfangreichen Untersuchungen gegen Nazis und faschistische Verbrecher resultierenden Erkenntnisse und Informationen verzichten?

Die Fakten entsprachen der Wahrheit, auch wenn das im Westen nicht erwünscht war und oft als »kommunistische Propaganda« oder gar als Fälschungen abgewertet wurde.

Aber für die Angriffe gegen den Bundespräsidenten Heinrich Lübke und seine Bezeichnung als »KZ-Baumeister« sollen doch tatsächlich Dokumente gefälscht worden sein?

Die propagandistischen Aktionen und Maßnahmen resultierten aus dem antifaschistisch determinierten politischen Selbstverständnis der DDR. Sie wurden verstanden als ein Beitrag aus völkerrechtlicher Verpflichtung und nationaler Verantwortung im Kampf gegen die Renazifizierung der BRD und die dortigen Bestrebungen, selbst schwerste Nazi- und Kriegsverbrechen/Verbrechen gegen die Menschlichkeit entgegen dem geltenden Völkerrecht verjähren zu lassen. Dominierten doch in der BRD von Anfang an Antikommunismus und damit einhergehend Verniedlichung, Leugnung und Abwiegelung historischer Schuld bis hin zu Mythen und Legenden das offizielle Geschichtsbild über den deutschen Faschismus. An der Vergangenheit wird um der Gegenwart und Zukunft willen immer noch bzw. heute sogar mehr als früher herumgebogen und gelogen, was das Zeug hält.

Ja, es sind in Bezug auf die faschistische Vergangenheit von Lübke sehr viele Lügen, Verleumdungen und Tatsachenverdrehungen im Umlauf, in die Welt gesetzt nicht vom MfS, sondern von jenen, die sich zur Ehrenrettung Lübkes aufschwingen. Sie wollen beweisen, dass die Unterlagen zu Lübke in der DDR gefälscht worden seien, um dem Ansehen der Bundesrepublik in der Person des Bundespräsidenten zu schaden. An Weißwäschern für Lübke und anderen Prominenten, die wegen ihrer Rolle in Nazi-Deutschland öffentlich am Pranger standen, hat es bis heute nicht gemangelt.

Die Lübke belastenden Unterlagen befanden sich bis zur Auflösung des MfS im Archiv der zuständigen Abteilung (HA IX/11) und waren vollständig erhalten, als sie 1990 in den Besitz des Bundesarchivs übergingen.

Mit Sicherheit ist bis dahin an den Originalen nichts manipuliert oder gar gefälscht bzw. verfälscht worden und im gesamten Vorgang gab es nicht den geringsten Anhaltspunkt für irgendwelche Manipulationen an Dokumenten. (Übrigens ist die Echtheit mehrfach durch international renommierte Wissenschaftler zweifelsfrei bestätigt worden.)

Wer dennoch immer wieder die alten Lügen von Fälschungen des MfS aufwärmt, muss sich fragen lassen: Warum wohl ist in den seit dem 3. Oktober 1990 vergangenen Jahren nicht einmal ansatzweise der Versuch unternommen worden, anhand der kostenlos, komplett und im ursprünglichen Zustand in den Besitz der BRD gelangten Unterlagen und Originaldokumente die These von der Fälschung durch entsprechende Expertisen zu beweisen?

Historiker und solche, die sich dafür halten, sollten doch wissen, dass quellenkritische Studien an Originalquellen als wissenschaftliche Methode mehr wert sind, als Berufung auf sekundäre Quellen und alles Nachplappern oder Abschreiben von fragwürdigen Darstellungen anderer.

Bisher ist nichts darüber bekannt geworden, dass möglicherweise die damals öffentlich gemachten Materialien und auch die später noch durch die HA IX/11 aufgefundenen und dem Dossier hinzugefügten weiteren Beweisdokumente, z. B. aus US-amerikanischen Dokumentenfilmen, unter »rechtsstaatlichen« Aspekten begutachtet worden wären.

Fürchten die Verfechter der Fälschungslegende die Wahrheit?

Und wie verhält es sich mit dem SS-Offizier Erich Gust aus dem
KZ Buchenwald, der von der DDR bzw. vom MfS trotz Verdacht
auf Beteiligung am Thälmann-Mord vor Strafverfolgung geschützt
worden sein soll?

Nachdem der BRD im Jahre 1990 auch die Aktenüberlieferungen
der zur Hauptabteilung Untersuchung des MfS gehörenden Abteilung 11 in die Hände gefallen waren, ist von ganzen Heerscharen
sogenannter Aufarbeiter der DDR-Geschichte und sensationslüster-
nen Medien immer wieder gegen die DDR und speziell gegen das
MfS der Vorwurf erhoben worden, einen der an der Ermordung
Ernst Thälmanns beteiligt gewesenen SS-Schergen aus dem KZ Buchenwald, den SS-Obersturmführer Erich Gust, gedeckt zu haben.

In einer im Herbst 2008 in der *Frankfurter Rundschau* publi-
zierten Story wird sogar die tatsachenwidrige Behauptung aufgestellt, DDR-Behörden hätten dem international gesuchten SS-Verbrecher Erich Gust aus dem KZ Buchenwald zur falschen Identität
verholfen und ihm Papiere auf den Namen Franz Giese ausgestellt.

Ein Blick in die bei der BStU-Behörde vorliegenden MfS-Archi-
valien hätte genügt, um festzustellen, dass eine Person namens Franz
Erich Giese bereits 1946 unter diesem Namen mit der Mutter eines
im Januar 1945 geborenen Sohnes des SS-Obersturmführers Erich
Gust in Erkerode/Niedersachsen die Ehe eingegangen ist. Die stan-
desamtlichen Unterlagen dazu liegen vor. Anno 1946 gab es im
Nachkriegsdeutschland jedoch weder die BRD noch die DDR.
Schon von daher ist es unlauter zu behaupten, DDR-Behörden hätten Erich Gust zu einer falschen Identität verholfen. Wie Erich Gust
zu den falschen Personalpapieren kam, und wer ihm damals in
Westdeutschland dabei behilflich war, sollte doch bei entsprechendem Aufklärungswillen heute ermittelbar sein.

In der SBZ/DDR waren die zuständigen Justiz- und Ermittlungsorgane von Anfang an und bis in das Jahr 1989 hinein damit
befasst, den von der Gestapo langfristig geplanten und vom höchsten Repräsentanten des faschistischen Deutschlands, dem »Führer
und Reichskanzler« Adolf Hitler, abgesegneten politischen Auf-
tragsmord an dem seit 1933 widerrechtlich in so genannter Schutz-
haft gehaltenen Vorsitzenden der KPD, Ernst Thälmann, aufzuklären und daran beteiligte Täter zur Verantwortung zu ziehen.

Ein 1948 eingeleitetes Ermittlungsverfahren ist hier später eingestellt worden, nachdem sich herausgestellt hatte, dass keiner der von einem ehemaligen KZ-Häftling in einer Zeugenaussage namhaft gemachten tatverdächtigen SS-Leute aus dem KZ Buchenwald im Osten Deutschlands ansässig war.

Als der DDR im Jahre 1962 durch Hinweise eines westdeutschen Antifaschisten und ehemaligen Buchenwald-Häftlings bekannt geworden war, dass einer der Tatverdächtigen, der ehemalige SS-Stabsscharführer Wolfgang Otto, in der BRD lebt und dortige Justizbehörden gegen diesen ermittelten, erstattete der DDR-Rechtsanwalt Prof. F. K. Kaul im Auftrage der Witwe Ernst Thälmanns und in Abstimmung mit der SED- und Staatsführung der DDR Anzeige gegen Otto. Die Anzeige richtete sich zugleich auch gegen weitere namentlich bekannte Tatverdächtige, darunter auch gegen den angeblich in der BRD nicht auffindbaren SS-Obersturmführer Erich Gust. (Dabei war dem bundesdeutschen Verfassungsschutz nach glaubhaften Bekundungen eines Zeitzeugen seit mindestens 1952 bekannt, dass dieser SS-Scherge in Niedersachsen unter falschem Namen lebte und dort zusammen mit seiner Ehefrau ein Restaurant betrieb.)

Bei einer wirklich ernsthaften Fahndung nach Erich Gust hätten sicherlich auch westdeutsche Polizei- und Justizorgane im eigenen Lande ganz offiziell und mit legalen Mitteln und Methoden das ermitteln können, was Mitarbeitern und inoffiziellen Mitstreitern des MfS nur unter streng konspirativem Einsatz und dazu noch im »Feindesland« auf fremdem Territorium bekannt geworden ist.

Das MfS erhielt erst im Jahre 1969 (und nur auf inoffiziellem Wege) erste Hinweise darauf, dass der gesuchte Erich Gust möglicherweise unter falschem Namen in der BRD lebt. 1968 war nämlich vom MfS ein namensgleicher DDR-Bürger Erich Gust unter dem Verdacht festgenommen und inhaftiert worden, der gesuchte SS-Offizier Erich Gust aus dem KZ Buchenwald zu sein. Wie sich aber dann im Untersuchungsverfahren bei der intensiv erfolgten Identitätsprüfung herausstellte, handelte es sich nicht um den Gesuchten. Zugleich aber ergaben sich aus den operativen Recherchen und inoffiziellen Informationen erste Hinweise darauf, dass eine unter ehemaligen SS-Leuten und Häftlingen aus dem KZ Buchenwald namentlich bekannte SS-Angehörige seit etwa 1944 die Braut und seit Januar 1945 auch Mutter eines Kindes von Erich

338

Gust war. Diese auch den BRD-Behörden unter ihrem Geburtsnamen bekannte ehemalige SS-Angehörige lebte in der BRD und betrieb gemeinsam mit ihrem Ehemann namens Franz Erich Giese in Melle bei Hannover ein Edelrestaurant, in dem auch Prominente aus Politik und Gesellschaft verkehrten. Aus diesen Tatsachen schloss das MfS, dass es sich beim Ehemann der BRD-Bürgerin Giese möglicherweise um den gesuchten Erich Gust handeln könnte.

Wegen dieses Verdachts sind zwar in den folgenden Jahren durch konspirative Ermittlungen des MfS in der BRD weitere Indizien zusammen getragen worden, jedoch war es trotz intensiver Nachforschungen nicht möglich, Beweise für einen zweifelsfreien Nachweis der Identität des BRD-Bürgers Franz Erich Giese mit dem ehemaligen SS-Obersturmführer Erich Gust zu erbringen, die auch vor Gerichten der BRD Bestand gehabt hätten.

Das seit Ende der 50er/Anfang der 60er Jahre anhängige BRD-Verfahren gegen den SS-Stabsscharführer Wolfgang Otto wegen dessen Mittäterschaft an der Exekution Ernst Thälmanns im KZ Buchenwald ist über Jahrzehnte verschleppt sowie mehrfach eingestellt worden. Nur durch öffentliche Proteste gegen diese Machenschaften der BRD-Justiz sowie die intensive Einflussnahme der durch Prof. Kaul (und später durch Rechtsanwalt Heinrich Hannover) vertretenen Nebenklage auf den Fortgang des Verfahrens, durch die von der DDR geleistete Rechtshilfe und gelieferten Beweismittel konnte in dieser Sache überhaupt erst erreicht werden, dass ein Urteil zustande kam und gerichtsnotorisch festgestellt wurde, dass Ernst Thälmann ermordet worden ist und nicht, wie von den Nazis behauptet, bei einem Bombenangriff der West-Alliierten ums Leben gekommen war.

Durch die MfS-Spitze war seinerzeit entschieden worden, den Ausgang des BRD-Verfahrens gegen Otto abzuwarten und erst danach die Sache Gust/Giese anzugehen. Galt doch auch für das MfS die zentrale, von der SED- und Staatsführung der DDR vorgegebene Orientierung, alles zu tun und dafür alle Kräfte und Mittel einzusetzen, um in dem westdeutschen Verfahren gegen den Thälmann-Mörder Otto eine Verurteilung zu erreichen und gerichtsnotorisch festschreiben zu lassen, dass es sich bei der Exekution Ernst Thälmanns in der Nacht vom 17. zum 18. August 1944 um einen politischen Auftrags-Mord handelte. Zugleich galt es, alles zu unterlassen, was dieses Ziel hätte gefährden können. Einen Befehl oder eine sonst irgendwie geartete Order zum Schutz für einen der Thälmann-Mörder durch das MfS hat es nie gegeben, auch wenn das seit 1990/91 immer wieder massiv behauptet und mit der Zielstellung »Delegitimierung der DDR und deren Antifaschismus« ins Feld geführt wird.

Dass sich das Verfahren gegen Otto seit 1962 über Jahrzehnte hinschleppen würde, war bei den Gust/Giese betreffenden Entscheidungen so nicht absehbar. Erst im Spätsommer 1989 entschied die SED-Führung, sich mit dem BRD-Urteil im Verfahren gegen Otto – bei dem es trotz Feststellung der Anwesenheit zur Tatzeit am Tatort wegen Zweifel an seiner Schuld zu einem Freispruch kam – abzufinden und keine weiteren juristischen Schritte mehr zu unternehmen.

Damit wäre eigentlich der Weg frei gewesen, nunmehr die im MfS, speziell bei der HA IX/11 über Jahre hinweg zu Giese/Gust zusammengetragenen Verdachtsmomente und Indizien publik zu machen. Für eine offizielle Anzeige bei westdeutschen Justizbehörden oder eine Weitergabe der Information auf dem Wege der Rechtshilfe ohne stichhaltige Beweise war das Material allerdings auch 1989 als nicht geeignet befunden worden.

Eine deshalb erneute, wie schon 1969 und Mitte der 70er Jahre in Erwägung gezogene Lancierung an westliche Medien konnte im Herbst 1989 allerdings nicht mehr realisiert werden, weil – wie schon beschrieben – die zuständige Abteilung 11 mit der Auflösung des MfS aus der Hauptabteilung Untersuchung herausgelöst wurde und ihre Tätigkeit einzustellen hatte. Für die in Auflösung befindliche Abteilung gab es demzufolge nur die Möglichkeit: Vorläufige Archivierung aller noch nicht zum Abschluss gebrachten operativen Verdachtsprüfungsvorgänge, Ausgangsmaterialien und Dossiers in der Erwartung, dass sie perspektivisch wieder aufgenommen und weiter verfolgt werden würden. Darunter befand sich auch das operative Material zu Gust/Giese.

Die seinerzeit während des laufenden Verfahrens gegen Otto als richtig und notwendig erachtete Geheimhaltung der vom MfS mit geheimdienstlichen Mitteln und Methoden erlangten Hinweise auf eine eventuelle Identität zwischen dem Tatverdächtigen Erich Gust und dem BRD-Bürger Franz Erich Giese muss angesichts der heute daraus resultierenden infamen Hetze durch Feinde und auch im

Wissen um berechtigte Vorwürfe durch Freunde als Fehlentscheidung angesehen werden.

Sie resultierte allerdings nicht, wie später immer wieder unterstellt wird, aus »niederen Beweggründen« oder gar wegen der infamen Behauptung, die »Stasi« habe eine inoffizielle Zusammenarbeit mit diesem SS-Verbrecher angestrebt, sondern daraus, dass die Identität nicht bewiesen werden konnte. Eine zweite Panne, wie das gescheiterte Ermittlungsverfahren gegen eine Gust namensgleiche Person, konnte und wollte sich das MfS nicht leisten. Die Frage, ob mit einer Offenlegung der vom MfS inoffiziell zusammengetragenen und damit nicht gerichtsverwertbaren Indizien für die vermutete Identität des BRD Bürgers Giese mit dem verdächtigen SS-Verbrecher Gust hätte erreicht werden können, dass durch die BRD-Justiz gegen diesen überhaupt ermittelt worden oder neben Otto ein weiterer Thälmann-Mörder straffrei davon gekommen wäre, bleibt allerdings offen.

Und noch ein notwendiger Nachsatz: Aus der Ludwigsburger Zentralen Stelle zur Aufklärung nationalsozialistischer Verbrechen kam im Jahre 2008, kurz vor dem 50. Jahrestag dieser Einrichtung, die Behauptung, dass diese Behörde der Landesjustizverwaltungen von Gust/Giese erst nach dessen Tod erfahren hätte.

Das ist offenkundig unwahr. Die Frage, ob der Leiter der Ludwigsburger Zentrale keine Ahnung von dem hat, was seiner Behörde in dieser Sache bekannt sein müsste oder ob er politisch gewollt vorsätzlich eine falsche Tatsachenbehauptung in die Welt setzte, kann hier nicht beantwortet werden.

Wer will, kann bei Falco Werkentin nachlesen, dass der BRD-Bürger Franz Giese durch bundesdeutsche Polizeibeamte nach 1990 zu dem sich aus den überlieferten MfS-Akten ergebenden Verdacht auf Identität mit dem SS-Obersturmführer Erich Gust vernommen worden ist, und dass er dabei zugegeben habe, tatsächlich der Gesuchte zu sein.

Wenige Wochen nach dieser polizeilichen Einvernahme war Gust alias Giese dann allerdings nach offiziellen Angaben verstorben, ohne dass ihm trotz Eingeständnis auch nur ein Haar gekrümmt worden ist.

Welche Haltung nahmen die DDR und das MfS zur 1958 in der
BRD gebildeten »Zentralen Stelle der Landesjustizverwaltungen zur
Aufklärung nationalsozialistischer Verbrechen« in Ludwigsburg ein?

Die Bildung der Ludwigsburger Zentralen Stelle wurde seitens der DDR mit Argwohn gesehen und eine Zusammenarbeit mit dieser Einrichtung aus verschiedenen rechtlichen und auch politischen Erwägungen abgelehnt.

Das resultierte vor allem aus der Einschätzung, dass mit deren Gründung und Praxis offenkundig seitens der BRD die alleinige Zielsetzung verfolgt wurde, gegenüber der nationalen und internationalen Öffentlichkeit aus der Defensive heraus zu kommen, in die die bundesdeutsche Justiz wegen der augenscheinlich gewordenen Verfolgungsunlust von Nazi-Verbrechen und der skandalösen Schonung selbst schwerstbelasteter Nazi-Täter vor Strafverfolgung geraten war. Für die Ablehnung einer Zusammenarbeit mit dieser Einrichtung sorgte auch der instinktlose Einsatz des Altnazis Schüle als ersten Leiter in Ludwigsburg, der seine Nazi-Vergangenheit lange Zeit bestritt, obwohl diese (von der DDR mit Dokumenten belegt) öffentlich gemacht worden war.

Seitens der Sowjetunion war Schüle darüber hinaus auch der Mitwirkung an Nazi-Verbrechen an der Leningrader Front verdächtigt worden.

Hinzu kam, dass der Ludwigsburger Zentralen Stelle durch die Landesjustizbehörden keine Rechte zur selbständigen Anklageerhebung eingeräumt wurden und sie ihre Recherchen in Sachen »NS-Verbrechen« nur auf sogenannte Vorermittlungen zu beschränken hatte. Damit konnte sie für die DDR-Justiz und ihre Ermittlungsorgane kein Partner für eine auf beiderseitigen Nutzen ausgerichtete Zusammenarbeit und gegenseitige Rechtshilfe in »NS-Strafsachen« sein. Die DDR war ihrerseits darauf bedacht, dass auch seitens der BRD-Justizbehörden die im internationalen Rechtshilfeverkehr üblichen völkerrechtlichen Gepflogenheiten respektiert werden. Das war auf Grund der Alleinvertretungsanmaßung der BRD nicht zu erwarten, und es musste damit gerechnet werden, dass auch bei der Ludwigsburger Zentralen Stelle bekannt werdende Hinweise auf in der DDR lebende und noch verfolgbare Nazi-Verbrecher ebenso wie von anderen Justizdienststellen der BRD mit dem fadenscheinigen Hinweis auf die in der DDR bis in die 80er Jahre hinein nicht abgeschaffte Todesstrafe den zuständigen Stellen der DDR vorenthalten würden.

Eine Zusammenarbeit mit Ludwigsburg wäre demnach hauptsächlich eine Einbahnstraße von Ost nach West gewesen und dazu noch mit vagem Ausgang. Deshalb ist Rechtshilfe in Richtung BRD nur an Staatsanwaltschaften erfolgt, die auch das Recht zur Anklageerhebung hatten, und dafür bedurfte es nicht einer Vorfilterung in Ludwigsburg.

Mit der Errichtung der Ludwigsburger Zentralen Stelle war in der BRD eine Einrichtung geschaffen worden, mit der gegenüber der Öffentlichkeit Aktivität vorgetäuscht werden konnte, mit der aber zugleich auch zu verhindern war, dass etwa ein »übereifriger« Jurist ein nicht gewolltes Verfahren gegen zu schonende NS-Täter einleitet. Durch die Beschränkung auf »Vorermittlungsverfahren« ist auch das Legalitätsprinzip – die Verpflichtung von Justizorganen zur Strafverfolgung – sicher mit Bedacht ausgehebelt worden. Was in Ludwigsburg festgestellt wurde, musste bei entsprechendem Tatverdacht erst Staatsanwaltschaften zugeleitet werden, und dort konnte es nochmals gefiltert werden, ehe es zu einer Anklageerhebung kommen konnte. Was in Ludwigsburg nicht angefasst wurde, ist auch von anderen nicht angeklagt worden. So gab es auch nach Gründung der Ludwigsburger Zentralen Stelle bei allem Engagement, das den dort tätigen Juristen zugebilligt werden kann, für die BRD-Justiz genügend Spielraum für Verfolgung oder Nichtverfolgung von Nazi-Verbrechern, die zu »Edeldemokraten« mutiert, bis in hohe und höchste Ämter der BRD gelangen konnten.

Mit dem von der DDR Mitte der 60er Jahre herausgegebenen Braunbuch ist eine Vielzahl von in der BRD auch nach der Einrichtung der Ludwigsburger Zentralen Stelle straffrei gebliebener Nazi-Verbrechern namhaft gemacht worden.

Die DDR konnte nur mit den Menschen aufgebaut werden, die hier lebten. Und die Mehrheit von ihnen hatte sich mehr oder weniger mit den Nazis eingelassen. Wer angesichts dessen, was die Nazis aus Deutschland und Europa gemacht hatten, bereit war, am Aufbau einer neuen, antifaschistischen Ordnung mitzuwirken, erhielt dazu in der DDR eine Chance. Das galt allerdings nur, wenn er an keinem Nazi-Verbrechen beteiligt war. Wenn sich dennoch in Einzelfällen herausstellte, dass bestimmte Personen ihre faschistische Vergangenheit verschwiegen hatten und sich daraus ein Verdacht auf Beteiligung an Nazi-Verbrechen ergab, wurden entsprechende Ermittlungen eingeleitet.

Pauschale Verdächtigungen und Auflistungen darüber, wer z. B. einmal Mitglied der NSDAP war oder kurz vor Kriegsende zur Waffen-SS eingezogen wurde, gehen am Wesen der Sache vorbei. Man kann die Mitgliedschaft in der NSDAP nicht auf eine Stufe mit den Massenmorden von SS-Einheiten stellen.

Nazi-Verbrecher hat es im Unterschied zur Alt-BRD in Staatsfunktionen der DDR nicht gegeben.

Mit dem Umgang mit ehemaligen Nazis in der DDR hat sich Prof. Detlef Joseph wiederholt in Publikationen der edition ost auseinandergesetzt. Sein Fazit: Nicht *weil*, wie in der BRD praktiziert, viele Nazis gerade wegen ihrer antikommunistischen Gesinnung für den Aufbau der »freiheitlich-demokratischen Grundordnung« als unentbehrlich galten, sondern *obwohl* sie den Nazis nachgelaufen sind bzw. ihnen zeitweilig dienstbar waren, konnten sich auch solche Personen in der DDR engagieren, wenn sie sich ehrlich zur antifaschistisch-demokratischen Umgestaltung bekannten und nicht an Nazi-Kriegsverbrechen/Verbrechen gegen die Menschlichkeit beteiligt gewesen sind.

Auf Anfrage bestätigte die Bundesregierung, dass im MfS streng darauf geachtet wurde, keine Mitglieder der NSDAP oder anderweitig mit den Nazis verbundenen Personen einzustellen. Wer seine Vergangenheit verschwiegen hatte, wurde sofort entlassen und gegebenfalls auch strafrechtlich belangt.

Das behauptete Pfarrer Joachim Gauck, einst Leiter der BStU-Behörde, im Juni 2009. Wörtlich hatte er ausgeführt: »Wir können nicht zulassen, dass die sozialistischen Globkes in ihren Ämtern und Positionen in Staat und Gesellschaft bleiben.«

»Zur Erinnerung für Jüngere: Hans Maria Globke war Oberregierungsrat in Hitlers Reichsinnenministerium, Koreferent für Judenfragen. Er war Mitautor und Kommentator der Nürnberger Gesetze, die unauslöschlich in die Geschichte des planmäßigen Mordes an den europäischen Juden und Sinti und Roma eingegangen sind. ›Reichsbürger ist nur der Staatsbürger, der artverwandten Blutes ist‹, schrieb er im Kommentar zum ›Reichsbürgergesetz‹ von 1935 und sprach Klartext: ›Artfremdes Blutes sind in Europa regelmäßig nur Juden und Zigeuner.‹ Aus seiner Feder floss dieser Unrat: ›Die Juden müssen sich damit abfinden, dass ihr Einfluss auf die Gestaltung des deutschen Lebens ein für allemal vorbei ist.‹ Und auch dies: ›Der Jude ist uns völlig fremd nach Blut und Wesen. Deshalb ist die Dissimilation (*Ausstoßung, Umwandlung – d. Verf.*) die einzig mögliche Lösung.‹« Soweit Hans Canjé in der Entgegnung auf Gaucks Ungeheuerlichkeit im *Neuen Deutschland* vom 6./7. Juni 2009.

Die Nürnberger Gesetze galten als »die wahrhafte Magna Charta des deutschen Blutes für die Jahrhunderte«. Globkes Kommentar dazu würdigte Roland Freisler, der spätere Oberste Blutrichter des Regimes, mit den Worten: »Man hat also alles, was man in der Praxis benötigt, hier aufgenommen.« Und so gingen dann die Vollstrecker der »Dissimilation«, mit Rilkes Gedichten und Globkes Handreichung im Tornister, ans Werk. Zogen die Mord- und Raubscharen ihre Blutspur der gemarterten und gemordeten Juden durch die Länder Europas bis in die Vernichtungslager von Auschwitz und Majdanek. Dessen ungeachtet wurde Globke unter dem ersten Kanzler der BRD Staatssekretär im Bundeskanzleramt, zum »Mann hinter Adenauer«, zur »Grauen Eminenz« mit weitreichendem Einfluss auch in der Personalpolitik. Auf sein Wirken ist wesentlich das zurückzuführen, was der Politikwissenschaftler Joachim Perels als »die weitgehende Inkorporation des Staatsapparates der NS-Diktatur in den demokratischen Rechtsstaat« bezeichnete.

Noch einmal der Antifaschist Canjé: »Gauck, Jahrgang 1940, studierter Theologe, Jugend- und Studentenpfarrer plappert nicht unbedacht von ›sozialistischen Globkes‹. Hier wurde – in voller Kenntnis der Vergangenheit – kalkuliert ein vergifteter Pfeil aus dem Köcher gezogen, um das faschistische Mordregime in den Jahren 1933 bis 1945 auf eine Stufe mit der DDR zu stellen. Dies von einem Mann, der Vorsitzender des Vereins ›Für Demokratie – Gegen Vergessen‹ ist, der sich laut Satzung die ›Aufarbeitung und Bewahrung des Vermächtnisses des Widerstandes gegen die Nazi-Diktatur‹, der Aufklärung über das NS-Regime und seiner Strukturen verpflichtet sieht. Im Ringen um die Krone der perfidesten Deutung der ›ehemaligen DDR‹ hat Gauck im Olymp der Totalitarismusdoktrinäre seinen Platz erworben. Der Verein sollte sich um seiner Glaubwürdigkeit willen schleunigst von diesem Mann trennen.«

Übrigens wurde Globke vom Obersten Gericht der DDR in einem beispielhaften, höchsten Anforderungen der Rechtsstaatlichkeit verpflichtetem und genügendem Strafprozess 1963 wegen in »Mittäterschaft begangener Kriegsverbrechen und Verbrechen gegen die Menschlichkeit in teilweiser Tateinheit mit Mord gemäß Artikel 6 des Statuts für das Internationale Militärtribunal, §§ 211, 47, 73 StGB/DD« in Abwesenheit zu lebenslangem Zuchthaus verurteilt.

In Vorbereitung dieses Prozesses waren durch Staatsanwälte und Ermittler der DDR beispielsweise 600 jüdische Zeugen vernommen worden. Zeugen, die nur zufällig der Vernichtung entgingen und deren Angehörige millionenfach den Tod in Konzentrationslagern fanden.

Für das im Jahre 2009 als Band 8 der Schriftenreihe des Centrum Judaicum herausgegebene Buch »Juden im Zeugenstand. Die Spur des Hans Globke im Gedächtnis der Überlebenden der Shoa« hat die Autorin Erika Schwarz die MfS-Akten zum Globke-Verfahren eingesehen und speziell die Protokolle dieser damaligen Befragungen und Zeugenvernehmungen akribisch ausgewertet. Sie hat für ihre Dokumentation 128 Zeugen ausgewählt und deren Aussagen zu einem großen Teil im Wortlaut in die Edition übernommen.

In der DDR gab es viele anerkannte Opfer des Faschismus und ehemalige Widerstandskämpfer aber auch Jüngere, die aus innerster Überzeugung bereit waren, zum Schutz der DDR als hauptamtliche Mitarbeiter im MfS tätig zu werden oder inoffiziell mit ihm im Kampf gegen innere und äußere Feinde zusammen zu arbeiten.

Da die westlichen Geheimdienste aber viele Alt- und Neo-Nazis im Kampf gegen die DDR aktiviert hatten, kam das MfS nicht umhin, unter diesem Personkreis – auch in Westdeutschland – Informanten anzuwerben. Solche Werbungen erfolgten vor allem in den 50er Jahren und hauptsächlich durch Diensteinheiten der Spionageabwehr.

Eine Zusammenarbeit von solchen Bürgern der DDR mit dem MfS war jedoch kein Hinderungsgrund, sie strafrechtlich zu verfolgen und vor Gericht zu bringen, wenn sich in Einzelfällen heraus stellte, dass sie an Nazi-Verbrechen/Kriegsverbrechen/Verbrechen gegen die Menschlichkeit beteiligt gewesen und dafür noch nicht belangt worden waren. Das war z. B. bei dem 1976 vom Bezirksgericht Karl-Marx-Stadt wegen individueller Tatbeiträge zu den vom Einsatzkommando 10a der Sicherheitspolizei und des SD in besetzten Gebieten der UdSSR begangenen Massenverbrechen an Juden, kommunistischen Funktionären, Zivilisten, Geisteskranken und Kindern zum Tode verurteilten Johannes Ernst Kinder der Fall. Als er vom MfS als IM angeworben wurde, war zwar seine Zugehörigkeit zu faschistischen Formationen bekannt, nicht aber, dass er an Massenmorden beteiligt war und etwa 260 Opfer eigenhändig erschossen hatte.

Aus dem von Markus Wolf nach 1990 öffentlich gemachten Fall einer inoffiziellen Quelle der HV A in hochrangiger Position bei der FDP und Mitglied des Bundestages ist bekannt, dass trotz ergiebig sprudelnder Informationen das MfS die Zusammenarbeit mit dieser Person einstellte, als bekannt geworden war, dass sie an Nazi-Verbrechen beteiligt gewesen ist. Eine Zusammenarbeit mit nachweislichen NS-Verbrechern war für das MfS tabu.

Menschenverachtende Ideologien lassen sich leider nicht per Staatsdoktrin und Gesetz ausrotten. Auch in der DDR gab es im gesamten Verlauf ihrer Geschichte antisemitische Äußerungen, Schmierereien, Schändungen jüdischer Friedhöfe und ähnliches. Schließlich hatten zwölf Jahre faschistischer Rassenwahn Wirkungen hinterlassen, für die es aber in der DDR keine politische und ethische Basis gab. Entscheidend ist und bleibt, dass solche Vorkommnisse von der Verfassung und den Gesetzen der DDR her verboten waren, nach Möglichkeit auch unter intensiver Mitwirkung des MfS aufgeklärt und geahndet wurden.

Das wurde auch von führenden Persönlichkeiten jüdischer Gremien in der DDR gewürdigt.

Als der Report über die Untersuchungen des MfS und den 1987 vom Bezirksgericht Dresden gegen den Leiter des Judenreferates bei der Gestapo, SS Obersturmführer Henry Schmidt, geführten Prozess erschien, schrieb Siegmund Rotstein, Präsident des Verbandes der Jüdischen Gemeinden der DDR, im Vorwort: »Die Darstellung der schrittweisen Entlarvung des Leiters des Judenreferates der Dresdener Gestapo ist gleichzeitig eine beeindruckende Würdigung meines unlängst verstorbenen Vorgängers, des langjährigen Präsidenten des Verbandes der Jüdischen Gemeinden in der DDR, Helmut Aris, […] Mit dem erschütternden Report wird den unter Mitwirkung des Naziverbrechers Schmidt ermordeten Menschen jüdischer Herkunft ein würdiges und bleibendes Denkmal gesetzt.«

Alle Einrichtungen der Kultur, des Bildungswesens und die Medien der DDR bezogen eindeutige Positionen gegen rassistische Ideologien. Eine ganze Reihe ergreifender Filme und viele Bücher widmeten sich der Aufklärung gegen den nazistischen Ungeist. Nicht ohne Erfolg übrigens, wie selbst heutige Umfragen noch bestätigen. Weit weniger DDR-Bürger als Westdeutsche zeigen sich für antisemitische Propaganda anfällig.

Übrigens war eine Reihe einflussreicher Persönlichkeiten der DDR jüdischer Herkunft, so die Mitglieder des Politbüros des ZK der SED Hermann Axen und Albert Norden, der Staatssekretär für Kirchenfragen Klaus Gysi oder der MfS-General Markus Wolf.

Wie verhält es sich mit dem vom MfS sichergestellten Zahngold
aus den Skelettfunden von ehemaligen KZ-Häftlingen
aus Jamlitz-Lieberose?

Die Schilderungen der Funk- und Printmedien sowie in einer Wanderausstellung zur Exhumierung der Skelette ehemaliger KZ-Häftlinge im Mai 1971 in Jamlitz/Lieberose gehören zu den üblen Fälschungen, mit denen die DDR verleumdet und das MfS an den Pranger gestellt werden sollen. Mit der Wahrheit, den tatsächlichen Vorgängen haben sie nichts zu tun.

Zu den Tatsachen: Am 5. Mai 1971 wurden bei Erdarbeiten in einer stillgelegten Sandgrube in der Nähe des Dorfes Staakow menschliche Skelette gefunden. Da alle Umstände auf ein Verbrechen aus der Zeit des Faschismus schließen ließen, übernahm das für die Aufklärung derartiger Verbrechen zuständige MfS, in diesem Falle die territorial zuständige Bezirksverwaltung Cottbus, unter Aufsicht des Bezirksstaatsanwaltes, die Bearbeitung des Sachverhaltes. Wegen begründeten Verdachts, dass es sich um ein Verbrechen gegen die Menschlichkeit handelt, wurde entsprechend internationalem und DDR-Recht ein »Ermittlungsverfahren gegen Unbekannt« eröffnet. Zu klären war, um welche Art von Verbrechen es sich handelte, wer Opfer und Täter waren. Immerhin war in Jamlitz eines der größten Massengräber auf dem Territorium der DDR aufgefunden worden. Relativ schnell stellte sich heraus, dass es sich um von der SS ermordete Häftlinge aus dem KZ-Nebenlager Jamlitz/Lieberose handelte. Die kranken und marschunfähigen Häftlinge waren am 2. Februar 1945 auf Lastkraftwagen verladen, zum späteren Fundort transportiert, an der Sandgrube abgeladen, erschossen und anschließend verscharrt worden.

Auf Antrag der Untersuchungsabteilung der Bezirksverwaltung Cottbus des MfS beauftragte der Bezirksstaatsanwalt das Gerichtsmedizinische Institut Dresden mit der Exhumierung. Acht Gerichtsmediziner arbeiteten vom 6. bis 19. Mai 1971 an der Exhumierung. Das Gelände wurde von einer Einheit der Bereitschaftspolizei des Bezirkes Dresden gesichert.

Auf einer 150 m² großen Fläche wurden 577 Skelette, von meist durch Kopf – oder Genickschuss ermordeten Häftlingen, in mehreren Lagen übereinander liegend und von einer ca. 3,5 Meter dicken Erdschicht bedeckt, gefunden. Alle für die Beweisführung erforderlichen Gegenstände, wie Patronenhülsen, Projektile, Schlüssel, Brillen, Knöpfe und andere persönliche Dinge, auch Zahnprothesen und Zahnkronen aus Gold, wurden dokumentiert und gesichert. Der Zersetzungsprozess der Skelette, der darauf liegende lose Sand, die bei der Größenordnung der Freilegung nicht zu vermeidende Bewegung dieses sandigen Erdreiches, ermöglichte nicht die zweifelsfreie Zuordnung gefundener Gegenstände zu den Skeletten. Ob es sich bei den aufgefundenen Überresten ausschließlich um jüdische KZ-Häftlinge gehandelt hat, konnte mit den 1971 zur Verfügung stehenden Untersuchungsmethoden ebenfalls nicht mit Sicherheit festgestellt werden.

Aus den Ermittlungen zur Staatsangehörigkeit, Nationalität und ethnischen Herkunft der Ermordeten ergaben sich keine zuverlässigen und brauchbaren Anhaltspunkte für eine mögliche Überführung der sterblichen Reste oder Übergabe gefundener Gegenstände an Hinterbliebene. Infam ist es deshalb, die DDR der Schändung jüdischer Opfer des Faschismus zu bezichtigen, weil die Skelette der aufgefundenen KZ-Opfer nach Entscheid der zuständigen Organe und nach in der DDR geltendem Recht eingeäschert und nicht erdbestattet worden sind.

Zu den vermutlichen Tätern wurden Ermittlungen geführt. Von den für die Ermordung der KZ-Häftlinge in Frage kommenden 18 SS-Angehörigen konnte keiner als in der DDR lebend ermittelt werden. Zwei der an diesem Massenmord beteiligten SS-Schergen lebten bis zu ihrem Tode in der BRD. Dort blieben sie straffrei.

Das MfS-Ermittlungsverfahren gegen »Unbekannt« wurde schließlich am 3. März 1975 vorläufig eingestellt.

Wegen der Nichtverjährung von Verbrechen gegen die Menschlichkeit wurde festgelegt, die bei der Exhumierung sichergestellten Gegenstände, auch die 1.080 Gramm Zahngold im Originalzustand als Beweismittel weiter aufzubewahren. Die Asservate befanden sich bis 1989/90 im Archiv der HA IX/11 des MfS. Das gefundene Zahngold wurde bei der Abteilung Finanzen des MfS im Tresor zur dauernden Aufbewahrung deponiert.

Was nach der Auflösung des MfS damit geschah, ist unbekannt.

Es ist eine Lüge, wenn behauptet wird, das MfS habe, wie seinerzeit die SS-Schergen im KZ Auschwitz, seinen Opfern die Goldzähne ausgebrochen, um sie als Edelmetall zu verwerten.

Neonazistische Organisationen oder Strukturen hat es in der DDR niemals gegeben. Ebenso gab es hier keine wie in der BRD offiziell hofierten Traditionsverbände und Truppenkameradschaften der faschistischen Wehrmacht und der Waffen-SS. Diese entstanden erst ab 1990 im Ergebnis des Wirkens von West-Importen.

Seit Mitte der 1980er Jahre traten in der DDR-Öffentlichkeit »Skinheads« auf. 1988 waren das etwa 1.000 Personen, davon nicht zufällig allein etwa 400 in Ost-Berlin mit intensiven Kontakten zu »Skinheads« in Westberlin. Bei den »Skinheads« in der DDR handelte es sich um lose, zumeist spontan handelnde Gruppierungen, die vor allem bei Fußballspielen konzentriert in Erscheinung traten. Sie ahmten in ihrem Outfit westliche Vorbilder nach und setzten vor allem darauf, Sicherheitsorgane und Bürger zu provozieren.

Nicht ein neonazistisches Weltbild, sondern Protestverhalten gegen die Verhältnisse in der DDR oder einfach nur gegen die Welt der Erwachsenen war für sie bestimmend. Dabei wussten sie, und es war für ihre Motivation maßgeblich, dass ihr Auftreten angesichts des antifaschistischen Selbstverständnisses der DDR einen Tabu-Bruch darstellte. Bildung und Erziehung in der DDR, Elternhaus, Schule, FDJ und Betriebskollektive hatten in ihrem Fall offenbar versagt.

Allein wegen seines Aussehens wurde niemand in der DDR bestraft. Trotzdem gingen die Sicherheitsorgane energisch gegen die »Skinheads« vor, wenn sie die öffentliche Ordnung störten oder Bürger belästigten. Das Vorgehen der Sicherheitsorgane verschärfte sich noch, nachdem eine Gruppe von »Skinheads« einen Überfall auf ein Punk-Konzert in der Zionskirche in Berlin inszeniert hatte.

Es ist zwar unsinnig, wird aber immer wieder behauptet, dass das MfS diesen Überfall stillschweigend geduldet habe, um der Kirche und ihren Aktivitäten zu schaden.

Warum verabschiedete sich das MfS gewaltlos von der Bühne der Geschichte?

Anfang 1990 befand sich die DDR im Zustand der Auflösung. Es herrschte auf allen politischen und gesellschaftlichen Ebenen Anarchie. Ab Anfang Dezember 1989 waren bereits zahlreiche Bezirksverwaltungen und Kreisdienststellen des MfS durch Gruppen von »Bürgerrechtlern« besetzt bzw. wurden durch diese kontrolliert. Die Regierung der DDR unter Hans Modrow hatte das Heft des Handelns nicht mehr in der Hand. Sie reagierte nur noch. Pfarrer Rainer Eppelmann hatte am »Zentralen Runden Tisch« die Stimmung aufgeheizt, indem er wahrheitswidrig behauptete, das MfS hätte Güterzüge mit Akten nach Rumänien verbracht.

In dieser Zeit des gesamtgesellschaftlichen Durcheinanders rief das »Neue Forum« mit Flugblättern zur Demonstration am 15. Januar 1990 vor dem Hauptgebäude des Amtes für Nationale Sicherheit der DDR (AfNS) in Berlin, der ehemaligen Zentrale des MfS auf. Es hieß darin: »Bringt Farbe und Spray mit!«; »Wir schließen die Tore der Stasi!«; »Bringt Kalk und Mauersteine mit!« Nach offizieller Lesart sollte es eine »Aktionskundgebung« unter dem Motto »Phantasie und ohne Gewalt« werden.

Auf Grund der vor allem von den Medien betriebenen Verteufelung des MfS/AfNS war dieses Unterfangen von vornherein zum Scheitern verurteilt. Es ist zu unterstellen, dass einige maßgebliche Organisatoren oder deren Hintermänner dies auch gar nicht wollten. Wer dazu aufruft, »Steine mitzubringen«, muss Gewalt einkalkulieren.

Vertreter des »Runden Tisches«, der sogenannten Bürgerkomitees aus den Bezirken, die Deutsche Volkspolizei und Militärstaatsanwaltschaft hatten bereits uneingeschränkten Zutritt in die Gebäude der ehemaligen MfS-Zentrale in der Lichtenberger Normannenstraße. Die nunmehrige »Festung AfNS« war also bereits genommen.

Erst versammelten sich hunderte, später tausende Demonstranten vor den Toren in der Rusche- und Normannenstraße. Die Stimmung unter den Demonstranten wurde von Minute zu Minute aufgeheizter und aggressiver. Die Rufe wurden lauter: »Macht das Tor auf!« Wie von »Geisterhand« wurde in den frühen Abendstunden erst das schwere Metalltor in der Ruschestraße und dann das in der

Normannenstraße von innen geöffnet. Von wem, war nicht klar. Vermutlich waren es Angehörige der Deutschen Volkspolizei, die zwar mit dem Schutz der Objekte beauftragt, jedoch auf diese Aufgabe nicht vorbereitet und mit ihr völlig überfordert waren.

Demonstranten besetzten den Sozialtrakt innerhalb des Gebäudekomplexes und demolierten die Inneneinrichtung. Möbelstücke, Fahnen, Bilder, Aktenordner wurden aus den Fenstern geworfen. Der »Volkszorn« richtete sich gegen die Buchhandlung und den Friseursalon sowie die Verkaufseinrichtung. Diebstahlshandlungen in Größenordnungen waren zu verzeichnen. Es bot sich ein Bild der Zerstörung und sinnlosen Verwüstung. Menschen kamen zum Glück nicht zu Schaden.

Die Demonstranten kamen aus allen Alters- und Berufsgruppen der DDR-Bevölkerung. Augenscheinlich war aber auch, dass sich unter ihnen Bürger Westberlins oder Westdeutschlands befanden. Einige kleinere Gruppen von Demonstranten begaben sich – offensichtlich beauftragt und gesteuert durch den BND – zielgerichtet in den Gebäudekomplex der Spionageabwehr der DDR. Durch einen Überläufer dieser Hauptabteilung hatten sie genauere Kenntnisse über die Örtlichkeiten. Sie versuchten, gewaltsam Aktenschränke zu öffnen, um an für Geheimdienste brisantes Material zu gelangen, was ihnen nur bedingt gelang.

Die Hauptverwaltung Aufklärung (HV A) hatte ihr Dienstobjekt mit ca. 80 Mitarbeitern besetzt, um das dort gelagerte Material zu schützen. Demonstranten erhielten in dieses Objekt keinen Zutritt. Auch andere wichtige Diensteinheiten wurden von ihnen nicht beachtet. Im zentralen Dienstobjekt befand sich insgesamt nur noch eine begrenzte Anzahl Mitarbeiter des AfNS. Es war befohlen worden, jede Diensteinheit mit zwei bis vier Mitarbeitern zu besetzen, die gewissermaßen Ansprechpartner sein sollten. Alle waren unbewaffnet. Ihre Dienstwaffen und alle weitere Bewaffnung hatten die Mitarbeiter des MfS unmittelbar vor der Ankündigung der Aktion gegen das MfS abgeben müssen. Sie waren durch die Volkspolizei sichergestellt und abtransportiert worden.

Die Dienst tuenden Mitarbeiter des MfS verhielten sich ohne Ausnahme besonnen und ließen sich auch nicht durch alkoholisierte Personen oder jugendliche Randalierer provozieren. Der verantwortliche Leiter war Generalmajor Engelhardt. Er stand in seinem Dienstsitz, der sich im Gebäude des ehemaligen Ministers Mielke befand, Bürgern und der Presse Rede und Antwort, so weit das unter diesen aufgeheizten, von Unsachlichkeit und Emotionen geprägten Bedingungen überhaupt möglich war. Hans Modrow, Regierungschef und de facto oberster Dienstherr des AfNS, sprach in den Abendstunden zu den Demonstranten und rief zur Besonnenheit auf.

Mit dem 16. Januar 1990 übernahm ein sogenanntes Bürgerkomitee die Kontrolle über den Gebäudekomplex des ehemaligen Ministeriums für Staatssicherheit/Amt für Nationale Sicherheit der DDR. Am 18. Januar 1990 wurde Generaloberst Peter, ehemals Chef der Zivilverteidigung der DDR, von der Regierung der DDR als Beauftragter für die weitere Auflösung eingesetzt.

Der sogenannte Sturm auf das MfS am 15. Januar 1990 wurde von der Bürgerbewegung organisiert und vom BND und anderen geheimdienstlichen Kräften mit betrieben und genutzt. Da die Bewachung des Gebäudes durch das Wachregiment abgeschafft worden war, wurde diese Aufgabe völlig unzureichenden Kräften der Volkspolizei übertragen, die selbst durch die damalige Situation verunsichert waren und sich passiv verhielten. Trotz vorheriger Information hatte die damalige DDR-Regierung keine Verstärkung der Wachmannschaften angeordnet.

Im Vorfeld des 20. Jahrestages der Besetzung der MfS-Zentrale wurde eine Sprachregelung getroffen. Die Initiatoren und Wortführer jener Vorgänge sprachen nicht mehr von einem »Sturm auf die Stasi-Zentrale«. Offenkundig wurde ihnen endlich bewusst, dass ein »Sturm« einen militärischen, mindestens einen militanten Angriff darstellt. Und das war es wohl auch: eine unzulässige Attacke auf eine staatliche Einrichtung der DDR.

Unbeantwortet bleibt zudem die Frage nach dem Anteil ausländischer Nachrichtendienste an der Besetzung der Zentrale des DDR-Nachrichtendienstes.

Warum und wie gelang es, das MfS 1989/90 so schnell lahm zu legen und aufzulösen?

Die Art und Weise, der Verlauf und Zeitraum der Auflösung des MfS wurde aus unserer Sicht maßgeblich von folgenden Faktoren beeinflusst:

Die bis dahin praktizierte führende Rolle der SED, ausgeübt besonders durch die Beschlüsse und Orientierungen des Sekretariats des Zentralkomitees, seines Politbüros und in Person durch den Generalsekretär, wurde seit Mitte 1989 abgelöst durch einen Zustand der Sprachlosigkeit und Aktionsunfähigkeit, der Ignoranz gegenüber der tatsächlichen innenpolitischen Lage in der DDR.

Selbst der Historiker Ilko-Sascha Kowalczuk, der als Projektleiter und wahrlich nicht als Freund des MfS in der Forschungsabteilung der BStU-Behörde arbeitet, hat in einem Artikel der *Berliner Zeitung* vom 20./21. Juni 2009 darauf hingewiesen, dass das MfS die SED-Führung bereits 1987 über sich entwickelnde Gefahren für die DDR unterrichtete und politische Lösungen und Veränderungen forderte.

Was, wie bereits dargelegt, leider kein Gehör fand.

Die innenpolitische und gesellschaftliche Lage war 1989 noch stärker gekennzeichnet von der Enttäuschung der Bevölkerung über die zunehmend schlechteren Lebensbedingungen und die Lähmung der Führung des Staates bei gleichzeitiger Schönfärberei in den Medien. Daraus resultierte eine weitere Zunahme von Anträgen auf Übersiedlung in die BRD und der Versuche, die DDR auf ungesetzlichem Wege zu verlassen, vor allem von jungen gebildeten Menschen. Die Forderungen besonders an das MfS, diesen Tendenzen entgegen zu wirken, wurden ständig erhöht (Fahndungen, Festnahmen in anderen sozialistischen Staaten, Überwachung der Ständigen Vertretung der BRD in Berlin u. a.).

Für die Öffentlichkeit erschien das MfS als hauptverantwortlich für die entsprechenden staatlichen Sanktionen. Zunehmend entwickelte sich bei Teilen der Bevölkerung eine oppositionelle Haltung zur politischen Entwicklung und führte zum organisatorischen Zusammenschluss verschiedener Kräfte. Auch hier wurden dem MfS Aufgaben zur Überwachung dieser Entwicklungen und Kräfte, sowie zur Einschränkung der Wirksamkeit übertragen. Damit wurde von der Öffentlichkeit das MfS immer weniger als Schutz- und Sicherheitsorgan, sondern als Überwachungsorgan, das jede notwendige progressive Entwicklung unterbinden wollte, angesehen. Auch das trug zur Isolation gegenüber der Bevölkerung bei und wurde dazu genutzt, das Wirken des MfS zu diskreditieren. Begünstigt durch übertriebene Geheimhaltung der Arbeit und deren Ergebnisse geriet das MfS zunehmend in eine Isolierung zur Bevölkerung. Es wurde immer geheimnisumwitterter, Vertrauen zum MfS wich zunehmender Angst vor dem MfS.

Das wurde durch »Enthüllungen« in den Medien und durch DDR-feindliche Kräfte weiter geschürt. Es gab faktisch kein Verbrechen, das dem MfS nicht angelastet wurde. Bisherige Verbündete wandten sich ab und versuchten, sich auf Kosten des MfS den neuen Herrschenden anzudienen, die offenkundig nach dem Motto »Teile und herrsche!« handelten. Demonstrationen besonders in Leipzig, die von mal zu mal mehr Beteiligte aufwiesen, unterstützt von »Demonstrationstouristen« und Fahnenträgern aus der BRD und Westberlin, widerspiegelten das eindrucksvoll.

Das MfS war Angriffsziel Nummer 1 der Feinde der DDR. Ziel war die Delegitimierung der DDR als sogenannter Unrechtsstaat und ihre ungeheuerliche Gleichsetzung mit der faschistischen Diktatur. Zu empfindlich waren auch die Niederlagen und Schläge, die dieses Ministerium westlichen Geheimdiensten und subversiven Organisationen zugefügt hatte. Ein wichtiger Grund war die Erkenntnis der Herrschenden in der BRD, dass ohne Ausschaltung des MfS die Beseitigung der DDR nicht möglich war. Das aber war ihr Ziel im Kampf gegen die DDR. Diese Hetze und Verleumdung blieb nicht ohne Auswirkungen auf die Bevölkerung, aber auch auf Mitarbeiter/innen des MfS. Die Regierung der DDR und der Vorsitzende des Ministerrats hatten nicht die Kraft oder den Willen, der auf das MfS gerichteten Atmosphäre Einhalt zu gebieten. Der ungenügende Schutz der Objekte des MfS, der dem Wachregiment des MfS entzogen und der Bereitschaftspolizei des Ministeriums des Innern übertragen wurde, begünstigte deren Besetzung und den Zugang zu Akten durch Unbefugte. Daraus resultierte eine weitere Verschärfung der gegen das MfS gerichteten Atmosphäre, die teilweise an ein Pogrom erinnerte.

Auch nach nunmehr 20 Jahren bleiben Fragen dazu offen, welche Motive die damalige Regierung der DDR veranlassten, der

Besetzung von MfS-Dienststellen durch Zivilpersonen unter Verletzung geltenden DDR-Rechtes faktisch tatenlos zuzusehen. Insider wollen wissen, dass das MfS als Sündenbock ausgewählt und zur Demontage freigegeben wurde, um politischen Spielraum zu gewinnen. Leider weigern sich die auf Insiderwissen berufenden Personen, sich dazu öffentlich zu äußern.

Unter den vorgenannten und weiteren äußerst komplizierten Bedingungen bewiesen die Mitarbeiter des MfS, dass sie keine von der Bevölkerung abgehobene Elite waren, wie das behauptet wird. Sie dachten und fühlten wie die Mehrheit der Bürger der DDR. Abenteuerliche Handlungen unter Einsatz der vorhandenen Machtinstrumente wurden abgelehnt, da sie zur Eskalation der Situation geführt hätten.

Dieses verantwortungsbewusste und besonnene Verhalten der Mitarbeiter des MfS war so mit entscheidend für den friedlichen Verlauf des Endes der DDR. Die hohe Kultur der gesellschaftlichen Verantwortung fand auch darin ihren Ausdruck, dass die Macht und die Waffen kampflos, ohne Blutvergießen, an den Gegner übergeben wurden, der nie etwas anderes im Sinne hatte als »Die DDR muss weg!«.

Diese Haltung der Angehörigen missachtend, wurde zugelassen, dass die Entlassung der Mitarbeiter des MfS unter unwürdigen und demütigenden Bedingungen erfolgte, obwohl sie treu und ehrlich, dem Sozialismus verbunden, ihren Dienst verrichtet hatten und sich nicht zu die Lage verschärfenden Handlungen provozieren ließen. Große Hochachtung verdienen deshalb auch die charakterfesten und politisch standhaften Menschen, die als Leiter und Mitarbeiter in staatlichen Organen und kommunalen Einrichtungen, den Kombinaten und anderen volkseigenen Betrieben (VEB), den Genossenschaften, den Einrichtungen im Dienstleistungsbereich, in Handel und Versorgung, dem Gesundheitswesen und Verkehrseinrichtungen, den ehemaligen Mitarbeitern des MfS bei der Schaffung einer neuen Existenzgrundlage Hilfe und Unterstützung gaben. Sie ließen sich nicht von Verleumdung und Ausgrenzung anstecken, sondern sorgten dafür, dass sich für ehemalige Mitarbeiter eine neue Lebensperspektive ergeben konnte. Leider wurde durch die nach dem »Beitritt« staatlich verordnete Ausgrenzung, die einem Berufsverbot gleich kommt, in vielen Fällen die Fortsetzung dieser Entwicklung unterbunden.

Das MfS war kein Staat im Staate, wie das immer wieder behauptet wird. Mit dem Zusammenbruch der DDR war deshalb auch unabwendbar die Auflösung des MfS verbunden. Diese Entwicklung wäre jedoch nicht ohne die Zerfallserscheinungen in der Sowjetunion und in den anderen europäischen sozialistischen Ländern möglich gewesen.

Das enge Bündnis mit diesen Staaten war unter den Bedingungen eines geteilten Landes für die DDR von existenzieller Bedeutung. Umso schwerer traf die DDR die Bereitschaft der Führung der Sowjetunion, sie aufzugeben.

Auf der einen Seite werden die ehemaligen MfS-Angehörigen
verteufelt, andererseits wurden laut Medienberichten nicht wenige
nach 1990 in Landes- und Bundesbehörden übernommen.
Ist das nicht ein Widerspruch?

Die Frage müsste eigentlich an die Bundes- und Landesregierungen gerichtet werden, denn sie haben diesen Widerspruch geschaffen. Es ist in der Tat so, dass besonders Mitte des Jahres 2009, kurz vor der Bundestagswahl, von Medien berichtet wurde, dass Anfang der 90er Jahre 17.000 ehemalige Angehörige des MfS und Inoffizielle Mitarbeiter (IM) in den Öffentlichen Dienst der BRD übernommen worden seien – vorwiegend in die Polizei und Kriminalpolizei, den Personen- und Grenzschutz, den Zoll und sogar in die BStU. Interessanterweise vor allem in Dienste, Behörden und Ämter mit Schutz- und sicherheitsrelevanten Aufgaben, die an ihre Mitarbeiter hohe persönliche Anforderungen stellen. So wurde am 9. Juli 2009 berichtet, dass eine BKA-Sprecherin bestätigte, dass das Bundeskriminalamt (BKA) 48 hauptamtliche Mitarbeiter der Hauptabteilung Personenschutz des Ministeriums für Staatssicherheit der DDR übernommen habe. Davon seien 23 noch im BKA tätig, zwei sogar in Führungspositionen. Einer der Personenschützer gehöre zum Personenschutzkommando der Bundeskanzlerin Merkel.

Die große Mehrheit jedoch sei vom Öffentlichen Dienst der ostdeutschen Länder übernommen worden. So sollen z. B. in den Ländern Sachsen-Anhalt 4.400, Brandenburg 2.900 und Berlin 3.000 eine Einstellung in den Öffentlichen Dienst gefunden haben.

Die Zahlen sind allein deshalb mit Vorsicht zu genießen, da sie aus dem Jahre 1997 stammen. Auch Personen, die im Auftrag des MfS zu Diplom-Kriminalisten ausgebildet und niemals im MfS tätig wurden oder IM, die als solche nie eingesetzt waren, sind locker hinzugerechnet worden. Ob Sachsens Ministerpräsident Tillich, der zwei offizielle Gespräche mit MfS-Mitarbeitern zugegeben haben soll, unter den 17.000 eingerechnet ist, bleibt offen.

Die Entscheidungen zur Übernahme in den Öffentlichen Dienst wurden von den dafür zuständigen Behörden in voller Kenntnis der Tätigkeiten der betreffenden Personen getroffen. Deshalb bringen die zu bestimmten Anlässen immer wiederkehrenden Medienkampagnen eigentlich keine Neuigkeiten. Zumal nach BStU-Berichten seit 1991 mehr als 1,75 Millionen Regelüberprüfungen einstiger DDR-Staatsangestellter durch die Länder, Städte und Gemeinden in der MfS-Unterlagenbehörde durchgeführt worden sind.

Die Verteufelung der ehemaligen MfS-Angehörigen ist eine rein politische Maßnahme, die der Delegitimierung der DDR dienen soll. Immerhin sollten 20 Jahre im Dienst der Bundesrepublik Deutschland ausreichen, um beurteilen zu können, ob jemand seine Aufgabe korrekt und effizient ausführt. Viele der Angegriffenen haben länger für die BRD gearbeitet als für die DDR, in der sie vor allem eine ordentliche Ausbildung erhalten hatten. Die Ausbildung zum Diplom-Kriminalisten kennt die BRD z. B. nicht und hat sie bei einer gegenüber der DDR etwa zehnfach höheren Kriminalitätsrate scheinbar auch nicht nötig.

Es kann davon ausgegangen werden, je stärker die Stimmung in Ostdeutschland zu den positiven, vor allem sozialen Seiten der DDR umschlägt, je ausgeprägter und je häufiger wird diese Verteufelung aller Wahrheit widersprechend erfolgen.

Der letzte stellvertretende Ministerpräsident und Innenminister der DDR, Rechtsanwalt Dr. Peter-Michael Diestel, der maßgeblich an den Entscheidungen beteiligt war, brachte dazu zum Ausdruck: »Es war richtig, dass diese Menschen eine Chance bekommen haben und in die Gesellschaft integriert worden sind.«

Sein Berater damals war der Verfassungsschutzpräsident Eckart Werthebach, der im Auftrag von Bundesinnenminister Wolfgang Schäuble handelte.

Der Bundesregierung und den ostdeutschen Landesregierungen war 1990, davon kann man ausgehen, bewusst, dass es sich bei den ehemaligen MfS-Angehörigen um qualifizierte und mit Vernunft begabte Menschen handelte, die sich 1989/90 äußerst souverän verhielten und somit mit dazu beitrugen, dass das Ende der sozialistischen DDR, das zu dem Zeitpunkt nicht mehr aufzuhalten war, einen friedlichen Verlauf nahm.

Ansonsten sei daran erinnert, dass die absolute Mehrheit der ehemaligen hauptamtlichen und Inoffiziellen Mitarbeiter des MfS auch im 20. Jahr des »Beitritts der DDR zum Geltungsbereich des Grundgesetzes« der Alt-BRD ausgegrenzt und diskriminiert ist. MfS-Angehörige hatten und haben weder die Ehre, als Müllfahrer, Gärtner in städtischen Parkanlagen, als Eisenbahner oder Postbote tätig zu sein, noch eine Stimme in den Medien, um sich anhaltender Verleumdungen zu erwehren.

Das passive Wahlrecht ist ehemaligen MfS-Angehörigen de facto aberkannt und ihre durch Beitragszahlung erworbenen Rentenansprüche wurden und werden drastisch gekürzt.

Sie stehen damit außerhalb des Grundgesetzes, was offenbar niemand als Skandal empfindet.

Der Vorwurf ist berechtigt, dass im MfS viel zu wenig Schriftgut vernichtet wurde. Vor allem Unterlagen über Inoffizielle Mitarbeiter hätten 1989/90 vollständig vernichtet werden müssen! Das Problem fing damit an, dass viel zu viel archiviert wurde. Von den meisten Papieren gab es Kopien. Und das über 40 Jahre lang. So ärgerlich der weitgehende Erhalt der Akten ist, er hat aber auch angesichts des fortgesetzten und enthemmten Kalten Krieges gegen die DDR und ihre Organe eine positive Seite. Man stelle sich nur vor, welche Schauermärchen noch erfunden worden wären.

Erst 1987 wurde eine Ordnung zur Kassation/Vernichtung von Schriftgut im MfS erlassen. Zum Schluss hatte sich so viel Papier angesammelt, dass es technisch unmöglich war, binnen kurzer Zeit alles zu vernichten. Die Manie, alle operativen Erkenntnisse – selbst unbedeutende – zu archivieren, entsprach auch der zweifelhaften Breite der Arbeit des MfS und dem wiederum verständlichen Bestreben, alles ordentlich nachweisen zu müssen, was Gegenstand der Arbeit des MfS war.

Die Möglichkeit, dass das umfangreiche Schriftgut in die Hände des Gegners fallen könnte, wurde bis zum Herbst 1989 nie ernsthaft erwogen. Erst im Oktober 1989 ergingen Weisungen des Ministers für Staatssicherheit zur selektiven Aktenvernichtung. Das betraf Schriftgut, welches für die künftige Arbeit nicht mehr gebraucht wurde. Diese Anweisungen wurden im Zusammenhang mit dem geplanten Aufbau des Amtes für Nationale Sicherheit (AfNS) am 21. November 1989 präzisiert. Die Arbeit des AfNS sollte sich künftig auf die Auslandsaufklärung, die Spionageabwehr, die Aufklärung verfassungsfeindlicher Aktivitäten und die Terrorabwehr beschränken. Die dafür nicht benötigten schriftlichen Unterlagen sollten vernichtet werden.

In dieser Zeit schritt der Destabilisierungsprozess in der DDR rasch voran und die Verleumdung des AfNS kannte keine Grenzen. Am 4. Dezember 1989 suchten Vertreter von Bürgerrechtsgruppen den Leiter des AfNS auf. Sie bezogen sich auf Meldungen, denen zufolge in Diensteinheiten des AfNS Schriftgut in großem Stil vernichtet würde und sprachen ihre Besorgnis aus, dass dies Gewalt provozieren könnte.

Die Gewaltfreiheit des Verlaufs der Ereignisse sei nicht mehr zu garantieren. Das war eine unverhüllte Drohung. Im Interesse weiterer Gewaltfreiheit richtete der Leiter des AfNS an alle Diensteinheiten die Weisung, die Aktenvernichtung sofort einzustellen. Mit dieser Reaktion hoffte die Leitung des AfNS auch auf einen Dialog mit den Bürgerrechtsgruppen. Trotzdem besetzten noch am gleichen Tage im Süden der DDR, beginnend mit dem Bezirksamt Erfurt, Bürgerrechtler Dienststellen des Amtes. Damit beendeten sie die bislang von allen Seiten eingehaltene Gewaltfreiheit. Die Besetzer begannen sofort das Schriftgut zu sichern und zu sichten.

Am 6. Dezember 1989 waren fast alle zur Führung des MfS gehörenden Leiter entlassen worden. Einen Tag später, am 7. Dezember 1989, konstituierte sich der »Zentrale Runde Tisch« in Berlin. Als erstes forderte er die Regierung in scharfer Form auf, das AfNS unter zivile Kontrolle zu stellen. Vertreter der Regierung, die in jeden Bezirk entsandt worden waren, erhielten den Auftrag, sich umgehend für die Bildung von »bevollmächtigten« Gruppen einzusetzen, die das Schriftgut in den Bezirksämtern sichten sollten. Das bedeutete die Legalisierung der Gruppen, die sich bereits vor Ort etabliert hatten. Ihnen gehörten meist Vertreter von Bürgerrechtsgruppen an.

Trotz vorliegendem Befehl, die Vernichtung von Schriftgut einzustellen, gelang es der Auslandsaufklärung, die personengebundenen Akten zu vernichten. Die Tätigkeit der Auslandsaufklärung wurde von den Bürgerkomitees als legitim akzeptiert. Die Verantwortung, die Sicherheit der Kundschafter zu gefährden, wollten sie nicht übernehmen.

Waren die Aktivitäten der Bürgerrechtler bisher nur auf die Bezirks- und Kreisämter konzentriert, änderte sich die Lage mit der Besetzung und Demolierung der Zentrale des AfNS am 15. Januar 1990. Von nun an unterlag sie den gleichen Bedingungen wie die Bezirksämter.

Am 8. Februar 1990, also genau 40 Jahre nach Bildung des MfS, beschloss die Regierung die Auflösung des AfNS. Den Auflösern wurde eine Beratergruppe leitender Mitarbeiter des AfNS zur Seite gestellt. Diese Gruppe bemühte sich aktiv um den Schutz des Archivgutes. Wenn sie auch seine Vernichtung nicht durchsetzen konnte, sorgte sie dafür, dass der Zugang für das Bürgerkomitee und andere Interessenten geraume Zeit verhindert wurde. Die Gruppe schaffte es, das Such- und Findesystem für Personendaten der Speicher lange Zeit geheim zu halten. Ihre dringlichen Ersuchen an die Vertretung des Komitees für Staatssicherheit der UdSSR, Schutzmaßnahmen zu unterstützen und mit eigenen speziellen Kräften Archivgut zu sichern, blieben ohne Ergebnis.

Später, in der Phase der ersten Schritte zur Verwirklichung des »Gesetzes über Unterlagen des Staatssicherheitsdienstes der DDR« wandten sich verantwortungsbewusste Mitarbeiter des MfS/AfNS an die Ministerpräsidenten der neuen Bundesländer und den Regierenden Bürgermeister von Berlin und warnten vor den politischen Folgen des Missbrauchs von MfS/AfNS-Unterlagen. Ausführlich wurde auch das Bundesamt für Verfassungsschutz auf mögliche Folgen aufmerksam gemacht.

Einfluss auf den geschilderten Verlauf der Aktenvernichtung hatten die widerspruchsvollen Beschlüsse der Regierung der DDR über das Schicksal des MfS: Im November 1989 Auflösung des MfS und Bildung des AfNS, am 14. Dezember 1989 Auflösung des AfNS und Ankündigung der Bildung eines Verfassungsschutzes und eines Nachrichtendienstes, am 14. Januar 1990 Aussetzung der Bildung beider Organe bis zu den für Mai 1990 vorgesehenen Wahlen und schließlich am 8. Februar 1990 die gänzliche Auflösung. Zu beachten war also, welche Unterlagen für die neu zu bildenden Dienste jeweils erhalten werden mussten.

Diese Tatsachen schmälern jedoch nicht die Schuld der Verantwortungsträger des MfS, die Inoffiziellen Mitarbeiter nicht vor Identifizicrung und Verfolgung geschützt zu haben.

1989 zählte das MfS rund 90.000 Mitarbeiterinnen und Mitarbeiter. Diese Dimension war dem hohen Sicherheitsbedürfnis der DDR im Kalten Krieg, aber auch der Sicherheitspolitik der DDR-Führung geschuldet. 1989 war etwa die Hälfte der Beschäftigten bis 39 Jahre alt und 25 Prozent 30 bis 40 Jahre. Vorwiegend handelte es sich von ihrer sozialen Herkunft her um Arbeiter, Angestellte und Bauern. Fast alle gehörten der SED oder der FDJ an und waren der DDR treu ergeben.

In den letzten Jahren wurde ihnen zunehmend bewusst, für eine Politik in Anspruch genommen zu werden, die mehr und mehr von sozialistischen Prinzipien abwich und zu immer schwerwiegenderen Problemen in Staat und Gesellschaft führte. Die SED als führende Partei und der Staat entfremdeten sich von den Bürgern. Damit zusammenhängende Politikdefizite sollte das MfS ausgleichen. Die Angehörigen des MfS bekamen Aufgaben übertragen, deren Lösung anderen Institutionen zustand. Aufgrund ihrer Tätigkeit verfügten sie über Einblicke in die desolate Lage der DDR. Die im Gegensatz dazu stehende Schönfärberei in den Medien stieß auf völliges Unverständnis.

Die zu diesen Problemen von ihnen erarbeiteten Informationen blieben bei den verantwortlichen SED- und Staatsorganen zumeist ohne Resonanz. Das führte bei den Angehörigen zu Enttäuschung und Verbitterung. Der peinliche Auftritt Minister Mielkes in der Volkskammer zerstörte eine Legende.

Am 15. November 1989 gab das Kollegium des MfS eine Erklärung über die vorbehaltlose Einordnung in die Politik der Erneuerung der DDR ab. Die in dieser Erklärung enthaltende Konsequenz, Kader in erheblicher Größenordnung freizusetzen, verstärkte deren Unsicherheit. Grundsätzlich bewegte die Mitarbeiter/innen Sorge um den weiteren Bestand der DDR. Jetzt brach vieles aus ihnen heraus, was sich bis dahin angestaut hatte. In erregten Diskussionen gab es massive Kritik nicht nur am Versagen der politischen Führung, sondern auch an der Leitung des MfS.

Hervorzuheben ist, dass die Mitarbeiter in der gesamten Periode des Untergangs der DDR jegliche Gewaltanwendung ablehnten. Das bezeugt ihre politische Reife und ihre Verbundenheit mit dem

Volk. Dabei gab es bei der Besetzung der Dienststellen nicht wenige Beispiele unmittelbarer Bedrohung von Mitarbeitern und deren Familienangehörigen.

In Suhl erschossen sich zwei Mitarbeiter.

Die Leiter der Bezirksämter Dresden, Suhl und Neubrandenburg schieden durch Suizid aus dem Leben.

Zur Ehre der meisten Mitarbeiter sei festgestellt, dass sie auch in dieser kritischen Zeit Ergebnisse in der Arbeit erzielten. Unter anderem wurden Spione ausländischer Dienste enttarnt.

Nach den Beschlüssen der Regierung zur Auflösung des AfNS wurden 1990 täglich Hunderte Angehörige aus dem Dienst entlassen. Das vollzog sich zumeist in unwürdiger Form. Die Losung »Stasi in die Produktion« erwies sich als pure Heuchelei. Damals wie heute gab es einflussreiche Kräfte, die sich gegen das MfS/AfNS, seine offiziellen und Inoffiziellen Mitarbeiter verschworen hatten bzw. haben. Faktisch sind die ehemaligen Angehörigen des MfS auch heute noch politisch und sozial entrechtet.

Das MfS verfügte über beachtliche materielle Werte, wie Immobilien, Fuhrpark, Inventar, Technik usw., die allesamt unter mitunter undurchsichtigen Bedingungen und zum Nulltarif von der BRD, manchmal auch von Bürgerrechtlern übernommen wurden. Alle Verdächtigungen gegenüber Mitarbeitern des MfS, sich in der Phase des Umbruchs bereichert zu haben, erwiesen sich – mitunter erst nach gerichtlichen Untersuchungen – als böswillige Unterstellungen.

Ein besonders markantes Beispiel ist der nach sechs Jahren staatsanwaltschaftlicher Ermittlungen 1996 durchgeführte Prozess gegen Dr. Horst Hillenhagen, der die Auflösung der Bezirksverwaltung für Staatssicherheit in Dresden als Mitglied der Regierungskommission verantwortlich begleitet hat. Das Verfahren gegen ihn wegen Veruntreuung von Volksvermögen in mehrstelliger Millionenhöhe beruhte auf falschen Anschuldigungen und wurde 1997 eingestellt. Oberst a. D. Hillenhagen wurde Haftentschädigung zugesprochen.

Welche Lehren lassen sich aus der MfS-Geschichte ziehen?

Eine solche Forderung ist zwar verständlich und berechtigt, in heutiger und absehbarer Zeit aber nicht zu verwirklichen. Kein Staat dieser Welt existiert für sich allein. Er ist vielfältigen gegensätzlichen Interessen anderer Staaten ausgesetzt, versucht diese abzuwehren und seinerseits die eigenen durchzusetzen. Dies ist so, seit es Staaten gibt und gesetzmäßig unter Bedingungen kapitalistischen Konkurrenzkampfes, des Strebens nach Maximalprofit, inbegriffen der Sicherung weltweiter Rohstoff- und Absatzmärkte sowie Einflussbereiche.

Da Ausspähungen, Kriegs- und Umsturzpläne in der Regel geheim gehalten werden und derartige Aktionen konspirativ erfolgen, werden nicht nur Armee und Polizei, sondern eben auch mit geheimdienstlichen Befugnissen ausgestattete Organe geschaffen und eingesetzt.

Das gilt auch für Staaten, die in der Zukunft den Sozialismus aufbauen werden. Solange sich antagonistische Klassengegensätze auf diesem Erdball von Angesicht zu Angesicht gegenüberstehen, mit entsprechenden Staats- und Gesellschaftsstrukturen und vor allem unterschiedlichen Eigentumsverhältnissen, gehört konspirative Arbeit zur Normalität.

Bedeutung, Ausstattung und Aggressivität von imperialistischen Geheimdiensten wachsen immer dann, wenn sich in der Welt Prozesse vollziehen, die in Richtung Einschränkung oder gar Abschaffung kapitalistischer Produktionsverhältnisse verlaufen. Es genügt, auf die Rolle der CIA bei der Schürung innerer Konflikte und Unterstützung konterrevolutionärer Putsche in Chile, in afrikanischen oder gegenwärtig lateinamerikanischen Staaten hinzuweisen.

Die Geschichte der DDR und anderer sozialistischer Staaten beweist den erheblichen Beitrag der gegnerischen Geheimdienste für die Schwächung und letztlich für ihre Niederlage. Diesen als entscheidend für den Untergang des sozialistischen Lagers zu bewerten, geht jedoch fehl. Es würde die maßgeblichen inneren Ursachen für die Niederlage des real existenten Sozialismus verkennen. Und es würde außer Acht lassen, dass das sozialistische System in einem unerbittlichen Wettbewerb mit einem weltumspannenden Gesellschaftssystem stand, das sich in Jahrhunderten herausgebildet hat und seine ökonomische Dominanz, hochgerüstete Militärmacht und medialen Potenzen mit voller Wucht zum Einsatz brachte.

Geheimdienste sind immer eingebunden in das jeweilige gesellschaftliche System, sie sind Bestandteil des Staates und dienen den herrschenden Klassen. Ihre Bedeutung für die Sicherung kapitalistischer Produktions- und Machtverhältnisse ist auch mit der Niederlage des sozialistischen Lagers nicht gesunken. Die gegenwärtig rasant vorangetriebene geheime, »vorbeugende« und massenhafte Überwachung von Bürgern spricht Bände.

Die vordergründige Behauptung, dies sei dem Anti-Terrorkampf geschuldet, täuscht nicht über die Furcht vor neuen Anläufen hinweg, die gegen die menschenfeindlichen Ausbeutungs- und Machtverhältnisse gerichtet sind.

Kann der Rechtsstaat die Bürger vor Überwachung durch die Geheimdienste schützen?

Das Grundgesetz sowie weitere Rechtsnormen enthalten Vorschriften, die den Bürger vor Übergriffen des Staates schützen sollen, so z. B. das allgemeine Freiheitsrecht (Artikel 1 Grundgesetz/GG), das Brief-, Post- und Fernmeldegeheimnis (Art. 10 GG), die Unverletzlichkeit der Wohnung (Art. 13 GG). Sie können eingeschränkt werden, falls Rechte anderer verletzt werden oder die verfassungsmäßige Ordnung angegriffen oder gegen geltende Gesetze verstoßen wird. Schon hierbei sind Tendenzen restriktiver Auslegung und auch zunehmend einschränkender Rechtssetzung durch den Staat erkennbar, die mittels einer hochgepeitschten Terrorismushysterie dem weiteren Ausbau des Überwachungsstaates dienen. Angeführt sei nur die Gesetzgebung über kriminelle Vereinigungen (§ 129a Strafgesetzbuch/StGB), nach der jemandem keine konkrete Straftat nachgewiesen werden muss, wenn er denn als Mitglied einer solchen Vereinigung angesehen wird. Dies ist praktisch Gesinnungsstrafrecht, das oft auch eher einer Ausforschung, als der Eröffnung gerichtlicher Verfahren dient. Hinzu kommt, dass Geheimdienste eben geheim arbeiten können und vorhandene Möglichkeiten auch außerhalb gesetzlicher Vorschriften einsetzen, wenn sie das für nötig erachten. Wie weit sie dabei gehen, hängt von Umständen ab, die der betroffene Bürger nicht einschätzen kann und im Normalfalle auch nicht erfährt.

Die in den USA geführte Liste mutmaßlicher und bekannter Terroristen enthält derzeit etwa eine Million Namen. Es stellen sich Fragen, wie viele der registrierten Personen hier einfach willkürlich aufgenommen wurden. Kann es sein, dass unter ihnen auch unliebsame politische Gegner sind oder auch nur zufällig ins Blickfeld geratene Bürger, die keinerlei Möglichkeit haben, sich gegen eine solche folgenreiche Einstufung zu wehren?

Die heutigen Geheimdienste verfügen über ein enormes technisches Potential. Die moderne Informationstechnik ermöglicht eine totale Überwachung der gesamten Bevölkerung. Alles, was über den Äther oder Telefonkabel an Nachrichten übermittelt wird, kann in digitalisierter Form gespeichert und ausgewertet werden. Jedes Handy und jedes Telefon kann unbemerkt in ein Abhörgerät umfunktioniert werden. Die Web-Kameras der Computer können zur Video-Überwachung benutzt und alle in den PC gespeicherten Daten können per online-Durchsuchung abgerufen werden. Wer ein Handy bei sich führt, kann jederzeit geortet werden, es bleibt kein Geheimnis, wo er sich aufhält und bewegt. Satelliten liefern Luftaufnahmen mit höchster Auflösung.

Das Grundrecht des Bürgers auf informationelle Selbstbestimmung, konkretisiert durch das inzwischen mehrfach ergänzte Datenschutzgesetz von 1990, wurde durch die Gesetze über den Bundesnachrichtendienst und über den Bundesverfassungsschutz erheblich eingeschränkt. Inzwischen gibt es in Reaktion auf Verstöße gegen den Datenschutz eine derartige Vielzahl datenschutzrechtlicher Bestimmungen in Bund und Ländern, dass es heute praktisch niemanden mehr gibt, der sie alle kennt.

Dabei geht es auch schon längst nicht mehr nur um staatliche Überwachung. Alarmierende Vorfälle in privaten Einrichtungen zeigen, dass auch Unternehmer ihre Arbeiter und Angestellten in großem Stil überwachen. Verbriefte Persönlichkeitsrechte werden mit Füßen getreten. Auch private Unternehmen nutzen alle technischen Möglichkeiten und sie unterliegen nicht einmal mehr oder immer weniger wirksamen Kontrollmechanismen. Sie dürfen sich nur nicht erwischen lassen.

Müssen die Bürger die unkontrollierte Überwachung
durch Geheimdienste hinnehmen?

Nein, auch wenn die BRD mindestens 37 verschiedene Sicherheitsbehörden, darunter mehrere Geheimdienste, unterhält, die zunehmend Informationen untereinander austauschen.

Geheimdienste, aber auch private Unternehmen bemühen sich, auf konspirativem Wege und mit dubiosen Methoden erlangte Informationen tunlichst geheim zu halten. Sie scheuen die Öffentlichkeit. Das gilt grundsätzlich für alle Aktivitäten, die unterhalb gesetzlich festgelegter gerichtlicher Prüfungen durchgeführt wurden und werden. Aber auch im Falle der Einleitung rechtlicher Prüfungen durch die dazu befugten staatlichen Organe wird versucht, Umfang und Methoden der eingeleiteten Überwachung gegen die betroffenen Bürger zu verschweigen oder zu vertuschen.

Jeder Bürger ist deshalb gut beraten, die ihm laut Grundgesetz verbrieften Persönlichkeitsrechte, mit denen ja lautstark der bürgerliche Rechtsstaat gepriesen wird, für sich einzufordern. Der Kampf gegen die Aushöhlung der Persönlichkeitsrechte ist keine Spiegelfechterei. Selbstbeschwichtigende Argumente, man habe ja nichts zu verbergen, wirken dem entgegen.

Das Auswertungsverbot unberechtigt erlangter Informationen oder die strikte Trennung geheimdienstlicher und polizeilicher Arbeit, auch das Verbot einer uferlosen Speicherung vertraulicher Daten, sind Elemente der Verteidigung der Rechte der Bürger gegenüber dem Staat. Hinzu kommt: Das öffentliche Anprangern solcher Vorfälle und gerichtliche Gegenwehr sind geeignete Methoden, um allen auch weiterhin zu erwartenden Versuchen entgegenzuwirken, garantierte verfassungsmäßige Bürgerrechte auszuhöhlen. Dies ist auch ein Gebot demokratischer Gesinnung und Verteidigung demokratischer Prinzipien. Jeder Bürger ist zudem gut beraten, seinen eigenen Umgang mit persönlichen Daten zu überprüfen und deren Preisgabe in den ihm möglichen Grenzen zu halten.

Die heutigen Geheimdienste verfügen – wie bereits angeführt – über ein enormes technisches Potenzial. Die moderne Informationstechnik ermöglicht eine totale Überwachung der gesamten Bevölkerung. Wenn allerdings Terroristen in den Berghöhlen Afghanistans ohne Telefon, Computer und Internet auskommen (wer möchte heute so leben?), bleiben sie vor den Geheimdiensten verborgen. Sie können nur durch das Eindringen von wie auch immer bezeichneten Agenten in ihren Strukturen entdeckt und bekämpft werden. Mehr noch, nur Menschen vermögen es, andere Menschen von bestimmten Plänen abzubringen oder zu beeinflussen. Was in Dutzenden Seiten aufgezeichneter Informationen enthalten ist, kann ein qualifizierter Teilnehmer an einer Veranstaltung mitunter in einem Satz zusammenfassen.

Die Schwäche der heutigen Geheimdienste ist nicht nur die zu starke Ausrichtung auf die technischen Möglichkeiten, sie zeigt sich auch bei der Motivierung ihrer menschlichen Quellen. Wer sich für Geld kaufen lässt, wird niemals die Einsatz- und Opferbereitschaft jener hauptamtlichen und Inoffiziellen Mitarbeiter des MfS aufbringen, die für hohe Ideale alles gewagt haben.

Es stellt sich auch die Frage der Konzeption für die Arbeit mit menschlichen Quellen. Wenn z. B. der Verfassungsschutz der BRD die Führungsgremien der NPD mit V-Leuten unterwandert hat und deshalb das NPD-Verbot scheiterte, ist der Sinn und Nutzen solcher Maßnahmen schon zu hinterfragen. Bei einer professionellen Arbeit wäre eine Aufdeckung solcher Quellen überhaupt nicht erforderlich gewesen.

Im Kalten Krieg hatte das MfS keine gleichwertige technische Basis wie die westlichen Geheimdienste. Die technischen Mittel kamen zunächst aus der Sowjetunion, wurden unter Umgehung des Embargos aus dem Westen beschafft, waren aber z. T. auch Eigenentwicklungen auf beachtlichem Niveau. Das betraf insbesondere die Technik zum Abhören von Telefongesprächen, zur Raumüberwachung und zur funkelektronischen Aufklärung und Abwehr. Selbst die Glasfaserkabel der BRD oder ihr angeblich fälschungssicherer Personalausweis wurden vom MfS geknackt. Die technischen Möglichkeiten des MfS, insbesondere die seiner Funkabwehr und Funkaufklärung, wurden von den westlichen Diensten vielfach unterschätzt, was dem MfS manchen Erfolg brachte.

Die Technik des MfS in den 80er Jahren war (ebenso wie die damalige Technik der westlichen Geheimdienste) nach heutigem Stand quantitativ und qualitativ auf eher bescheidenem Niveau.

Insgesamt blieb die Technik im MfS aber immer gegenüber der Beschaffung von Informationen durch IM untergeordnet und sie stand auch nur im begrenzten Umfang bei besonders wichtigen Aufgaben zur Verfügung. Auf technischem Weg erlangte Informationen bergen stets die Gefahr gezielter Manipulierung und Desinformation in sich. Wer sich z. B. am Telefon verabredet, kann mit seinem Partner ausgemacht haben, dass immer ein späterer Termin gemeint ist, wer in seiner Wohnung Videos abspielt, kann sich dadurch ein Alibi verschaffen, Geheimdienste können durch vorgetäuschte Aktionen von eigentlichen Angriffszielen abgelenkt und beschäftigt werden usw. usf. Erst der ständige Vergleich der durch technische und menschliche Quellen erlangten Informationen sicherte deren Zuverlässigkeit.

Sind Schlussfolgerungen aus der Tätigkeit des MfS für künftige sozialistische Gesellschaften möglich?

1. Die Menschheit stand in jahrzehntelangem Kalten Krieg zwischen den beiden Weltsystemen mehrfach in unmittelbarer und endgültiger Gefahr, in einem heißen Krieg unterzugehen. Was auch immer – aus durchsichtigen politischen Zielstellungen – an Schmutzkübeln über das MfS ausgegossen wird: Die offiziellen und Inoffiziellen Mitarbeiter und Kundschafter des MfS haben an vorderster Front in einem erbarmungslos geführten Kalten Krieg gestanden. Sie haben in Erfüllung des ihnen gestellten Auftrages, den ersten deutschen Staat der Werktätigen gegen subversive Anschläge zu schützen, über 40 Jahre einen unverzichtbaren Beitrag zur Erhaltung des Friedens geleistet. Dies wurde und wird ihnen auch von real denkenden ehemaligen Gegnern bestätigt. (*Konferenzen 7. Mai 2004 in Berlin sowie 16./17. November 2007 in Odense/Dänemark*)

2. Auch die Geschichte der DDR, inbegriffen die des MfS, hat gezeigt, dass Wege zum Sozialismus auf den erbitterten Widerstand der gestürzten Ausbeuterklassen stoßen.

Sowohl durch Nutznießer des alten Systems im eigenen Lande, als auch – und besonders massiv – durch imperialistische Einflussnahme von außen. Und das mitten im Kalten Krieg, im geteilten Nachkriegs-Deutschland, bei Entwicklung zweier völlig unterschiedlicher Gesellschaften und doch mit gemeinsamer deutschen Geschichte, Sprache, Kultur, familiären Bindungen und anfänglich offenen Grenzen. Es wurde nichts unversucht gelassen, die verlorenen alten Besitzverhältnisse und die darauf beruhenden gesellschaftlichen Verhältnisse in der DDR wieder herzustellen. Dies unterstreicht die Schlussfolgerung, dass Staaten, die gegenwärtig sozialistische Entwicklungen ihrer Gesellschaften vorantreiben oder die künftig erneut Anläufe in diese Richtung unternehmen, alle konterrevolutionären Bestrebungen vereiteln müssen. Dies geht nicht ohne militärischen Schutz und auch nicht ohne den Einsatz von Sicherheitsorganen, die subversive Angriffe mit konspirativen Methoden und Mitteln abwehren können.

3. Die Aussage des ehemaligen Chefhistorikers der CIA, Benjamin Fischer, auf der Konferenz zur HV A des MfS in Odense, dass

die westliche Seite als Sieger aus dem Kalten Krieg hervorgegangen ist, aber gleichermaßen den Kampf der Geheimdienste verloren hat, unterstreicht, dass es keine von der Gesellschaftsordnung, deren Entwicklung und deren Außenbeziehungen unabhängige Stellung und Wirksamkeit von Sicherheitsorganen geben kann. Trotz bemerkenswerter Erfolge der sozialistischen Sicherheitsorgane konnten sie den Untergang der DDR nicht aufhalten. Dieser war unvermeidbar, da es dem Kapitalismus in den letzten Jahrzehnten gelang, die Produktivkräfte ökonomisch effektiver zu entfalten, als in den Ländern mit sozialistischen Grundlagen. Damit war es ihm auch möglich, die Sowjetunion, als die entscheidende Gegenmacht, tot zu rüsten, sie ökonomisch, politisch und sozial zu destabilisieren. Dies ging einher mit der zunehmenden Unfähigkeit sozialistischer/kommunistischer Parteiführungen, die enormen Potenzen, die einer sozialistischen Gesellschaft innewohnen, zu nutzen und zu entfalten. Auch Verrat kam hinzu.

4. Grundsätzlich hat sich der zentrale Aufbau des sozialistischen Sicherheitsorgans MfS in seiner Einheit von Aufklärung und Abwehr, von zentraler Führung bei territorialer Gliederung und Ausrichtung auf den Schutz von Schwerpunkten sozialistischer Entwicklung bewährt. Er entsprach einem wesentlichen sozialistischen Leitungsprinzip beim Aufbau einer sozialistischen Gesellschaft, dem demokratischen Zentralismus. Die Erfahrungen haben gezeigt, dass die Praktizierung dieses Prinzips in seiner Einheit von Zentralismus und Demokratie eine entscheidende Bedeutung für gesellschaftlichen Fortschritt hat.

Die Verschiebung zugunsten des Zentralismus in der führenden Partei, hin zum Politbüro und zum Generalsekretär, bei gleichzeitiger Unterschätzung und Missachtung der schöpferischen Potenzen der Werktätigen und der Verantwortlichkeiten staatlicher Organe, waren mitentscheidende Ursachen für den Untergang der DDR. Sie begünstigten letztlich falsche Lageeinschätzungen, Unfehlbarkeits- und Wunschdenken sowie Schönfärberei und Ohnmacht während der Zuspitzung der konterrevolutionären Situation in der DDR.

Hiervon blieb auch das MfS nicht unbeeinflusst. Reale Lageeinschätzungen, die innere Situation sowie die feindlichen Angriffe im Inneren und von außen betreffend, blieben durch die SED-Führung weitgehend unberücksichtigt.

Das MfS wurde in den 80er und 90er Jahren immer stärker in innere Politikfelder einbezogen, wie z. B. die Verhinderung von Übersiedlungsersuchen von DDR-Bürgern in die BRD oder in zunehmende Sicherungsaufgaben bei Großveranstaltungen. Die damit zusammenhängenden Ursachen und Folgen waren überwiegend politischer Natur und so auch nur mit politischen Mitteln zu lösen. Für den Minister für Staatssicherheit waren die Vorgaben des Generalsekretärs der SED Gesetz, ihre Durchsetzung als Politbüromitglied Parteiauftrag. Sie kosteten viel Kraft zu Lasten von Schwerpunkten eigentlicher Sicherungsarbeit und lieferten Gegnern der DDR Argumente zur Diskreditierung des MfS. In der Auswertung der Ursachen unserer Niederlage werden Kontrollmechanismen, die das Auseinanderdriften von Zentralismus und sozialistischer Demokratie für gegenwärtige und künftige sozialistische Anläufe verhindern sollen, eine gewichtige Rolle spielen müssen.

Ohne Demokratie als Instrument der Machtkontrolle, als Barriere gegen Subjektivismus und Willkür, aber auch als unerlässliches Element der Entfaltung und Mitwirkung der breiten Massen am Aufbau und der Gestaltung der neuen Gesellschaft ist Sozialismus undenkbar. Das gilt gleichermaßen für die Ausgestaltung und Anwendung rechtlicher Normen als Maßstab und Begrenzung staatlicher Macht.

5. Richtig war, die Mitarbeiter des MfS von Anfang an auf eine enge Zusammenarbeit mit den Werktätigen zu orientieren. Dies war nicht schwer, kamen sie doch selbst aus ihren Reihen. In den 1950er und 60er Jahren des zugespitzten Kalten Krieges erfolgte eine intensive und offensive Information der Öffentlichkeit unter Nutzung der Massenmedien über gegnerische Subversion und Arbeitsergebnisse des MfS. Dies förderte Wachsamkeit und nicht zuletzt auch die ausgeprägte Bereitschaft, das MfS bei der Lösung seiner Aufgaben zu unterstützen. Hierzu gehört auch die Tatsache, dass die weitaus größte Anzahl der Inoffiziellen Mitarbeiter und Kundschafter mit dem MfS auf der Basis politischer Überzeugungen zusammen arbeitete – eine wesentliche Grundlage erzielter Erfolge. Falsch war, die Öffentlichkeitsarbeit, die darüber informieren sollte, welche feindlichen Pläne gegen die DDR aufgedeckt werden konnten und dass feindliche Agenten inhaftiert und bestraft wurden, ab den 70er Jahren zunehmend einzuschränken. »Negativinformationen« sollten positive Erfolgsmeldungen, Schönfärberei und Zahlenspielerei

nicht unterlaufen und sollten auch außenpolitisch die Entspannungspolitik nicht stören. Dem Klischee von der sich unaufhörlich festigenden politisch-moralischen Einheit des Volkes fielen auch viele erarbeitete Informationen über Unzulänglichkeiten, Fehler, Mängel und deren Ursachen zum Opfer. Die Unwissenheit der Bürger über das tatsächliche Wirken des MfS für ihre Sicherheit und Geborgenheit führte im Herbst 1989 mit dazu, dass die sofort einsetzende massive Verleumdung des MfS auf fruchtbaren Boden fiel.

6. Zweifellos ist es illusorischer Glaube, mit konspirativen Mitteln und Methoden arbeitende Sicherheitsorgane ließen sich umfassend kontrollieren. Dennoch sind Überlegungen angebracht, in welcher Art und Weise eine Kontrolle durch gewählte Volksvertretungen und Rechenschaftslegung erfolgen kann, die den Erfordernissen wahrhafter Demokratie entspricht und die zugleich gewährleistet, dass Geheimnisse vor deren Feinden auch ohne Ausuferung des Geheimnisschutzes geschützt werden. Diese Kontrolle und Rechenschaftslegung muss gewährleisten, dass durch Sicherheitsorgane, denen das Recht zur Anwendung konspirativer Mittel und Methoden übertragen wurde, Einhaltung der Gesetzlichkeit und Rechtssicherheit gewährleistet werden.

Das MfS kann allerdings in der Rückschau von sich behaupten: Auch wenn angewandte »klassische« Mittel und Methoden denen westlicher Geheimdienste ähnelten, so waren – abgesehen von unterschiedlichen Zielstellungen – Mord und Folter, Vorbereitungen zu Putschen und Maßnahmen zum gewaltsamen Sturz von Regierungen tabu. Die bisherigen und gegenwärtigen Verleumdungskampagnen gegen das MfS verfolgen keinen anderen Zweck, als den unter kapitalistischen Bedingungen leidenden und nach Auswegen suchenden Menschen jeden Gedanken an sozialistische Alternativen auszutreiben.

Literaturliste

Allertz, Robert: *Die RAF und das MfS. Fakten und Fiktionen*, 224 Seiten, edition ost, Berlin 2008

Berger, Jens: *Theobald Tiger und der Stasi-Killer*, spotless-Verlag, Berlin 2004

Busse/Nehmer/Skiba: *Herrn Henry Leides Umwälzung der Geschichte der DDR (»Anti-Leide«)*, 214 Seiten, GRH e. V., Berlin 2007

Eichner/Dobbert: *Headquarters Germany.Die USA-Geheimdienste in Deutschland*, 384 Seiten, edition ost, Berlin 1997

Eichner/Schramm (Hrsg.): *Angriff und Abwehr. Die deutschen Geheimdienste nach 1945*, 640 Seiten, edition ost, Berlin 2007

Geschichte der Hauptverwaltung Aufklärung des MfS.
> *Bisher erschienen:*
> 1. Eichner/Schramm: *Topspione im Westen: Spitzenquellen der DDR-Aufklärung erinnern sich. Mit einem Vorwort von Markus Wolf und Werner Großmann*, 320 Seiten, edition ost, Berlin 2008
> 2. Eichner/Schramm (Hrsg.): *Hauptverwaltung A. Geschichte, Aufgaben, Einsichten. Konferenz am 17./18. November 2007 in Odense/Dänemark*, 320 Seiten, edition ost, Berlin 2008
> 3. Müller/Süß/Vogel (Hrsg.): *Die Industriespionage der DDR. Die wissenschaftlich-technische Aufklärung der HV A*, 224 Seiten, edition ost, Berlin 2008
> 4. Fischer, Bernd: *Als Diplomat mit zwei Berufen. Die DDR-Aufklärung in der Dritten Welt*, 224 Seiten, edition ost, Berlin 2009

Geyer, Heinz: *40 Jahre Spionageabwehr. Der letzte Stabschef der HV A erinnert sich und stellt richtig*, 160 Seiten, Kai Homilius Verlag, Berlin 2007

Grimmer/Irmler/Opitz/Schwanitz (Hrsg.): *Die Sicherheit. Zur Abwehrarbeit des MfS. 2 Bände*, 1.287 Seiten, edition ost, Berlin 2002

Großmann, Werner: *Bonn im Blick. Die DDR-Aufklärung aus der Sicht ihres letzten Chefs,* 288 Seiten, Das Neue Berlin, Berlin 2001

Joestel, Frank *(Hrsg.): Strafrechtliche Verfolgung politischer Gegner durch die Staatssicherheit im Jahre 1988,* (Jahresbericht der Hauptabteilung IX – Untersuchung – für das Jahr 1988), BStU, Abt. Bildung und Forschung, Dokumente, Reihe 1/2003

Kierstein, Herbert *(Hrsg.): Heiße Schlachten im Kalten Krieg,* 256 Seiten, edition ost, Berlin 2007

Kierstein/Schramm: *Freischützen des Rechtsstaats. Wem nützen Stasiunterlagen und Gedenkstätten? Die Netzwerke der Erinnerungsindustrie,* 288 Seiten, edition ost, Berlin 2009

Müller-Enbergs, Helmut *(Hrsg.): Inoffizielle Mitarbeiter des Ministeriums für Staatssicherheit. Richtlinien und Durchführungsbestimmungen,* 544 Seiten, 3. durchgesehene Auflage, Berlin: Ch. Links Verlag, Berlin, 2001

Müller-Enbergs, Helmut *(Hrsg.): Inoffizielle Mitarbeiter des Ministeriums für Staatssicherheit, Teil 3: Statistiken,* 1.024 Seiten, Ch. Links Verlag, Berlin 2008

Pfütze, Peter: *Besuchszeit. Westdiplomaten in besonderer Mission,* 224 Seiten, edition ost, Berlin 2006

Schneider, Horst: *Das Gruselkabinett des Dr. Hubertus Knabe(lari),* 128 Seiten, spotless-Verlag, Berlin 2005

Schneider, Horst: *Gruselstory Checkpoint Charly. Leidvolle Wahrheit oder Lügengeschichte,* 176 Seiten, Verlag Wiljo Heinen, Böklund 2008

Sieberer/Kierstein: *Verheizt und vergessen. Ein US-Agent und die DDR-Spionageabwehr,* 224 Seiten, edition ost, Berlin 2005

Suckut, Siegfried *(Hrsg.): Wörterbuch der Staatssicherheit. Definitionen zur »politisch-operativen Arbeit«,* 472 Seiten, 3. Auflage, Ch. Links Verlag, Berlin 2001

Wagner, Helmut: *Schöne Grüße aus Pullach. Operationen des BND gegen die DDR,* 237 Seiten, edition ost, Berlin 2000

Wolf, Markus: *Spionagechef im geheimen Krieg,* 512 Seiten, List-Verlag, München 1997

Weitere Literaturhinweise und Beiträge zum Thema unter: *www.mfs-insider.de* (Unter anderem auch download-Angebot des Sachbuches »Die Sicherheit. Zur Abwehrarbeit des MfS«)

Inhalt

ISBN 978-3-360-01813-7

2. Auflage
© 2010 edition ost im Verlag Das Neue Berlin, Berlin
Umschlaggestaltung: Buchgut, Berlin
unter Verwendung eines Motives von ullsteinbild-P/F/H
(Wandbild an der ehemaligen Bezirksverwaltung Leipzig)
Druck und Bindung: CPI Moravia Books GmbH

Ein Verlagsverzeichnis schicken wir Ihnen gern:
Das Neue Berlin Verlagsgesellschaft mbH
Neue Grünstr. 18, 10179 Berlin
Tel. 01805/30 99 99
(0,14 Euro/Min., Mobil max. 0,42 Euro/Min.)

Die Bücher des Verlags Das Neue Berlin und der edition ost
erscheinen in der Eulenspiegel Verlagsgruppe

www.edition-ost.de